上方落語

流行唄《はやりうた》の時代

荻田　清

和泉書院

目次

はじめに――刊行目的と本書のあらまし

昭和六十一年（1986）一月、『藝能史研究』第九二号に「上方の咄家と天保・幕末期の流行唄（上）―薄物の唄本より―」を発表し、続いて同年四月、『藝能史研究』第九三号に「上方の咄家と天保・幕末期の流行唄（下）―一枚摺を中心に―」を発表した。まだ若い研究者の、しかも流行唄《はやりうた》や咄家といった内容のものを、老舗の学会誌が二回にわたって掲載してくれたことに、今も感謝している。

三田村鳶魚の『瓦版のはやり唄』（春陽堂、大正一五年）で知られた薄い小さな唄本類の表紙に、上方板ではしばしば咄家の名が載っていることに驚き、調べはじめた。肥田晧三先生からは、ご所蔵の資料を見せていただき、所蔵先の情報も与えていただいた。歌舞伎史研究の傍らの調査ではあったが、自分でも資料を集めてみると、一枚摺の唄の歌詞にも咄家名の出ることが多いことを知った。それらをまとめて発表したのが前記の論文である。これまでの自分の論文の中で多少自信のあるものをあげるとすれば、これははずすことができない。個人的にはもっとも思い入れの強いものだった。

何とか本にまとめてみようと考えた。内容はそのままで図版を増やすだけでとも思ったが、読み直してみると、とにかく文章が硬い。内容も固すぎる。学会誌を意識して書いたものだから当然であるが、学問として認められたいという気負いが、いやらしいほどに臭っている。そのため全面的に書き直すことにした。

当時は落語家の研究に、上方板の流行唄が有効なものであること、天保・幕末期の上方の咄家にとって、流行唄を歌うことが高座の彩りとして自然に行われていたこと、こうしたことを主張することに性急で、歌詞を味わうことなどできなかった。本書では、すべてではないが、歌詞の解釈も試みて味わうことを心がけた。

刊年の記されていないものがほとんどであったが、今回この点には以前よりこだわった。刊年を絞り込むことで、咄家の活躍期がわかるからである。上方の咄家の系図としてよく用いられる『落語系図』（月亭春松《はるまつ》編、昭和四年）は、かけがえのない基本資料ではあるが、江戸時代の記述には怪しいところが多々ある。しかし、かといって頼らないわけにはいかない。可能なかぎり江戸時代後期・明治初期の資料で確認し、『落語系図』は参考に止めるよう努力した。唄に詠み込まれた歌舞伎関係のこと、大坂相撲のこと、世相風俗から年代推定が可能となったものもある。その結果、『落語系図』の明らかな見落とし、誤まりもいくつか指摘することができたように思う。

目次に沿って、本書の内容を概説しておこう。第一章「五郎兵衛と彦八」は、本書としては付け足しである。しかし、一応上方落語の歴史を通覧し、咄家と流行唄の関係が強くなるのは天保頃からであることを確認するためである。第二章「浪速新内《なにわしんない》という芸人」も同じ意図であるが、かつて『古今東西落語家事典』（平凡社、平成元年）に限られた字数で立項したために、十分説明できなかったことの反省でもある。二代目米沢《よねざわ》彦八《ひこはち》と初代桂《かつら》文治《ぶんじ》の間をつなぐ重要な咄家群を説明した。第三章「天保・幕末の群雄出現」では、寛政から文化期の松田《まつだ》弥助《やすけ》・桂文治にも若干ふれた。咄家としては、多数の咄本を残した桂文治を大きくとりあげるべきである。しかし、道具入芝居ばなしに下座《げざ》音楽として曲が入ることは予想できるものの、本書でいう流行唄の関係は見えてこない。そのため、簡単にふれざるを得なかった。この章では、天保十四年、嘉永六年、安政頃のものとされる三枚の見立番付を、ていねいに見ることに主眼を置いた。

第四章「自己宣伝も芸の内？　花枝房円馬」からが、本書の中心になる部分である。江戸から名古屋を経て京・

大坂に上り、とっちりとんの唄をもって大坂に鳴り響いた円馬の作品を、歌詞その他から刊年をできるだけ推定した。歌舞伎資料、相撲資料などを駆使したつもりである。第五章は「上方に根を下ろした林屋」。円馬と同じく江戸から上方に上った林屋正三《はやしやしょうざ》が、よしこのという唄で一世を風靡した。この人は正三から菊枝《きくし》、さらに正翁《しょうおう》となり、多くの門弟を抱えた。その一門の人たちを流行唄資料をもとに、活躍期を推定した。第六章「笑福亭の繁栄」は、二代目笑福亭吾竹《ごちく》を中心に考えてみた。従来『落語系図』をもとに、笑福亭の祖を松富久亭松竹としてきたが、松竹の名は古い文献には見られず、初代の吾竹から資料的に押さえられる。そして次の二代目は嘉永三年（1850）笑福亭竹我と改名したことが、流行唄資料から確認できる。この人が初代笑福亭松鶴の師匠に当り、門葉を広げて今日につながることになったのである。

第七章「落語作家・月亭生瀬《つきていいくせ》」は、月亭生瀬の著作を追いかける。初代桂文治の弟子の中に、文筆の才能に秀でた人がいて、著述家となった。師匠の文治にも咄を提供していたという。今日の言い方でいえば、「落語作家」といえよう。この人の各種の著作、咄本・俄の本・歌舞伎の作品・流行唄を紹介。天保から幕末にかけて、大坂では著名な人であったことを確認した。

第八章「消えていった名前」。流行唄の資料には、今日まったく忘れ去られた屋号・亭号、芸名ながら、咄家の見立番付その他の資料から咄家（広くとって寄席芸人）と思われる人たちが出てくる。芝川扇旭斎《しばかわせんきょくさい》・九一軒《くいちけん》・司馬《しば》才治《さいじ》郎《ろう》・竜田《たつた》安太《あんた》郎《ろう》・都《みやこ》ヤ扇蝶《せんちょう》……。

第九章「大津絵節の松鶴とその周辺」。安政頃に大流行した大津絵節の替え歌で名を売った初代笑福亭松鶴を中心に、二代目松鶴、その前名と思われる松橋《しょきょう》・鶴松《つるまつ》の唄の資料を検討した。初代松鶴と同時代に活躍した笑福亭梅香《ばいか》については、これまでの諸説を整理した。初代桂文枝が近代の三名人の一人と認めた梅香を、残された断片的な資料をつないで考証した。

第十章「林屋から林家へ」。嘉永の末年か安政のはじめ頃、上方の林屋に何かがあって、ほぼ一斉に林家に替わった。そのことが唄の資料から読み取れる。林家竹枝《ちくし》から改名する四代目林家正三、林家正太郎、二代目林家菊枝。唄の一枚摺を多数残している林家菊丸。その倅で小菊丸から改名した二代目菊丸。林家染丸、林家福助の大津絵節にもふれた。

第十一章「桂派も例外にあらず」。「桂」の場合は、三代目文治、初代文枝、二代目文枝の流れから、素噺《すばなし》系統の噺家のイメージが強い。しかし、現実には必ずしもそうではなかった。桂文東《ぶんとう》、桂文当《ぶんとう》のように天保末頃の唄本を残す人もあり、桂慶枝《けいし》から四代目桂文治を襲名した人の唄の資料もある。しかも、そこからこの襲名が安政二年(1855)であったことがわかる。初代桂文枝は流行唄と縁遠いようにみられていたが、この人の一枚摺の唄が近年ではかなりわかってきた。見立番付や唄の資料、弟子の回顧談などから、この人の師が四代目桂文治であること、その文治が文枝を名乗った時期のあることを推論した。また、初代文枝と同時期に活躍した桂文笑《ぶんしょう》・桂慶治《けいじ》・桂文寿《ぶんじゅ》・桂鶴助《つるすけ》の唄の資料を紹介した。そして、「文枝の四天王」と呼ばれる弟子のうち、桂文之助《ぶんのすけ》(のちの曾呂利新左衛門)・桂文都《ぶんと》(のちの月亭文都)の唄を検討した。

第十二章「明治の噺家の流行唄」。木版の唄本や一枚摺は明治の半ばで消えて行き、活字の時代になる。それでも改名披露などの摺り物に唄が記されることはあった。また、活字本の唄本に噺家の唄が収載されることもあった。しかし、大きな流れとしては、寄席の中の唄や踊りは専門の音曲師を生み出したが、噺家の流行唄は本格の話芸を邪魔するものとして、次第に衰退していったようである。

・本書では、「唄」と「歌」を厳密に区別はしていない。俗謡(その替え歌)という性格から、基本的には「唄」を用いたことを断っておく。

・本書では冊子や一枚摺の大きさは、小数点以下をわりきって四捨五入した。保存状態が悪く、厳密な寸法の不明な場合が多いからである。
・江戸時代・明治初期の資料の引用は、原則として以下の要領で行った。
①　厳密な翻刻が容易に見られると思われるものは、読解の便を優先させて書き換えた。すなわち、適宜漢字を宛て、清濁・句読点を正した。「此」「其」は「この」「その」とし、漢字の送り仮名も補った。
②　原本の振仮名は基本的には省いた。が、読みを助けるために、現代かなづかいに直して残したもの、新たに付けたものもある。また、普通の読みとは異なるが、大阪弁の味を残したい場合、あるいは原本の誤記かと判断したが原本表記も残したい場合、〔　〕をつけてルビ位置に残した。
③　引用文中にも（　）で語釈や注を記した。
④　厳密な翻刻がない場合、あるいは流布していないと思われる場合は、原本に近い翻刻をめざしたものもある。その場合は後に現代語訳風に内容の説明をするように努めた。
・平成二十七年三月に『本朝話者系図』（山本進監修、本朝話者系図の会注釈、国立劇場調査養成部編）が刊行された。ここには本書で扱う天保・幕末期の上方の咄家の記述も多数出てくるが、脱稿後のことで十分すりあわせができていない。校正段階で一部使用させていただいただけであることを断っておきたい。
・人権に関わる用語、あるいは性的な露骨な表現も出てくるが、歴史的事実を述べようとする意図から、やむを得ず記したことをお断りしておきたい。

一、五郎兵衛と彦八——咄家《はなしか》とは何か

露の五郎兵衛

天保期に入る前に、やはり元禄のことも触れておかなければならないだろう。前田勇著『改訂増補　上方落語の歴史』（杉本書店、昭和四一年、以下『上方落語の歴史』と略記する）、肥田晧三著「大阪落語」（藝能史研究会編『日本の古典芸能　9　寄席』平凡社、昭和四六年）に依りながら、簡略に追うことにしたい。僭越《せんえつ》ながら、以下著書・論文には敬称を略し、本文では「氏」を使わせていただく。

京都の咄家の祖は露の五郎兵衛であろう。この人について『古今東西落語家事典』（平凡社、平成元年）では、無署名ながら次のようにまとめた。

上方落語の祖を誰に求めるかは、立場によって種々考えられるが、京都の安楽庵策伝《あんらくあんさくでん》を祖とする見方も、有力な説であろう。彼が寛永五年（一六二八）に京都所司代板倉重宗《しょしだいいたくらしげむね》に献じた『醒睡笑《せいすいしょう》』は膨大な笑話を収録したもので、のちの咄本《はなしぼん》などに大きな影響を与え、今日の落語の原話として記憶されるものも、また多い。ただ、豊臣秀吉に仕えたという曾呂利新左衛門などと同様、彼は諸大名のかたわらにある御伽衆《おとぎしゅう》の流れに入ると思われ、不特定の聴衆に支えられる職業落語家というわけではなかった。

江戸時代も百年を経過しようという元禄の前後になると、庶民文化の高まりは各分野でみられるようになり、この気運のなかで、大衆芸能の担い手としての落語家が、大きく注目されるようになる。

その代表者の一人、京都を活躍の場とした露の五郎兵衛は、もと日蓮宗の談義僧《だんぎそう》であったが還俗《げんぞく》し、貞享・元禄頃、京都の北野・四条河原・真葛《まくず》が原やその他開帳場《かいちょうば》などで辻咄《つじはなし》を演じた。元禄の初年には、京都市中の物真似《ものまね》芸系の大道芸人のなかでも特に彼の軽口咄《かるくちはなし》は評価され、日待《ひまち》・月待《つきまち》の座敷に呼ばれたり、貴人に招かれて演じることもあった。

彼の演じた咄は、『露がはなし』『露新軽口《つゆしんかるくち》ばなし』『軽口あられ酒』『露休置土産《ろきゅうおきみやげ》』などの軽口本として出版され今日に伝えられるが、それらは身近な話題を平易な口調で記している。また、はんじ物という謎を出題して観客に参加を呼びかける芸も得意であった。元禄十二年（一六九九）頃、ふたたび法体《ほったい》となって露休を名乗る彼には『あたことたんき』という書も残されている。

後世の落語家に芸脈として直接つながるわけではないが、彼の演じた咄の作意・形態は、脈々と現行の咄にも生きつづけているといえよう。

事典の性格上、言葉足らずの表現もあるが、今もこの見方は変わっていない。『上方落語の歴史』「大阪落語」、あるいは武藤禎夫氏、宮尾與男氏の御研究も利用させていただきながら、まとめたところである。ただ、わたしが気づいた資料も少しは盛り込んだつもりであった。

『都名物男』（元禄二年〔1689〕、古典文庫『梅のかほり・小夜衣』吉田幸一編、平成二年）という浮世草子の下巻に、次のようにある。

> されば今の京に物まねを業として世を渡る者多き中に、露の五郎兵衛が軽口、幸男《こうなん》が人まね、権兵衛が江戸万歳、小伝次があや織、鞠之助《まりのすけ》が鉢回し、大豆蔵《まめぞう》が煙管《きせる》の曲、栄颯々《えいさつさ》が鍛冶屋のまね、砂那良《しやなら》が踊り振り、八郎兵衛が白《しら》声（異常に高い声?）、三ケ《さんか》山《やま》がめつた上瑠理（無茶苦茶な浄瑠璃）、風の神が木遣《きやり》節、休西《きゅうさい》が投げ節、貝頭《かいとう》が連れ節の舟歌、安才《あんさ》が水浴《みずあび》、これらも多くは物まねを種として万の道外をつくりなす。その中に、杵蔵

　が仕出し踊、近年の出来物とて人皆是を翫び………

当時物真似の芸能者が多数いたことが記されており、露の五郎兵衛はその第一にあげられているのである。浮世草子というのは、井原西鶴の『好色一代男』に代表される短編風俗小説集ともいえるもので、当時の社会の有様をよく写している。

また、『岩波講座　歌舞伎・文楽　第4巻』「歌舞伎文化の諸相」の中の「歌舞伎と諸芸」に述べたことがあるが、露の五郎兵衛は役者評判記にも物真似の芸人として名を出している（役者評判記は岩波書店刊『歌舞伎評判記集成』に翻刻がある）。

元禄十二年（1699）刊の役者評判記『役者口三味線《やくしゃくちしゃみせん》』江戸の巻の巻末に次のような文が出てくる。

　（京都のしわん坊の話）………一代身には絹の下帯をかゝず、口には魚鳥の味をしらず、狂言といふもの露の五郎兵衛が辻放下（つじほうか）にて見覚へ、それさへ一銭も投げず見逃げにするなど、まずは嫌な心意気なり

五郎兵衛が大道で演じ、聴衆から投げ銭を乞うていたことも窺える。吝嗇《りんしょく》な男が歌舞伎を見ずに、彼の咄で歌舞伎を見覚えたというのであるから、歌舞伎をそのままに（あるいは声色も交えて）一人で演じた芸、すなわち後世の芝居咄ということになろう。

さらに、享保十六年（1731）の評判記『役者若見取《やくしゃわかみどり》』京の巻、沢村長十郎の条にも名が見える。

　江戸店より上り男（江戸の支店から京の本店に上ってきた奉公人?）曰《いわく》………信濃の雪国の咄について、火焔が氷つて枝珊瑚珠の様なとのせりふ、さりとは沢村殿ともいわるる大立者の口からは、あんまり軽うて似合はぬせりふ。こりや辻打の露の五郎兵へが口からさへ、斟酌《しんしゃく》した（ためらった）古い咄、その枝珊瑚珠の様に成た氷の火焔を京の仏師が不動の火焔に買て戻つたりや、凍《い》てが解けて火に燃え上つたといふ、太平記時代からの咄、富士の山を燈心で釣り上ケたとのせりふも似やはぬ〳〵

寒い信濃の国では火焔が凍って、珊瑚樹のようになり、それを京都の仏師が買って帰り、不動明王の火焔に使おうとしたら、解けて燃えてしまった。また、藺草《いぐさ》の芯で作った細い灯心で富士山を釣り上げた。などと、これは現行落語「鉄砲勇助」（東京では「うそつき村」）にみられる類のほらふき話である。当時京都を代表するやつし方の名人、初代沢村長十郎が舞台で言ったことを、軽薄すぎると非難しているのである。拙著『笑いの歌舞伎史』（朝日選書、二〇〇四年）で詳述したように、やつし方の芸には滑稽味が伴うものであるが、こんな古い落とし話のような台詞は露の五郎兵衛でも言わないという。享保十六年には、五郎兵衛はすでに没しているが、彼の名が持ち出されたところをみると、死後なお軽口咄の名人として知られていたといえよう。

ところで、本書の意図する流行唄の要素はどうであろうか。先の『都名物男』には、「風の神が木遣節、休西が投節・貝頭《かいとう》が連れ節の舟歌」と出てくる。木遣り節はもともとは、山から木を引き出す時の労働歌だったが、若衆歌舞伎の中で用いられるなど、洗練されて都市の歌になったもの。連れ節は複数の歌い手による合唱かと思われ、船歌は船頭・水夫の労働歌が洗練されたもの。投げ節は、遊里（殊に京都島原）で発達した元禄時代を代表する歌。坂田藤十郎の活躍した元禄時代の歌舞伎にもしばしば見られる歌である。七・七・七・五の歌詞であるから、後世の都々逸やよしこの節と歌詞の形は同じである。投げやりな、退廃的な雰囲気で歌われたものという。これらを得意とする芸能人が五郎兵衛と同列の人々とみられていたことはわかるが、五郎兵衛自身が唄に関していたという記述は見出せなかった。

米沢彦八

この人については、『上方落語の歴史』「大阪落語」で調べ尽くされている感がある。学生時代から数えると四十数年、彦八のことを気に懸けていながら、先学の研究に新たに付け加えることが全くできない。ここも『古今東西落語家事典』でまとめた文章を、ことばを補って説明することにする。

初代米沢彦八

（本名）彦八か

生年未詳～正徳4年6月3日　享年未詳

豊笑堂《ほうしょうどう》と号す。京都の露の五郎兵衛にやや遅れて、元禄から正徳にかけて活躍。

大道に床几を据えただけの文字通りの辻咄から、のちには生玉神社境内の小屋の一つに「当世仕方物真似」の看板を出して興行している。

「生玉境内の小屋」と書いたのは、厳密にいえば馬場先と呼ばれる鳥居前の参道脇ということになる。肥田皓三氏が紹介された浮世草子『御入部《ごにゅうぶ》伽羅女《きゃらおんな》』（宝永七年〔1710〕刊）の挿絵は実に貴重で、当時の生玉の賑わいを見事に教えてくれる。しばしば使われる図であるが示しておこう【図1】。

現在は蓮池のところが埋め立てられて公園となっているが、一段低くなっており、かつての面影をわずかに残している。図をよく見ると、右側には茶店があり、左側に小屋が並んでいる。鳥居の方から、まず「京歌祭文」。向かって右側は三味線を弾く人。その隣に本を前にして手に錫杖《しゃくじょう》を持って祭文《さいもん》を語る人が座る。歌祭文は「お染久松」など当時の世間を騒がせた事件の噂を物語にして語るもので、心中物・犯罪物の世話浄瑠璃と素材が重なることから、浄瑠璃の歴史の方面から注目されてきた。しかし、芸能としては今日の浪曲につながるものでもある。かつて浪曲が祭文、ちょんがれと呼ばれていたことにつながる。上から御簾が半分降りていて、演者の顔が見えないようになっている。かつては門付けの芸能として卑しまれたものだった。

その隣の小屋では「当世仕方《しかた》物真似」を「米沢彦八」が演じている。これが本書で扱いたい彦八の芸である。こ

大阪府立中之島図書館蔵。

図１　大坂生玉神社鳥居前の芸能。浮世草子『御入部伽羅女』、宝永７年（1710）刊。大本。

の図では、彦八は片肌脱いで立ち上がり手に編み笠を持っている。一席演じて、これから編み笠を廻して集銭しようというのであろう。後ろには大黒頭巾や茶碗がみられる。今日の落語とは違って、小道具を使い、立ち上がって演じるものでもあった。仕方物真似は、身振りを交えて、浮世の有様を写し出すものであったらしい。その隣は「太夫万歳　楽介」「軽口はなしいろいろ」とあって、二人の人物が立って芸をしている。向かって右の人物が太夫。髭をはやしてやや威厳をもち、半開きの扇子、一方の手には鼓を持っている。もう一人は頭巾に尻からげ、開いた扇子で踊るような恰好をしている。言うまでもなく、太夫・才蔵の古い万歳の形である。

その隣には、「太平記」「信長記」「四十七人評判」の張り紙を出し、扇子を持って書見台に本を置き読み上げている人。頭は町人風であるが、姿勢を正した姿である。これが太平記読み、すなわち講談の古い形である。「四十七人評判」とは今日では忠臣蔵の名で知られる赤穂の刃傷・討ち入り事件と思われる。元禄十四年（1701）に刃傷事件が起こり、十五年に討ち入り、十六年に義士の切腹があって、講談ではその直後から忠臣蔵物が演じられていたことがわかる。前の床几に腰掛けた人達が談笑しながら聞いている。

貴重な図であるが、ただ絵《え》空事《そらごと》の部分も考えておく必要がある。もしこの図のように隙間無く小屋が並んでいたならば、隣の声が混じって聞き取りにくいはず。床几の客席の境も明確ではなく、これでは銭を集めにくい。参道に立ち並んでいた様を凝縮《ぎょうしゅく》して描いたものかと思われる。

彼の咄は『軽口御前男』『軽口大矢数』などの書にまとめられ、落ちに重点のおかれた新鮮な咄が多い。彼が演じる姿を写した挿絵などによれば、立烏帽子・大黒頭巾・編み笠・湯呑茶碗などが描かれ、それらの小道具を駆使して、仕方物真似を熱演したものとみられる。ことに物真似のうち、大名に扮するものが得意であったとされ、ありあわせの道具で大名を演じる演技は、のちの俄という芸能につながるものかと思われる。

「彼の咄は『軽口御《ご》前男《ぜんおとこ》』『軽口大矢《おおや》数《かず》』などの書にまとめられ」としたが、二書以外には知らない。他にある可能性を残して「など」としたまでである。

「俄」という芸能は、「二〇カ」「仁輪加」とも書き、近代に入り新喜劇へと発展するものである。もともと夏祭の余興として、素人が演じた滑稽寸劇で、享保の頃に始まったとされている（「七、落語作家・月亭生瀬」にもう少し詳しく述べた）。彦八は享保の前の年号、正徳に亡くなっており、ありあわせの小道具で寸劇を演じたのは、彼の方が早いことになる。

近松門左衛門の『曾根崎心中』で、お初を生玉に連れ出した田舎客が一人で見に行くのも彼の物真似であった。生玉といえば彦八を連想させるほどに有名だったのである。その名声は近畿以外にもおよび、名古屋の興行師に招かれて、その地に赴いた。が、その折の正徳四年（一七一四）、不幸にも旅先で急死することになった。

大阪落語の祖としては彼以外に考えられず、「彦八」の名は落語家の別名ともなっていく。

近松作『曾根崎心中』の本文には、彦八の名は出てこない。しかし、『曾根崎心中』の絵入本の挿絵には彦八の姿が描かれ、米沢彦八の名がはっきり記されている。彦八が名古屋で亡くなったことは、『元禄御畳奉行の日記』（神坂次郎著、中公新書、昭和五九年）で有名になった尾張藩士朝日重章の日記『鸚鵡《おうむ》籠中記《ろうちゅうき》』に出ている。

さて、この彦八の芸に、流行歌の要素が混じり込んでいるかというと、その痕跡は見つけられなかった。謡の文句が咄の落ちに使用された場合、謡った可能性はある。たとえば、『軽口御前男』巻三の二、娘の名に「とちぎり」と付けた人が、その理由を問われたので、得意そうに謡曲「井筒」の中の「その頃は紀の有常の娘とちぎり」の文句を言って説明した咄。同じく巻四の十四「茶の湯忠度」では謡曲「忠度」が使われる。

巻四の六「寺の紅梅」では、浄瑠璃の文句が使われ、「いひんひ〱と、三味の相の手で笑われた」と、口三味線が落ちに出てくる。また、『軽口大矢数』の第四話には、歌祭文の「いひんひひゝい」が使われている。このように謡曲・浄瑠璃・歌祭文など他の芸能が使用された場合、文句だけが使われたのか、節も付けていたのか、咄本からは判断できない。音曲に関係しそうなものは、この程度であった。

二代目米沢彦八

生没年不詳。享保以降、京都で活躍。『軽口福おかし』『軽口耳過宝《みみかほう》』などの軽口本を残し、八坂神社境内、四条河原涼みの場などで演じていた。この人については、肥田晧三氏の「大阪落語」が、多数の新資料を紹介されて、詳しく記されている。中でも重要だったのは、観劇の記録である。江戸時代中期の画家として著名な田能村竹田《たのむらちくでん》が、京都の儒者村瀬栲亭《こうてい》から聞いた話。国学者として著名な本居宣長が京都に勉強に来ていた頃の日記。栲亭の話では、二代目彦八は「咄も平易でしづ〳〵として、そのおとしあんばい甚だ面白し」とあって、話芸・話術に優れていて、今日の落語とはっきりつながる。一方、宣長の日記では「役者・浮世物真似」「五つ六つばかり成る稚き童の江戸万歳・かるわざ様の事し侍りて人多く寄り侍る」とあって、こちらは落語以外の万歳・軽業・物真似の芸につながる芸だったことを教えてくれる。「大阪落語」に使用された『絵本満都鑑《まつかがみ》』では、扇子を開いて立っているやや老齢の男（二代目彦八と思われる）と坊主頭を頭巾で隠した子供、後ろには三味線を弾く壮年の男が描かれ、この図では明らかに万歳を演じている【図2】。また、二代目彦八追悼の『米沢彦八極楽遊《ごくらくあそび》』の表紙の図では、彦八と思われる老人が太鼓を叩く姿が描かれている。さらに、肥田氏が後に紹介された『浮世頓作新謎花結び《とんさくしんなぞ》』（香川大学神原文庫蔵）の絵では、右手に閉じた扇子を持ち、左手は脇差しに添え、立ち上がって身振りを交えた物真似を演じているように見える。後ろには太鼓を叩く男がいる。座布団の上に正座して演じる今日の落語の形とはずいぶん異なった印象を受けるのである。

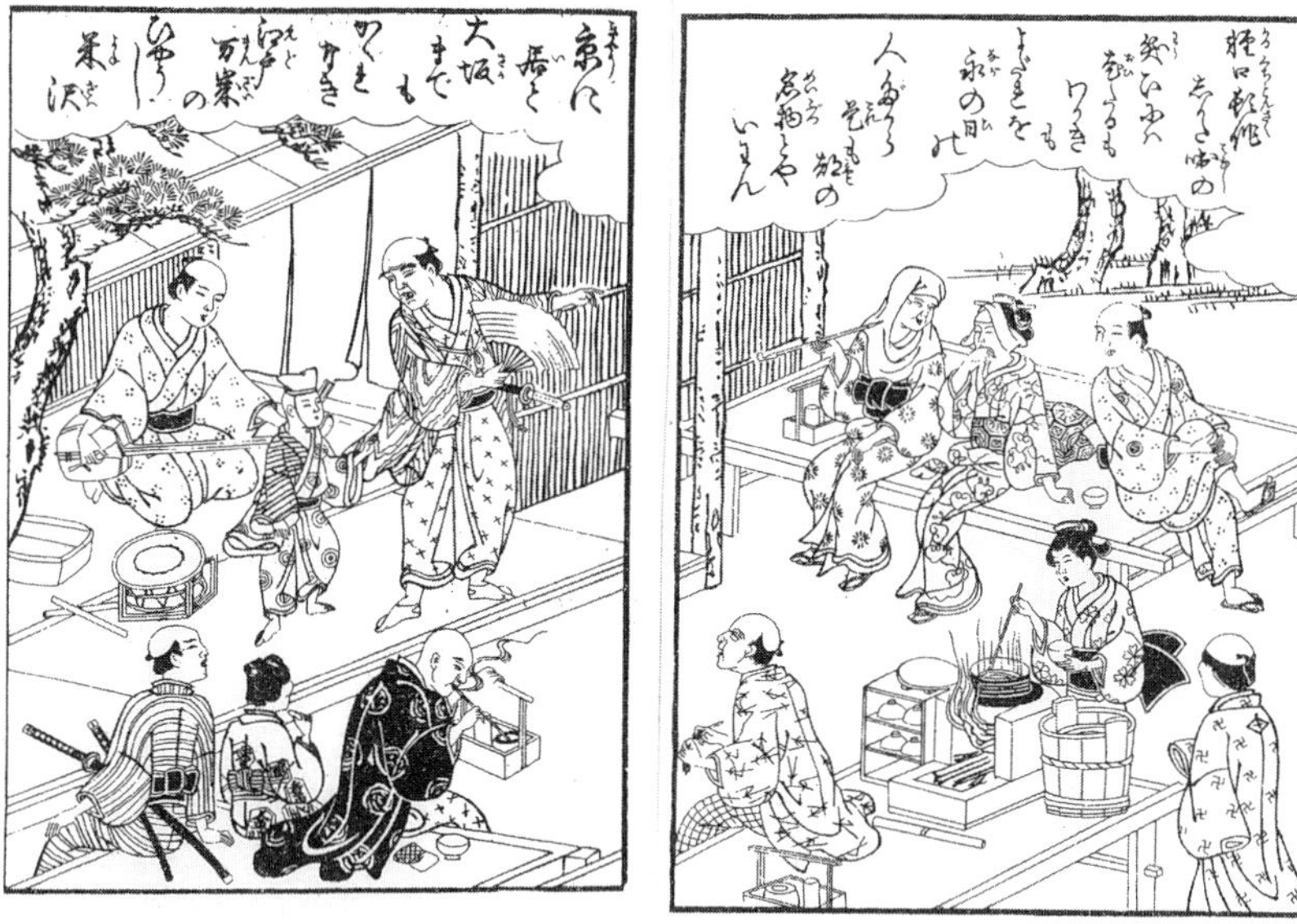

図２　京都の二代目米沢彦八の芸。『絵本満都鑑』、安永８年（1779）序。（日本名著全集『風俗図絵集』昭和４年より転載。翻刻は346頁）

これらの資料では、三味線・太鼓という楽器の存在が明らかであるが、演者自身が歌を歌ったかどうかはわからない。二代目彦八が明和四、五年（一七六七、八）頃に没したらしいことは、没後の狂詩（滑稽な漢詩。和歌に対する狂歌のような文芸）に出てきて、彼は当時の京都における著名人であったことがわかっている。

『上方落語の歴史』に触れられている三代目、四代目の彦八については、その後も詳細は明らかにされていないように思われる。

二、浪速新内《なにわしんない》という芸人――神社境内の芸人と咄家の境は何か

初代彦八のあと、大坂では落語家に相当する人物が寛政期の松田弥助、初代桂文治までいなかったように長らく思われていた。しかし、今日では彦八と同じような芸人が神社の境内で活躍していた事が確認されるようになった。それは『浪速新内跡追《なにわしんないあとおい》』という一冊の書物からである。

この本は歌舞伎役者の芸評・位付を記した役者評判記の形にならったもので、大坂の神社境内で活動していた各種の芸人を評したものである。出版された年は明確ではないが、安永年間（一七七二～一七八一）の末頃とされている（中野三敏著『江戸名物評判記案内』岩波新書、一九八五年、中野三敏編著『江戸名物評判記集成』岩波書店、一九八七年）。

この本は題名のように、浪速新内の追善を意図したものであるが、その浪速新内とはどういう人であったか。評文を私見を加えて訳してみると次のようになろう。

『浪速新内跡追』

元禄よりは時代が下るが、この人は軽口の名人である。はじめは京都の（二代目）米沢彦八のもとで店（小屋）を助けていたが、いつの頃か、ふと大坂の天満天神の境内の中の店（小屋）へ看板を出した。次第に大坂の土地の気風や当世の気風を覚えて、多くの人を笑わせるようになり、今大坂において「軽口の名人」の名を残した。萌葱（黄緑色）の帯に印籠《いんろう》を下げ、小さな匕首《あいくち》を持って、こういう所での噺には普通猥雑なものが多いの

に、この人の噺は高尚に笑わせる。喉《のど》を内へすする（息を引いて声を飲み込むような?）癖があった。時流に乗った話題で人気を得ていた。目づかいに可笑しい所があり、あるいは楽屋から客を驚かせるような異形《いぎよう》の姿で出ることもあった。こういう演じ方を今は他の人もやっているが、もともとはこの人がはじめたことである。そのほか、口合雑談《ぞうたん》（ダジャレでつないでいく世間咄）などもこの人からはじまった。今でも芸人達がこの人の芸について言い伝えていることがたくさんある。「中興軽口の祖」と言っていいだろう。

新内は純粋に話芸に徹した芸人のようで、この人を落語の歴史からはずすわけにはいかない。はじめは京都の米沢彦八を助けていたというのであるから、上方落語の歴史の中に、しっかりと組み込まれる。ただし、この本に出てくる芸人達を見渡すと新内のような芸人は、足引清八とこの人だけである。本書序文には「浪華《ろうか》社竟《しやけい》（大阪の神社境内）の諸芸を評し」とあり、「諸芸」には「かるくち」と振り仮名がついている。軽口＝落語、軽口を演じる人＝落語家、こういう図式的な解釈は必ずしも成り立たないと思う。それは露の五郎兵衛のところで出した『都名物男』の文章に、「物まねを業として世をわたる者」が多数あがっており、その中の一人が露の五郎兵衛であったことを思い出す。

また、本書の序文には「往昔《そのかみ》、浪花遊才《なにわゆうさい》に続て露五郎、板市《いたいち》、勘七、新八などを先とし」とある。露五郎は露の五郎兵衛かとも思われるが、他の芸人達は、少なくともこれまでの落語史には登場しない人達である。軽口咄を主とした人を落語家の歴史に加えることに異論はないが、他芸の中に多少の滑稽な話芸を含める人まで、落語家に加えることはためらってしまう。たとえば、今日の寄席で考えると、太神楽・奇術などでも、本芸の間に観客をなごますしゃべりが入るのが普通である。しかし、落語家に勝る話芸を含んでいても、落語家とは区別されるだろう。そう思うのは、おそらく明治以降、われわれは落語家を純粋に咄を演じる芸人と限定しすぎてきたのではないかと思うのである。

芸人達の種々の芸

『浪速新内跡追』に登場する芸人たちの芸を抜き出してみよう【図3】。名前の後の〔　〕には主に活躍した神社を記している。

さくら井源七〔稲荷神社〕………敵討の噂、腹を抱えさす話

にしき半七〔御霊神社〕………影絵、万歳の気、女敵などの話

よし岡九八〔今は出ず〕………敵討、諸国の噂、小坊主を相手（万歳）、国太夫節、話、藪医の手柄話

つた谷八郎兵へ〔生玉〕………尺八のまね、話、法螺貝、糸車（?）、あぶり絵、そやきば（?）、役者物真似、浄瑠璃、歌祭文、にわ鳥・烏・馬のいななきの物真似、人形の身振り、子供芸の台詞、馬士諷《うた》、大人げない踊り、座頭の真似

足引《あしびき》清八《せいはち》〔生玉〕………かる口、噺

よし川千右衛門〔天神〕………門付けの踊り、文月の踊り音頭（盆踊り）、役者物真似、浮世物真似、浄瑠璃、国太夫節、噺、人形の身、当て振り

まと谷兵吉〔生玉〕………小坊主万歳、物真似せずしつとりとおちつひて弁事ばかり

たたみやよし松〔生玉〕………下がかりにて笑はせ、役者中山文七の道化（身振り・声色）、万歳の太夫

はな岡喜八〔天神〕………草木尽しの口上、ぞめき歌、噺

なには伊八〔天神〕………元来物真似師、今は軽口、噺

まとや和吉〔生玉〕………連れ節、噺、物真似

にしき平兵へ〔天神〕………物真似（犬、役者）、鼻算盤（珍芸?）、踊り、文作（頓作地口の類?）、噺

三ちや惣七〔天神〕………物真似（役者の顔）、口合・落詩《らくし》（狂詩?）・秀句、噺

　なには新内〔天神〕………中興軽口の名人、京の彦八の助演者、噺、口合雑談物真似・噺を中心としているが、万歳あり、講談に近い芸あり、浄瑠璃・国太夫節あり。まさに寄席芸の見本のようである。その中でも、本書の視点、「咄家と流行唄」の視点からいえば、つた谷八郎兵への馬士諷、よし川千右衛門の「文月の踊り音頭」、はな岡喜八のぞめき歌〔廓へ通う遊客の歌〕が注目される。

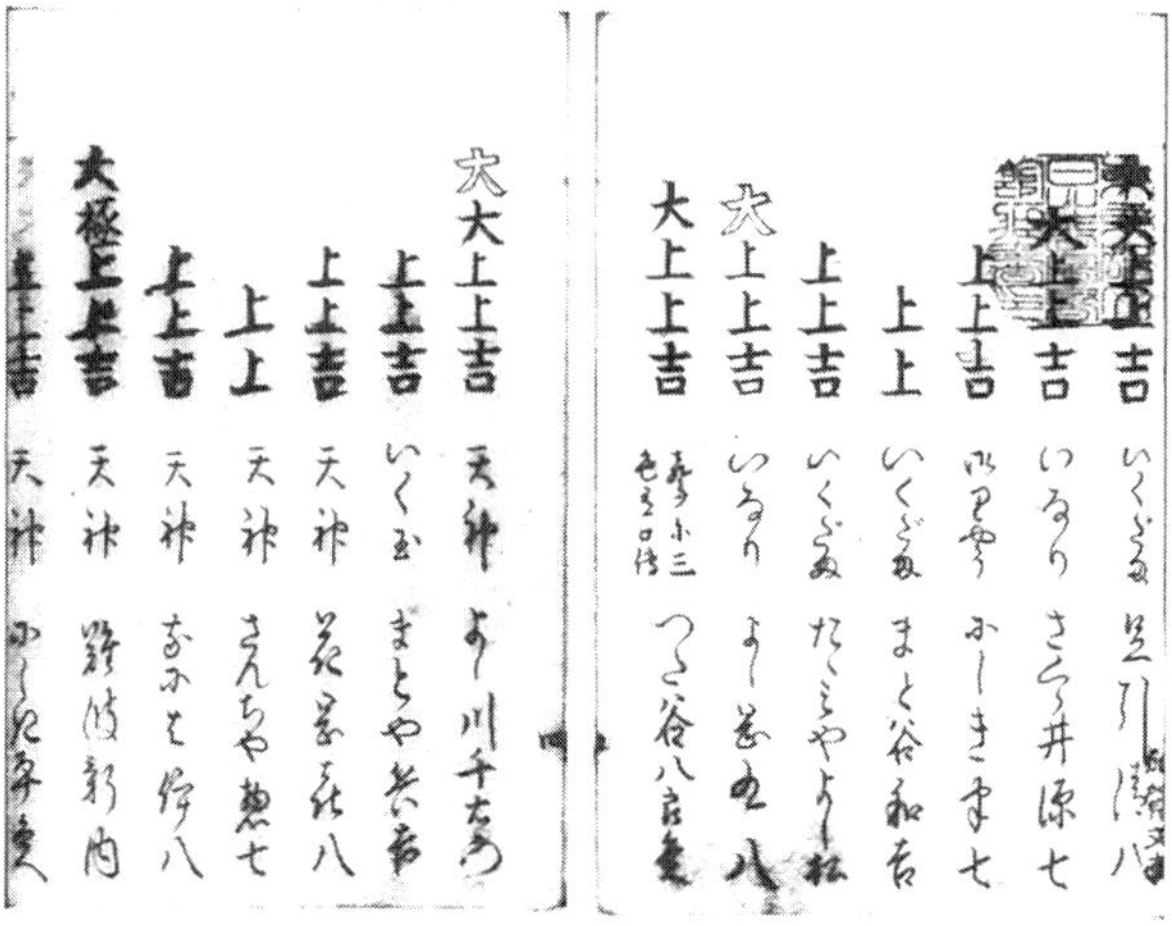

図3　大坂神社境内の芸人たち。『浪速新内跡追』、安永年間。小本。東京都立中央図書館特別文庫室加賀文庫蔵。翻刻は346頁。

　この本は東京都立中央図書館特別文庫室加賀文庫の所蔵で、『江戸名物評判記集成』に全文翻刻されている。その後、土居郁雄氏の研究（「江戸中期の上方落語家足引清八の芸態―『艶容女舞衣《はですがたおんなまいぎぬ》』生玉の段に見る―」『大阪の歴史』六九号、大阪市史編纂所、平成一九年）、中川桂氏の研究（「江戸中期上方話芸の様相―『浪速新内跡追』の再評価を中心に―」『演劇学論叢』一一号、二〇一〇年）なども出てきて、広く知られるようになった。土居氏は浄瑠璃「艶姿婦舞衣」（安永元年〔1772〕、豊竹座初演）の絵尽し（絵と簡略な文であらすじを記した本）や丸本（全段を記した浄瑠璃の台本）を調査された。現在は上演されない「生玉の段」では足引清八の一世一代の芸が披露されている【図4】。「艶容女舞衣」といえば、「酒屋の段」ばかりが有名であるが、この作品の上の巻幕開き、生玉の段では、当時の生玉神社境内

図4　足引清八の舞台。絵づくし『艶姿婦舞衣』、安永元年（1772）。早稲田大学演劇博物館蔵（ni24-00063）。翻刻は346頁。

の諸芸の様がよく描かれている。足引清八は『浪速新内跡追』では「軽口の古老」と呼ばれ、咄家に入れてよいと思われるが、ここでは謡・歌祭文・口上言いとの掛け合い・曲手鞠といった芸尽しが行われている。軽口だけではなく他の芸にも手を染めていたことがわかるが、足引清八という芸人の実在が証明されたといえよう。同時にこの発見は、『浪速新内跡追』という本の信憑性《しんぴょう》を高めた実に貴重な発見だった。

　中川桂氏は近年『江戸時代落語家列伝』（新典社選書六六、二〇一四年）を著し、「浪速新内と足引清八」の一章を設け、『浪速新内跡追』に出る芸人を詳しく述べられている。

　さて、浪速新内のあとはどうなったのか。この本に「なには伊八」が出てくる。この人は元来物真似を本芸としていたが、物真似の仕手が多くなったので、軽口咄を中心にして「新内の型」を真似て演じているという。師弟なのかどうかはふれられていない。

　その後、咄家の歴史に「なには」を名乗る人を知らない。しかし、この本の出た安永後期から約三十年後、文政年間、名古屋の芸能記録『見世物雑志』に、「浪花」「浪華」を名乗る人たちが多数出てくる。たとえば、文政三年（1820）四月「清寿院にて、浄るり跡小屋にて物真似」の興行に、「とんさく／咄物まね　浪花一八」とある。隣には「浮世かる口ばなし　都喜茂八」とある。その具体的な芸の内容はわからないが、肩書きからみれば咄家の内に含めてもさしつかえないように思う。浪花近松・浪花百々八・浪花仙吉・浪花理吉・浪花龍吉・浪花市八・浪花玉八などと出てきて、あたかも「浪花派」をつくりあげたような勢いを見せていた。もちろん、名古屋ゆえに「大坂下り」の芸人であることを強調したいためであろうが。

この頃には東清七のような、物真似師として大坂市中に名をとどろかした人も出ていた（33頁参照）。文政・天保の時代は物真似師と咄家は区別される時代になっていたといえよう。しかし、名古屋に出現した「浪花」を名乗る人たち（咄と物真似を共に演じる人たち）は、浪速新内とどこかで通じているようにも思われるのである。ともあれ、『上方落語の歴史』が「無名氏時代」と名付けた時代のことが、徐々に明らかにされつつあるといえるのではなかろうか。

実は『浪速新内跡追』には苦い思い出がある。大学院生時代、歌舞伎史を中心に調べていた頃、加賀文庫でこの本を見た。浄瑠璃の一種である国太夫節の資料として知られていたからである（近石泰秋「浪花新内跡追」『演劇研究会　会報』第八号、昭和四四年）。見たけれども、時間に余裕のない東京の図書館での調査であったため、きちんと読まなかった。目の前を通り過ぎてしまったのである。『古今東西落語家事典』編纂の際には、その悔恨の情を込めて一項目を立てることにした。

三、天保・幕末の群雄出現――はなし家見立番付をどう読むか

松田弥助・桂文治

『浪速新内跡追』は安永期の神社境内における芸人たちの動向を教えてくれたが、落語史の上では、この頃素人の創作落語の会が催され、その咄本が多数出されている。安永の次の年号、天明期には下火になるが、さらに次の寛政になって再び盛んとなり、以後も素人はなしの名人も出て話芸への関心は高まっていく（武藤禎夫編著『未翻刻安永期上方咄会本・六種』近世風俗研究会、昭和四八年、解題など）。

玄人の咄家としては、寛政期（寛政は一三年まであり、一二年が西暦一八〇〇年）に京都から、松田弥助が大坂に下って御霊神社で、さらにその弟子の初代桂文治も下って座摩神社で興行を始めた。弥助には弥七・二代目弥助・弥八・弥六などの弟子がいたが、名前だけでそれ以上のことはわからない（『上方落語の歴史』所収「素人はなし見立角力」の頭取の項）。

初代文治はいうまでもなく「桂」の祖、今日の東西落語界に大きな勢力を張る「桂」の元祖である。この人のことも肥田晧三氏はじめ、落語史の研究者が詳しく調べられ、新出の咄本などを宮尾與男氏が精力的に紹介された（宮尾與男著『上方舌耕文芸史の研究』勉誠出版、平成一一年）。肥田晧三氏所蔵の法善寺境内での興行番付は、大阪芸能懇話会編『藝能懇話《げいのうこんわ》』創刊号の巻頭を飾られた。文治が文化十三年（1816）、旅先の三重県四日市で没したことは、関山和夫氏による墓石の調査で確認された（『上方芸能』六二号）。

桂文治は知られている咄本の数も抜群で、上方落語の歴史上偉大な足跡を残した。話芸としての落語の発展・成長を考える上では、大きく扱うのが当然である。この人は本格的な道具入り芝居咄を得意としていたことから、賑やかにお囃子・鳴り物の入ったことはいうまでもない。興行番付にも「はやし方」として芳村東五郎・桂木文吉・市山千蔵・花崎矢寿・松村清治の五名の名があがっている。「芳村」「市山」の姓から見て歌舞伎関係から出た人たちのように思われるが、それ以上のことは知らない。咄本を通読するかぎりでは、「咄家と流行歌」の関係は、何も見つけていない。

なお、初代文治と同時代の人物で気になる人もある。『上方落語の歴史』口絵写真の「素人はなし見立角力」(刊年なし、文化頃、泉卯板)には、素人咄家の他に、行司の位置に「桂文治・桂文吉・桂文京・桂文三・桂文蝶・桂文士」の桂の一派があり、世話人・頭取の位置に「松田弥七・松田弥六・杢(松)田弥八・二代松田弥助」の松田一派の名前がある。この世話人・頭取の位置にある松田派以外の人の中にも、咄家に近い人がいた可能性を、『上方落語の歴史』はすでに示唆している。

初代弥助はもとより、その門流もみな咄をもって渡世とした純プロであろうが、同じく頭取欄に坐っている松田(松本の誤植)金治、岡本孝内、大川甚兵衛、柳里石の面々もそうではなかったろうか。

(『上方落語の歴史』「二代続いた松田弥助、その他」)

今後の研究のために、もう少し補足してみたい。勧進元の「庚申待右衛門」、差添人の「御伽川弁之助」は、素人咄が庚申待ちの夜、伽として弁ぜられることを、相撲取の名をもじって作った架空の人物と見て除外する。しかし、世話人・頭取欄にあがる人は実在の人物と考えている。歌舞伎役者の見立番付を多く見てきた立場からいえば、見立番付は厳密にいえば問題を含んでいるが、大略は正確で、多量の情報を与えてくれるものだと思っている(拙著『上方板歌舞伎関係一枚摺考』清文堂出版、一九九九年)。

世話人・頭取にあがっている人物をすべて記してみよう。

つる井清七・あたご亀・宮川新五・かゞ辰・あめ政・松田弥六（以上、東方世話役）
松本金治・ちん亀・岡本孝内・すゞ市・松田弥七（以上、東方頭取）
花澤吉兵衛・大三・べに屋・箱宗・さくら鬼勇・大川二九八（以上、西方世話人）
大川甚兵衛・すぎた弥助・杢田弥八・柳里石・河内善萬・二代松田弥助（以上、西方頭取）

となる。

これらの人はほとんど他の資料を知らない。そのため、実在もあやぶまれるが、架空の人物ではないと見ている。ちん亀は名古屋の芸能記録『見世物雑志』の文政元年（1818）二月、柳薬師前で行われた「軽口咄興行」に、「浪華珍亀」と出てくる人物と同じであろう。

また、花澤吉兵衛には摺物が残っている。「ちごくこん立　大坂舌者　花澤吉兵衛」（肥田晧三氏蔵）は、献立書きをもじってありそうもない料理や菓子などを集めた戯文である【図5】。はじめの一部を読んでおこう。

つき出し
疱瘡《ほうそ》子の関東煮《かんとに》（疳）
夜尿《よばり》たれの浸《〔した〕》し物
すゞり蓋
赤子のあみ塩辛（アミエビの塩辛）
芥子坊主の小串（小さい串を刺して焼いたもの、蒲焼きの小さいもの？）
風呂屋の煮抜き（ゆで卵）
心中　塩漬け（御法度の心中者は塩漬けにして晒す）

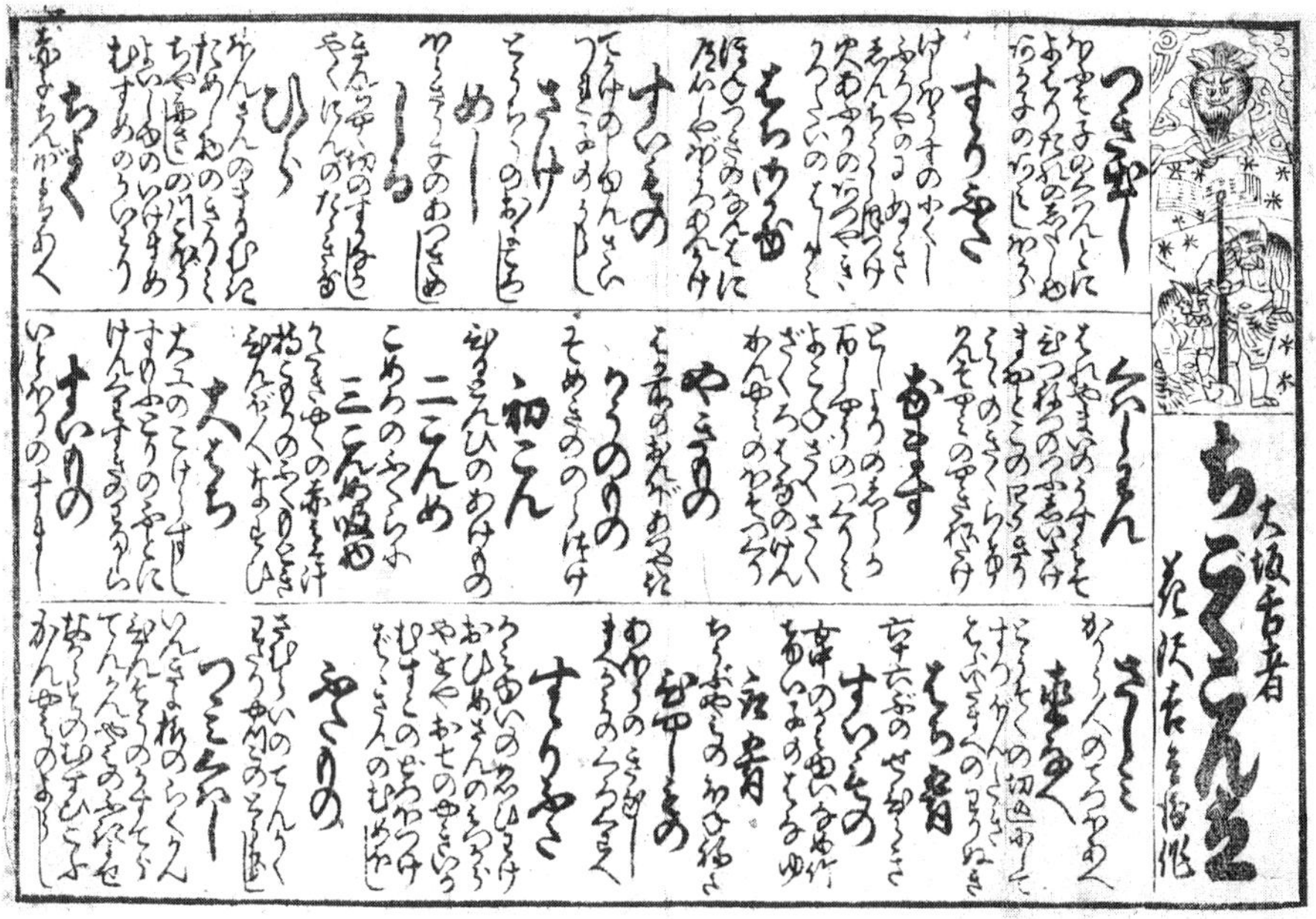

図5　大坂舌者花澤吉兵衛。一枚摺「ちごくこん立」。半紙全紙。肥田晧三氏蔵。翻刻は347頁。

火あぶりの厚焼き（熱焼き）
癩《かつたい》（ハンセン病患者）の薑《はじかみ》

料理献立表をもじっていく手法は、歌舞伎関係では「繁栄振舞花献立」（文化一〇年〔1813〕か、『許多《あまた》脚色帖《きやくしよくじよう》』）、「中村歌右衛門大当献立」（文化一三年か、『許多脚色帖』）、「嵐橘三郎五十日献立」（文政四年〔1821〕か、『許多脚色帖』）なども知られており、際だって珍しいわけではない。しかし、この一枚の貴重なところは、花澤吉兵衛を「大坂舌者」とはっきり書いているところである。後にふれる（140頁）月亭生瀬の「地ごくのこん立」に先立つ作品としても大いに注目されよう。この人は「忠臣蔵名よせ」と題する戯文の一枚摺（京都府立総合資料館蔵『幕末明治初年民俗資料』）も残している。忠臣蔵の登場人物がでたらめに出てきて、最後口合の落ちをつけた小咄である。

見立番付類の中の咄家

桂文治以降上方の落語界はどうなったのか。新聞

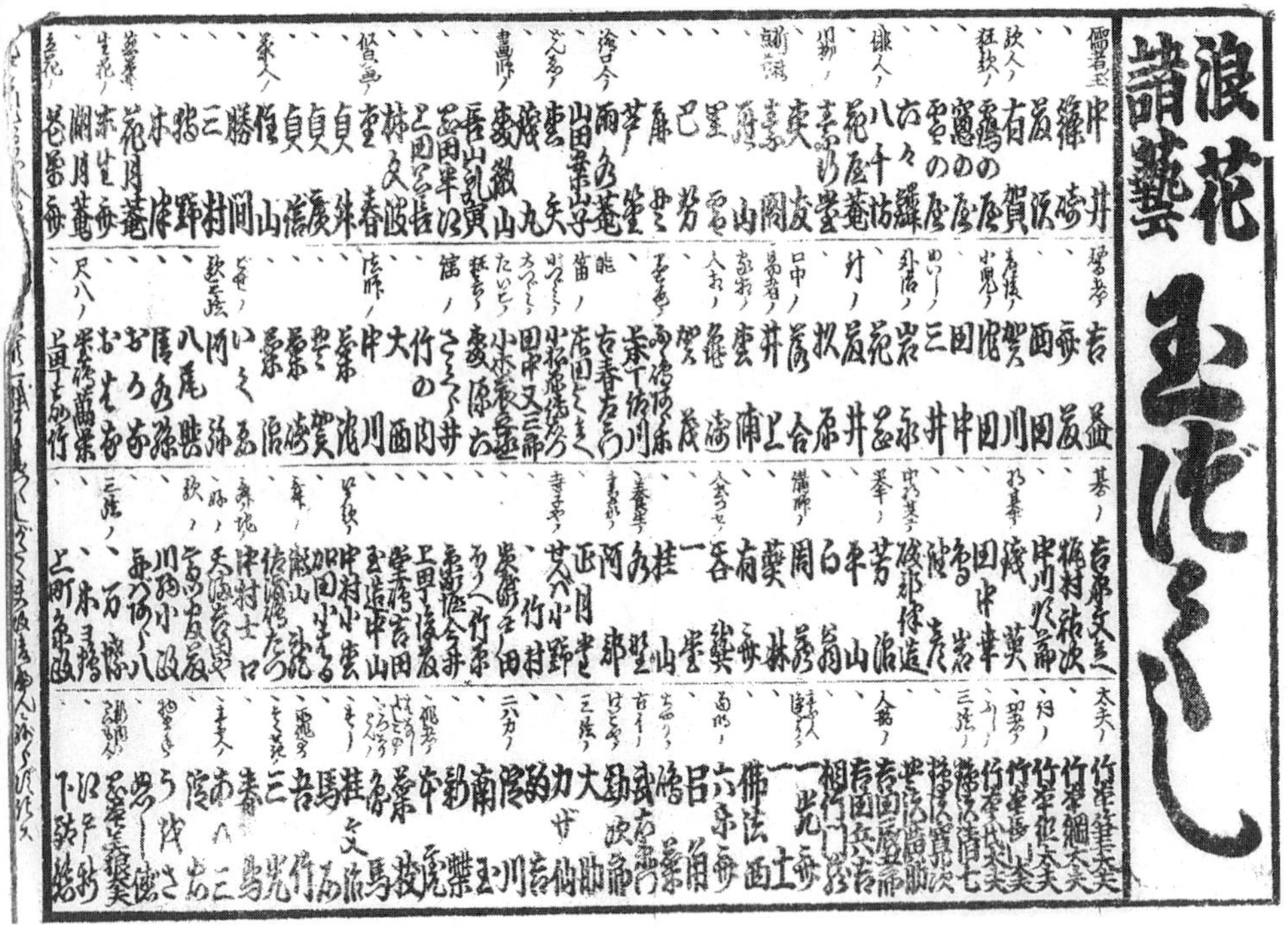

図6　一枚摺「浪花諸芸　玉づくし」（『浪花みやげ』所収）。半紙半裁。架蔵。翻刻は347頁。

記事が残るようになる明治十年頃までの間はよくわかっていない、という状況は今もさほど変わっていない。そこを可能なかぎり追究しようというのが本書の狙いである。

『上方落語の歴史』の中の「文政・天保の群雄、諸派の発生」の章に、『浪花みやげ』（河内屋平七板）二編五所収の「浪花諸芸　玉づくし」（天保一一年〔1840〕子之八月）が引用されている。「大阪落語」では、その該当部分が写真版で大きく紹介されてもいる。今日ではよく知られたものであるが、この時期の上方の咄家を考える時、基本となるものなので、できるだけていねいに見ておきたい【図6】（四段目左から14行目～6行目）。

はなし　よしこのノ　菊　枝
〃　とつちりとんノ　円　馬
〃　すノ　桂文治
〃　　馬　石
〃　所作事ノ　吾　竹

〃　そくせきノ　三　光
〃　春　鳥
〃　素人ノ　あは三
〃　淀　忠

この「浪花諸芸　玉づくし」に関して、少し説明しておこう。『浪花みやげ』というのは天保・幕末の時期に大坂で出された本で、内容は見立番付（相撲番付を真似て、大関・関脇というように位付した一枚摺）が主である。ほかに謎々や文字遊戯、一口噺、名所旧跡案内、人物誌など、さまざまなものを大型半紙の半分に印刷し、だいたい三十枚をまとめて一冊にしたものである。刊年のあるものは、天保十一年十二年とあるのが古く、明治になっても同種のものが作られ、明治十四年（1881）大阪赤志忠七（忠雅堂）板なども知られている【図7】。多治比郁夫氏が「書肆四題」（混沌会編『混沌』五号）の中でこの本の諸版について述べられた。わたしも何種か所持しているが、とにかく諸版が入り乱れており、ここでは深入りしないこととする。

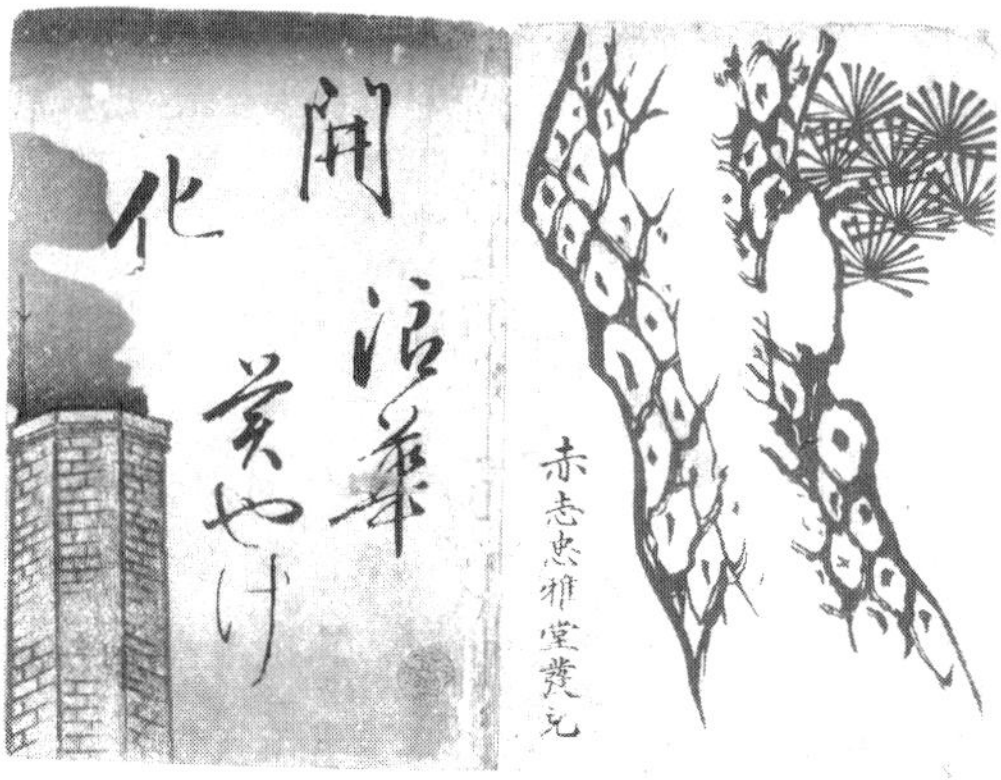

図7　『開化浪華みやげ』の表紙・裏表紙。半紙半裁。架蔵。

その『浪花みやげ』に「浪花諸芸　玉づくし」が出てくる。当時の大坂の著名な人や店を集めた名寄せである。儒者からはじまり、歌人・狂歌・俳人・川柳・雑俳点者・絵口合《えぐちあい》・鈍絵《どんえ》・絵師・似顔絵師（浮世絵師）、茶人・煎茶・生花・立花と続く。

二段目は各科の医者、易者の類、能シテ、能囃子方、狂言・謡・法師（地歌）・瞽女・歌三弦・尺八。

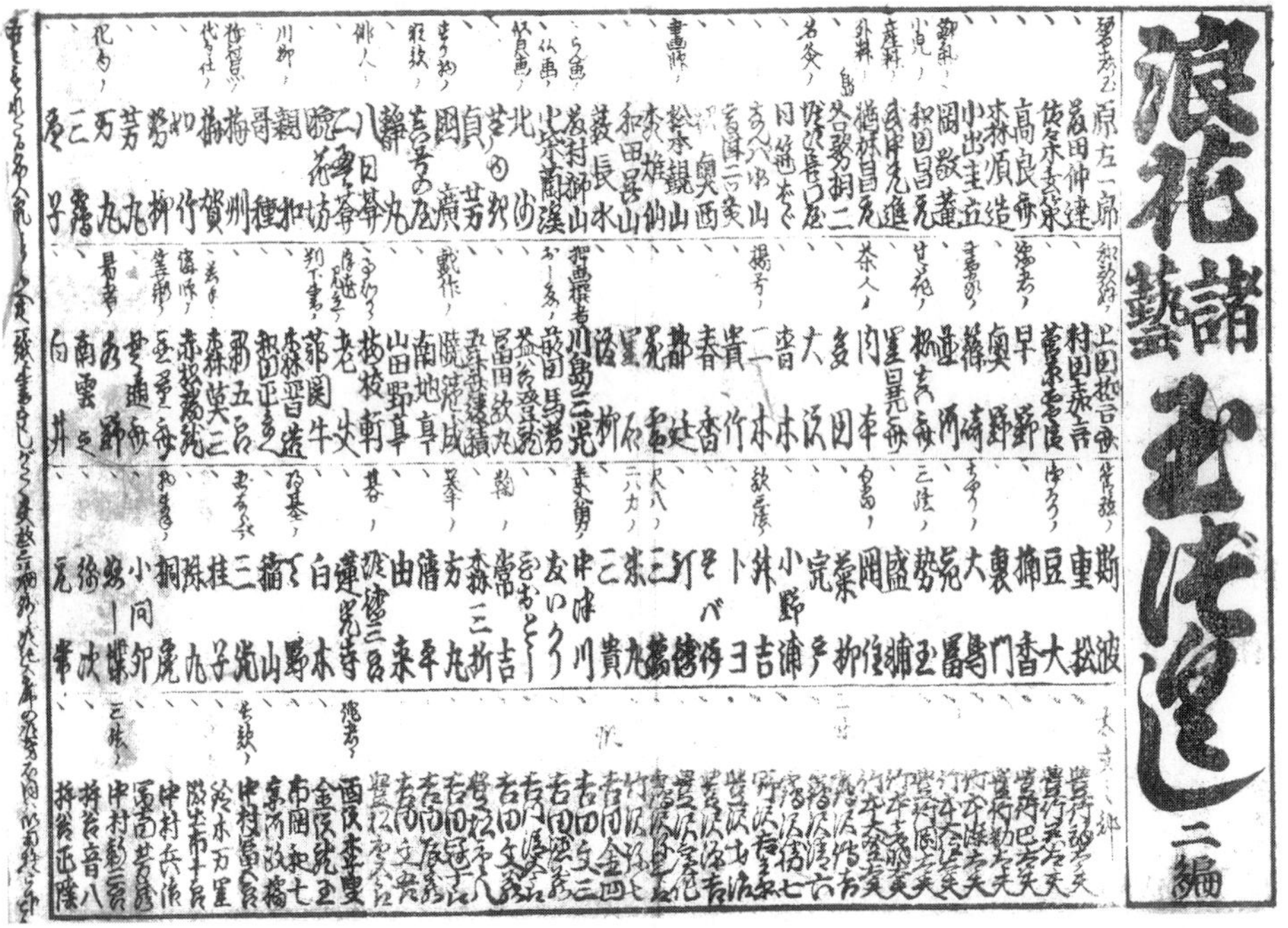

図8　一枚摺「浪花諸芸　玉づくし　二編」（『浪花みやげ』所収）。半紙半裁。架蔵。翻刻は348頁。

三段目は碁・将棋・拳。講談は講師の周蔵《しゅうぞう》・燕林《えんりん》・有斎《ゆうさい》、人寄せの呑龔《どんきょう》・一堂《いちどう》・桂山《けいざん》。「養生ノ　水野」（今は病気養生している？）。書家・寺子屋・江戸歌・舞・舞の地・舞好き、歌・三味線。

四段目は芸能関係が並ぶ。浄瑠璃太夫、浄瑠璃三味線、人形遣い、素人浄瑠璃、稽古屋・稽古屋三味線と続き、次にニハカ（俄）の淀川《よどがわ》・南玉《なんぎょく》・新蝶《しんちょう》、俄作者の本虎《ほんとら》があって、このあとに「はなし　よしこのノ菊枝」と咄家名が続いて出てきているのである。素人噺の粟三《あわさん》・淀《よど》忠《ちゅう》のあとには、物まねのうおさ・ぬし徳、新内祭文の岡本美根太夫・江戸新・下駄熊とあって、この一枚が終わっている。

実は「浪花諸芸　玉づくし」には二編もある【図8】。林英夫・芳賀登編『番付集成』（柏書房、昭和四八年）所収のものには天保十二巳之正月改正新版と刊年が残っており、医者の類、絵師の類、狂歌・俳人、雑俳の類／和歌好・儒者・

書家・生花・茶人・楊弓・押し絵の類、戯作者の類、版下書き・講談・算術・易者／管弦・素人浄瑠璃の類、三弦・勾当・歌三味線・尺八・ニワカ・素人相撲・鞠・拳・碁・将棋・五ツならべ・物まね／歌舞伎役者（刊年のない後摺本では浄瑠璃太夫・三味線・人形遣に替わる）・作者・長歌・三弦が並べられている。

講談は赤松瑞龍《あかまつずいりゅう》、俄師は米丸《よねまる》・三貴《さんき》、物まね師は桐虎《きりとら》・小間卯《こまう》・ぬし蝶・綿次《わたじ》・元常《もとつね》の名があがるが、咄家は出てこない。「諸芸」の「芸」は「才能・能力」という意味で、今日の感覚とは異なることに気づくであろう。

玉づくし

そもそも「玉づくし」という一枚摺はどういう性格のものなのか。文化頃からの流行と思われ、『浪花みやげ』の中には他に、持丸長者や各種の名店を集めた「浪花市中はんじやう家　玉づくし」もある。光かがやく「玉」を集めた名寄せである。

わたしの見た古いものでは、「みがきたる　うゑにもみがく　玉づくし」（大和屋茂兵衛・津国屋治兵衛板、東京都立中央図書館特別文庫室加賀文庫蔵、「文化十二」〔1815〕の墨書あり【図9】。大阪府立中之島図書館蔵『保古帖』にもあり）がある。そこには大衆芸能関係では「ニワカノ　弁連《べれん》」「同　いつ吉（泉吉）」「ものまねノ　天安《てんやす》」「はなしノ　桂文治」「同素人ノ　上町一九《うえまちいっく》」「辻能　堀井仙介」「講釈ノ　天山（吉田天山）」「同　守口如瓶《じょへい》」「開帳縁起　呑《どん》龍《りゅう》」などと出てくる。落語は初代桂文治が代表して一人だけ出ている。素人噺の「上町一九」は、上町の住人で浪花一九と呼ばれ、肥田晧三氏の「大阪落語」に詳しく紹介されている。『江戸落語　誕生と発展』（延広真治著、講談社学術文庫、二〇一一年）の解説「上方落語史の視点から」でわたしも触れたことがある。本業は提灯屋ながら咄本を作り、俄の作もし、絵口合・冠句《かさづけ》・雑俳の点者（宗匠・先生）でもあった。当時大坂の著名人の一人である。

開帳縁起とは、寺の秘仏霊宝の一般公開をもじって、日用品などで作った仏像などの造り物を見せる「おどけ開

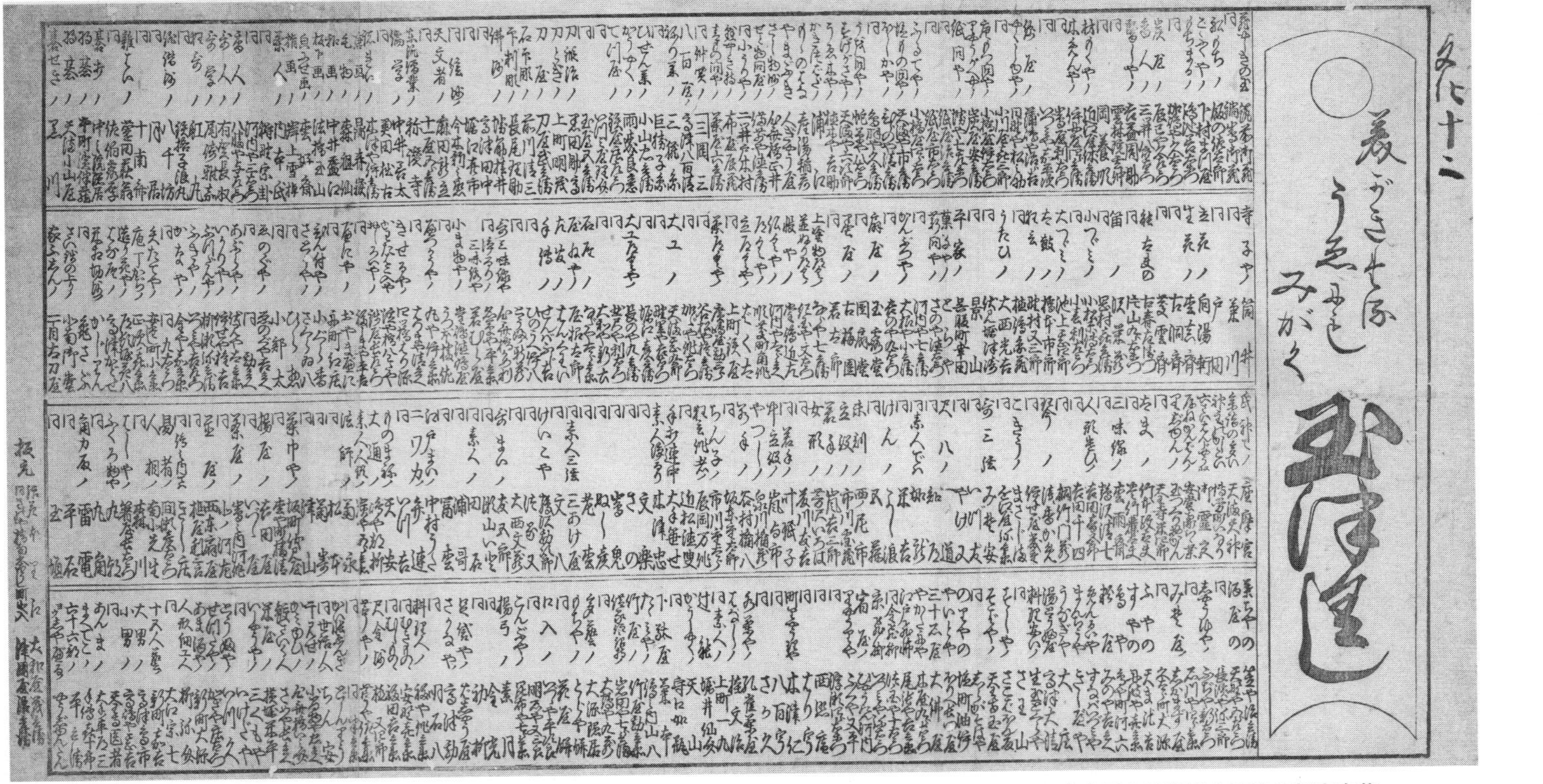

図９　一枚摺「みがきたるうゑにもみがく　玉つくし」。文化12年（1815）の墨書あり。半紙全紙。東京都立中央図書館特別文庫室加賀文庫蔵。
翻刻は350頁。

張」という見世物である。それには俄師などがおもしろおかしく説明をつける。咄家に近い芸人ともいえ、呑龍はおどけ開帳の名人だった。

「大新板　亥載　細吟　浪華玉づくし」（塩屋三郎兵衛・淀屋藤兵衛板、東京都立中央図書館蔵『葩籬満前』〔「はりまぜ」と読むか〕、大阪府立中之島図書館蔵『保古帖』）も文化十二年亥年（1815）のものと思われる。役者連名の中に「うけのよい　中村鶴介」があるからである。鶴介（鶴助）は文化十年に鶴助となり、文政八年（1825）十一月に二代目中村芝翫となり、後に四代目中村歌右衛門を襲名する人である。この「浪華玉づくし」から大衆芸能関係者を拾うと、能弁の呑龍軒（先の呑龍と同一人）、俄の村上《むらかみ》・為五郎《ためごろう》、咄の一九（先の上町一九）、道具噺の桂文治、長咄の不二尺（ふじしゃく?）、おどけ開張のシケ・袖岡《そでおか》などが出てくる。文治は当然初代で、「道具噺」としているのが注目される。今日言う道具入り芝居噺の類であろう。長咄は「大阪落語」に詳述されているように、狂言作者芝《しば》屋《や》司叟《しそう》（司馬芝叟《しばしそう》、文化六年〔1809〕以前没）が有名であるが、不二尺は次の世代の人であろう。

文化十三年子の夏大新板の題名不明（題名の部分削除、「玉つくし　二編」か、板元不明、大阪府立中之島図書館蔵『保古帖』）もあるが、これには歌舞伎関係の人名は多く出るが、大衆芸能関係は出てこない。わずかに神道講釈の伊達大和《だてやまと》・羽田先生が見られるのみである。

『番付集成』に刊年不詳ながら（文化末か文政はじめか）「なみならでよるや　浪花の玉づくし」があり、ここには咄家は出てこないが、「にわかの　べれん（弁連）」「物まねいい　てん安（天安）」が出ている。

刊年不明・板元不明で、題名部分に破れもある「玉づくし　見立三〔幅対〕」（東京都立中央図書館蔵『葩籬満前』）には、顔似せ（物まね、顔芸）の東清七、俄の弁連、物まねの天安などのあとに、咄の桂文〔治〕が出てくる。東清七は寛政から文化にかけて大坂で活躍した物まねの名人であった。十返舎一九の『道中膝栗毛』八編下（文化六年〔1809〕）、例の弥次郎兵へ喜多八が訪れた生玉神社、「境内に田楽茶屋たてつゞき、見せもの、はみがきうり、女祭文、東清七がうき世ものまね」と出てくる。「浮世物真似」といえば、露の五郎兵へや米沢彦八を思い出すが、文化の頃には物真似と咄の区別ははっきりついていたと思われ、この人が咄家の歴史に入り込むことはない。しかし、大坂の大衆芸能史では忘れてならない一人であった。

文政十二丑年（1829）「左海《さかい》市中　玉つくし」（板元不明、大阪府立中之島図書館蔵『保古帖』）は大坂に隣接する堺の玉づくしである。ここには「物まね　あこぜん」「ニハカ　苧長」「はなし　日の嘉」「同　釣かね」「人形師柳」「造り物　米源」「諸細工　寛二」と、咄や見世物につながる人名も出てきているが、当然堺の人達であろう。

その他、大衆芸能に直接関係しない「玉づくし」も列挙すると、文政五午歳大新板「浪花市中はんじやう家　玉づくし」（梅村板、東京都立中央図書館蔵）は『浪花みやげ』の「浪花市中はんじやう家　玉づくし」の元になったものと思われ、文政八酉の年「大日本神社仏閣名所産物　玉づくし」（本屋安兵衛板、梅花女子大学図書館蔵）は、その名のとおり、諸国の名所・名物を集めたもの。文政九年四月「大日本名高家　商人玉づくし」（塩屋三郎兵衛板、東京都立中央図書館蔵『葩籭満前』）も商人一覧で芸能とは縁がない。嘉永二酉年（1849）の「浪華商売家　流行大繁栄　他国取引録　玉づくし」（『番付集成』）にも、芸能関係の名は見えない。これ以降も見立番付の変型で名家・名人の名寄せは続いていくが、「玉づくし」という呼び方はなくなっていくようである。

「浪花諸芸　玉づくし」の咄家

そうした「玉づくし」の性格を踏まえて、改めて見てみよう。「はなし　よしこのノ　菊枝」は落し咄も演じ、よしこのも売り物にする菊枝（林屋）の意味であろう。同じく「はなし　とつちりとんノ　円馬」は落し咄も演じ、とつちりとんを得意とする円馬、「はなし　すノ　桂文治」は、歌などの音曲は入らない咄を得意とする桂文治（天保一一年の時期を考えると三代目）。「〃　馬石」は三代目文治と同じく、素の咄を得意とする咄家。「はなし　所

作事ノ　吾竹」は咄もするが歌舞伎の「所作事」（舞踊）も得意とした吾竹（笑福亭）と解釈しておく。「はなしそくせきノ　三光」は、咄とともに題を客からもらって即席の創作咄を演じる三光（のちの立川三玉斎か）、同じく「〃　春鳥」は咄と即席咄を演じる春鳥。「はなし　素人ノ　あは三」「〃　淀忠」は『上方落語の歴史』の口絵写真、文政元寅八月大新板「浪花素人はなし見立角力」の「東ノ方小結　長堀　粟三」、「西ノ方　大関　道修丁　淀忠」のことであろう。馬石・春鳥は『落語系図』に出てこない人である。ここで威力を発揮するのが、天保十四年（1843）卯ノ九月改正「浪花昔はなし見立角力」（板元不明、和多正　筆）という見立番付である。『日本庶民文化史料集成　第八巻　寄席・見世物』（三一書房、昭和五一年）、「第四部　番附」（延広真治氏解題）に写真版が載っている。東京都立中央図書館所蔵の『葩籬満前』という一枚摺を集めた貼り交ぜ帖の一枚。ここに二人の名は出てくる。手ずれで読みにくいところもあったが、肥田晧三氏所蔵の一枚はその部分もはっきり読める【図10】。『落語系図』に載っていない名前が続々と出てくるのである。

天保十四年の見立番付【図10】

天保十四年卯ノ九月改正　此外ニ数多あれ共組合悪き故除キ候　尤　筆上ミ筆下モなし
浪花昔はなし見立角力

大関　花枝房円馬　　前　桂　文笑　　前座　花房　勢馬
関脇　林屋　菊枝　　同　林屋　木鶴　　同　かつら文三
小結　笑福亭勢楽　　同　桂　文枝　　同　笑福亭吾楽
前頭　春亭　馬石　　同　笑福亭吾朝　　同　春亭　馬鳥

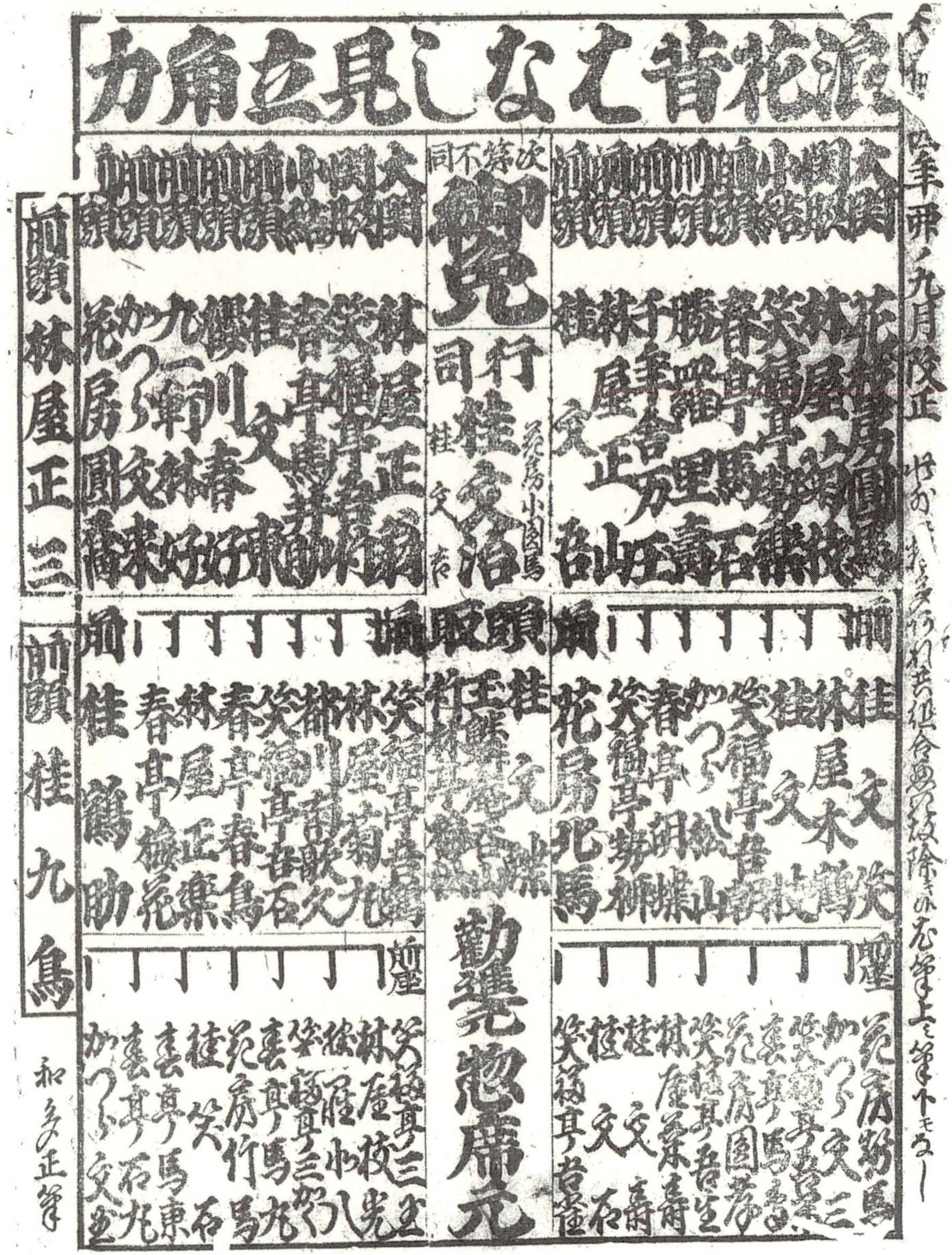

図10　一枚摺「浪花昔はなし見立角力」。天保14年（1843）刊。和多正筆。半紙全紙。肥田晧三氏蔵。

前頭　勝羅　里寿
前頭　千年舎万玉
前頭　林屋　正山
前頭　桂　文吾

次第不同　行司

御免

大関　林屋　正翁
関脇　笑福亭吾竹
小結　春亭馬井助
前頭　桂　文東
前頭　桜川　春好
前頭　九一軒林好
前頭　かつら文来

同　かつら松山
同　春亭　胡蝶
同　笑福亭勢柳
前　花房　北馬

頭取

桂　文蝶
花房小円馬

桂　文治

玉鱗庵呑山

桂　文吉
竹林亭梅松

前　笑福亭吾鶴
同　林屋　菊丸
同　都川南歌久
同　笑福亭吾石
同　春亭　春鳥
同　林屋　正楽
同　春亭　梅花

同　花房　円孝
同　笑福亭吾生
同　林屋　菊寿
同　桂　文寿
同　桂　文石
同　笑福亭吾雀

勧進元　惣席元

前座　笑福亭三玉
同　林屋　枝光
同　勝羅　北八
同　笑福亭三かく
同　春亭　馬丸
同　花房　竹馬
同　桂　笑石

前頭　花房　円喬　　前　桂　鶴助　　同　春亭　馬東
同　春亭　石丸
同　かつら文玉
（張出）前頭　林屋正三　（張出）前頭　桂　九鳥　　和多正　筆

この見立番付により、先の円馬は花枝《はなし》房《ぼう》円馬であり、馬石は春亭《しゅんてい》馬石《ばせき》（文政元年「浪花素人はなし見立角力」東方前頭筆頭の馬石と同一人か）、春鳥は春亭《しゅんてい》春鳥《しゅんちょう》とわかる。「春亭」の読みは「はるてい」の可能性も残るが、音読みして「しゅんてい」としておく。春亭の一派、花枝房・花房の一派が当時隆盛をほこっていたことを知り、『落語系図』を絶対的なものと信頼、信奉していた者としては愕然《がくぜん》となる。

この番付で「桂文枝」の名が見えることも、上方落語史の上で重大な意味をもつ。ちょうどかすれて読みにくい所だったが、肥田本で確認することができた。この件については後の桂文枝の項で詳しく述べたい。なお、「和多正　筆」の和多正は、表記はまちまちであるが、和田正兵衛。当時歌舞伎の番付・見立番付など、一枚物に多数関わっていた筆耕（板木を彫刻するための板下を清書する人）である。この人については『混沌』第二十四号（混沌会編、平成一二年）に、「和田正筆京都板歌舞伎番付」として述べたことがある。要約すると、本書で多数扱う薄物の唄本の板元「松屋町通二つ井戸　わた正」であり、天保頃の歌舞伎番付の板下《はんした》の文字も、ほとんどこの人のものと言ってよいのではないかと推定した。

嘉永六年の見立番付

もう二枚咄家の見立番付を見ておこう。一枚は東京都立中央図書館特別文庫室加賀文庫蔵『諸番付帖』所収の見立番付で、『日本庶民文化史料集成』にある嘉永六年（1853）のものである【図11】。ほとんどくずしていない字体

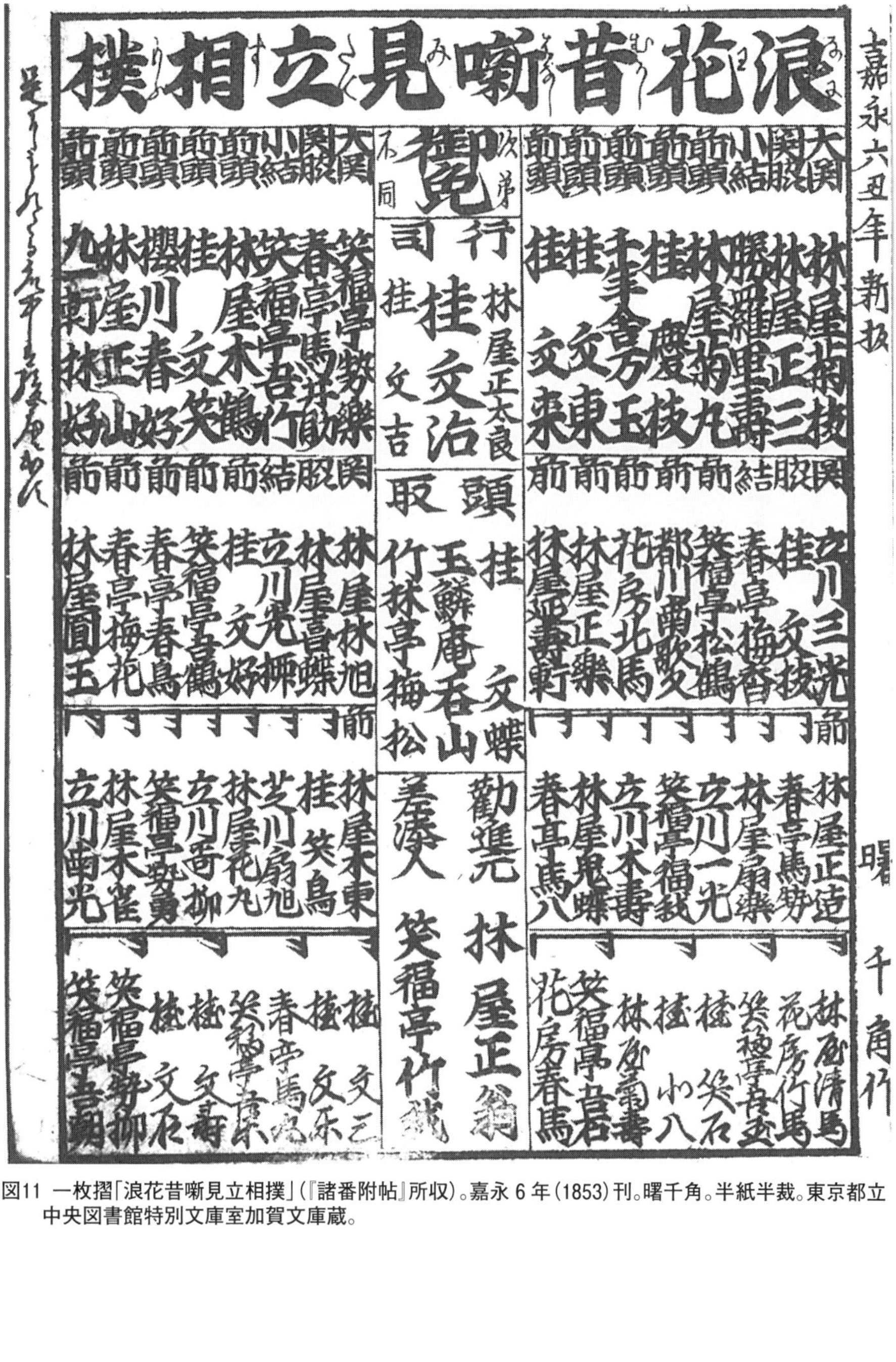

図11　一枚摺「浪花昔噺見立相撲」(『諸番附帖』所収)。嘉永６年(1853)刊。曙千角。半紙半裁。東京都立中央図書館特別文庫室加賀文庫蔵。

であるが、活字と違って読みづらい文字も混じっているため、念のため翻刻しておく。

嘉永六丑年新板
浪花昔噺見立相撲　　曙　千角　作

大関　林屋　菊枝	関　立川　三光	前　林屋　正造	同　林屋　清馬
関脇　林屋　正三	脇　桂　文枝	同　春亭　馬勢	同　花房　竹馬
小結　勝羅　里寿	結　春亭　梅香	同　林屋　扇楽	同　笑福亭吾玉
前頭　林屋　菊丸	前　笑福亭松鶴	同　立川　一光	同　桂　笑石
前頭　桂　慶枝	前　都川南歌久	同　笑福亭福我	同　桂　北八
前頭　千年舎万玉	前　花房　北馬	同　立川　木寿	同　林屋　菊寿
前頭　桂　文東	前　林屋　正楽	同　林屋　鬼蝶	同　笑福亭吾石
前頭　桂　文来	前　林屋延寿軒	同　春亭　馬八	同　花房　春馬

次第不同　行司　頭取

御免　林屋正太良　桂　文蝶　勧進元　林屋　正翁
桂　文治　玉鱗庵呑山　差添人　笑福亭竹我
桂　文吉　竹林亭梅松

大関　笑福亭勢楽	関　林屋　林旭	前　林屋　木東	同　桂　文三
関脇　春亭馬井助	脇　林屋　喜蝶	同　桂　笑鳥	同　桂　文楽
小結　笑福亭吾竹	結　立川　光柳	同　芝川　扇旭	同　春亭　馬丸
前頭　林屋　木鶴	前　桂　文好	同　林屋　花丸	同　笑福亭吾楽
前頭　桂　文笑	前　笑福亭吾鶴	同　立川　歌柳	同　桂　文寿
前頭　桜川　春好	前　春亭　春鳥	同　笑福亭勢勇	同　桂　文石
前頭　林屋　正山	前　春亭　梅花	同　林屋　木雀	同　笑福亭勢柳
前頭　九一軒林好	前　林屋　円玉	同　立川　南光	同　笑福亭吾朝

是にもれたる衆中は後篇に出す

先の「浪花諸芸　玉づくし」に即席の三光とあったが、この番付になって、立川三光はじめ「立川」派がはっきり認められる。ただ、三光が東の二段目の関（大関の略）に位置するのが、やや気になる。この位置は歌舞伎の見立番付では中芝居《ちゅうしばい》（大芝居に次ぐ二流の芝居）の実力者の座る所であり、先の「浪花諸芸　玉づくし」の扱いに比べると低すぎる。あるいは代替わりしているかもしれない。

今日につながる桂文枝・笑福亭松鶴の名が東方二段目に並んで見られるのも注目されよう。最後に後篇の予告がついているが、後篇が出たかどうかは不明。見立番付では、関係者からの苦情を予測して、こういう断り書きはごく普通に見られるものである。

作者の曙千角はこの種の見立番付や大津絵節の薄物の唄本に見かける名であるが、それ以上は知らない。「曙近《あけぼのちか》く」の意味を込めた名と思われ、当時大坂で著名な著述家・暁鐘成（あかつきのかねなる、あかつきかねなり）を強く意識した筆名と思われる。

安政頃の見立番付

もう一枚、よく知られている安政頃の見立番付も確認しておく【図12】。五代目笑福亭松鶴（竹内梅之助）編『上方はなし』第二十集に載る「大昔の（上方）落語番付」のことである。写真版の原本は手書きのものと思われ、大関・関脇などの位が省略されているが、形は明らかに見立番付である。

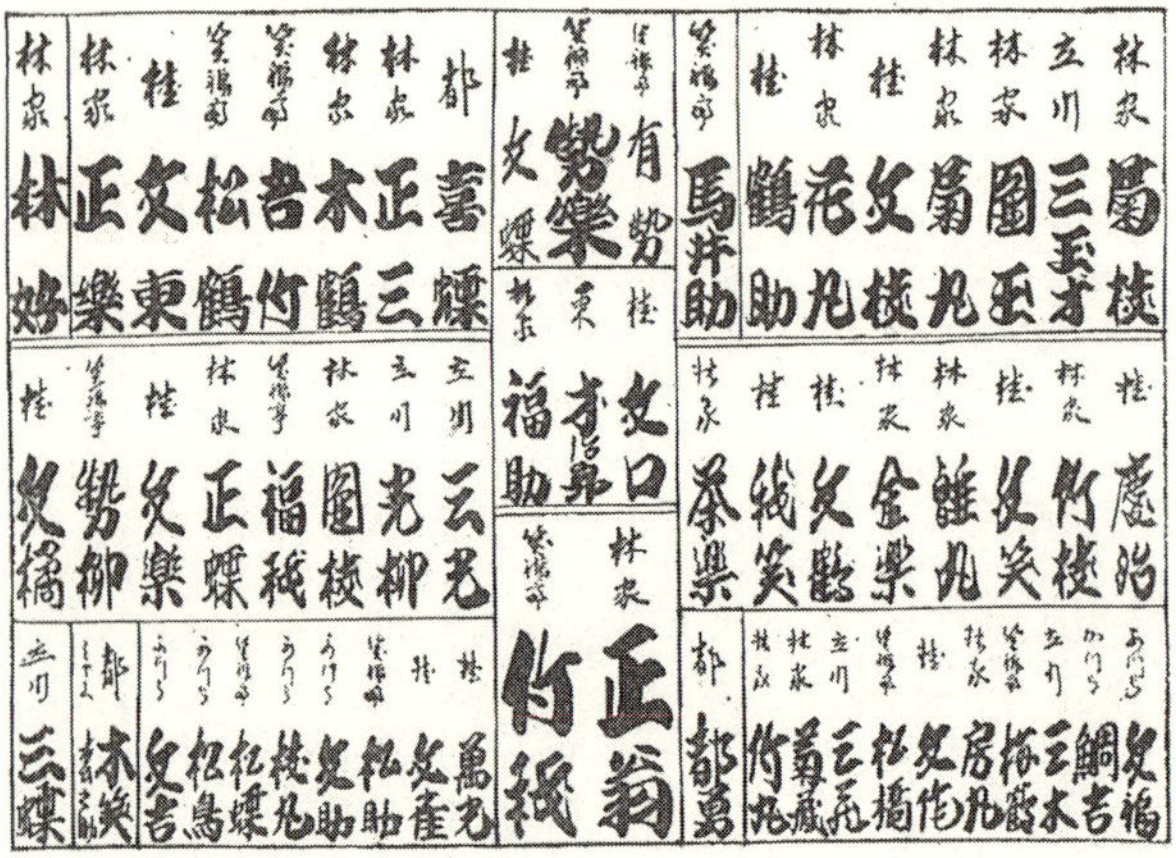

図12 筆写「大昔の（上方）落語番付」。『上方はなし』二十集（複製版、三一書房、昭和47年）口絵写真より転載。

林家　菊枝
立川　三玉才
林家　円玉
林家　菊丸
桂　　文枝
林家　花丸
桂　　鶴助
笑福亭馬井助

桂　　慶治
林家　竹枝
桂　　文笑
林家　雛丸
林家　金楽
桂　　文鶴
桂　　我笑
林家　茶楽

かつら文福
かつら鯛吉
立川　三木
笑福亭梅鶴
林家　房丸
桂　　文作
笑福亭松橋
立川　三蔵
林家　菊蔵
林家　竹丸
都　　都勇

■■亭有勢　桂　文口　林家　正翁
笑福亭勢楽　東　才治郎
桂　文蝶　林家　福助　笑福亭竹我

都　喜蝶　立川　三光　桂　万光
林家　正三　立川　光柳　桂　文雀
林家　木鶴　林家　円枝　笑福亭松助
笑福亭吾竹　笑福亭福我　かつら文助
笑福亭松鶴　林家　正蝶　かつら枝丸
桂　文東　桂　文楽　笑福亭松蝶
林家　正楽　笑福亭勢柳　かつら松鳥
林家　林好　桂　文橘　かつら文吉
都　木笑
みやこ松之助
立川　三蝶

中央、相撲番付の行司添え人の位置にある有勢の亭号は「笑福」かと思われるが、判読できないので、■としておく。『落語系図』に「文政五年頃の番附」として活字で載っているものと同じと思われる【図13】。しかし、追々詳しく述べていくが、相撲番付では勧進元・差添人に当るところの林家正翁・笑福亭竹我の名を見ただけでも、文

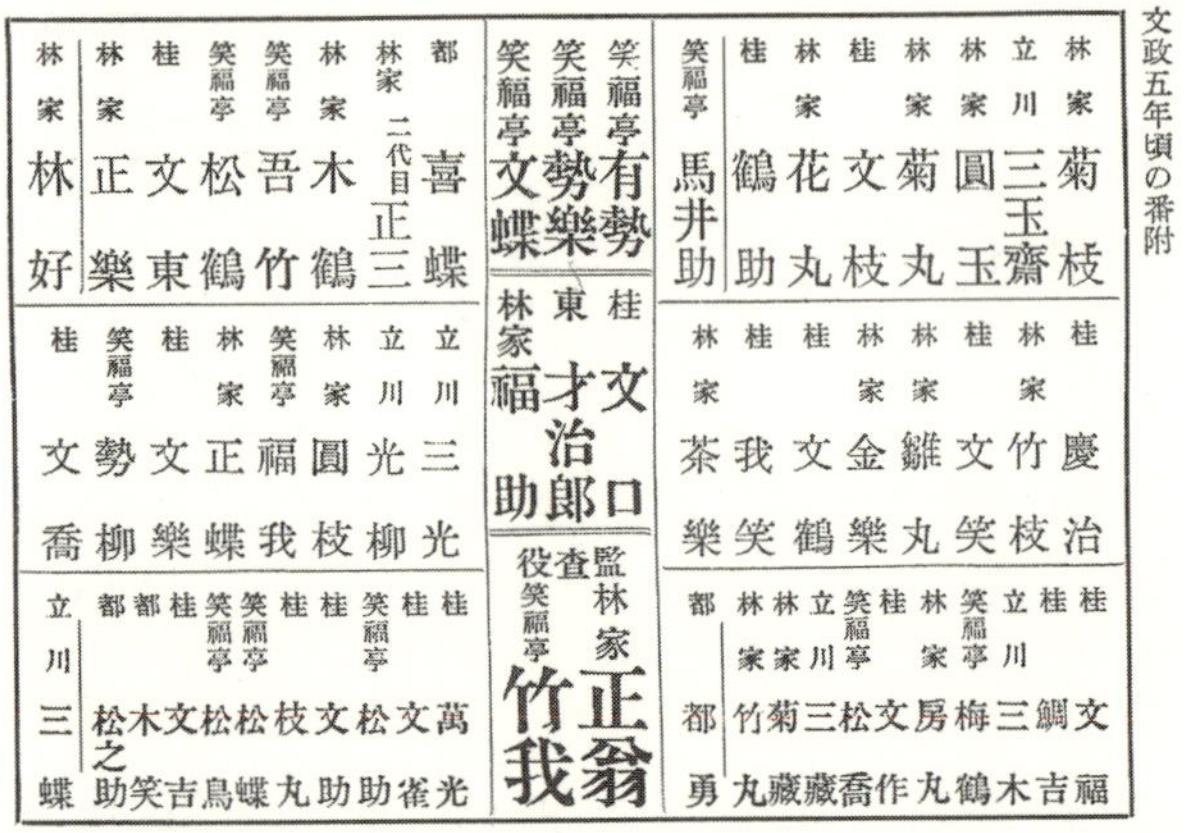

文政五年頃の番附
林家菊枝 立川三玉齋 林家圓玉 林家菊丸 桂文枝 林家花丸 桂鶴助 笑福亭馬井助
桂慶治 林家竹枝 桂文笑 林家雛丸 林家金樂 桂文鶴 桂我笑 林家茶樂
桂文福 桂鯛吉 立川三木 笑福亭梅鶴 林家房丸 桂文作 笑福亭松喬 立川三藏 林家菊藏 林家竹丸 都都勇
笑福亭有勢 笑福亭勢樂 笑福亭文蝶
桂文口 東才治郎 林家福助
監査役 林家正翁 笑福亭竹我
都喜蝶 林家二代目正三 林家木鶴 笑福亭吾竹 笑福亭松鶴 桂文東 林家正樂 林家林好
立川三光 立川光柳 林家圓枝 笑福亭福我 林家正蝶 桂文樂 笑福亭勢柳 桂文喬
桂萬光 桂文雀 笑福亭松助 桂文助 桂枝丸 笑福亭松蝶 笑福亭松鳥 桂文吉 都木笑 都松之助 立川三蝶

図13「文政五年頃の番附」『落語系図』（名著刊行会、1965年）より転載。

政年間では時代が合わない。さらにいえば、（後の改名に絡むのかもしれないが）くい違うところが四ヶ所出てくる。「笑福亭文蝶」は「桂文蝶」、「桂文喬」は「桂文橋」、「笑福亭松喬」は「笑福亭松橋」、「笑福亭松鳥」は「かつら松鳥」。『落語系図』を使用する際には注意が必要である。

以上三枚の見立番付によれば、幕末期の上方咄家は、少なくとも六派あったことになる。すなはち、桂文治を中心とする桂派、笑福亭竹我（後述するが前名は吾竹）を中心とする笑福亭派、林屋正翁（もとの正三）を頭とする林屋派、立川三光を頭とする立川派、春亭馬井助を中心とする春亭派、花枝房円馬から出たと思われる花房派。そして、都喜蝶から出たかと思われる都川・都派を加えれば、七派ともなる。春亭・花房の二派は、明治以降全く消えてしまったといわざるを得ないが、こうした派が存在したことは、幕末期の落語界が想像を超えて賑やかだったといえよう。さらに、「勝羅」や「かつら」は「桂」と同派かと思われるが、九一軒、千年舎、芝川、桜川などの亭号を名乗る人もいて、まさに群雄割拠した時代だった。

もとの「浪花諸芸　玉づくし」に戻ろう。『上方落語の歴史』は、落語史に登場する諸派の発生（桂・笑福亭・林屋・立川）を確認できる資料として評価されたが、同時にこの資料は桂文治（三代目）を「素ノ」と改めて断るところに象徴されるように、この時期は流行唄が大きく関わっていたことをも示すようである。肥田皓三氏は「上方落語お囃子の歴史的背景」（『上方落語寄席囃子集　解説』コロンビアレコード、昭和五〇年）において、林屋菊枝のよしこの、花枝房円馬のとっちりとん、笑福亭吾竹のち、〳〵りちてんぶしや、林屋円玉の縁かいなぶし、笑福亭松鶴の大津絵節に言及され、「上方の寄席は一面では俗謡や流行唄をリードする場所でもあった」と述べられた。その後、宮尾與男氏は「上方咄家の咄本　三四・三五」（『上方芸能』七〇・七一号、昭和五六年四月・六月）において、『落噺千里藪《おとしばなしせんりのやぶ》』の著者花枝房円馬に関する資料として「〔よしこのぶし集〕」なる書を翻刻紹介された。これらの後を受けて、わたしは昭和六十一年に「上方の咄家と天保・幕末期の流行唄（上）〝薄物の唄本〟より」（『藝能史研究』第九二号）、「上方の咄家と天保・幕末期の流行唄（下）一枚摺を中心に」（『芸能史研究』第九三号）を執筆したのである。天保・幕末、もう少し下って明治初期の上方の咄家を調べるにあたって、当時の唄の資料が有効であることを知った。

「薄物の唄本」について

天保期以降、表紙を含めて小本四丁一冊（縦一五センチ前後、八頁。紙を二つ折りして袋綴じするため、一丁が二頁になる）の小さな薄い唄本が多数刊行されている。その表紙に当時の咄家名がしばしば出てくるのである。かつて、三田村鳶魚《えんぎょ》氏が『瓦版のはやり唄』（春陽堂、大正一五年）を著して「瓦版のはやり唄」と呼んだ類のものである。しかし、浄瑠璃や歌舞伎の研究から入った者としては、「瓦版」の語にどうしても違和感があった。そのため「薄物の唄本」と呼ぶことにした。その根拠を説明しておきたい。本書の趣旨からは脇道に逸れるおそれもあるが、以下に使用する資料の性格を明らかにするためである。

典型的な形は小本、紙数四丁、紙縒《こより》とじ（和紙をひねって長く糸状にした紙縒りでとじたもの）の粗末なもので、その四丁がさらに上・下二丁ずつにわかれている。上・下の初丁表が共表紙（本文と同じ薄い楮紙《ちょし》）で、そこに内容にちなむ絵が描かれ、題名、作・調の人物名、板元名などが記されているものである。『瓦版のはやり唄』に多数の歌詞が翻刻され、藤沢衛彦《もりひこ》氏の『図説日本民俗学全集　民謡芸能篇』（あかね書房、昭和三四年）に表紙の写真が多数掲載されている類のものである。これを三田村鳶魚氏は世相を詠みこんだ読み売りの歌詞本ということで、「瓦版のはやり唄」と呼ばれた。市場直二郎氏の『廃頽《はいたい》大津絵節』（発藻堂書院、昭和三年）にも粗雑な木版の意味で「瓦版」の語が使われており、片々たる冊子の性格をよくあらわしている。

しかし、当時の板元側の呼び方は、これも単に「歌本」ということになるようである。たとえば林屋正翁作『伊勢道中記とつちりとん』（大阪大学忍頂寺文庫蔵）は上下各四丁であるが、それぞれ最終の一丁は、表の半丁に「是よりはせごへ道法この所ニ御座候」（上）「ちよいとおまけに　世の中よしこのぶし」（下）を載せ、その裏、つまり上下の裏表紙にあたる所に「浪華書林　秋岡福栄堂／板行歌本　おろし　小うり　／大坂東ぼり安堂寺はし西詰／丹波屋権兵衛」という広告をつけている。ただし、流行唄の唄本としては、草双紙風の中本（縦一八センチ前後）のものや、三つ切の懐中本（縦八センチ前後、横一七センチ前後の横長い本）との区別がやはり必要になるであろう。

これら小冊子の唄本が今日に伝えられている状況をみると、もとのままに一点ずつの紙縒《こより》とじのものも当然多いが、保存の便宜上数点をまとめ、厚紙の保護表紙をつけて一冊の本に仕立てられている場合もある。前者の代表は大阪大学忍頂寺文庫蔵のもので、そのおびただしい点数が無造作に（勿論歌謡によって仕分けてあるが）束ねられ封筒に入れられるという体であった（四〇年近く前の調査時）。後者の例としては、板元がまとめて売り出したとみられる『伊世節大輯《いよぶしおおよせ》』がまずあげられよう。関西大学蔵本には「伊世節大輯　初篇全」の題簽《だいせん》（表紙に貼っている題名を書いた紙片）があり、「嘉永三戌とし初はる　小野原述」の序文があり、以下四丁ずつの十二編が入る。裏表紙には広告と刊記の半丁が貼り付けてあって、立派に一冊の本として売られていたことがわかる。その広告には「当世流行　伊世節大輯　初篇　二篇」と示され、二篇の存在は知らないが、この形式を続ける意図のあったことが認められよう。なお、忍頂寺文庫にも同版の序をつけた書がある。所収の作品は同じ十二編ながら関大本と重なるのは四編にすぎない。各編に板元名が入れてあり一編を除いて全て石和《いしわ》（石川屋和助）板である。唯一の例外は『竜田安太良しらべるしん作　伊予ぶし』の「松や町通大手北　本喜《ほんき》（本屋喜兵衛）版」（関大本）であるが、これは忍頂寺本にも所収の編であり、そこには板元名がない。この本喜は関大本に存する奥付の板元連名（江戸・山崎屋清七、名古屋・金網屋米蔵、京都・吉野屋勘兵衛、大坂・大鹿屋亀三郎、大坂・石川屋和助）に名を連ねていないことから、後に削除されたものと判断される。独立して売り出されたものの取り集めであることは明白であろう。忍頂寺本が元の表紙でないため不安はあるが、収載曲の選択も自由に行ったものかと思われる。

右のような板元による取り集め本の形の他に、林屋木鶴や花枝房円馬の名を見出す『〔大寄とつちりとん〕』（国立国会図書館蔵）の場合は、保護表紙の題簽《だいせん》に貸本屋の「大惣」の文字が刷られており、この書は貸本用にまとめられたものと考えられる。古本屋または旧蔵者によってまとめられる場合もある。円馬のとつちりとんなどを集めた『〔かわりもんく　とつちりとん　その他〕』（京都大学大学院文学研究科潁原《えばら》文庫蔵）はこの例に該当するし、宮尾氏紹介の『〔よしこのぶし集〕』もこの体裁であることが報告されている。梅花女子大学図書館蔵本は保護表紙もなく、紙縒《こより》とじの各編をさらに紙縒でまとめて綴じただけのものである（仮に『〔上方はやり唄〕』と名づけておく。）このように今日に残っている状態は区々であるが、基本的には小本四丁の片々たるものである。

抜本、薄物正本との関係

しかし、周知の如く、この書型（本ともいえない小冊子であるが）にも長い伝統があった。この種の唄本の性格を確認するために、諸家の研究に助けられながらふりかえってみたい。まず、小本を半紙本にかえれば、古くは古浄瑠璃の抜本《ぬきほん》（丸本の一部を抜き出したもの）があげられよう。例えば、東京大学総合図書館霞亭文庫蔵の『善光寺ひてとしふう婦道行』は半紙本で紙数二丁半、表紙は共表紙で絵と題名・大夫名などが記されている。この種の抜本については、「「善光寺」の絵入本をめぐって―浄瑠璃と草双紙」（『語文叢誌』田中裕先生の御退職を記念する会編、昭和五六年）で、かつてふれたことがある。表紙に全面の絵はないが、二・三丁の小冊という点では、歌祭文もあげられよう。諏訪春雄氏の『元禄歌舞伎の研究　増補版』（笠間書院、昭和五八年）第二部第二章「歌祭文」に「古態を保っているようにみられる」とされた『往古梨園集《おうこりえんしゅう》』（大阪府立中之島図書館蔵）の金屋金五郎《かなやきんごろう》のものなど、上・下全二丁でそれぞれ丁の表には挿絵が入っている。さらに踊音頭の類でいえば、国会本の『つむらぶし』が半紙一ないし三枚ものの合綴《がってつ》で、各編を独立させた場合表紙に相当する部分に絵の入ることが多い。大阪府立中之島図書館の『兵庫口説流行《くどきはやり》音頭』も半紙本二丁のものの取り集め本である。藤田徳太郎氏の『近代歌謡集』（博文館、昭和四年）は「踊音頭集」と題して同種の冊子を多数翻刻紹介されている。全体に占める分量の大きさからみて、近世歌謡における流行唄の意義を大いに認められた書として注目されるが、ゑびや節や道念《どうねん》節も小冊子や一枚摺で出板されていたことが述べられている。

一方、江戸の出板をみても、浄瑠璃太夫の土佐少掾《しょうじょう》の抜本が、表紙の絵はないものの半紙二・三丁の形で出板されており、鳥居フミ子氏の『土佐浄瑠璃正本集　第三』には抜本類が一覧表としてまとめられている。あるいは廣瀬千紗子氏が精力的に整理された江戸歌舞伎の「せりふ本」もまた、半紙二・三丁共表紙、表紙に絵入りのものである（『演劇研究会　会報』一〇号「享保以後せりふ本目録稿」昭和五九年、ほか）。守随憲治《しゅずいけんじ》・秋葉芳美《あきばよしみ》両氏共撰の『歌舞伎図説』（『守随憲治著作集　別巻』笠間書院、昭和五二年。元版は萬葉閣、昭和六年）には、劇場音楽としての義太夫・大薩摩《おおさつま》・一中節《いっちゅうぶし》・河東節《かとうぶし》・半太夫節・宮古路《みやこじ》【図14】・常磐津《ときわず》【図15】・富本《とみもと》・長唄《ながうた》【図16】・清元《きよもと》・宮園《みやぞの》などの正本《しょうほん》の表紙が各種収められている。あるいは新内《しんない》本【図17】については岡本文弥《おかもとぶんや》氏の『新内浄瑠璃古正本考』（同成社、昭和五四年）に多数の表紙が紹介されているが、これらも皆、共表紙の小冊である。近年では国立《くにたち》音楽大

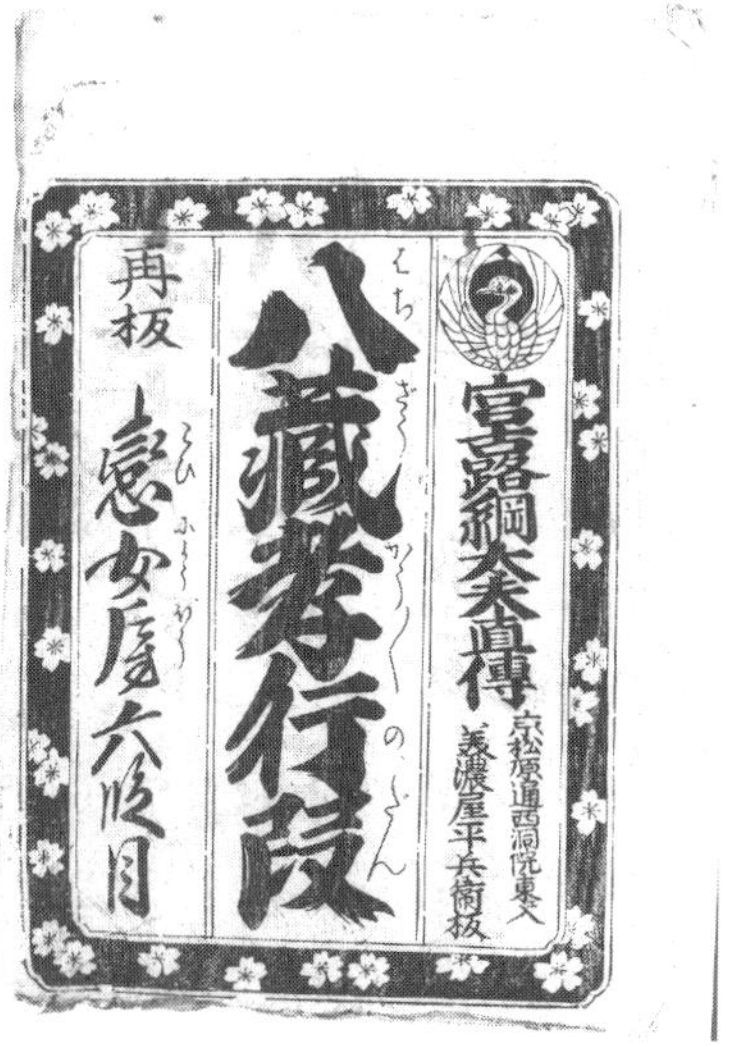

図14 京都板の宮古路正本「八蔵孝行段」の表紙。半紙本。架蔵。翻刻は353頁。

図15 大坂板の常磐津正本「倭仮名色七文字」（わた正板）の表紙。半紙本。架蔵。翻刻は353頁。

図16 京都板の長唄本「狂らん」（吉野屋勘兵衛板）の表紙。半紙本。架蔵。翻刻は353頁。

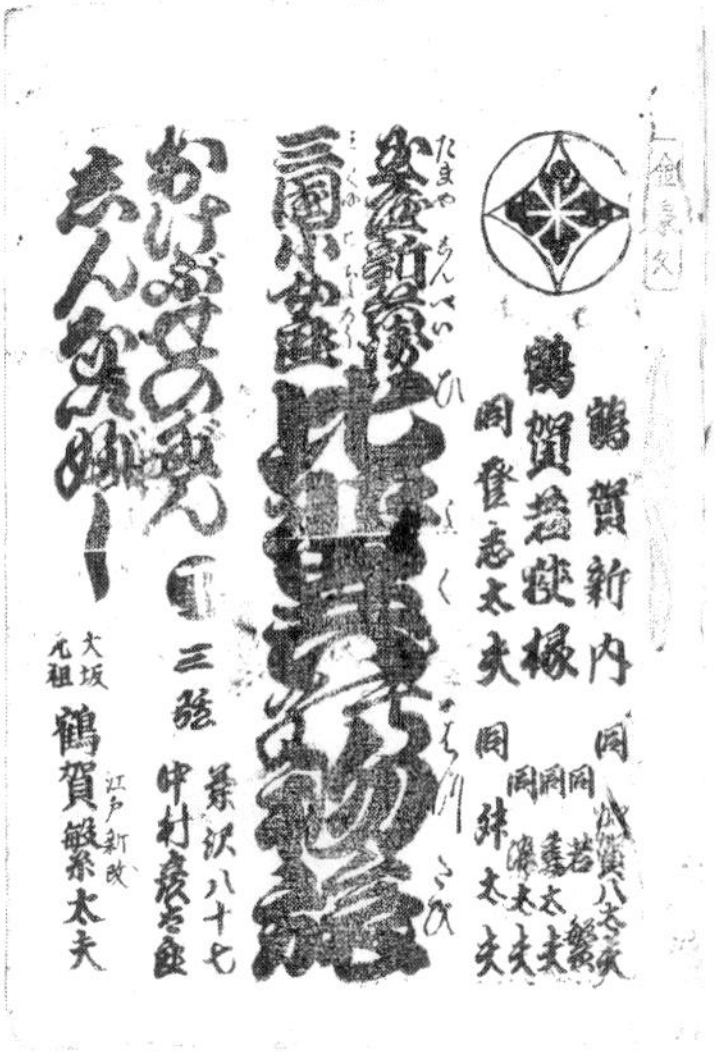

図17 新内正本「比翼の初旅」の表紙。半紙本。架蔵。翻刻は353頁。

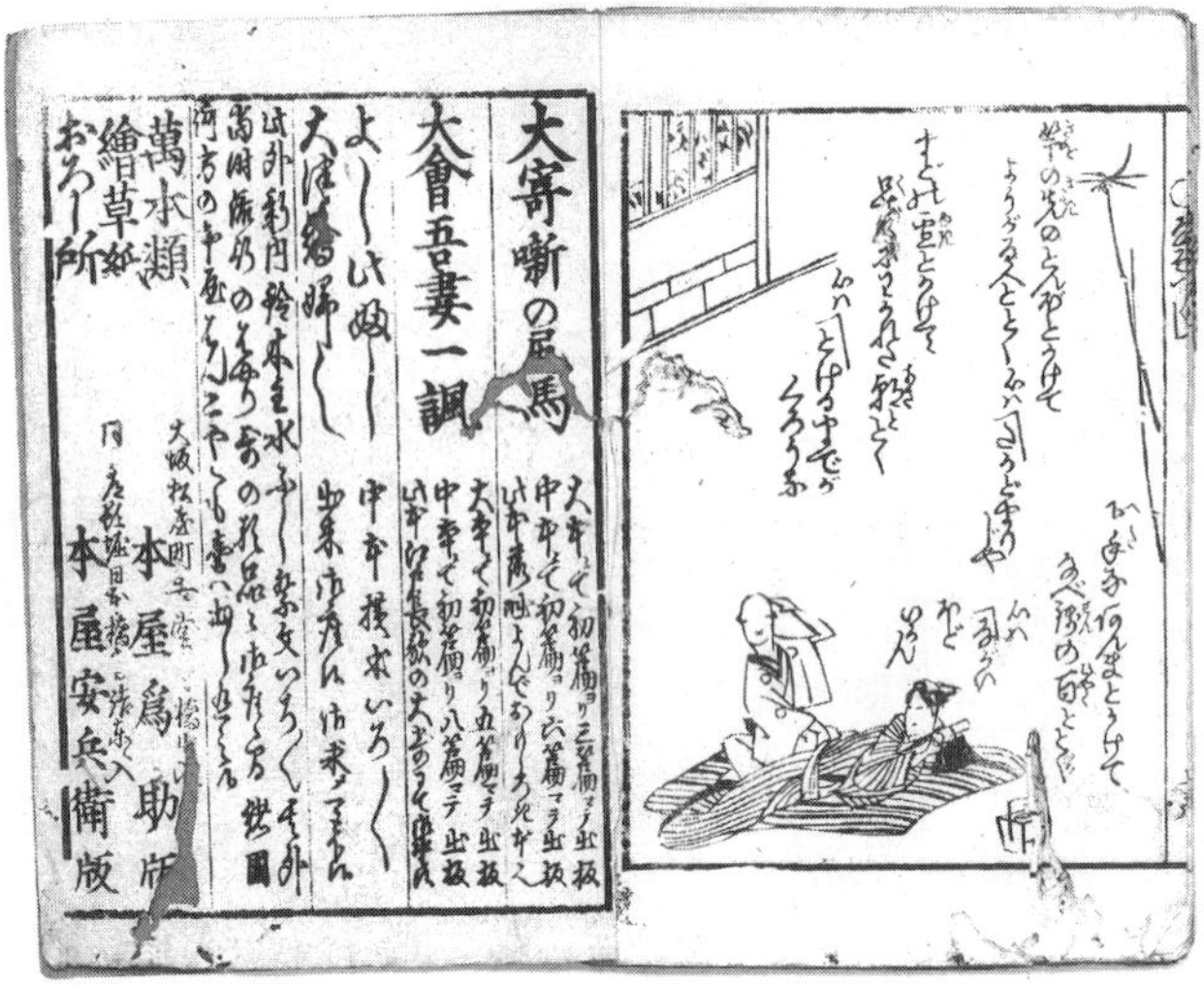

図18『〔なぞづくし〕』の巻末広告。文久2年（1862）序。中本。架蔵。翻刻は353頁。

学竹内道敬文庫の目録が詳しい。「正本」という権威づけた名が流行唄との差を見せつけるものの、絵草紙屋による板行であること、多くは絵入の共表紙で、紙縒《こより》綴じの小冊という点からすれば、同じ種類の出板物とみることもできよう。

時代は下って幕末に近づくと、形も中本あるいは小本となった同類のものが多数出現する。『瓦版のはやり唄』の序文には「安政のヤンレイくどきは六枚のが多い、チョンガレ（浪曲の古い形の芸能）には八枚のが出来、阿房陀羅経（寄席芸の一種、後述）は十二枚になった」として、同類のものをあげている。文久二年（1862）の序をもつ『〔なぞづくし〕』（表紙を欠いた架蔵本。柱刻題（綴じ間違いを防ぐために紙の中央に記す題名）による）の本屋為助・本屋安兵衛の広告【図18】をみると、

大寄噺の尻馬　大本ニて初篇ヨリ三篇マデ出板　中本にて初篇ヨリ六篇マデ出板　この本落咄読んでおもしろき本也

大会吾妻一諷　大本ニて初篇ヨリ五篇マデ出板　中本ニて初篇ヨリ八篇マデ出板　この本江戸長歌の大寄にて御座候

とあり、ここでいう大本は半紙本（縦二一センチ前後）、中本は小本に相当すると考えられ、「大寄《おおよせ》」（寄本）の語に

注意すべきであろう。さらに「よし此ふし　大津絵ふし　中本横本いろ〳〵出来御座候　御求メ可被下《くださるべく》候《そうろう》」「この外新内　鈴木主水ふし　祭文　いろ〳〵　その外当時流行のはやり歌の類……」とあって、流行唄の歌詞本と同類の出板物が並んでいるのである。

梅花本『〔上方はやり唄〕』（大阪芸能懇話会編『藝能懇話』第八号、平成六年を参照されたい）は大津絵ぶし、のんほゝぶしに混じって、岡本美根太夫章の『さいもん』（石和板）が綴じられているが、版式が全く同じために違和感はない。また、『新内浄瑠璃古正本考』は本安板の『妹背の門松』の正本を紹介し「京版に比べてまた小型」のものとされる。原本を確認していないが、本安板の小本と考えられる。『大会吾妻諷《よくよせたあずまのひとふし》』（縦一六センチ、横一二センチ、嘉永四年〔1851〕刊、石川屋和助・尾張屋治三郎・本屋安兵衛板、肥田皓三氏蔵。図版は架蔵の別本【図19】）は、先の広告の「中本」に相当するものと思われるが、江戸長唄稽古本の寄本である。本の外見は流行唄の『伊世節大輯』と同じ形式の書である。半紙本から中本へ、中本から小本へと小型化する中に、芸能の格の差、視点を換えれば大衆化の差が生じるものとは思うが、独習を含めて音曲稽古の本という性格は、浄瑠璃抜本や長唄などの正本と本質的に異なるものではなかろう。

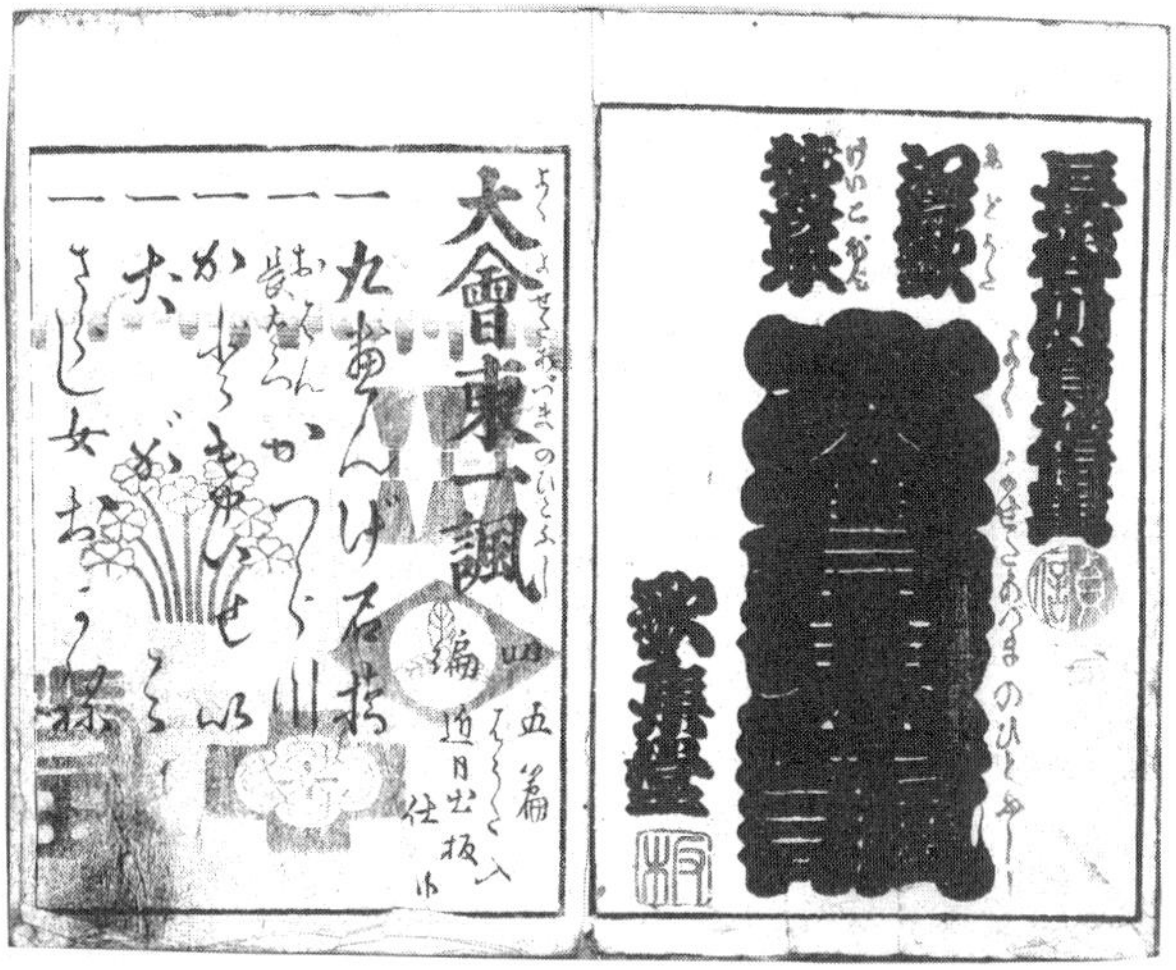

図19『江戸歌稽古本　大会東一諷』の見返しと目次。中本。架蔵。翻刻は354頁。

京都では、流行唄の板元、例えば阿波屋《あわや》定次郎《さだじろう》は草紙屋よりさらに見下された小草紙屋と呼ばれており（宗政五十緒《むねまさいそお》『近世京都出版文化の研究』同朋舎出版、昭和五七年）、学問書・実用書の「物の本《もの ほん》」からみれば紙屑に等しいといえるものである。読み捨て、使い捨てにされたことは容易に想像できる。『瓦版のはやり唄』には、江戸では読み売りに供され、その値段も報告されている。この「読み売り」いう点を重視して、事件報道のいわゆる「瓦版」と同一に扱われてきたが、絵草紙屋の店頭にても販売された点を無視しがたいと思う。大坂板・京都板には板元名とその住所を明示するのが原則であるし、『伊世節大輯』の例のように小冊子単位に売り出しつつ、板木を集めては本の体裁をとって出板することもあった。岡本美根太夫の新内正本を扱い、長唄稽古本を集成した『大会吾妻諷』を出板し、絵草紙屋として著名な本屋安兵衛のこの種の流行唄も現存している（『角力取ぶし　上下』小本共表紙、四丁、忍頂寺文庫蔵）。先述の秋岡福栄堂の広告にも「おろし　小売り」とあった。仮に「おろし」の部分が同業者への卸しの他に読み売りに回されたとしても、「小売り」の部分を見逃がすわけにはいくまい。瓦版の語は本来粘土板を焼いたものに線刻したものである。摺りも紙質もよくない江戸の吉田屋小吉板を中心に見れば、三田村氏が「瓦版のはやり唄」と命名したのもうなづける。しかし、現存の大坂板・京都板の彫りや摺りは決して悪くない。今日からみれば、芸能の質や享受の形態に対する負の評価から名付けられたもののようにも感じられる。冊子の外見からは「薄物」の語が、元禄頃の浄瑠璃抜本や流行唄、さらに江戸のせりふ本や長唄などの正本、チョンガレや阿法陀羅経に至るまで共通した呼称として適当と考える。ここで扱う小冊子を、今は幕末期における「薄物の唄本」あるいは「薄物唄本」と呼んでおきたい。この命名は、芸能史研究会の昭和五十九年一月例会で口頭発表した際、守屋毅氏、廣瀬千紗子氏より得た示唆を参考にしたものでもあった。

本に関することを長々と述べたが、正本・唄本類の整理・研究が進んできた今となっては、くどすぎる文章といえるかもしれない。しかし、天保・幕末期の上方の出版事情を広く知った上で、咄家の関わる唄本資料をこれから具体的に見ていきたかったのである。

このような薄物の唄本の中から、表紙に記された咄家の名前を拾っていくと、この時代の咄家のようすが、おぼろげながら見えてくる。ただ、使用後は捨てられるような片々たる小冊子であるため、出版された年が記されていない。そのため、その刊年を考証しなければならない。実はこれが厄介で、歌舞伎や相撲、その他大坂の歴史・風俗を知る必要にせまられた。困難な作業ではあったが、当時の落語周辺の事情を知る楽しみを感じながら、考証した軌跡をもできるだけ紹介してみたい。

四、自己宣伝も芸の内？　花枝《はなし》房円馬《ぼうえんば》——江戸からの咄家をどう評価するか

花枝房円馬

「浪花諸芸　玉づくし」に「とっちりとんノ円馬」と出てきた花枝房円馬が、天保末の上方で鳴らしていたことは、疑う余地がない。

『落語系図』は、上方の咄家（吉本興行部事務員）月亭春松《つきていはるまつ》（生没未詳）の編集発行であるが、江戸・東京の咄家から説きはじめている。初代三遊亭円生（明和五年〔1768〕～天保九年〔1838〕）の弟子の円馬は、当然江戸の咄家の扱いをうけている。

初め初代林屋正蔵の門人春好と云ふ。後に初代円生の門に入り花枝房円馬となる。京大阪にてトッチリトンの王なり。

『古今東西落語家事典』もこれを承けて、本文ではなく江戸・東京の索引小事典に次のように記された（表記等書き換え）。

円馬○【はなし坊】本名未詳　（？～？）〔天保頃？〕

『東都噺者師弟系図』（初代三遊亭円生編、「とうとはなしのものしていけいず」と読むか）の初代円生門人の項に「新幸改め　円生門人　はなし坊円馬」、また『（落語家）奇奴部類《きぬぶるい》』（二代目船遊亭扇橋編）に「麻布住　葉南志坊円馬　始メ春好　又　円蝶と云う　尾州名古屋に住す」と見えるが詳しいことは不明。

『古今東西落語家事典』の編集にはわたしも関わっており、他人事ではないので裏話をする。江戸・東京編は山本進氏を中心に東京の諸芸懇話会が担当し、上方編は大阪芸能懇話会が担当した。それぞれが取り上げる咄家を選定。その時、東西を股に掛けて活躍した咄家は、原則的に江戸・東京の方で扱ってもらった（上方編の割り当て頁が少ないため）。が、この円馬は初代三遊亭円馬（文政一一年〔1828〕～明治一三年〔1880〕）の前の円馬であり、江戸での活躍がよくわからないため、項目が立てられなかった。上方編でとりあげるべきだったと気づいたが、遅かった。あわてて、大阪芸能懇話会の機関誌『藝能懇話』一二号（平成一二年）に「『落語家事典』補訂」として花枝房円馬をとりあげた次第である。その文章をさらに補訂して『落語家事典』風に記すと以下のようになろうか。

花枝房円馬　はなしぼう・えんば
本名未詳
生年未詳～没年未詳　享年未詳

　江戸の職業落語家の始まりの一人である三遊亭円生の弟子であり、円生の師ともいうべき烏亭焉馬《うていえんば》に音の通じる名前を名乗っているのである。近代に続く三遊亭円馬は二代目円生の弟子から出ているので、直接のつながりはなく、もっと前の円馬ということになる。

　亭号は花枝坊とも書き、意図するところは咄坊《はなしぼう》であろう。この人は、自分の高座姿を描いた大判錦絵を残しており、そこにははっきり坊主頭が描かれている。また、烏亭焉馬が立川焉馬を名乗ったように、この人も立川円馬とも記しており、上方の立川派の祖とも見られる。

　江戸からすぐに上方に上ったのではなく、名古屋での活躍期が長かった。名古屋の芸能記録として有名な『見世《みせ》物雑志《ものざつし》』によれば、天保四年（1833）に、若宮境内において、江戸落し噺興行の一員として名を出すのを皮切りに、天保六年には、道具入の芝居噺「大笑雪の曙」他の演題を残し、翌七年には噺の中に「なんのと云はれた義理かへ」という言葉を折々に入れていたところ、この語がはやり出したという。今日風にいえば、ギャグとして当ったということであろう。七年十月、八年正月に出てくる橘円馬も同人と思われ（『名陽見聞図会《めいようけんぶんずえ》』という別の資料には単に「円馬」とのみ記す）、当時流行の字余りよしこの歌を落し咄の中に入れていた。同八年九月にはもとの花枝房円馬に復し、この時「色情の事出来して」名古屋を追放となった。追放までの数年間は名古屋に居を定めていたらしく、「是迄、隅田町に住居のよし」とある。彼の名古屋での興行のうち、天保八年には桂文治門下の桂文吾と一座しており、上方との接点が認められる。追放後に上方に来る契機となったのであろう。しかし、名古屋はよほどよかったものか、その後、上方で活躍するようになっても、天保十一年五月には大須山門外で、（笑福亭）勢楽を伴って咄の興行を行っている。

すでに第三章で見てきたように、天保十一年の「浪花諸芸　玉づくし」の頃には、大坂でトッチリトンという寄席の歌で名を上げていた。

円馬の錦絵

天保十一年三月には、自らの高座姿を上方の浮世絵師歌川貞升に描かせた大判錦絵を刊行している。「滑稽落話花枝坊　円馬」として、上部には小咄二題を載せている（『藝能懇話』二号）【図20】。なお、この図版は浮世絵研究の故・松平進氏から、海外の個人が所蔵するものの写真をいただいたもので、現所蔵者は不明である。『藝能懇話』から引用しておく。

花見奴

槍持ちの奴殿、ゑろう食らいしめ、川の中へはまつているを、往来の人見付け、〔往来の人〕「もし、奴さん。

図20 花枝坊円馬の錦絵。『藝能懇話』第二号所收。
ニューヨーク某氏蔵。

その槍を持つてゐては上りにくい。こつちへよこしなせへ。持つていてやろふ　〔奴〕「イヤ、これは主人の道具ゆへ放されぬ　〔往来の人〕「ナゼ　〔奴〕「槍ばなしにはならぬ

雨雪雷の寄合

〔雨〕「コレ、雷殿、天から地までなんぼ程あろふな　〔雷〕「そふじや、どふも知れぬと　言ふてゐるところへ雪が出て来て　〔雪〕「待て、今度降りて積もつて見やう

前の咄は「やりっぱなし」の地口《じぐち》（上方でいう口合《くちあい》）、後の咄も雪が積もるのと、計算する意味の積もるの地口。

口調は江戸風、特に面白いというわけではないが、短く粋な小咄ともいえよう。この錦絵には板元名がないため、自己宣伝のために作らせた配り物かとみている。上方の浮世絵は写実的な似顔絵といわれており、円馬の高座姿がしのばれる貴重な一枚である。

円馬のとっちりとん

彼のとっちりとん流行の背景には、洒落のきいた新作文句を刷った薄物の唄本（表紙をいれて全8頁の小冊子）が多数出版されていた。これまで確認できた一覧を示しておく。個人蔵のものも多く、今後も出てくるはずであるが平成二十六年五月末時点の調査である。題名は「大新板」「替り文句」「色里町中大流行」などの常套句《じょうとうく》を省き、内容を表す字句も漢字を宛てて、多い場合は「他」で省略した。次いで板元、丁数。所蔵者は略称（巻末の「咄家の唄本所蔵先一覧」参照）。咄家名はここで問題としたいため原本の記載のままである。最後に年代推定の結果などを注記した。

①　とっちりとん　いたこくづし　忠臣蔵十二段つゞき　京　あわや定次郎　四丁　玩究1　花し房円馬戯作
②　とっちりとん　江戸吉原大はやり　くじりいたこ　坂　わた正　四丁　池田　花し房円馬戯作
③　とっちりとん　江戸吉原大はやり　くじりいたこ　京　あわや定次郎　四丁　玩究1　花し房円馬戯作　（②の異板）
④　とっちりとん　かわりもんく　おどけもんく　京　あわや定次郎　四丁　玩究1　花し房円馬戯作
⑤　とっちりとん　尾上梅幸五十三つき／尾上梅幸五十三駅宿々名よせ　あだもんく　京　あわや定次郎　六丁　玩究1　花し房円馬戯作・華し房円馬戯作（天保一二年〔1841〕と推定）
⑥　かわりもんく　とっちりとん　大阪名所橋づくし上　浪花名所橋づくし下　京　和久治　四丁　潁原　花枝房円馬添削　大坂元祖花し房円馬作

⑦　とつちりとん　よめ入　上下　坂　わた正・丹権　四丁　池田　花枝房円馬添削
⑧　とつちりとん　よめ入　京　阿波定　四丁　潁原・玩究1　花枝房円馬添削　（⑦の異板）
⑨　とつちりとん　よめ入　上下　坂　わた正　四丁　忍　花枝房円馬添削　（⑦の異板）
⑩　とつちりとん　近比のはやる物づくし丼ニ角と中二の替り役者評ばん　坂　丹権・わた正　三丁（下の表紙の一丁欠か）　忍　花枝房円馬　寅のとし大しんばん（天保一三年〔1842〕と推定）
⑪　とつちりとん　なにはめいぶつづくし　なしづくし　もちづくし　むかしばなし　坂　しほ季・わた正　二丁　忍　花枝房円馬戯作
⑫　とつちりとん　大和めいしよ入　かわりもんく　坂　わた正　二丁　忍　花枝房円馬戯作　子のとし（天保一一年〔1840〕と推定）
⑬　とつちりとん　京名所　上／京名所　かわり文句　下　京　和久治　四丁　国会・忍　花枝房円馬作
⑭　とつちりとん　すもふづくし　鳥づくし　大西芝居岩川もんく　あとづけ　はやくち　坂　わた正　四丁　宮尾・池田　花枝房円馬戯作　円馬戯作（天保一〇年〔1839〕と推定）
⑮　辰のはつよりいなり席ニて花枝房円馬ふうりうとつちりとんの新作をお耳ニふれ升　坂　わた正　四丁　浪唄　花枝房円馬新作　辰のはつ（天保一五年〔1844〕と推定）
⑯　とつちりとん　かわりもんく　おどけもんく　京　あわや定次郎　四丁　玩究1　花し房円馬戯作
⑰　とつちりとん　さはぎ　天神まつり　辻ぎみ　きりみせ　とぼけもんく／平井ごん八　いざり十一段目　みやこめいしよ　おどけもんく　京　あわや定次郎　四丁　玩究1　花し房円馬戯作
⑱　一流はなしの　よしこの　十二月絵入　坂　わた正　八丁　忍・池田　花し房円馬戯作　（忍頂寺本は後半の四丁のみ）

円馬は「京大坂にてトツチリトンの王なり」（『落語系図』）といわれる。そのことは、右の一覧表からも窺えると思う。さらにていねいに調査すれば、もっともっと見つかるはずである。その板元をみると、大坂のわた正・しほ季・丹権、京の和久治・阿波定とあって、その名声が京・大坂に轟いていたことも知れよう。京都板の⑥『浪花名所橋づくし　下』には「大坂元祖」の肩書までつけられており、『落語系図』の表現は誇張ではない。

「とっちりとん」という唄

後々まで寄席の歌として定着したとっちりとんの源は、常陸の国潮来地方の民謡潮来節にあるといわれる。玩究隠士（新谷松雄氏）校注『上方瓦版　とっちりとん集成』（俗謡叢書第一一冊、私家版、平成二三年）の解説「とっちりとんの発祥と流行」に詳しい。潮来節は「いたこでじま」とも言われ、元歌は、

〽潮来出島の真菰《まこも》の中で、菖蒲《あやめ》咲くとはしをらしや

という、七七七五の歌詞である。この替え歌が吉原・深川などの遊里で歌われる騒ぎ唄となり、様々な文句が挿入されて長くなり、「くぜりいたこ」と言われるものが出てくる。その前弾きに「トッチリトン」と弾くところからの名と『守貞謾稿』にあるが、潮来節の唄本の歌詞の末尾に「チリ〳〵トン」「トツチリトン」とあるものもあって、潮来節との区別はいよいよむつかしくなる。しかし、潮来節が親、とっちりとんが子であるとする玩究隠士の説はわかりやすい。随筆・川柳などの調査もいきとどいていて、説得力がある。

上方の事情について少し補足しておこう。前田勇編『近世上方語辞典』（東京堂、一九六四年）では、滑稽本『大師めぐり』（文化八年〔1811〕）を資料として、上方でも騒ぎ唄として知られていたという。この作品は上方に精通した（大坂では近松余七の名の浄瑠璃作者だった）十返舎一九の作で、話の舞台も大坂である。原本は所在を知らず見ていないが、帝国文庫『滑稽名作集　上』の翻刻によって、確認しておこう。大坂に来た作者一九が大師巡りに出かける。大師巡りは毎月二十一日、大坂市中二十一カ所の大師堂を巡る行事である。途中で出会った大坂の人々の会話を拾いあつめた滑稽本である。

一九自身が登場し、同じように大師巡りをしている訳有りそうな乞食に身の上を聞く。国元を追われて大坂に出てきて、今は気楽に乞食をしているが、昔を思い出すと気分が悪くなるという。

茶屋町を通ります時、旦那衆が二階でトッチリトン〳〵　気のきいた烏めが帆柱《ほばしら》の先から、ひよいと立つて、手拭《てぬぐい》肩にかけて湯にいく時分じや、ソレ〳〵〳〵　トツチリチリツテチン〳〵　なんぞと、ゑら伊達《だて》に騒ひでござるを見ては、ア、羨ましいこつちや、われらもあないに、騒ひだこともあつたのに……

この文脈では、「とっちりとん」という唄の題というより、前弾きの三味線の音と見た方がよいかもしれない。

さらに大師巡りは進んで、太融寺境内の田楽茶屋で、婆さん二人が嫁の悪口を言うので、連れの爺さんが「嫁の噂せいでも、念仏申すか、また潮来節なと歌うてじや方が、やつと増しでもあろかい」と言う。当時大坂での潮来節の流行は間違いない。

江戸板では都々逸坊扇歌作と記した唄本が残っており、扇歌は寄席に持ち込んでこの唄の流行に貢献した人であった。一方、上方で「とっちりとん」を大いに流行らせたのは、ここでふれる花枝房円馬であったと見るべきであろう。しかし、巷間ではそれ以前に潮来節の流行はあったようでもある。

円馬の「とっちりとん」の諸本

さて、花枝房円馬のとっちりとんに戻ろう。先の一覧表を補足しながら、その「新作」「新文句」の歌詞を吟味してみる。

①は『上方瓦版　とっちりとん集成』に影印・翻刻のある京都板である。「いたこくづし」とあるのは、その出自を表しており、円馬の「とっちりとん」が上方ではまだ耳新しかった時期のものと推定される。歌詞は忠臣蔵十二段続きとあって、半丁（1頁）に二章づつ全部で十二章から成る。一章に一段づつ、大序より十一段目と最後の

泉岳寺引き上げを詠み込んでいる。忠臣蔵の続き文句は、後に述べる林屋正三のよしこの、林屋正翁のいよぶし、秋亭菊枝のとつちりとん、笑福亭吾竹のちゝ〳〵りちてんぶしにも見られ、趣向としては思いつきやすいものであろう。ただ、ここではあらすじを追いかけるというよりも、一段の中の一場面を取り出して芝居を彷彿《ほうふつ》とさせるようにできている。

たとえば、もっとも興味をひいたのは、今日歌舞伎では演じられることが少ない八段目。加古川本蔵の娘小浪と母親戸無瀬《となせ》が、鎌倉から大星《おおぼし》親子の住む山科へ向かう「道行旅路の花嫁」にあたる歌詞である。

▲下部《しもべ》。可《べく》助、足弱連れて東海道を股にかけ。山科さして大急ぎ。道も小浪のはかどらず、さても奇麗な女馬《ま》士《ご》。間《ま》が良《よ》かちよこ〳〵してこまそ。てんごう（冗談）言はずと乗らしやんせ。私は本馬《ほんま》で言ふことを、お前は茶臼にしてしまふ　引

浄瑠璃の本文には登場しない奴の可助と女馬士のきわどい会話を入れている。歌舞伎の番付などで、女馬子の出る演出を確認できていないが、芝居の臨場感を出していると思われる。

②は上巻の表紙には「江戸吉原大はやり」「くじりいたこ」、下巻には「江戸よし原ふか川はやりうた」とあって、とつちりとんが江戸からの流行であること、潮来節から出ていることを示している。内容は「三人生酔ひ　笑ひ上戸　泣き上戸　腹立上戸掛け合」「山伏づくし」「山伏の替へ歌　酒呑みづくし」「白石噺吉原あげやの段」（「碁太平記白石噺」）「三都立君《たちぎみ》（惣嫁《そうか》、街娼）づくし」「五音相通《そうつう》づくし」の八章が収められている。三人上戸のことばは、明らかに江戸弁である。③はその京都板。

④は京都阿波屋定次郎板。大坂板の存在は知らない。内容は「さはぎ」「きりみせ（切店）」「天神まつり」「とぼ

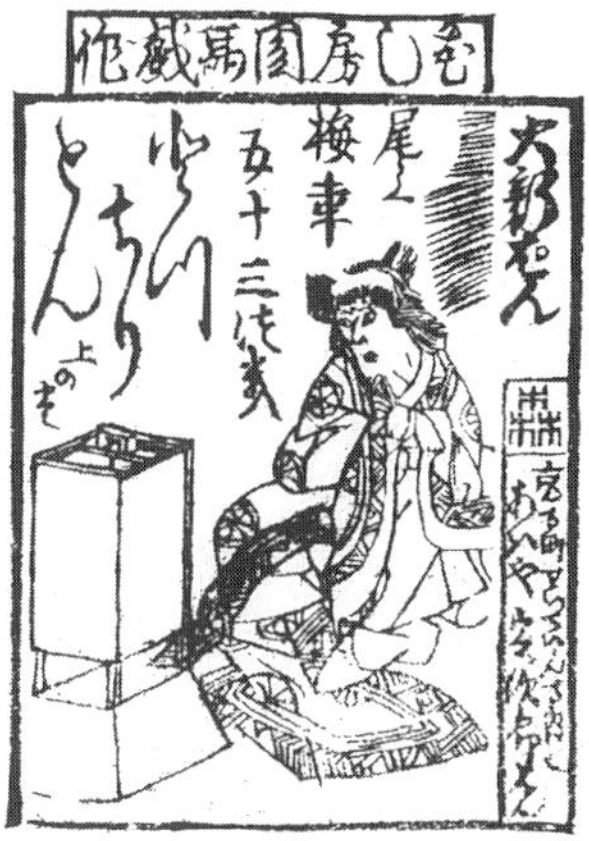
図21 花し房円馬戯作『尾上梅幸五十三つき　とつちりとん』の表紙。『上方／瓦版　とつちりとん集成』より転載。

けもんく」（安物の女郎買いの哀れな結果）、「平井ごん八」（浄瑠璃では「驪山《めぐろ》比翼塚」、歌舞伎では「鈴ケ森」）、「いざり十一段目」（「箱根霊験躄《いざりの》仇討」）、「みやこめいしよ」「おどけもんく（番頭の夜這い）」。芝居が詠み込まれているが、役者名などはなく、年代の推定はできない。

⑤「尾上梅幸五十三つき／尾上梅幸五十三駅宿々名よせ　あだもんく」【図21】は京都阿波屋定次郎板であるが、これは上中下の六丁となるところが異例である。五十三次を全部入れるために、普通上下四丁のところが、上中下の六丁となっている。歌詞は東海道の宿場を詠み込みながら、男女の痴話げんかを描く。これだけでは年代推定の手がかりはないが、上の表紙に行灯の前に化け猫の老婆が描かれている。

三代目尾上菊五郎（俳名・梅幸《ばいこう》）は、天保十二年（1841）正月、久々に上方に上ってきた。京都南側の芝居を勤めたあと、大坂角の芝居で「梅初春《うめのはつはる》五十三駅《つぎ》」を出す。これは鶴屋南北作「独道中《ひとりたび》五十三駅《つぎ》」の改作で、「猫石の精　岡崎寺の段　十二壱重《ひとえ》を着て婆の姿　チヨツト手踊り有て後　その儘《まま》猫の姿になられる所」（『役者投扇曲』）が、表紙に描かれており、この芝居を当て込んだものと見てよかろう。すなわち、天保十二年の唄本と推定する。

⑥は京都の和久治（和久屋治兵衛）板【図22】。最後の半丁は欠落しているが、上下併せて四丁の基本的なものと思われる。全編大坂の橋名を入れながら、男女の情を詠んでいる。「円馬添削」とあるのは、橋尽しの文句はそれ以前にもあったものと思われる。「大坂元祖　花し房円馬作」とあって、円馬は京より先に大坂での活躍があった

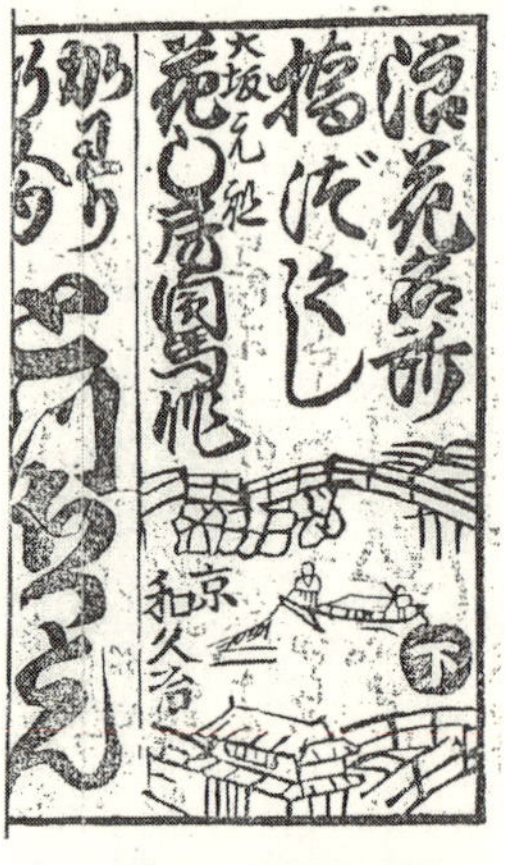

図22　花し房円馬作『浪花名所橋づくし　とつちりとん』の表紙。京都大学大学院文学研究科潁原文庫蔵。

と見るべきであろう。

異板を見抜く

⑦⑧⑨の「よめ入　とつちりとん」はわずかに違っている三種である。⑦はわた正と丹権（丹波屋権兵衛）の合板《あいはん》（合同出版）。役者似顔絵風の祝言をあげる男女が描かれており、本文には「むこ（婿）さん我童《がどう》見たよふで。べつしてないしよはあた丶かな（別して内証は暖かな、殊に身代は裕福な）」とある。表紙の花婿の羽織にも銀杏鶴の片岡我童の紋がある。⑧は板元の部分だけが替わった京都の阿波屋定次郎板【図23】。表紙は板元名が隅に書かれているが絵としては⑦と同じ。⑨は大坂のわた正（和田正兵衛）の単独板、表紙は銚子・盃・嫁入り道具が描かれ、本文は「むこさんなり平見たよふで。べつしてないしよはあた丶かな」とある。我童が業平に変わっているのである。よくみると、「なり平」の文字が他よりやや小さく、「平」と「見」の間に微妙な隙間があって、表紙とこの文句を替えた後《あと》版《はん》（板木を一部細工して、流用して後に摺ったもの）と思われる【図24】。

さて、我童である。天保八年（1837）三月に八十二歳の高齢で没した七代目片岡仁左衛門の俳名も我童といったがその人ではなく、天保九年に師父の俳名を役者名として継いだ、後の八代目仁左衛門のことである。そのためこの本は天保九年以降ということになろう。そして我童は大坂で熱烈な人気を得ていながら、嘉永六年（1853）暮れに江戸へ下った。我童の文字が削られたのは、それ以降かと思われる。

この本は偶然かもしれないが、三種四点確認することができた。大いに流行ったと見られる。京都板大坂板ともに、「円馬添削」であって「円馬作」ではない。このことについては玩究隠士「とっちりとんの発祥と流行」（『上

図23 花枝房円馬添削『よめ入　とつちりとん』の表紙。『上方／瓦版　とつちりとん集成』より転載。

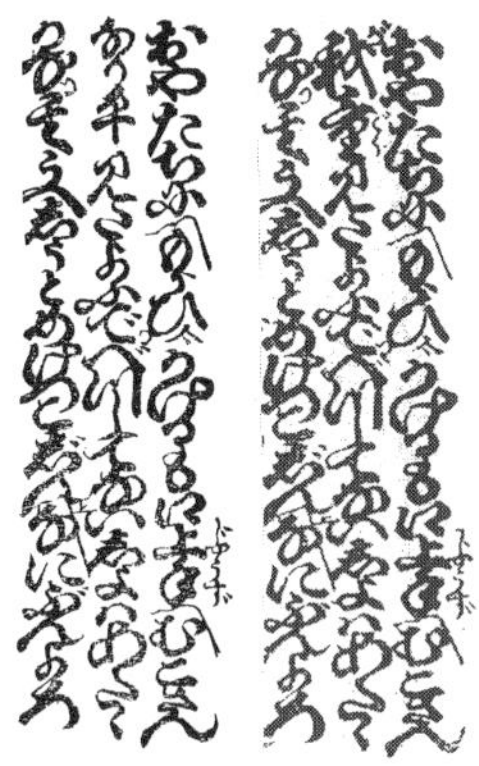

図24 右は『上方／瓦版　とつちりとん集成』より転載の阿波屋定次郎板、左は大阪府立中之島図書館蔵。翻刻は354頁。

図25 花枝房円馬しん作『とつちりとん』。『上方／瓦版　とつちりとん集成』より転載。

方瓦版　とつちりとん集成』巻末解説）がみごとに解き明かしてくれている。この歌詞とほぼ同文が潮来節の歌詞にあったのである。塩善板の「よめ入いたこぶし」（『潮来節大全集』俗謡叢書第六冊、太平書屋、平成一三年）がそれで、問題の箇所は「男は立派に気立てよく」となっている。

⑩はわた正・丹権の大坂板【図25】。下巻の一枚目（絵入の表紙がある部分）がなく、三丁となっている。内容は大坂の南辺で流行するものが二章、角の芝居・投げ扇・中の芝居がそれぞれ一章。これは角の芝居と中の芝居の役者・役名が詠み込まれており、年代推定は比較的簡単である。

「寅のとし大しんばん」の文字もみられ、本文中に「▲角の芝居はあそ山桜」「▲中で……つくしのつま琴」と外題名が明示され、役者役名の一部が詠み込まれている。これは天保十三年（1842）正月のものであることは疑いない。唄の本文を「　」で示し、歌舞伎番付の役者・役名を（　）で示して照合させると次のようになる。

角の芝居の方は「小西ト又蔵　芝翫」（三浦又蔵・小西行長　中村芝翫）、「璃珏《りかく》」（堀尾帯刀　嵐璃珏）、「歌十郎」（真柴久吉

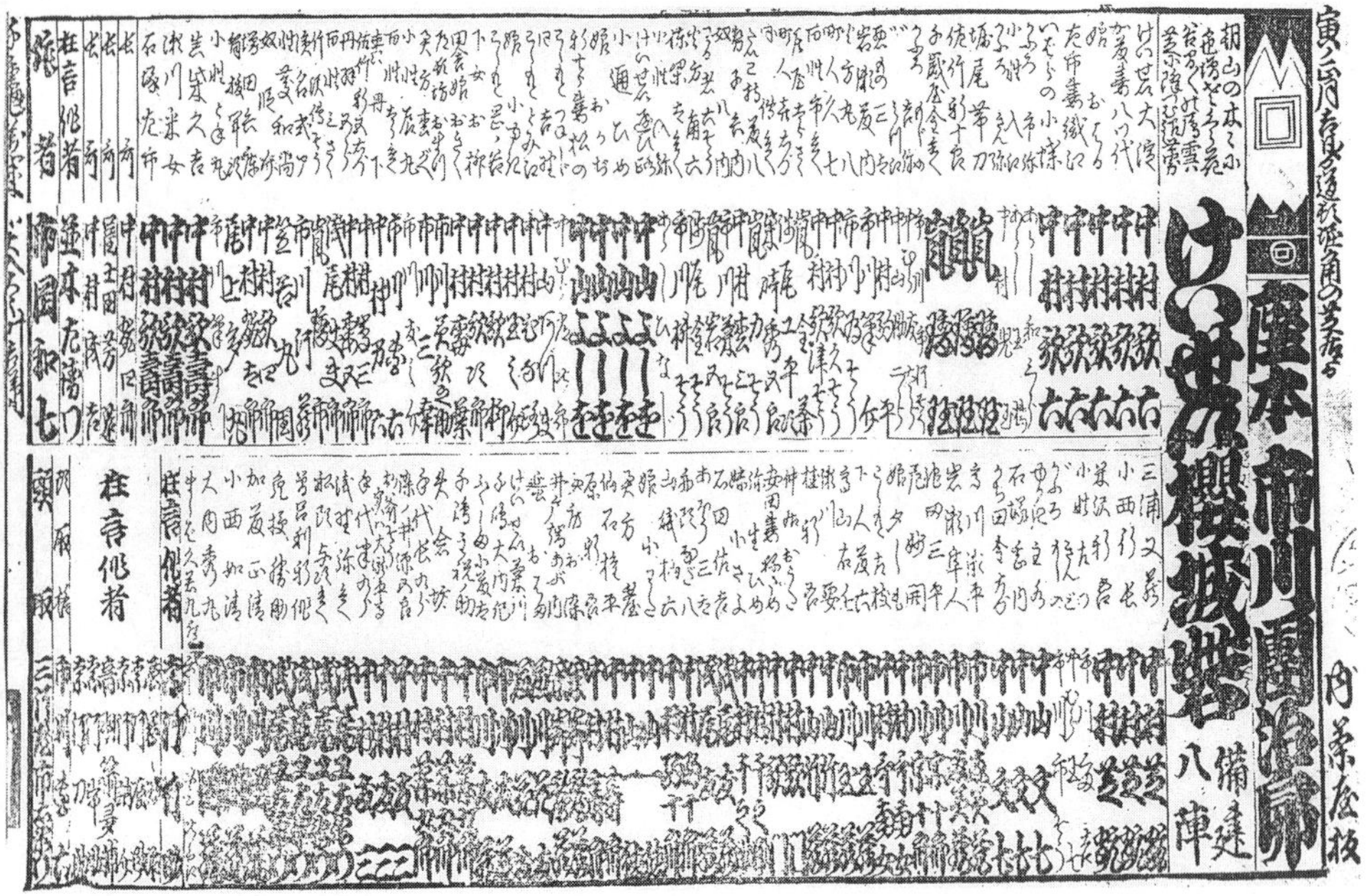

図26 歌舞伎役割番付「けいせい桜城砦」(「けいせい遊山桜」の改題)、天保13年(1842)正月、角の芝居。架蔵。翻刻は354頁。

中村歌寿郎）、「娘おかぢ　よしを」（娘おかぢ　中山よしを）、「歌六《かろく》」（けいせい大淀　中村歌六）、「鬼丸《きがん》（浅尾工左衛門の俳名）」（曾呂利新作　浅尾工左衛門）、「ちやり　友三《ともさ》」（染ノ井源五郎　中村友三）、「加藤に如清　三河屋団蔵」（加藤正清　小西如清　市川団蔵）となり、番付の外題は「けいせい桜城砦《さくらのほんじょう》」【図26】となっているが、内容は「けいせい遊山桜《あそやまざくら》」である。また、中の芝居の「けいせい筑紫𤩍《つくしのつまごと》」の方も「あさがほ　富十郎」（瞽女《ごぜ》朝がほ　中村富十郎）、「松島屋」（宮城阿曾次郎　片岡我童）と完璧に一致するのである。

⑪はわた正・しほ季（塩屋季助）板の大坂板である。⑫はわた正のみの名がある。⑪⑫は本の形が非常に似ているために、併せて四丁の本とも見られるが、柱刻（綴じ間違いを避けるためのもの）を見ると、「六トツチリ壱」「弐」「六トツチリ壱」「六トツチリ弐」とあるため、一応二丁づつ別の本とみておく。

⑪の内容は浪花名物づくし、餅づくし、浮世に無い物づくし、島之内の粋な娘の話。
唐も日本も　合　色には迷ふ　〽こゝに浪花の島の内。三筋の糸で世をつなぐ　〽粋な　合　娘と人毎に　〽おむま参り（初午参り？）戻り道。思案中橋　縁のはし（端・橋）。恋と無常の仏段矢（仏壇屋？）　上〽わかけ（輪掛？）しやれに引きしめて。可愛ひさあまりて憎らしい　引

島之内に評判の娘芸者がいたということであろうか。よくわからないが、当時の噂を取り込んだ歌詞と思われるので記しておきたい。

⑫は大和名所、今の世界は皆逆さまよ、お半長右衛門、役者づくし【図27】。最後の「役者づくし」が年代推定には重要となる。

▲若い女中は　合　音羽屋に芝翫　〽あだで気の利く市川の。高麗蔵《こまぞう》さんは色敵《いろがたき》。〽娘　合　客引く米十郎。〽市十郎　璃珏《りかく》　歌十郎。井筒屋延三《えんざ》に市森《いちもり》（市川森之助）は。当升《としょう》（森之助の俳名、どうしょう）と言ふほど姫方が。ひな〳〵思ふて松嶋屋。〽これこそ当時の濡れ事師　引

色敵の市川高麗蔵（五代目松本幸四郎の息子、のち六代目幸四郎）が大坂で活躍し、中《ちゅう》芝居（大芝居に次ぐ二流芝居）の人気者だった市川森之助が大芝居に出る「子のとし」という点から、天保十一年の子歳と推定される。

図27 花枝房円馬戯作『子のとし大新ぱん　とつちりとん』の表紙。大阪大学附属図書館忍頂寺文庫蔵。

⑬は京都の阿波屋定次郎板。四丁で四章の歌詞があるが、す

べて京都の名所を詠み込み男女の思いを述べたものである。「ふしは御ぞんじもんくはしん作」。下巻の表紙絵には、見台と小拍子と湯飲みが描かれており、高座の様子を想像させる。

唄本の年代考証のむつかしさ、おもしろさ

⑭はわた正の大坂板。上の巻は相撲づくし、鳥づくし、大西芝居岩川もんく。下の巻は「縁は異なもの」「一両会はねば」「おまんどこへゆきやる」の三章（宮尾與男「近世咄本研究　上方咄家の咄本35」『上方芸能』七一号に翻刻あり。池田文庫本同文）。表紙には「あとづけ　はやくち　とつちりとん」とあるが、「縁は異なもの」はごく普通の男女の馴れ初めから夫婦となっての仲むつまじさを詠んだもの。「一両会はねば」は次のようなものである。

▲一両会はねば（一度会わねば）合　かふしたことも　〽二両の（二度の）勤めは嶋原で。三両（三十）振袖四《し》十《じゅ》島田　〽四《よ》両の（よその）恋じやと羨まし　〽五両の（五条の）橋へと武蔵坊。六両誰めと（どこの誰めと）しげるやら。七両噂も（人の噂も）七十五日。八両言はねば（恥を言わねば）理が立たぬ。九両けば（くどけば）なびく相生の松　〽十両（十郎）五郎は工藤《かたき》討つ

一両、二両、三両……と一目上がりとなっている。地口・口合にかなり無理のある（わたしの解釈に不安のある）文句ながら、そこがおもしろい歌詞といえよう。

▲おまんどこへ行きやる　合　油買いに茶買いに　〽ちゃかい（高い）山から谷見れば。見れば（見目は）歯固め歯の薬。〽くすか（鈴鹿?）合　峠の権現様へ　〽さまよ（ままよ）三度笠　三味は猫の皮。かわひ（可愛い）男に会ふ夜はゆかし。ゆかし〱（昔々）とあつたとさ。浅草の観音さんは壱寸八分。〽八分しやれても二分残る　引

これは字余りがひどく早口で歌わねばならない。文句は尻取りとなっており、「口合段々《くちあいだんだん》」とか「跡付け《あとづけ》」と呼

ばれるもので、この歌詞を「あとづけ　はやくち」と言ったものであろう。
上の巻の「大西芝居岩川もんく」が、年代推定の手がかりとなる。

大西当り狂言岩川
▲駕籠をかゝせて　合　北野屋七兵衛　来かゝる所へ岩川が　胸のもやくやさつぱりと　わが家を　合　さして戻り足　詞〽関取　今日は出来ました　花やつた旦那殿はこゝにじや　〽と垂れを上ぐればわが女房　詞〽岩川どの　〽なんにも言はぬ　かたじけない

近松半二らの作「関取千両幟《せきとりせんりようのぼり》」（明和四年〔1768〕竹本座初演）相撲場の段。関取岩川は恩ある人の息子のために、鉄ヶ嶽に勝ちを譲ろうと決心したが、それと気づいた女房は身を売り、その金を「贔屓より」として岩川に取らせて勝たせる。その帰り道、売られて行く女房と岩川の出合いの場面である。

天保から弘化・嘉永年間までに（嘉永六年の見立番付には円馬の名がみえなくなるため）、大坂の大西芝居で「関取千両幟」が上演されたのは、天保八年九月・天保十年八月・弘化四年十月の三度を数える（『歌舞伎年表』・池田文庫『芝居番付目録1』ほか）。これに同じ上の巻にある「すもふつくし」の歌詞の関取名寄せを重ねてみよう。天保八年九月の難波新地の興行番付では東西の大関が雪見山と錦で合わず、弘化四年では、「のぼる大ぜき手がら山」の手柄山が西前頭二枚目となっており、東大関黒雲以外は一致しない。天保十年ならば、東大関稲妻、西大関手柄山、東関脇濃錦里《のぎのさと》、東小結天津風、東前頭黒雲、東前頭錦と一致してくる。よってこの唄本は天保十年のものとみてよいと思われる。

⑮は表紙に「辰のはつよりいなり席ニて花枝房円馬ふうりうとつちりとんの新作をお耳ニふれ升」とある大坂わた正の板である【図28】。「はつ」は「初」（初春？）と思われ、辰年の初めから博労町の稲荷境内の小屋に出演していたと見える。『落噺千里藪』巻二の第一話「辻うら吉」に、「この間いなりへはなしを聞きにいた所が、円馬とい

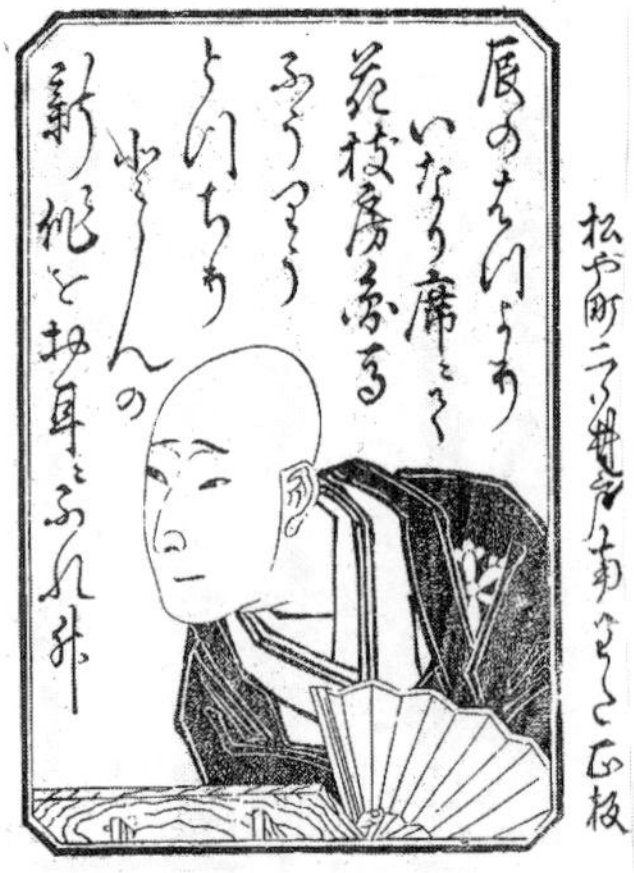

図28　花枝房円馬新作のとつちりとんの表紙。大阪府立中之島図書館蔵。

ふのが、トッチリトンを歌ふた」とある文にちょうど合ってくる。上の表紙に円馬の高座姿が大きく描かれ、下には表紙がなく「是より　下の巻」の文字のみあり、上下四丁ではあるが、やや異質な印象を受ける。しかし、本文の書き方は同じで、他と同時代のものと思われ、この辰の年は天保十五年にちがいない。

⑯は京のあわや定次郎板。「ごめんなされませ　アイどふれ」の歌詞からはじまるが、中に⑫にあった「若い女中は　合　音羽屋に芝翫」の歌詞が含まれている。

⑰の歌詞は、さはぎ・天神まつり・辻ぎみ・きりみせ・とぼけもんく（上巻）平井ごん八・いざり十一段目・みやこめいしよ（下巻）。京のあわや定次郎板である。年代推定の手がかりは見当たらない。

円馬のよしこの

最後の⑱は、とつちりとんではなくよしこのである【図29】。「一流はなしの」の語を冠しているように、会話形式のもの、落ちのついた歌詞が含まれており、いかにも咄家らしいものである。表紙に「十二月絵入」ともあって、各丁半面（1頁）が一月から十二月に配され、それぞれ季節にちなんだ文句である。二丁ずつ四編に分かれた全八丁で、最初の編の表紙に、見台の前に背を丸くして座る円馬の姿が描かれ、三編目の表紙には毛氈の上で唄本を広げた円馬と隣には三味線を弾く演者が描かれている。その内の七月、十月、十一月が特に小咄風に作られている。例えば十一月を引用してみると、

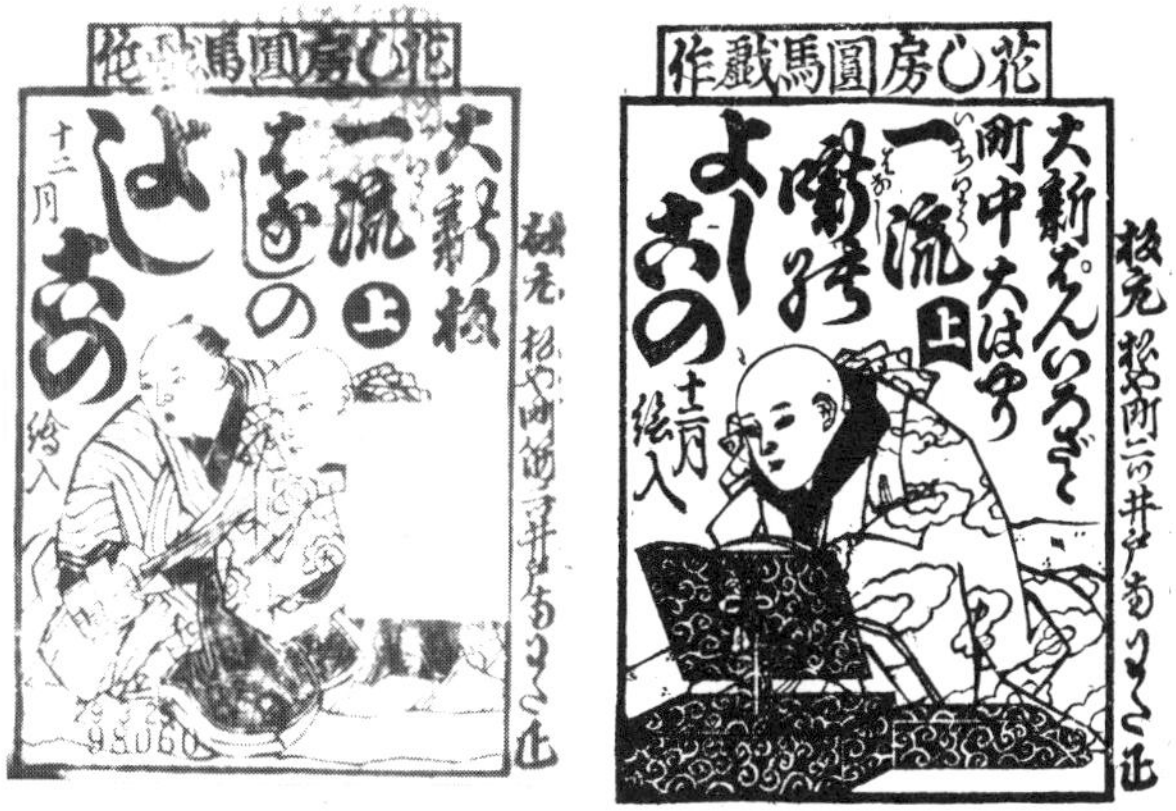

図29 花し房円馬戯作『一流噺の　よしこの』右：前編上の表紙（池田文庫蔵）、左：後編上の表紙（大阪大学附属図書館忍頂寺文庫蔵）。

〽袴着《はかまぎ》の祝ひを分からぬ人が
○ヤ　源さん　この月にかぎつて袴を着せて祝ひ升
△肩衣《かたぎぬ》を着て袴をはくと上がかみ　下がしもで上下といふ　それを袴ばかり付けさせる　この月にかぎる
○ナゼ
△はて
それじやによつて　祝ひ月を霜月《しもつき》といふじやないかいな　引

○と△（源さん）の会話形式を完全にとっており、少なくとも歌詞だけをとりあげれば、平凡な地口の落ちではあるが小咄として通用しうるものであろう。歌詞の末尾に落ちをつける手法は、この種の替え歌にはしばしばみられるものの、会話全体に口演の呼吸を感じさせて咄家の歌として特筆すべきものかと思われる。都々逸の創始者（と言われるが、創始者ではなく実際は寄席の歌としてはじめて流行らせた人ともいう）都々一坊扇歌が客から題をもらって、三段なぞ（……とかけて……と解く、心は……）の形にして唄ったのと同じように、寄席の歌である限りは機智に富んだものが要求されたであろう。

円馬の活躍期

以上振り返って、円馬の唄本が京坂で出板された時期を確認しておこう。この種の唄本に刊記のないのは通例であり、その推測は時事的な事柄を詠み込んでいない限り不可能に近いが、これまで述べたように、円馬の場合推定できそうなのが四点あった。年代順に並べると⑭天保十年、⑫天保十一年、⑤天保十二年、⑩天保十三年、⑮天保十五年となる。

円馬の上方における年代の確実な資料としては、天保十一年（1840）の「玉づくし」や天保十四年の見立番付、弘化二年（1845）の『画本即席　おとし噺初篇』、弘化三年序の『落噺千里藪』（月亭生瀬校、表紙の題簽の題は「絵本千里藪」）などが知られていたが、右の天保十・十一・十二・十三・十五年の唄本も加えることができよう。天保末年の彼の名声は高く、もともとは江戸の咄家でありながら上方落語の歴史の中で、彼の存在は燦然《さんぜん》と輝いていた。

なお、花枝房円馬については、『落噺千里藪』を大きくとりあげるべきであるが、それは「落語作家・月亭生瀬」の項に譲りたい。

五、上方に根を下ろした林屋——上方林屋の祖は誰か

次に、「浪花諸芸　玉づくし」で「よしこのノ菊枝」と謳われた林屋菊枝を中心に、林屋派の人々を見てみよう。花枝房円馬の章で見てきた小本四丁を基本とする薄物の唄本に出てくる「林屋」の人たちを抜き出してみる。なお、前章の円馬の場合と同様、題名は「大新板」「替り文句」「色里町中大流行」などの常套句を省き、内容を表す部分も漢字を宛てながら、多い場合は「他」で省略した。次いで板元、丁数。所蔵者は略称。巻末の「咄家の唄本所蔵先一覧」を併せ参照されたい。咄家名は特に問題としたいため原本の記載のままである。画師名があればそれも記す。最後に年代推定などを注記した。平成二十六年五月末までに知り得たものである。

林屋の人たちの薄物の唄本

① よしこのぶし　恋夫婦あだもんく他　わた正　四丁　忍　林屋正翁戯作　巳のとし

② よしこのふし　十二月紋日よせ　板元不明　四丁　忍・唄本　林屋正翁新作　兎の年始回りする図

③ 世の中　よしこのぶし　中の芝居三替り　妹背山大序より切まで続き　和田正　四丁　池田・宮尾　林屋正翁戯作　二代目林屋正三戯作　戌の年大しんはん（嘉永三年〔1850〕）

④ とつちりとん　伊勢道中道のり入　丹波屋権兵衛　八丁　忍　元祖林屋正三事林屋正翁作　林屋正翁作　貞広（画）　ちよいとおまけに世の中よしこのぶし　最終丁裏表紙は上下とも秋岡福栄堂の広告

⑤ とつちりとん　いせ道中宿々名よせ名所名物幷ニ道のり入　板元不明　四丁　忍　元祖正三事　林屋正翁作　元

祖正三改林屋正翁作（④の前半と同文）
⑥ とつちりとん　豊年満作他　わた正　四丁　忍　林屋正翁戯作
⑦ とつちりとん　干支《えと》づくし他　わた正・たん権　四丁　忍・浪唄　林屋正翁新作
⑧ いよぶし　忠臣蔵大序より切迄十二だんつゞき文句　わた正　四丁　浪唄　林屋正翁新作　午の九月（弘化三年〔1846〕か）
⑨ とつちりとん　梅干しと蛤の小言他　わた正　四丁　池田　林屋正翁新作　未のとし新板（弘化四年〔1847〕か）「亀楽」の墨書
⑩ よしこのぶし　投げ扇名よせ恋文句他　丹権・わた正　唄本・宮尾　秋亭菊翁作
⑪ さつさぶし　投げ扇名よせ恋文句他　株元丹権・板元わた正　四丁　池田　秋亭菊翁作　⑩の異板、同文でありながら曲名が変わっている。
⑫ よしこのぶし　浄瑠璃文句入他　わた正　四丁　池田　二代目林屋正三戯作　天保九戌年新板
⑬ づくしものよしこのぶし　とまらんづくし他　わた正　四丁　池田　二代目林屋正三戯作
⑭ よしこのぶし　とまらんづくし他　板元不明　宮尾　（二代目林屋正三）⑬の異板か
⑮ とつちりとん　忠臣蔵大序より四だん目迄　忠臣蔵五だんめより七つ目まで　忠臣蔵八つ目よりかたき討迄　わた正・塩季　六丁　浪唄　秋亭菊枝戯作　穐亭菊枝戯作　判下書わた正
⑯ とつちりとん　人情問答他　いし和　四丁　忍　秋亭菊枝しらべる丼ニさく　秋亭菊枝作
⑰ 四季のとつちりとん　板元不明　四丁　玩究1・忍　秋亭菊枝戯作　忍頂寺本は初一丁のみ
⑱ よしこのぶし　豊年世の中他　宮尾　正三改名秋亭菊枝作　酉のとし
⑲ よしこのぶし　はやりうた　わた正　四丁　池田　秋亭菊枝戯作
⑳ 意代ぶし　役者かはり文句　石和　四丁　関大伊・玩究3・浪唄　秋亭菊枝作　（嘉永三年序「伊世節大輯」所収）
㉑ とつちりとん　行灯のはなし他　あわや定次郎　四丁　玩究1　二代目林屋菊枝作

㉒世の中よしこのぶし　忠臣蔵十二段つゞき　板元不明　宮尾・荻田　江戸林屋正三作
㉓よしこのぶし　まへづくし他　わた正　四丁　肥田　林屋正三作　林屋正三戯作
㉔よしこのぶし　ひくづくし他　しほ喜・わた正　四丁　池田・宮尾　林屋正三作　子之年大新板
㉕よしこのぶし　川づくし他　わた正　四丁　池田　林屋正三戯作　亥のとし新板
㉖よしこのぶし　はなづくし他　しほ喜・わた正　四丁　池田　林屋正三戯作
㉗よしこのぶし　なしづくし他　板元不明（江戸八丁堀）四丁　池田　林屋正三戯作　形式は上方板

㉘大津絵ぶし〔もの、言様と聞やうでおかしい事〕　斎田　延寿軒正翁作
㉙大津ゑぶし「げいこだては」他　板元不明　肥田　林屋菊枝作
㉚大津恵ぶし　いろ〳〵新仇もんく　本安　四丁　玩究4　林屋菊枝・笑福亭梅香合作

㉛一流浄るり入　とつちりとん　わた正　四丁　忍　桂文吾改名林屋円玉作
㉜あづまとなにわの四季のうた（ゑんかいなぶし）　河治　四丁　肥田　林家円玉作
㉝あづまとなにわの四季のうた（ゑんかいなぶし）　藤屋九兵衛　四丁　唄本　林家円玉作　㉜の表紙を替えた後摺

㉞あさくとも　かへうた　菅市太郎　四丁　肥田　林屋延玉・桂文之助諷、桂文字助調
㉟とつちりとん　石和　四丁　国会・忍　木鶴作　林屋木鶴作　文中に「ひのへ午」＝弘化三年
㊱とつちりとん　かはりしんもんく　いし和　四丁　浪唄　木鶴作　林屋木鶴
㊲とつちりとん　かはり新文句　石和　四丁　浪唄　おなじみのはなしか　林屋木鶴作　午のとし
㊳とつちりとん　板元不明　四丁　唄本　舞台図に「きくはく」　㊲の後摺
㊴世の中よしこのぶし　わた正　四丁　池田　林笑亭木鶴作

㊵　伊予節　四十八組火方印つくし他　　わた正　四丁　忍・池田　　林屋金輔戯作
㊶　大つゑぶし〔お、い〳〵〕　石和　四丁　豊田・荻田　　林屋文笑作　下巻表紙に見台の図
㊷　大つゑぶし　　斎田　　林屋文笑作　㊶と同板と思われる

この一覧表では、正三・正翁・菊枝・菊翁の区別をはっきりさせていない。その理由は、これらのうち刊年の明確なものが少なく、咄家の改名の年も不明で、代の替りを押さえきれないためである。

初代林屋正三・初代林屋菊枝・林屋正翁

上方の初代林屋正三について『落語系図』は次のように言う。

初め初代林屋正蔵門人に林蔵と云ふ人あり、その林蔵の門人にて菊蔵と云ふ（中略）備中の産にて（中略）若年にして風雅を好み武士を捨て落語家となる　江戸へ下り林屋林蔵の門に入り菊蔵となり　上京して正三となり又菊枝となり　その後正翁となる　林屋江戸上方の混ぜざるより屋と家とになす　林家門人多数江戸林屋にまされり、よしこの王となり京大阪の冠たり……

上方に上ってからの彼は正三→菊枝→正翁と改名したという。が、同書によれば「初代正三門人　二代目正三」もまた、正楽→二代目正三→二代目菊枝となり、初代同様「音曲に長」じていたというのである。そのため、正三と菊枝の初代・二代の区別がきわめてむつかしい。以下、私見を示しておきたい。

まず、『落語系図』を信じれば、正翁を名乗るのは、江戸の林屋の名を上方に伝えた初代正三であるから、正翁とあれば初代正三ということになる。

林屋正翁すなわち初代正三が作った流行唄替え歌の内容を見てみよう。②『新ぱん　かわりもんく　十二つきもんびよせ　よしこのふし　林屋正翁新作』は、上の巻の表紙に兎が礼装して門松の横に立つ姿が描かれており、卯の年、天保十四年（1843）の新板かと思われる。内容は遊里の一年の様子を歌う。

正月▲門に立てたる女松《めまつ》に男松《おまつ》

豊後《ぶんご》へそも〱松のめでたき事　万木にすぐれ　十八公のよそひ　千年のみどりをなして　古今の色を見る

これは老松《おいまつ》　わたしは主《ぬし》を待つ

七七からはじまり、豊後節「老松」を挟み込み、最後は七七で括っている。他は省略するが、七七ではじまり、豊後節や新内をとりこみ、最後の部分は歌詞により長さが一定せず、後年流行る「よしこの（情歌）」のような七七七五の定型ではない。⑩秋亭菊翁作の「なげあふぎ恋もんく　よしこのぶし」のように、七五を四回繰り返すものもある。円馬のとっちりとんに対して、彼がよしこのを売り物としていたことは表により明かであるが、円馬がよしこのにも手を染めていたように、この人も逆にとっちりとんの作を残している。

図30　林屋正翁作『伊勢道中道のり入　とっちりとん』の表紙。貞広（画）。大阪大学附属図書館忍頂寺文庫蔵。

そのうち殊に注目すべきは、④『伊勢道中道のり入　とっちりとん』であろう【図30】。上下二冊の初・二編、全八丁（表紙も入れて十六頁）で、大坂から伊勢へ参向し、再び大坂へ戻ってくるものである。長いため一部を紹介する（【　】は本文にある傍注、**ゴチック**

体は原本では□で囲んでいる文字）。

▲二人心も 合 **大坂**（合う）【大坂より松原へ三里】立ちて〽誠をみがく玉造　思ひは深江笠の紐【この所菅笠名物】〽結ぶ 合 契りを**松原**（待つ）【松原より奈良へ五里】も〽ほんに峠（待ち遠しい）と指折りて　楽しみ登る山々の　恋ゆへ目さゑくらがり（暗峠）や　上〽愚痴と情けを追分の　色には誰しも尼ヶ辻ィーーー

▲南都**奈良**【奈良より丹波市へ三里】宿（なんとなろやら）合　初旅枕　〽明けて春日の御社《みやしろ》ゑ　ねがふ二人の三笠山　〽どうぞ 合 浮気を猿沢（去る）と　〽帯解けあふが市の本（一番大事）と　**丹波市**【丹波市より三輪へ三里】伴に思ひあい　結んだ糸の柳本　上〽**三輪**（身は）【三輪より長谷へ二里】ぬしまかせ　二世三世

長谷【長谷より榛原《はいばら》へ一里半】（末世）まで頼むは観世音

唄の歌詞に宿場から宿場の里程を小さく記して、旅行案内としながら伊勢に着き、帰りは松坂から津、関、土山、水口、草津、大津、京まで東海道を上り、さらに伏見までの旅を、恋の文句に合わせて紹介していく。現行上方落語の「東の旅」との直接の関連は指摘できないが、「東の旅」成立の問題を考える時、社会全般にわたる伊勢参宮の流行や膝栗毛物の本の出版とともに、このような咄家の唄本による〝旅〟にも目を向けてよいものと思う。

図31 江戸林屋正三作『忠臣蔵十二段つゞき　世の中　よしこのぶし』の表紙。架蔵。

④「元祖林屋正三事　林屋正翁」、⑤「元祖正三改　林屋正翁」の書き方は、正三が菊枝を経て正翁となっても、正三の元祖ということを強調していると考える。

㉒「江戸　林屋正三」とあるのも、江戸から上った咄家という意識が大坂の人々に強かった時期のものと思われ、やはり初代正三と

見ている【図31】。落語と忠臣蔵の縁は深いため、㉒『忠臣蔵十二段つゞき　世の中よしこのぶし』を読んでみよう。長いが全文紹介する。

▲仮名手本忠臣蔵　大序知らせの拍子木　口上すんで　幕をあくれば　正面足利付き〳〵　それ〳〵義貞の兜を改め出したかほよが目利きに　師直《もろのう》惚れたが遺恨のもとゝなる

▲弐段目　入来る使者の役目は大星力弥　取り次ぐ小浪と一朱《いっしゅ》（恋人同士）の口済んで　あとは松切り　桃井《もものい》癇癪《かんしゃく》　加古川本蔵賄賂《まいない》調《ととの》へ　うろたへ騒いで　殿より先へ急ぎゆく

▲三段目　あくれば本蔵進物　取り次ぐ伴内　おかる勘平のろけのあとは　さよ衣の歌で師直悪口《あっこう》　鮒侍《ふなざむらい》と言はれて塩谷《えんや》癇癪こらへかねて　刃傷《にんじょう》に及ぶ

▲四段目　塩谷屋敷へ入来る上使は　薬師寺　石堂　出迎かふ判官　かねて用意の切腹なれども　待ちかねた由良之介　遅《おそ》〳〵かけ付け　かれこれすんで　屋敷を明け渡し　恨みの九寸五分

▲五段目　勘平と弥五郎途中の出合い　別れて帰る　あとはヲ、イ〳〵親爺《おやじ》殿と呼びかけて　嶋《しま》の財布の五拾両　取り行く向かふへ駈け来る猪　すポポン　定九郎この世の暇乞《いとまご》ひ

▲六段目　おかる身売りのそのあとは　勘平さしうつむいていたる所を　嶋の財布を母者《ははじゃ》に見付けられ　当惑半ばへ弥五郎　郷右衛門　勘平に切腹させ　与一兵への屍骸《しがい》を改め　早まつたと後悔　二人は立ち帰る

▲七段目　茶屋場　皆々入り来る　由良之助めんない千鳥　矢間《やざま》をとつ捕まへ　南無三たわひ　三人をなだむる寺岡平右衛門　皆々打ち連れ奥に入る　力弥は山科より一里半駈け来たる

▲おかる二階に酔ひ醒まし　下には由良之介　九太夫聞くとも知らず　身請けの相談すんで　悦ぶ所へ平右衛門　妹は始終を聞いてびっくり　兄様さらばと死ぬる覚悟をおし止め　由良之介　九太夫悪事を見顕はす

▲八段目　道行すんで　九段目は山科隠れ家　訪ねてこゝに来る人は　加古川本蔵女房戸無瀬《となせ》　道の案内《あない》の乗

物を待たせ　娘を連れて　頼みませふ　どうれ　下女が案内にしづ〳〵打ち通る
▲お石しとやかに出向かい　嫁入り変替《へんが》へ　二人はびつくり　始終を立ち聞く虚無僧《こむそう》内に入り　三宝《さんぽう》踏み砕き力弥に突かれて　本蔵本望　師直屋敷の案内　由良之助悦び　虚無僧姿で出て行く
▲十段目　天河屋　捕つた〳〵と大勢入来る　義平《ぎへい》は長持へとび上がる　忠義の一心　手打の縁起に蕎麦切御馳走　お園は暇状一件　心ならず　伊五《いご》を呼び出し様子を聞く内　頭《あたま》の盗人　大星計らい　後に夫婦の中直り
▲十一段目　義士の面々　師直屋敷の夜討始まる　天よ河よの合詞《あいことば》で　皆々びつくり仰天　うろたへ騒ぎ　玄関　物置　柴部屋迄探し　たづね出し首尾よふ敵討ち　四十余人はめでたく本望　末世に名を残す

忠臣蔵のあらすじどおりで、洒落のめしているわけではない。しかし、登場人物の台詞らしきものもまじえながら、全段を簡潔にまとめたところが手柄であろう。芝居を知らなければ意味の通じにくい、無理な文句もあるが、それがむしろ愛嬌と思われる。

なお、忠臣蔵を読み込んだ唄として、⑮秋亭菊枝戯作『忠臣蔵大序より四だん目迄　とつちりとん　上』『忠臣蔵五だんめより七つ目まで　とつちりとん　中』『忠臣蔵八つ目よりかたき討迄　とつちりとん　下』がある。全六丁で十二章にまとめたため、㉒よりかなり詳しくなっているが、はやり浄瑠璃の丸本どおりのあらすじを追ったものである（ただ、最後は「光明寺」ではなく泉岳寺）。

⑧林屋正翁新作『忠臣蔵大序より切迄十二だんつゞき文句　いよぶし』も、内容はあらすじ通りでおもしろ味は欠けるが、表紙の絵に目がひかれる【図32】。三段目切、城明け渡しの

図32『忠臣蔵大序より切迄十二だんつゞき文句　いよぶし』の表紙。「午の九月　板元松や町通二つ井戸南　わた正」板　大阪府立中之島図書館蔵。

大星由良之介の人形を遣う人形遣の姿が、写実的に描かれている。さらに、「午の九月」という刊年推定の手がかりもある。後述するようにいよぶしの流行期を考えると、弘化三年（1846）のものではないかと思われるのである。

二代目林屋正三・二代目林屋菊枝

はっきり「二代目正三」と記すもの⑫⑬は、素直に二代目ととってよいと考える。二代目正三については、池田文庫に大変ありがたい資料があった。この種のものには珍しく、表紙にはっきり刊年が記されているのである【図33】。⑫『天保九戊年新板　二代目林屋正三戯作／よしこのぶし　上　／　浄瑠璃文句入　松や町通二つ井戸　わた正板』『天保九戊年新板　二代目林屋正三戯作／よしこのぶし　下　／ぶんごしんない入　松や町通二つ井戸　和多正板』とあって、これにより二代目正三の襲名が天保九年（1838）頃と決定できる。初代林屋正三はこの頃には林屋菊枝となっていたと思われ、先の天保十一年の「浪花諸芸　玉づくし」の菊枝は初代正三ということになろう。

図33　二代目林屋正三戯作『よしこのぶし』の表紙。天保９年（1838）刊。池田文庫蔵。

それでは、二代目正三が二代目の菊枝となるのはいつ頃なのか。すでに見てきた天保十四年の「浪花昔はなし見立角力」には、西大関正翁、東関脇菊枝、西前頭正三と出ており、正三から菊枝、菊枝から正翁という改名を前提とすれば、この時点ですでに正翁が存在し、三代目正三も存在することになる。天保十四年には二代目正三は二代目菊枝となっていると見なければならない。

菊枝の初代・二代を区別するのもむつかしい。その中で、関大本の⑳『意代ぶし』に限っては二代目菊枝としてよいように思う。なぜなら、この本は嘉永三年（1850）の序をもつ『伊世《いよ》節大輯《ぶしおおよせ》』に収載されたものであり、その序文には流行唄の変遷を次のように述べている。

……うたふ一節そが中に伊勢の陽田《ようだ》もうちすぎて　尾張名古屋もよしこのと　いつかむかしのとちりとおさへつ酒盛りの　うかれ歌ふ一節もいよ〱酔《よう》た〱の世の中はいよ〱いよふし大流行……

『伊世節大輯』の宣伝文であるから、多少注意を要するが、「伊勢の陽田」「よしこの」「とちりとん」よりも、伊予節の方が後に流行したこと、その流行が嘉永三年を遠く隔たらないことは読みとれよう。伊予節の上方における流行が嘉永期であるとの従来の説（前田勇編『上方演芸辞典』東京堂出版、昭和四一年）もある。となれば、天保十四年の見立番付にすでに正翁と出てくる初代菊枝ではありえない。

ところで、この菊枝の場合、とりあげた唄本のほとんどが「秋亭菊枝」とあって、林屋菊枝ではない（後に述べる大津絵節の冊子には林家菊枝の名があるが、大津絵節の本の流行は時代がやや下がった嘉永後半から安政以降と見ている）。「正三改名秋亭菊枝」⑱の記述があるために、林屋菊枝のことに間違いなかろうが、「秋亭」は見立番付などに全く見られない亭号である。菊の縁として秋亭は粋人の好みにふさわしいが、薄物の唄本に名を出す時だけの亭号だったのだろうか。

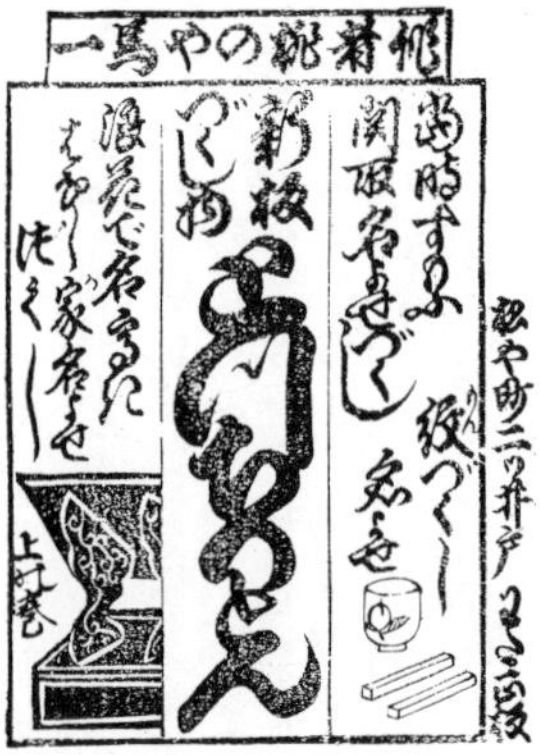

図34　桃のや馬一作『新板づくし物　とつちりとん』の表紙。大阪府立中之島図書館蔵。

秋亭菊翁とは誰か

さらに問題となるのが秋亭菊翁《きくおう》の名である。正三が年経て正翁となったように、菊枝が年老いて菊翁を名乗ったと考えられるが、見立番付には見えない。初代正三のことなのか、二代目正三のことなのかもわからない。そこで、この菊翁について他の資料を探してみよう。

大阪府立中之島図書館蔵の同種の薄物の唄本に『新板づくし物　とつちりとん』（作者桃のや馬一）がある【図34】。この中の一編に「浪花で名高きはなし家名よせつくし」という歌詞があるのである。咄家の名前の読み方は悩む場合があるため、本文の振り仮名を現代仮名遣いで残した。ただ、「正三」だけは振り仮名がない。しかし、歌詞の意味や口調、さらに当時の慣習から「しょうざ」と読むはずである。「鎗の権三《ごんざ》」「三人吉三《きちさ》」、「桂文三《ぶんざ》」「並木正三《しょうざ》」「中村友三《ともさ》」、みな「三」は「ぞう」ではなく「さ」または「ざ」である。

▲変な噂を　合　菊翁《きくおう》はしか（わしが?、強調の意の「ばし」?）ほんに喜蝶《きちょう》（気色）が悪くなり。なんと正三（しょう）がよかろうと　〽胸に吾竹《ごちく》ち（ぐちぐち）思ひごと　いつか勢楽《せらく》（精楽?）がつくならと。小円馬《こえんば》さきで花枝房《はなしぼう》（縁先で話す）。それから神々三光《さんこう》（参詣）して　上〽よき辻占を菊枝《きくし》（聞く）ぞと　円馬《えんば》（縁は）月日をまつわいな　引

菊翁の名は最初にあがっている。ここでは、菊翁・菊枝・正三が出てきて正翁がない。『落語系図』や見立番付類に、菊翁の名を見出していないが、咄家であることはまず間違いない。この唄本の作者桃のや馬一は他の唄本で見たことのない作者であるが、下の巻には落語の見台や小拍子、湯飲みが描かれており、「馬一」の「馬」の字も気にかかる。というのは、天保十四年（1843）の見立番付には、春亭馬石・春亭馬井助・春亭馬鳥、嘉永六年の見立番付では春亭馬井助・春亭馬勢・春亭馬丸などの「馬」の字が春亭にみられる。桃のや馬一は咄家の雅名または咄家に近い人物ではないかという気がしてくるのである。

それはさておき、この名寄せはいつ頃のものであろうか。資料の少ない時期のものだけに、やや煩わしいが考証しておこう。この咄家の名寄せを、従来知られている資料に照合すると次表のようになる。

浪花で名高きはなし家名よせつくし	菊翁	喜蝶	正三	吾竹	勢楽	小円馬	三光	菊枝	円馬	（正翁）
浪花諸芸　玉づくし（天保十一年八月）1840				吾竹			三光	菊枝	円馬	
浪花昔はなし見立角力（天保十四年九月）1843			前頭張出	西関脇	東小結	行司添人		東関脇	東大関	西大関
落噺千里藪、口絵（弘化三年序）1846				先吾竹 二代目吾竹		小円馬			円馬	
落語家奇奴部類（弘化五年一月序）1847		喜蝶	正三	吾竹	勢楽		三光	菊枝	円馬	正翁
浪花昔噺見立相撲（嘉永六年）1853		西二段目脇	東関脇	西小結	西大関		東二段目脇	東大関		勧進元
（安政頃の番付）		（西大関）	（西関脇）	（西前頭）	（行司）		（西前頭）	（東大関）		（差添人）

右表の「安政頃の番付」は、第三章で述べたように雑誌『上方はなし』第二十集所収のもので、『落語系図』所収の「文政五年頃の番附」と少し異なる。『落語系図』のいう文政五年は全く信じられないことはすでに述べた（43頁）。『落噺千里藪』口絵は121頁参照。

菊翁の名が他の資料に全く見えないことは既に述べたが、右の表からみれば、『奇奴部類』が最も多くの一致をみている。しかし、この資料は江戸のものであり、かつ嘉永五年頃まで書き継いだもの（『日本庶民文化史料集成第八巻』延広真治解題）とのことであって、「田舎咄の部」とする名寄せは年代的に相当の幅をもたせる必要があろう。「玉づくし」『落噺千里藪』の一致が少ないのは、もともと所載の咄家数が少ないからである。残った三枚の見立番付は偶然にも六名の一致をみる。しかし、この中では天保十四年の「浪花昔はなし見立角力」を重視したい。

その第一の理由は、嘉永六年（1853）・安政頃の番付には円馬の名が見えなくなることである。「はなし家名よせつくし」には「小円馬さきで花枝房」とあり、「円馬月日をまつわいな」で終わっていた。この名寄せの他の咄家には屋号亭号の類を省いていながら、円馬には「花枝房」をもち出し、他に著名な咄家がいたにもかかわらず、円馬の倅小円馬をよみ込んでいることから、大坂での円馬全盛の時期、天保後半だと考える。

第二の理由は、この「はなし家名よせつくし」が載る『新板づくし物　とつちりとん』には、「当時すもふ関取名よせづくし」も収載されており、相撲の場合は番付や改名附などによりほぼ正確に年代をおさえることができるのである（力士名を**ゴチック体**にした）。

相撲名尽し

▲ぬしと**鷲が浜**（あなたと私《わし》）合　二人が中は　**稲川**よりも深くなり。人目**関谷野**《せきやの》厭《いと》ひなく　〽積もる　合
思ひの**錦木**に　できた一人の**小柳**で。世間へ浮名**立神**《たつかみ》も。**手柄山**《てがらやま》じやと思へども　上〽お前は**不知火**《しらぬい》（知らない）顔をして。**鰐石**《わにいし》は**黒雲**（わしは苦労）するわいな　引

ここにあがっている力士名の動向から天保十一年（1840）または十二年（1841）に該当すると思われるのである。天保十一年六月難波新地での興行の番付（西尾市岩瀬文庫蔵「相撲番付」）によれば、鷲ヶ浜音右衛門は東小結、稲川政之助は西小結、（関谷野は見えず）、錦木塚五郎は東前頭筆頭、小柳常吉は西前頭四、立神雲右衛門は東関脇、手柄山繁右衛門は西大関、不知火諾右衛門は東大関、鰐石文蔵は西関脇、黒雲竜五郎は東前頭八となり、関谷野の名が見えないものの東西の三役がみごとに詠みこまれている。翌十二年七月難波新地に於ける番付では、浪之音（権蔵）改め関谷野広吉の名が西前頭八に出てくるが、逆に東西の三役の内、西小結鏡岩の名が詠みこまれてなく、鷲ヶ浜、不知火、黒雲の名も番付にみえない。天保十一、十二、十四、十五（弘化元年）、弘化二年と東大関（当時

は横綱は地位ではなく、最高位は大関）に座って角名を馳せた不知火諾右衛門は、天保十年六月には未だ東関脇の濃錦里《のぎのさと》諾右衛門であった。

「天保十五辰之年大新版　諸国相撲　関取改名附」【図35】によれば、天保十五年には、鷲ヶ浜は常盤山小平治、稲川は猪名川、立神は岩見潟丈右衛門、鰐石は釼山谷右衛門とそれぞれ改名している（当時の力士は役者同様頻繁に改名する）。すなわち右の関取名寄せは広くとっても天保十一年から天保十四年までのものと思われるのである。以上のことから「はなし家名よせづくし」も同じ頃と思われ、天保十四年の見立番付に近いものと推定する。

ところが、「はなし家名よせづくし」に出ていた三光と喜蝶の名が、天保十四年の見立番付に見えないことが次に問題となる。これについては次のように考えている。まず三光は天保十一年の「浪花諸芸　玉づくし」に吾竹・菊枝・円馬などとともに名を出すのであるから、天保十一年から十四年頃と推定した右の名寄せに出てきて決して不自然ではない。むしろ天保十四年の見立番付に名を出さないことの方が疑問となる。この疑いをもってこの番付を見直すと、立川を名乗る咄家が一人もいないことに気づく。仮に三光が天保十四年までに没していたとしても、後の嘉永の番付に大坂立川の門流が栄えていることからみて、弟子らしき人名が見出されなければならない。何か意図的に立川の一派をはずした番付になっているように見えてくる。

都喜蝶についても、同番付は都を名のる咄家を一名も記していない。都喜蝶は「京師の名人」（『落語系図』）であり、京都寺町伏見屋半三郎から文政十三年（天保元年）に『御かげ道中　噺栗毛』を出した人物、またはその弟子とみられ、元来京都の咄家であったために載せなかったと考えられよう。

そこで、菊翁のことに戻ろう。「はなし家名よせづくし」には、菊翁・菊枝・正三の名がみられ、歌詞のはじめに菊翁を出し、最後を円馬で結んでいる。これを天保十四年の見立番付に重ねていくと、菊翁＝正翁とすれば、林屋正翁・林屋菊枝・林屋正三が対応しており、東大関花枝房円馬に対して、西大関林屋正翁という位置も順当であ

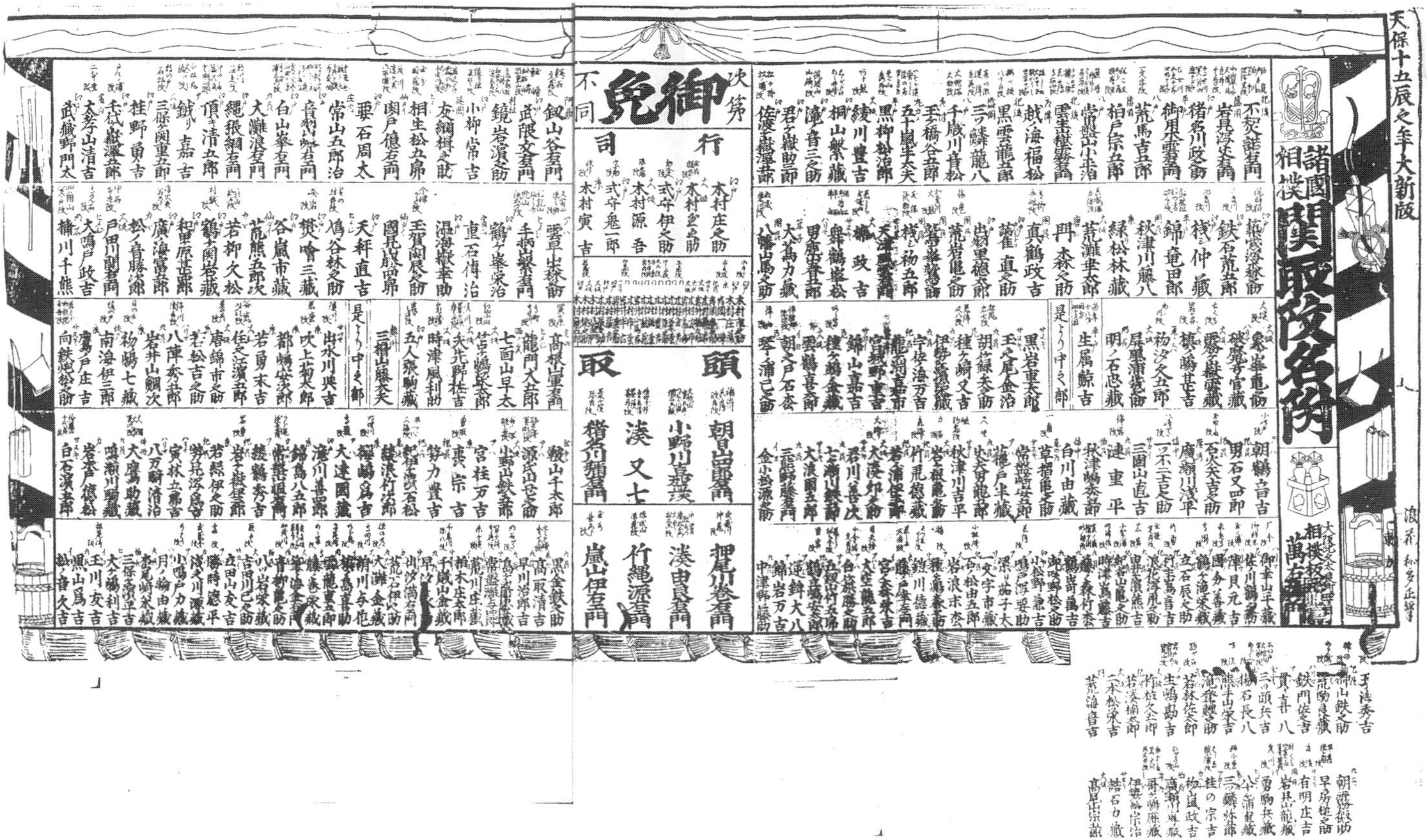

図35 天保15年（1844）板「諸国相撲関取改名附」、西尾市岩瀬文庫蔵。当時の相撲取りはかなり頻繁に改名していた。翻刻は355頁。

る。初代菊枝改め正翁となった人物を菊翁に当てるのが妥当だと思う。すなわち、正三→菊枝→菊翁→正翁と思われるが、菊翁はあるいは唄本に名を出す時だけの筆名であったかもしれない。

　ここまでのことをもとに、正三・菊枝・正翁の関係を、大胆な推測も含んで整理してみよう。怪談噺で有名な江戸の初代林屋正蔵も正三を名乗ったようであるが、複雑になるので今は江戸のことはふれないことにする。上方の初代正三は天保中頃にはよしこので名を売っていて、天保九年春には弟子に二代目を名乗らせ、自分は菊枝となった。天保十一年の「浪花諸芸　玉づくし」の「はなし　よしこのノ菊枝」である。しかし、初代の菊枝時代は短く天保十二・三年頃には秋亭菊翁と名乗り、天保十四年にはもとの林屋に戻し、林屋正翁となった。

　二代目正三は天保九年に正三を継いだが、師の改名に付き合う形で、天保十二・三年頃には二代目菊枝となった。この時、師の菊翁に従って、「正三改名　秋亭菊枝」としたが、師が林屋正翁になると、やはり林屋に戻って林屋菊枝となった（咄家名としては、菊翁も二代目菊枝も林屋のままだったかもしれない）。そして、天保十四年にはすでに三代目正三ができていた。

　それから十年後の嘉永六年の見立番付では、正翁は顧問格の差添人、菊枝は東大関、正三は東関脇とそれぞれ順当に地位をあげながら、やはり三人が揃って出てくる。安政頃の番付には、位が記されていないが見立番付の形から判断すると、正翁が差添人、菊枝が東大関、正三が西関脇と、嘉永の番付とほとんど変わっていない。もし代替わりがなかったとすれば（代替わりすれば地位を下げるのが見立番付の通例）、天保後半にめまぐるしく改名した正翁が、隠居名ともとれる正翁を名乗ってからは落ち着いてしまったということであろう。上方林屋の全盛を思わせる時代でもある。

延寿軒正翁

ところが、延寿軒正翁という人が唄本に出てくる。『下がゝり大津絵ぶし』（齋田作楽編、太平書屋、昭和五三年）の一九六の「〇（物の言いようと聞きようでおかしい事）」をそのまま引用すると、

（物の言いようと聞きようで、おかしい事がいろ〳〵ある中に、茶臼山に陣張り給う時、御大将を祝し、ア、君が代や、幾々幾世も続く御代太平。腹と腹と合して口と口、しっくり合した懸鯛《かけだい》や。早うやってとしゃくるほどいく凧の日の丸。暗がりで一ツ取って、紙を出して包む蛍。「もし〳〵早う入れておくれ」と女中が明け待っている、川水壺の蓋）―写本『性的歌謡集』（延寿軒正翁作『大津絵ぶし』より）

卑猥な連想を起こさせて、すっとはぐらかす。笑いの手法として珍しくはないが、無理なくまとめた文句と思う。孫引きで心許ないが、延寿軒正翁という作者を見過ごすことができない。林屋正翁は没するまで（没年不明であるが）正翁のままであったかと想定してみたが、この「正翁」も同じ人ではないかという疑問が湧いてくる。嘉永六年の見立番付に「勧進元　林屋正翁」とあるが、同時に「（東）前（頭）林屋延寿軒」の名もある。正翁が「寿」を「延」ばす意味を込めて、延寿軒を一時的に用いたと仮定すれば、その「延寿軒」を弟子の誰か（二代目正三の二代目菊枝と三代目正三は番付にあるので除く）がもらって「林屋延寿軒」を名乗ったのではなかろうか。歌舞伎の世界では師の俳名（色紙や短冊に発句を書く時の雅号）を役者名にする例がある。三代目中村歌右衛門の俳名「芝翫」を弟子が受け継いで中村芝翫を名乗った例、七代目片岡仁左衛門の俳名我童を弟子が名乗った例などがよく知られていよう。

桂文吾改名林屋円玉

桂文吾改名林屋円玉のとつちりとん㉛をみてみよう【図36】。上巻の表紙には、上部に「桂文吾改名　林屋円玉

作」、その下に『新板いろ里町ぢう大はやり　三代記八つ目　一流浄るり入　とつちりとん　幷ニおいらんの身の上咄し　上』とあって、演者が高座の見台の前で唄本を開いて歌う図が描かれている。匡郭（四角の枠）外には「正銘板元　松や町筋二つ井戸　わた正」と板元が記されている。浄瑠璃「鎌倉三代記　八つ目」（三浦別れの段）の入った歌詞を見てみよう。

〽敵と味方と分かれていても。恋に心を時姫（ときめかす）が　解いて一ト夜は新枕
浄るり〽時姫せきくる涙ながら。父の譲りの封釼《ふうけん》を　打ち守り〳〵。ヱ、聞へぬ父上。この刀を給はりしは三浦様と縁を切る印に。母様を殺して帰れと有る難題は。刃《やいば》の色に表れて。胸を切り裂く御賜物《たまもの》。もつとも親の　許さぬ夫。思ひそめたが不義の科《とが》。捨て、ゆくとは胴欲《どうよく》な。これが別れの時姫か。顔見たばかりが義村（良し）か。ま一度お顔を三浦（見）さん

時姫が父北条時政から、三浦之助義村の老母を討って帰るようにと渡された劔を見て嘆き、戦場から戻った夫三浦之助が死を覚悟して再び戦場に出立しようとするのを、すがりつく場面である。浄瑠璃をほとんどそのまま挟み込んで、最後は掛詞（というより地口・口合）を含んだ文句で笑わせる。

図36 桂文吾改名林屋円玉作『一流浄るり入　とつちりとん』の表紙。大阪大学附属図書館忍頂寺文庫蔵。

この章の後に、「鳥の鳴く音にふと目を覚まし」ではじまる「花魁《おいらん》の身の上咄」を付ける。下の巻は浄瑠璃「三荘太夫　山の段」が取り込まれた歌詞からはじまっている。この浄瑠璃は現在では馴染みが薄くなっているかと思われるので、やや詳しく説明しておこう。説経節で知られる山椒《さんしょう》太夫の話は、「三荘太夫五人嬢《むすめ》」（竹田出雲作、享保一二年〔1727〕初演）などを経

て、「由良湊《ゆらのみなと》千軒長者」（近松半二・竹本三郎兵衛・三好松洛などの合作、宝暦一一年〔1761〕初演）となる。山の段は中ノ巻の「中」に当たる由良湊別れが辻の場面、安寿と対《ずし》王が不幸な身の上を嘆くところである。その部分を挟み込んだとつちりとんであった。

そして、最後の半丁（一頁）は、笑いの多い軽い歌詞で締めくくる。

〽かぼちゃ〳〵とたくさんそふに。あんまり粗末にいわんすな。人は見かけによらぬもの。茄子や加茂瓜　大根は。見かけきれいで水くさい。それで女が嫌ひます。太平楽（好き勝手な言い方）じやなけれども。見かけはこんなかぼちやでも。女が好くには困ります

「文吾改め円玉」とある本は、この一点しか見ていない。歌詞の内容から刊年を知ることもできない。ただ、本の形式から円馬や正翁のとつちりとんとほぼ同じ時期、天保後半から嘉永あたりのものと推定する。天保十四年の見立番付には、東前頭五枚目に桂文吾とあり（林屋円玉の名はない）、嘉永六年の見立番付には、逆に桂文吾の名は消えて、西方二段目前頭に林屋円玉とある。位としては少し下がったことになるが、この人であろうと思われる。文吾から円玉の改名は天保十四年（1843）から嘉永六年（1853）の間と見ておきたい。天保十四年にはすでに相当な地位を占めており、その名前から行司の位置に座っている桂文治（当時の文治は三代目のはず）の弟子ではないかと思う。

文吾は初代？二代目？

『落語系図』では、初代桂文治の高弟の一人に初代文吾があげられており、「江都へ下り上方噺の封切りをなし、初代むらくと両国の席にて大道具せり上ばなしに長ず」と記される。「大道具大しかけ落はなし　桂文吾」の旅興行のビラが現存しており（肥田晧三「大阪落語」『日本の古典芸能　9　寄席』）、初代文吾が大道具入の咄に秀でたと

いう『落語系図』の記事を裏付けている。江戸の資料にも文吾の名が出てくる。『日本庶民文化史料集成　第八巻』に載る『東都噺者師弟系図』（宮尾與男氏解題では天保七年と推定）の林屋正蔵の門人のあとに「大坂出生　かつら文吾」とあり、初代の文吾のことかと思われる。

しかし、この唄本の文吾は「文吾改名林屋円玉」とあって、のちに円玉と改名する文吾であるから、次の二代目であろうか。『落語系図』では、二代目文吾は江戸の項に「三光斎延玉」としてまず出てくる。

初代文吾の門人源吾と云ふ。弘化三己年二代目文吾となる。講談師円山尼の悴分となり、林家円玉となる、江戸へ来り円生社中とまぎらしきに付延玉と改名す。音曲に長ず。松づくしの元祖なり。

上方の項では「初代正三門人　林家円玉」として出てくる。

初め初代文吾門人源吾と云ふ、後に二代目文吾となり、講談師円山尼の悴分となり、初代正翁の門に入り、江戸へ来り円生社中に混らしきに付き延玉となる。

二つはほぼ同文であるが、前者には改名の時期や芸風があり、後者は林屋への移籍に触れる。ただ、「己」は「巳」の誤植と思われるが、弘化三年は巳歳ではなく午歳である。細かいことではあるが、『落語系図』の記述に不安を抱かせる。講談師「円山尼」と読んだが、「山尼」の文字は山冠に雁垂《がんだれ》に「ヒ」を併せた一字であり、あるいは違う読み方をするべきかもしれない。円山尼ならば、大坂の芸能記事を多く載せる『摂陽奇観《せつようきかん》』文政六年（1823）の項に出てくる。三月十六日より御霊社内神主の宅で、円山尼という女講釈師が、前講「伊達大評定」後講「太閤記」を演じたという。この円山尼は江戸の人で、もとは馬円女と言った。名古屋の芸能資料『見世物雑志』には、江戸の講釈師森川馬谷（二代目？）の娘で、年は三十五・六らしいとも出てくる。文政頃大坂で有名だった円山尼のことであろうか（円山尼については、「大阪府立中之島図書館蔵『画口合』と芸能」〔『混沌』第一五号〕の中でもう少し詳しく述べたことがある）。時代がやや古すぎるようにも思うが、ともあれ、『落語系図』によれば桂源吾→二代目桂文吾→林家円玉→林家延玉という改名になる。

しかし、『落語家奇奴部類』には桂花玉の前名として文吾の名が見える。読みやすくして書き写すと、

芝住　桂　花玉

初め春好と云ふ。後、田舎焉馬《えんば》の門人と成りて春馬と名乗る。又、焉馬と改名す。後に江戸え下り文治に随身して花玉と成る。又、桂文吾と改名す。又、花玉となる。嘉永五子年四月十三日神田鍋町より欠け落ちす。

とある。江戸の資料に出るこの文吾を、上方の資料に重ね合わせるのは至難の業である。「田舎焉馬」というのが花枝房円馬のことかと思われ、その弟子となって、春馬。春馬の名は天保十四年（1843）の見立番付には出てこず、嘉永六年（1853）の見立番付に「花房春馬」が見える。春馬から焉馬となり、さらに文治とともに江戸へ下って桂花玉となったという（この文治は三代目と思われ、その時期は弘化から嘉永にかけてか）。そして文吾となり、また花玉に戻り、嘉永五年四月に江戸を去ったと、いうことであろう。その後最初に名乗った春馬となって大坂に戻り、嘉永六年の見立番付に載ったとすれば、一見話がうまくつながる。しかし、同じ見立番付にはすでに述べたように、林屋円玉が上位にいるのである。同じく『日本庶民文化史料集成　第八巻』に載る『噺連中帳』の解題に紹介された〔噺屋席蔵〕（宮尾與男氏の解題では幕末とされる）には文吾と円玉の両方が出てきて混乱する。不明なことの多い人と言わざるをえない。

林屋円玉・林家円玉

「桂文吾改名林屋円玉」で迷走したが一覧表に戻ろう。㉜の「あづまとなにわの四季のうた」（河治板、四丁）には林家円玉作と出てくる【図37】。ただし、「林屋」ではなく「林家」であり、㉛の林屋円玉とは代が変わっている可能性もある。上の巻は江戸の四季を詠んだもの、下の巻は浪花の四季を詠んだもの。下の巻の歌詞を紹介してみ

図37 林家円玉作『あづまとなにわの四季のうた』（河治板）の表紙。肥田皓三氏蔵。

よう。

〔浪花　春の分〕春の景色に花見行き　桜の宮か鶴満寺　どうで（どうせ）戻りは新町の花が取り持つ縁かいな

〔浪花　夏の分〕夏の涼みに浪花橋　橋間《はしま》繋ぐ屋形船　程のよいのが気がもめて　船が取り持つ縁かいな

〔浪花　秋の分〕秋は淋しき虫の音に　ふつとさしこむ窓の月　夜《よ》も早更けて明け烏　鐘が取り持つ縁かいな

〔浪花　冬の分〕冬の寒さに恋ゆへ通ふ　ちよいと炬燵で差し向かい　紙縒《こより》ひねつて縁結び　雪が取り持つ縁かいな

七五を四回重ねて最後の五音を「縁かいな」で結ぶ、明らかに小唄「縁かいな」である。しかし表紙には曲名として「縁かいな」とは記していない。「縁かいな」は『上方演芸辞典』によれば、明治六年頃、四世津山検校の門人徳永里朝（1854〜1936）が「四季の縁」と題し大阪の寄席で唄って評判を取り、のち里朝が東京に移住し、明治二十二年頃東京の寄席でも流行って世上に流布したという。藤田徳太郎著『近代歌謡の研究』（復刻版、勉誠社、昭和六一年）では、里朝の『絵入縁かいな節』（明治二四年版）、『元祖　ゑんかいなぶし』（明治二三年版）の表紙を図版で紹介すると同時に、この唄が幕末にはすでに流行していたことを、例をあげて説明している。円玉のこの唄本の刊行年の特定はできないが、大坂御霊筋瓦町北の河治板であり、薄物の唄本とわたしが呼んでいる唄本と同体裁であることから、遅くとも維新以前のものであると見ている。徳永里朝が流行らせる前に、上方の寄席で林家円玉が歌い広めたとみるべきである。

上の巻の表紙には、見台の前に相撲取りを連想させる太った咄家が扇子を開いた高座姿が描かれている。羽織と

図38　林家円玉作『あづまとなにわの四季のうた』（藤屋九兵衛板）の表紙。大阪府立中之島図書館蔵。

見台には丸に二引きの紋がある。扇子には「圓」の字を宝珠（玉）の形に図案化したものが見られ、円玉本人を描いたものであろう。なお、この本には藤屋九兵衛板【図38】があり、上の巻の表紙に大きく半身が描かれ、こちらは口を開き左手は袖に入れ、歌っている様子が窺える。それ以外は河治板と同じ。ただ、この藤屋本は二代目龍田《たつた》安楽《あんらく》作のよしこの、湊谷猪之佶作のとつちりとんと合綴して『ふみのはやし』の表紙をつけて売り出したものかと思われ（旧蔵者か古書店の作為かもしれない）、最後に形式の違った半丁が付き、そこに藤屋九兵衛の住所（日本ばし通安堂寺町）と名前が記されている。明らかに河治板をもとに作られた後版とわかる。

円玉と延玉

『落語系図』によれば、二代目文吾の林家円玉は江戸に下った際、江戸の三遊亭円生社中と紛らわしいために延玉と字を改めたという。

唄本ではないが、林家延玉の資料が残っている。名古屋清寿院境内で「寅三月」に行われた「風流滑稽　昔物語并ニ浄瑠璃噺し　林家一座」の番付（天理図書館蔵）である【図39】。トリの位置（歌舞伎などの番付でいう留め筆）に、「世界穴さがし　林家延玉」とあり、林家延玉率いる一座のものとわかる。「浮世人情はなし　林家正三」も出てくる。しかし、他は「御祝儀　宝入船噺　林家竹巴勢」「昔八丈噺　鈴ヶ森ノ段　はやし家春子」「加々見山ばなし　七つ目　はやし家竹理　文枝」「伊賀越噺　遠眼鏡ノ段　はやし家小土佐」「二代鑑噺　秋津嶋腹切ノ段　はやし家竹土佐　文吾」とあって、題名から見て内容は浄瑠璃である。演者の竹巴勢・春子・竹理・小土佐・竹土佐がは

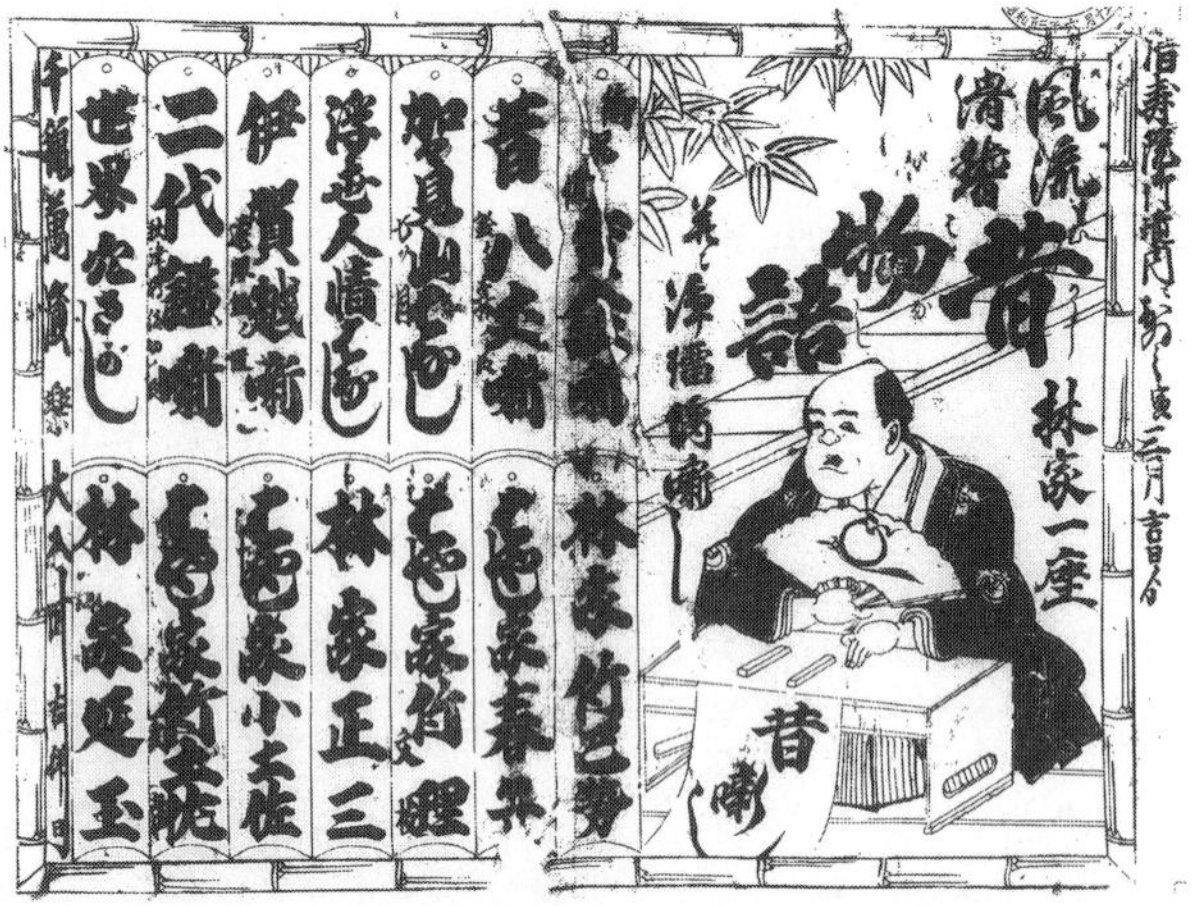

図39　林家一座番付「風流滑稽　昔物語　幷に浄瑠璃噺し」、（名古屋）清寿院境内。天理大学附属天理図書館蔵。翻刻は359頁。

やし家・林家をつけているが、咄家名らしくない名である。番付の四周を竹で囲っており、浄瑠璃太夫の竹本・豊竹の「竹」を意味しているように思われ、咄家と浄瑠璃語りとの合同公演が、事情あって林家一座として興行しているものか。あるいは逆に、咄家が浄瑠璃太夫を標榜するためにそれらしい名にしているのか。もし、後者とすれば、竹理の横に小さく文枝と書いているのは桂文枝、竹土佐の横に書いている文吾は桂文吾となるのかもしれない。

この番付にも丸顔で肥満体の演者が描かれている。扇子と羽織には宝珠が見られ、先の唄本の表紙に描かれた円玉とよく似た風貌である。円玉が延玉と改名した後のものかと思われるのである。この寅年が嘉永七年（1854）なのか、慶応二年（1866）なのか、あるいはもっと下るのか、疑問の多い番付であるが参考までにあげておく。

さらに、この「林家延玉」には「ほこりたたき」と題する一枚摺が残っている（肥田皓三氏蔵）【図40】。図版とともに、読みやすくして紹介しておく。

ほこりたゝき

すでにその夜もしん〳〵と　花のさかりの敦盛を　金にせかるゝ百両の　才覚なんと与右衛門が　思案《しやん》途方に
くれいたる　妻はよもやと思へども　心ならねば側《そば》にさしより　コレ　平次どの　お前はきつう済まぬ顔じや

図40 林家延玉調「ほこりたゝき」。半紙半裁。絵は三味線の撥と胴板。胴板の中に延玉と思われる人物が色摺で描かれている。肥田晧三氏蔵。

が　必ずひよんな思案《しやん》やなど　けがにも出して下さんすなへ　姑御《しゆうとめご》や　小姑《こじゆうと》に　つらい気兼ねも辛抱も　おまへの病気を治そふとて　この箱根の権現へ　わたしが願こめ　その御利生で　今の間につい本復《ぷく》しやつたら　阿弥陀池の開帳へ　つれ立て参ろぞやと　異見《いけん》まじりに手も口も　人愛《にんあい》（人づきあい）のよい内儀《ないぎ》也　申し　勝頼様もふ何時でござりましやうな　これはしたり　しのぶ殿　扨は様子を　アイ　残らず聞いておりました　夫《おつと》が打死遊ばすを　妻が知らいでなんとせう　二世《にせ》（西）も東も敵の中　疑がはれても添はれいでも　思ひきはめた夫《おつと》はひとり　あの世の縁の三浦様殺して待てとは由兵《よしべ》へどの　せめて死に目に会いたいと　駆け寄つて抱きおこし　コレ　娘　ま一度こちら向いてたも　大坂中に指さゝれ　そのお陰やら嬉しい返事　とてもかなはぬ恋ゆへと　いつの世　如何《いか》な

る報《むく》ひにて　とふぞお慈悲に　これ申し　今宵の事はこの場ぎり　お年寄られしおまへに迄　今の思ひに比ぶれば　死ぬるを忠義といふ事は　いつの世からの習《なら》わせぞと　鬼もあざむく両眼に　たばしる涙はら〳〵雨か涙の袖の海　膝に淵《ふち》なすごとく也　かゝる嘆きの折りこそあれ　遠音にひゞく鐘太鼓　義経　ハツト　心つき　ヤア〳〵蘭丸　中老尾上が召使ひ　遺恨あらんと突つかゝる　逃げても逃がさぬ源蔵が　刃鋭《やいばするど》に切りつくる　放せ本蔵　放しやれと　思はずどんぶり徳右衛門　できたとばかり一声を　跡に残して走り行く

林家延玉調

甚だしい「ほこりたたき」（まぜかえし、つなぎ合わした文句）で、わたしには不明な箇所もあり注釈は略したい。節の指定はないが、浄瑠璃で語ったかと思われる。色摺の絵の人物を見れば、右にみてきた延玉と同一人であることはあきらかであろう。

㉞「あさくとも　かへうた」【図41】の林屋延玉も林屋円玉と同一人の可能性が出てくる。この唄本は林屋延玉・桂文之助諷、桂文字助調とあって、「林家」ではなく「林屋」延玉である。第十章「林屋から林家へ」で詳しく述べるが、基本的には林屋が古く、林家が新しい。「浅くとも」の元歌は、木村菊太郎著『江戸小唄』（増補改訂版、演劇出版社、昭和五八年）には「杜若《かきつばた》」の題で説明されている。

本調子〽浅くとも　清き流れの杜若《かきつばた》　飛んで往来《ゆきき》の編笠《あみがさ》を　覗《のぞ》いて来たか濡れ燕《つばめ》　顔が見とうはないかいな

この元歌は国学者井上頼圀《よりくに》作・初代歌澤芝金《うたざわしばきん》曲であるとも言われているものであるが、安政六年（1859）刊の『哇袖鏡《はうたそでかがみ》』ではすでに「あさくとも」の題で出ている。

しかし、㉞の唄本は、形式などからみると明治以降のものと見なければならない。天保末頃の唄本と同じ四丁一冊ではあるが、上巻下巻の区別はなく、表紙も墨摺でなく色摺である。奥付には「大阪畳屋町四千九番地　編輯出

図41　林屋延玉・桂文之助諷『あさくとも　かへうた』の表紙。色摺。肥田皓三氏蔵。

板兼ル　菅市太郎　定価壱銭五厘」とあって、あきらかに明治の表記である。また、後述するように、桂梅香から桂文之助（のちの曾呂利新左衛門）への改名は明治六年でもある。六章ある最初の歌詞には、

〽写すとも　合　二人写真のあだ姿　合　恋と情の実比《じつくら》べ

合　のちの証拠と言《ゆ》いながら　かわいがらすも気にかゝる

「写真」の語も出ていて、新時代の匂いを漂わせている。ただ、明治八年七月改めの「浪花名所昔噺連中見立」（豊田善敬氏蔵、大阪芸能懇話会編『藝能懇話』三号）に延玉の名は見えない。㉛㉜㉝の円玉（延玉）と同一人か否か、判断しかねている。

林屋木鶴

林屋木鶴もとつちりとんの本を残している。㉟は板元が大坂の石和（石川屋和助）、やはり小本上下全四丁である【図42】。上巻の表紙には匡郭外に「木鶴作」とあり、浜辺の大蛤と大きな馬が描かれており、卑猥な連想を起こさせる図である。下巻には、「林屋木鶴作」とあり、図は盆にのった酒肴と煙草入れ、扇子が描かれており、艶っぽい歌を期待させる。最初の歌詞を見てみよう。

▲丙午（午）じやて。合　祟《たゝ》りはせまい。虎（寅）で戻つて無理を云《い》（亥）い。ぬ（戌）し（主を掛ける）こそ去る（申）と口ぐせに。嫌味《いやみ》。合　半分寝（子）の年か。丑（丑）三つ（巳）頃に酔いも醒《さ》め。こちら向けとて羊（未）ほど。枕の紙を引かんして。上　浮（卯）かれ気取り（酉）の気休めも。お前の立つ（辰）はしらんがな　引

とある。亭主が夜中に泥酔して戻った夫婦のやりとりに、十二支を詠み込んだものである。「云《い》い。ぬし」に亥と戌を掛けているところはやや苦しいが、十二支をみごとに揃えている。この歌い出しに「丙午」があるため、弘化三年（1846）の丙午を響かせていると思う。丙午が話題になるのは六十年に一度なのであるから。

同じく午の年に刊行された㊲「午のとし新板　かはり新文句　とつちりとん」には「林屋木鶴作」（上の巻）「木鶴作」（下の巻）とある。平の町御霊筋東の石和板、全四丁。上の巻の表紙に「おなじみのはなしか」の説明文があり、片膝を立て扇子を刀か槍に見立てて腕まくりして、芝居咄をするような高座姿が描かれている。その見台に「きくはく」の文字も見える【図43】。内容は、女夫喧嘩、お半長右衛門、炬燵やぐら、「抱《だ》かへ」づくし（夷三郎は鯛をばだかへ）、染物、「おもひあふても」の六章。㊳は表紙の文字にあった作者名・板元などの大事な文字を削ってしまった後摺本である。

もう一点㊴「林笑亭木鶴」とある『世の中よしこのぶし』（上下全四丁、わた正板）がある。表紙には、衝立を背にして見台の前で演じる演者が描かれており、見台には花菱の紋が付いている。正翁・正三のよしこの本と同形

図42 木鶴作『とつちりとん』の表紙。大阪府立中之島図書館蔵。

図43『とつちりとん』の表紙。林屋木鶴作。「おなじみのはなしか」とある。大阪府立中之島図書館蔵。

式ゆえ、天保後半から弘化・嘉永あたりのものと思われるが、林笑亭という亭号にはまったく心あたりがない。しかし、表紙の絵から咄家であることは確実と思われ、「林屋木鶴」と同一人とみておきたい。

さて、林屋木鶴は『落語系図』によれば、二代目正三門人で「初代正三の実兄なり、京師の名を得たる達人なり」と簡略に記しているのみである。初代正三の兄が、その弟子の門人というのに疑問が残るが、裏付ける資料を知らない。京都を中心に活躍したとあるが、残っている唄本のうち、㊳は板元不明ながら、㉟㊱㊲と林笑亭木鶴のもの㊴はともに大坂板である。大坂でも活躍したとみなければならない。天保十四年の見立番付では東方二段目前頭とあり、番付に記載された咄家としては中位の人であるが、十年後の嘉永六年の番付では西方前頭筆頭にあり、着実に位をあげている。安政頃の番付では西方小結の位置に「林屋木鶴」ではなく「林家木鶴」ともある。同一人とみれば、名前を変えずに天保後半から安政頃まで、息の長い活躍をしたということになる。

図44　林屋木鶴作「内づくし　あら玉　大津ゑふし」。半紙半裁。色摺。肥田皓三氏蔵。

ただ、『落語系図』によれば、この人の弟子に木雀という咄家があり、三代目可楽（江戸の落語家、三笑亭可楽）門に入り馬長、のち都喜蝶を経て二代目木鶴となったとある。幕末頃に二代目木鶴もいたようであり、慎重にいえばここでも、初代・二代の区別はつけがたいということになる。

なお、林屋木鶴には大津絵節の一枚摺も残っている。肥田皓三氏蔵、半紙半裁型、色摺の絵あり（画師名なし）【図44】。年代を示すことばは見当たらないが、素朴ながら落ち着いた絵で、大津絵節の一枚摺としては早い時期のものかと思われる。

内づくし　あら玉　大津ゑふし　　林屋木鶴作

門松は注連《しめ》の内、蓬萊山は床の内、奥は年酒《ねんしゅ》で両手打ち、御万歳は鼓打ち、鳥追ひは笠の内、水菜へ〳〵沸いた〳〵風呂が沸いたと、鐘や太鼓で　暗い内　初売りしもたら（終えたら）初ぼゝ（姫はじめ）しよと、閨の内、明けぬ内、年越や豆打ち　福は内　十日戎の笹《ささ》（酒）機嫌、参りましたと後ろへまわつて　槌《つち》で打ち（戎様は耳が聞こえない）

林屋金輔

林屋を名乗りながら、上方の咄家として他の資料にまったく現れない人が上方板の唄本の中には出てくる。一人は㊵『伊予節　四十八組火方印つくし他』（上下全四丁、わた正板）の林屋金輔である【図45】。上巻の表紙には「江戸よし原はやりうた」「四十八くみ火かたしるしづくし幷ニおもしろきかへ歌入」とあり、提灯の中に「伊予節」の文字、絵は火消しの纏《まとい》持ちを描いている。下巻は「大新ぱん　はやりうた　伊予ぶし　下の巻」とあり、絵は天神祭りの賑いを描いている。

〽四十八組一番名寄せ　合　数多火消しある中に　合〽粋《いき》は**い**組で。通ふ神田は西と東　別れても仲は**よ**組で気が揃い　離れぬ**は**組は源氏車。火がゝり**に**組　輪違ひ。さても揃ふた飯田町。江戸の花ア　引

続いて二番があり、その次に「かゑうた　すもふづくし」がある。

〽四十八手の力士の名寄せ　合　こゝに小柳　秀の山　合　いきな猪名川　通ふ柏戸。西と東に別れても。中

図45 林屋金輔戯作『伊予節　江戸よし原はやりうた』の表紙。大阪大学附属図書館忍頂寺文庫蔵。

を取り持つ玉之助。こ、ぞ肝心要石。する 上 どき釼《つるぎ》山。手取りは黒雲。鏡岩。江戸の花 引

江戸時代後期には相撲も江戸が中心であり、上方の唄本に「江戸の花」と出るのはやむをえない。行司の木村玉之助は文政四年（1821）から嘉永三年（1850）までの二代目かと思われ、弘化四年（1847）十一月引退の柏戸、弘化五年正月引退の要石などを考えると、この名寄せは天保末から弘化年間のものかと思われる（『大相撲人物大事典』ベースボールマガジン社、二〇〇一年参照）。

下の巻は、伊勢名所の歌詞があり、次いで天神祭りの歌詞となる。

〽天神祭りは浪花の花よ 合 続く松明《たいまつ》篝火や 上〽川の中には。流星 合 星下り。押すな〱は橋の上。中にとりわけ屋形船は。三味や太鼓で大騒ぎ。あだな。流行唄や五六《りゅう》。七八拳《けん》の声 賑わしや 引

そして最後は、夏の物売りの売り物づくしとなる。この本は伊予節流行の時期、本の体裁から弘化・嘉永頃のものと見られるが、嘉永六年の見立番付に金輔の名はない。もちろん天保十四年の番付にもない。金輔の「金」の字は、安政頃の見立番付にやっと「林家金楽」の「金」が出てくるだけである。唄本の作者・板元が作った架空の名前の可能性もあるが、これまでの例からすれば、咄家として実在したと思う。江戸の「吉原はやり歌」でありながら天神祭りを物珍しく詠んでおり、江戸の火消しや江戸の相撲を詠み込むところなどから江戸の人かとも思うが、確認できなかった。

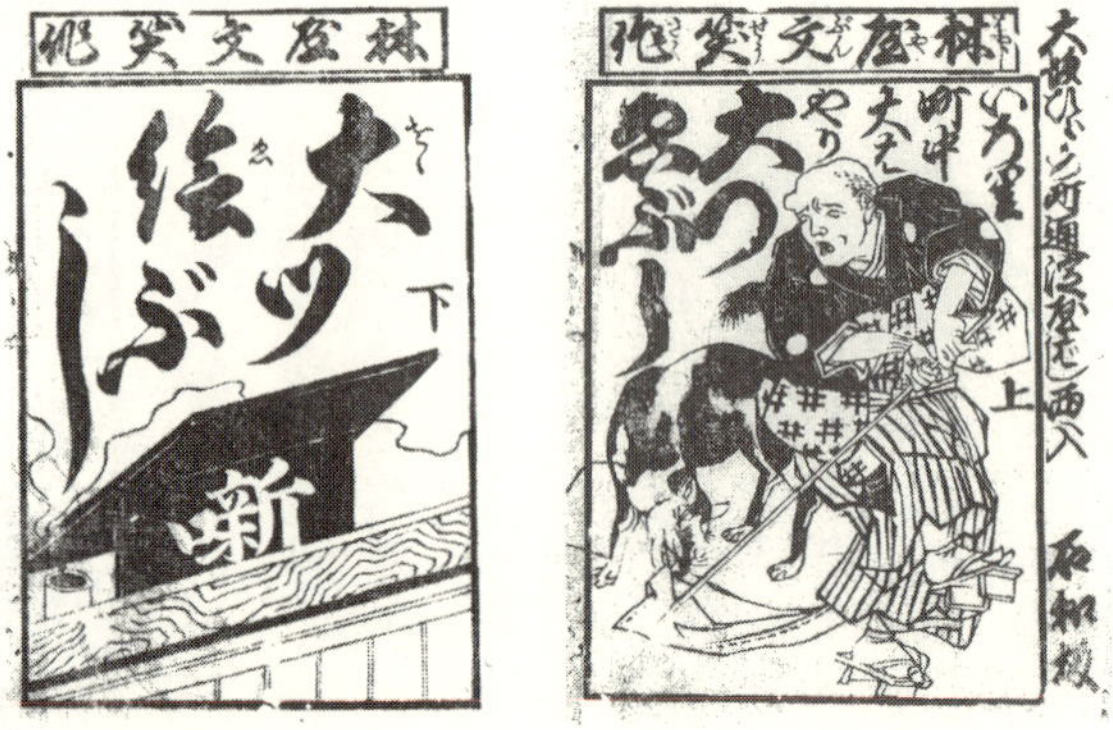

図46　林屋文笑作『大つゑぶし』上、『大つ絵ぶし』下の表紙。「大坂ひらの町通淀屋ばし西へ入　石和板」。架蔵。

林屋文笑

林屋文笑の名は㊶『大つゑぶし（おゝい〳〵）』（上下全四丁、石和板）に出てくる。齋田作楽編著『下がゝり大津絵ぶし』（太平書屋、昭和五三年）に出てくる林屋文笑作㊷「大つゑぶし」も、歌詞の一致から同本と思われる。

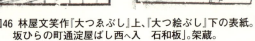

この本の上の巻の表紙には、振り仮名付きで「林屋文笑作《はやしやぶんせうさく》」とあり、座頭《ざとう》の褌《ふんどし》を犬が咥《くわ》え、座頭が杖で押さえる図が描かれている【図46右】。この図はおもしろいが、なぜか本文の歌詞に該当するものが見あたらない。歌詞の最初は「▲おゝい〳〵親父どの　その金こつちへ貸しておくれ」で始まる忠臣蔵五段目の文句。次は仮名手本忠臣蔵全段を短くまとめたものである。

▲仮名手本忠臣蔵　大序はかほよに師直かつ惚れる　二段目は本蔵が松を切り　三段目は殿中で大喧嘩　四段目は判官切腹し　五段目おゝい親父殿　六段目は勘平腹を切り　七段目は茶屋場でお軽の見受　八段目道行過ぎて　九段目は手の内ご無用　上へ十段目は天川屋儀平で　十一段目大切めでたく手討ちそば　シメタリ（終わりの意とうまくいったの意?）

忠臣蔵の全段を手短かにまとめ、最後は「手討ち蕎麦」で落ちをつけている。次の歌詞は芝居で見合いをする若い二人を描いたもの。

下の巻の表紙には「林屋文笑　作」とあり、絵は高座の見台を大きく描いて、そこに「噺」の文字が見える【図

46左】。下の巻最初の歌詞を記しておこう。

▲おゝい〳〵親父殿　その株上方へ貸してくれ　海老蔵は仰天し　家々《いえ》（否《い》え否え）この株は貸されません
息子の団十郎へ譲らにゃなりません　お江戸の花形じゃもの　やれ〳〵大層な言い株と　上方でなんぼ力《りき》んで
もつがもねへ　上〳〵市川兄弟家《け》は和泉屋　大和屋　高麗屋　ヲヤダマ（親玉、海老蔵へのかけ声）

八代目市川団十郎（嘉永七年〔1854〕大坂で歿した）の歿する以前、海老蔵（七代目市川団十郎、安政六年〔1859〕没）が天保の改革で江戸を追放され、大坂で活躍した時期の歌詞であろう。次いで勧進帳の内容を歌ったもの、さらに清姫が日高川を渡ろうと船頭と言い争う場面の歌詞となっている。

下の巻の表紙絵から、この林屋文笑も咄家と見られる。天保十四年（1843）の見立番付には東方二段目前頭に「桂文笑」、嘉永六年（1853）の見立番付にも西方前頭筆頭に「桂文笑」、安政頃の番付にも東方二段目前頭の位置に「桂文笑」とある。林屋ではなく桂であるが、「文笑」の名は天保・幕末期の大きな名前として認められる。「文」の字は桂文治の「文」であり、桂のはずであるが、唄本の故意か不注意か、あるいは事情あって桂から林屋に移った時のものか。そのあたりは謎のままであるが、咄家と見て間違いないと思う。なお、『落語系図』には「桂文笑」も「林屋文笑」も出てこない。

上方林屋の祖

以上をふりかえると、天保の後半以降、いよぶしやとつちりとんの歌で名を上げた林屋の一門だった。ここで、言及しなければならないのが、『落語系図』の上方林家の祖についてである。

林家の先祖は玉蘭と云ふ大人なり、その門人に蘭丸と云ふ人あり　その人に天下一、浮れの紙屑や、大三十一日浮れの懸取、入込噺の龍宮界、龍の都、月宮殿、星の都等は皆この蘭丸の作なり（読点原文のまま）

今日では大ネタとして伝わる「天下一浮かれの紙屑」「大晦日浮かれの掛け取り」「竜宮界竜の都」「月宮殿星の都」の作者が林家蘭丸という人だったというのである。しかし、これまで見てきたように、江戸時代の確実な資料には蘭丸の名前は出てこない。始祖という玉蘭の名前も出てこない。三枚の見立番付に「蘭」の字のつく咄家が一人くらい出てきてもよさそうに思うが、一人も出てこない。天保をはるかに遡る時代にいたのかもしれないが、上方林家の祖は江戸から上ってきた初代林屋正三と考えた方が無難だと思われる。代々の正三またはその一門は音曲に秀でていたわけで、蘭丸作と伝える賑やかにはめものの入る咄の作者にもふさわしいと思う。芸能の由緒書には、しばしば権威付けの意図が働いている。江戸から来た人物を林家の祖とするのではなく、上方にも独自の林屋のルーツがあったのだとする、上方側の言い伝えのように思われてならない。

六、笑福亭の繁栄――松富久亭松竹は実在したのか

江戸から上った林屋正三と花枝房円馬をみてきたが、京都に源をもつといわれる（『落語系図』）笑福亭の人々に目を転じよう。現存する唄本の量からみて、正三（菊枝）・円馬に音曲の面で対抗できたのは笑福亭吾竹である。この人の名の出る薄物の唄本の一覧を示してみる（巻末「咄家の唄本所蔵先一覧」参照）。

笑福亭吾竹の唄本

① ちゝ〳〵りちてんぶし　忠臣蔵かわりもんく　上の巻　大序より五段目迄　京　ほてい斎　四丁　関大　笑福亭吾竹戯作　花楽亭扇蝶画文

② ちゝ〳〵りちてんぶし　浄るり文句忠臣蔵　上の巻　大序より五段目まで　坂　わた正　四丁　忍　笑福亭吾竹戯作　吾竹新作

③ ちゝ〳〵りちてんぶし　本てうし　上下　板元不明　四丁　忍　下の表紙絵に笹の中に「吾」（吾竹）、扇子に蝶（扇蝶）　本文中に「たつのとし」

④ 御好ニ付　ちゝ〳〵りちてんぶし　近江八景かわりもんく　本てうし　上　京　布袋斎　二丁　肥田　笑福亭吾竹戯作　筆者都扇蝶斎

⑤ かわりもんく　ちゝ〳〵りちてんぶし　本てうし　下　京　布袋斎　二丁　肥田　浪花笑福亭吾竹戯作　筆者扇蝶斎

⑥　とつちりとん　大坂京大すもふ関取名よせ　上の巻　下の巻　中ずもふ名よせ　坂　わた正　四丁　忍　笑福亭吾竹戯作　吾竹戯作　辰のとし（天保十五年と推定）

⑦　とつちりとん　東海道五十三次道のり道中記入　上中下続　坂　丹権事秋岡　四丁　忍・玩究2　笑福亭吾竹作　笑福亭吾鶴調　貞升門人貞直画　上下の区分なし

⑧　とつちりとん　辰づくし十二月　上下　辰のとし新板かわりもんく　坂　わた正　四丁　唄本・浪唄　笑福亭吾竹戯作　桜川春好調　天保十五年辰年と推定

⑨　新もんく幷ニ貝づくし入　とつちりとん　いてう木むすめ　坂　わた正　二丁　肥田・浪唄　笑福亭吾竹戯作　花枝房小円馬調　天保十四年と推定

⑩　ゆかりの月かゑうた　いてう木むすめ　本てうし　坂　わた正　二丁　肥田・浪唄　笑福亭吾竹戯作　卯のとし　天保十四年と推定

⑪　御治世　萬歳　かゑうた　寅の六月廿二日嶋ノ内相生橋すじより始る　道具店　坂　丹権　三丁　浪唄　笑福亭吾竹戯作　天保十三年（1842）と推定

⑫　大つへぶし　色里町中大はやり　坂　本安　四丁　玩究4　吾竹調　友鳴画

吾竹のちゝ〳〵りちてんぶし

この吾竹も一つの流行唄に限定されるのではなく、ちゝ〳〵りちてんぶしととつちりとん、地歌「ゆかりの月」「萬歳」の替え歌に名を残している。ところが、ちゝ〳〵りちてんぶしは、彼以外の作者名を未だ見ておらず、『近代歌謡の研究』（藤田徳太郎著）にも『小唄漫考』（湯浅竹山人著、アルス、大正一五年）にも曲名がみられず、ごく一時期流行した吾竹の歌といえるかもしれない。三味線の合の手から名付けられた曲名とはすぐに想像できるが、実態がつかめていない。『浄るり文句　忠臣蔵　ちゝ〳〵りちてんぶし』を見ると【図47】、

▲仮名手本忠臣蔵　はじまりは　合　大序鶴が丘　〽かほよ兜を改める　合　四十七ながれ　〽これから師直

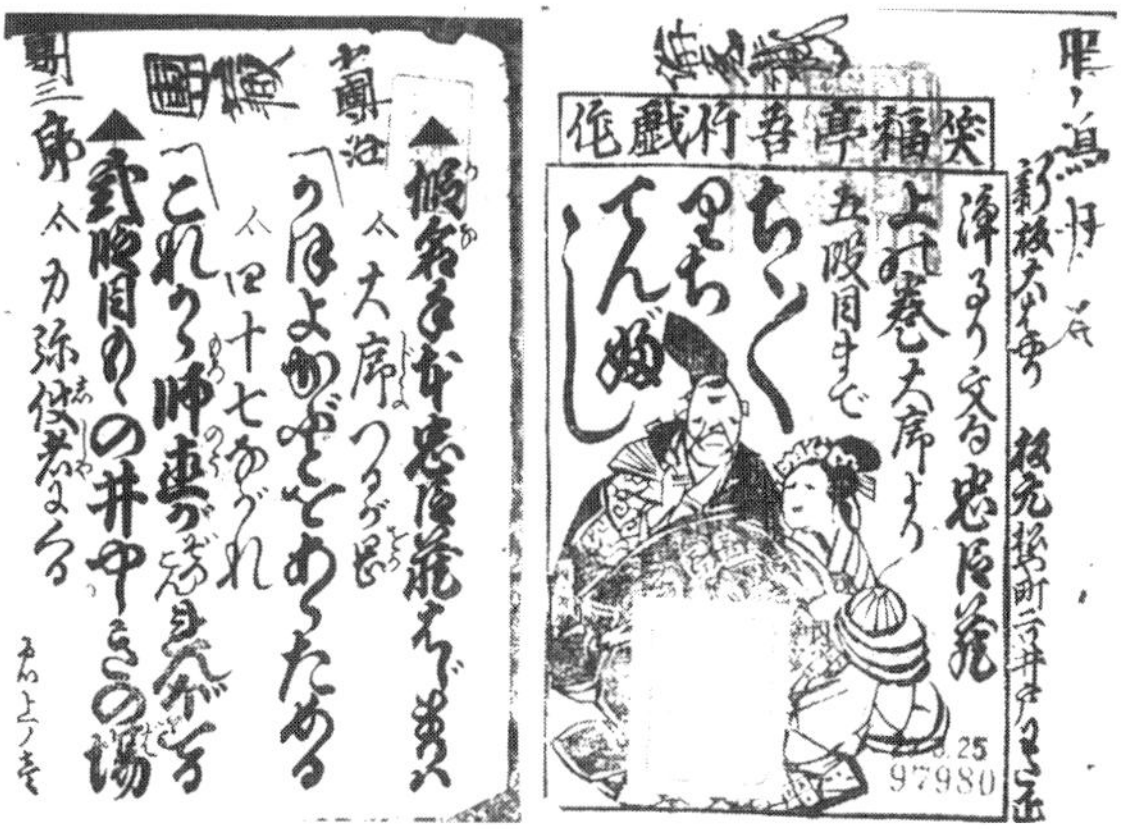

図47　笑福亭吾竹戯作『浄るり文句忠臣蔵　ちゝ〳〵りちてんぶし』の表紙と一丁目表。大阪大学附属図書館忍頂寺文庫蔵。

が　ぞつこん　恋慕する
▲弐段目　桃井屋敷の場　合　力弥使者にくる　〽小浪出むかひ手をつかへ　合　もじ〳〵と　〽その後本蔵が　ちよんと　松を切る

以下は省略するが、忠臣蔵全段のあらすじを詠み込んだものである。

この歌詞の音数は数え方もあろうが、ほぼ次のような形になっている。9（7〜11）／5（5・6）／8（6〜9）／7（7・8）／5／8（7〜9）／8（7〜9）。一章の歌詞は七句からなっており、八章全体では一句一句の音数が微妙に異なっている。最も多いものをあげ、（　）に最小と最大を示した。不規則というか自由な形の歌詞であるが、八音（七音）・五音を基本にしているらしいことは読み取れよう。

一覧表の④⑤は上下合わせて四丁のものと見ることもできるが、上は「近江八景かわりもんく」【図48】、下は特に主題を持っていないため別に項を立てた。その歌詞を見れば、この唄の基本的な形がはっきりする。

▲主《ぬし》はこの頃秋（飽き）の夜か　合　月石山で　〽またも私をだま瀬田（騙せた）の　合　橋長々と　〽今宵も粟津（会わず）に　マタ　松（待つ）林
▲矢《や》橋帰《ばせき》帆《はん》（やがて来はる）と待ちわびて　合　づる〳〵と　〽しばしまどろむそのうちも　合　〽実真実に　〽お前の夢を　コレ　三（見）井寺ヱ

図48　笑福亭吾竹戯作『近江八景かわりもんく　ち、〳〵りちてんぶし』の表紙。筆者都扇蝶斎。京都・布袋斎板。吾竹の紋と思われる図が二つ記されている。肥田皓三氏蔵。

この歌詞では、7／5／7／7／5／7／7／5と整っている。すなわち、七五のあと合の手が入り、七。また七五があり合の手が入り、七。最後に七音のあと「マタ」「コレ」（先の「忠臣蔵」の歌詞では「ぞっこん」「ちょんと」）などの詞が入って五で終わる。この形をわざと字余りで崩したのが「忠臣蔵　ち、〳〵りちてんぶし」の歌詞なのであろう。さらに、下巻の最初の歌詞には、

▲このごろ世間ではやり唄　合　ち、〳〵りちてん　〽子供大人も一列に　合　ぢ、ば、までも　〽色里町〳〵　コレ　田舎まで

とあって、ち、〳〵りちてんぶしの流行の様を詠んでいる。しかし、現存の唄本の数からみて、作者の手前味噌の感じがしないでもない。

吾竹のとつちりとん

吾竹の作は先の忠臣蔵のち、〳〵りちてんぶしのほか、とつちりとんでも関取名寄、五十三次のように、一つの題材に統一したものが、見た限りでは際立っている。とつちりとんの⑥『大坂京大すもう関取名よせ　中ずもう名よせ』【図49】では大《おお》相撲の下に位置する中《ちゅう》相撲にまで範囲を広げており、その徹底ぶりが認められる（**ゴチック体**は力士名）。

▲これは相撲の　合　関取名寄せ　もとは互ひに**不知火**《しらぬい》と　ふと**相生**《あいおい》のその時に　〽はじめて　合　お顔を**三**

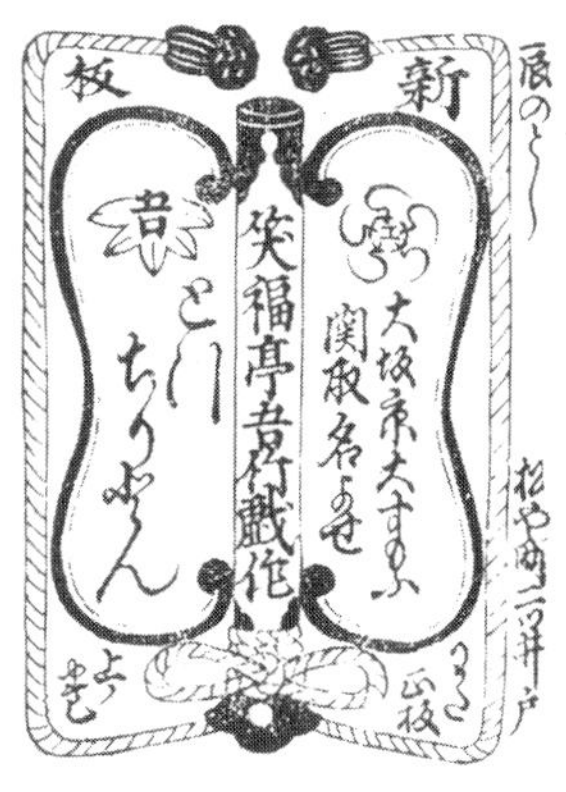

図49　笑福亭吾竹戯作『大坂京大すもふ関取名よせ　とつちりとん』の表紙。大阪大学附属図書館忍頂寺文庫蔵。

つ鱗《うろこ》　とても女子《おなご》に生まれたら　あんなほどよい**君ヶ嶽**　**千代ヶ嶽**もと末かけて　上〽**千年川**《ちとせ》まで添ふならば　ほんに女子の**手柄山**

以下省略するが、この感じで延々と力士の名を詠み込みながら、女の情を綴っていく。この本には「辰のとし」とあり、天保十五年（1844）であることがわかる。「天保十五辰之年大新版　諸国相撲　関取改名附」（浪花和多正筆、西尾市岩瀬文庫蔵。87頁に図版）で詠み込まれた力士を確認すると、不知火、相生、三つ鱗、君が嶽、千代ヶだけ、千年川（「改名附」では千歳川）、手柄山、秋津川、鷲ヶ嶺、猪名川、越の海、玉賀橋、常山、岩見潟、桐山、要石《かなめいし》、音羽山、関の戸、出羽ノ里、黒雲、友綱、小柳の名がみられ、わずかに金が崎、「友錦」の名がない。ただし、金が崎は十五年六月の天満砂原屋舗の興行番付（大阪府立中之島図書館蔵）には西方前頭に「江戸　金ヶ崎文吉」と出てくるし、「友錦」は天保十四年五月難波新地の番付に出る東前頭の錦竜田右エ門と錦竜田郎の二人をさすとみれば問題はなくなろう。現在では馴染みの薄い力士名が多いが、つくりごとではないのである。

下の巻では中相撲の力士二十九名が詠み込まれる（**ゴチック体**は力士名）。

▲わしもそなたも　合　まだ**若勇**《いさみ》　そんなに**紀名山**《きなやま》（きなきな、くよくよ）思やんな　浮くも沈むも**七々瀬川**《ななせがわ》

〽**黒岩**（苦労は）　合　覚悟といひながら　これから心を**石火矢**で　二人が胸の**勢力**《せいりき》で　**朝の戸**から働いて　上

〽**金子松**《かねこまつ》さへ儲けたら　だん〳〵楽に**鳴瀬川**《なるせ》

以下省略するが、相撲の改名附か番付を横において作ったような、「名よせ」の題にふさわしい数量と正確さをもっている。

図50　笑福亭吾竹作・笑福亭吾鶴調『東海道五十三次　とつちりとん』の表紙。貞升門人　貞直画。大阪大学附属図書館忍頂寺文庫蔵。

⑦『とつちりとん　東海道五十三次道のり道中記入』【図50】は、

〽東《あづま》意気地の　合　恋**品川〔二里〕**や「い、**川崎**（交わす）**〔二里半〕**も**神奈川〔二里〕**づ（叶わず）の　首尾の**程ヶ谷〔一里九丁〕　戸塚〔二里九丁〕**は（とつかわ、慌てる様）と　〽もつれ　合　**藤沢〔三里三十丁〕　平塚〔三里半〕**の**大磯〔二十六丁〕**ぎ（大急ぎ）をも**小田原〔四里〕**に　そこは**箱根〔四里八丁〕**のこれ**三島〔三里廿八丁〕　沼津〔一里半〕**（言わず）語らず**原〔一里半〕**（腹）づくも　上　**吉原〔三里六丁〕**過ぎて**蒲原〔二里三十丁〕**を　冗談**由井**（言い）**〔二里〕**だと　とり**興津**（置きつ）**〔二里十二丁〕**ウ、、、、

このあと、「江尻より吉田迄十七宿」「御油より京迄十九宿」があり、末尾には「東海道五十三次　大坂より道のり」の一覧がついて、全四丁となっている。歌詞は遊女勤めする女性が口説《くぜつ》する内容になっているが、そこに五十三次の宿場を詠み込み、宿場間の里程を記す、道中案内記の性格をもっている。花枝房円馬には『とつちりとん　尾上梅幸五十三つき』（63頁）があり、林屋正翁には『とつちりとん　伊勢道中道のり入』（77頁）があったことを思い出す。江戸時代後期の旅行ブームに便乗した作品といえよう。いずれも宿場間の里程を記しており、紙上で旅行を楽しめるものであった。

⑧『とつちりとん　辰づくし十二月』【図51】は、はっきり刊行年代がわかる貴重なものである。

〽天保十四の　合　卯の年月も。はや辰年とあら玉の。春は世間も陽気辰（立つ）。

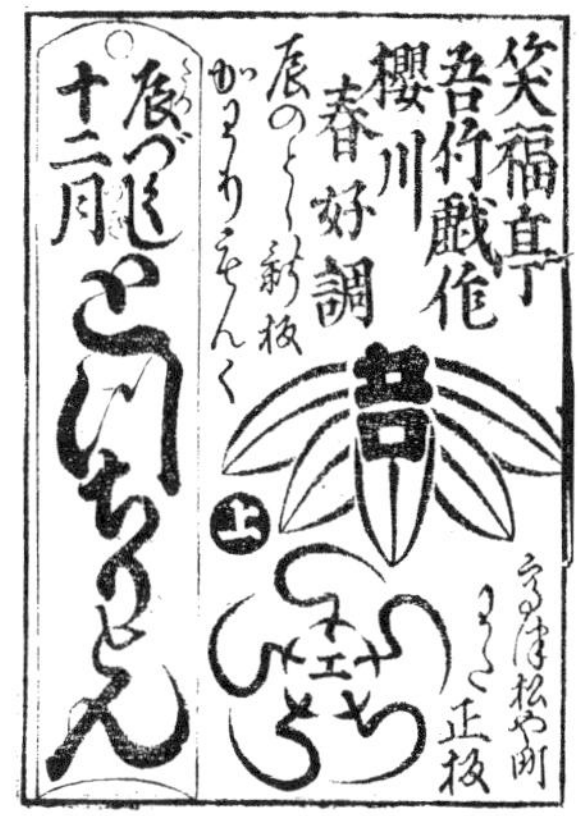

図51 笑福亭吾竹戯作・桜川春好調『辰づくし　十二月とつちりとん』の表紙。図48と同じ図柄。大坂・わた正板。大阪府立中之島図書館蔵。

〽二月　合　初午どん〳〵と。叩く太鼓が耳に辰（立つ）。

弥生の月は華やかに。

天保十五年（1844）辰歳春の出版である。表紙には五枚笹の中に「吾」の字、五つの「ち」を星形に配し、中に漢字「工」（く）を入れる、ともに吾竹の紋と思われる図が描かれている。

銀杏木娘

⑨『とつちりとん　いてう木むすめ』【図52】・⑩『ゆかりの月かゑうた　いてう木むすめ』を見てみよう。天保十四年卯歳の五月中旬頃、大坂江戸堀二丁目の常光寺の銀杏の木を、夕方、川の南岸から見ると、若い娘が西を向いて拝んでいる形に見えるというので、人が競って見に来た。この話は見世物興行の資料として知られる『近来年代記』（大阪市史史料第一輯、大阪市史編纂所、昭和五五年）に記されており、年代のはっきりしている歌である。

▲銀杏同士が　合　寄り集まりて　〽なんと聞いたか　この頃は。女銀杏が流行だし。〽阿弥陀　合　池やら江戸堀に　〽ほんにあいら（彼奴ら）は幸せよ。同じ銀杏でありながら。団扇絵　簪《かんざし》　蒸し菓子や　上〽咄や歌に作らるゝ。いつてう（銀杏と一生を掛ける?）の徳ではないかいなア　引

銀杏同士が集まって話をしている。なんと聞いたか、この頃は牝の銀杏の木がもてはやされ、阿弥陀池や江戸堀に人々が集まって見物している。そしてこの木が団扇絵に描かれたり、簪や蒸し菓子に描かれ、落し咄や歌まで作られるようになったという。

▲さても不思議や　合　五月のはじめ　〽銀杏娘の評判は。大坂中はどこまでも。〽田舎　合　そのほか国々

図52　笑福亭吾竹戯作・花枝房小円馬調『いてう木むすめとつちりとん』の表紙。肥田皓三氏蔵。

や　〜京のお方も江戸堀や。阿弥陀が池と人毎に。今は世間で挙《こぞ》れども　上〜銀杏の噂（人の噂）も七十の。五日に話の種となるウ、、、　引

さても不思議なことに、五月の初め頃、銀杏の木が娘に見えるという評判が高くなり、大坂はもちろん諸国に知れわたり、京都の人までが江戸堀や阿弥陀池にやってくる有様だった。しかし、人の噂も七十五日というから、やがては話の種にだけなるだろう、というものである。

⑩ゆかりの月替え歌も見ておこう【図53】。

〜ふつと見し。詠めもおかし　珍しや。形大きな女子《おなご》じやと。節句よりゑらいその噂。多くの人の目にとめられて。今は逃《のが》さず人が見る。知らぬ事じやと走るも忙《せわ》し。凄《すご》や夜《よ》さりの月の影　合　広げて映す手拭ひの。広い所もありながら。狭《せま》ふ押し合ふ家毎《やごと》の門《かど》を。こんな不思議が唐《から》にもあろか　合　花咲く頃であるならば。なをもこぞりて。名や立ゝん

流行唄ではなく有名な地歌の文句の替え歌である。念のために元歌の歌詞を記すと、

憂《う》しと見し　合　流れの昔なつかしや。合　可愛《かわ》い男に逢坂《おうさか》の　関よりつらい世の習ひ　合　思はぬ人に堰《せ》き止められて　合　今は野沢の一つ水　合　澄まぬ心の中にもしばし　合　澄むはゆかりの月の影　合　忍びて映す窓の内　広い　合　世界に住みながら　合　狭ふ楽しむ誠と誠　合　こんな縁《えにし》が唐《から》にもあろか　合　花咲く里の春ならば雨もかほりて名や立ゝむ（文化二年〔1805〕板『歌曲時習考《かきょくさらえこう》』）

とあり、みごとにもじられた歌詞であることがわかる。吾竹自身がこの銀杏娘の話をとりあげた小咄本の写本も現

図53 笑福亭吾竹戯作『いてう木むすめ　ゆかりの月　かゑうた』の表紙。肥田晧三氏蔵。

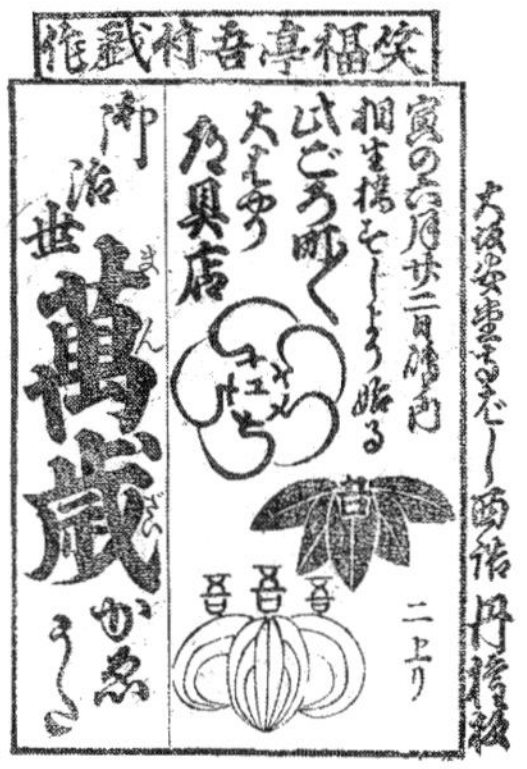

図54『御治世　萬歳　かゑうた』の表紙。笑福亭吾竹戯作。大阪府立中之島図書館蔵。

に残っている（武藤禎夫「翻刻『面白し花の初笑《はつえみ》』付『此ころ町〳〵大ひやうばん　江戸堀いてう娘　新作ばなし』」『共立女子大学短期大学文科紀要』三三号）。

⑪『御治世　萬歳　かゑうた』（笑福亭吾竹戯作）【図54】は大坂安堂寺ばし西詰の丹権の板行であり、形式的にはこれまでみてきた薄物の唄本と変わらない。しかし、これは全三丁で、地唄「万歳」の替え歌となっているのが珍しい。表紙には「寅の六月廿二日嶋ノ内相生橋すじより始る　此ごろ町〳〵大はやり　道具店」とある。

「▲道具屋が大繁盛で。店もはやりまします。相生橋からはじまりて。」からはじまり、古道具の品々を言い並べ、内容としては道具尽くしである。歌詞の末尾は「どっちもこっちも。いつまでも。御仁政の。ほどぞ冥加なや」となっている。「寅の六月」、「弐割下ケ」「町〳〵の小商人《あきうど》も。大金持や下〳〵まで。潤ふ有様」「しだいに世直る」「御仁政」という語から、天保十三年（1842）寅年の天保の改革が思い当たる。天保の改革は贅沢を禁じ、庶民生活まで細かく規制するものであったが、物価の抑制、株仲間を禁じて自由な商売を促したものでもあった。表紙絵には、吾竹の紋と思われる図が三つ記されるのも貴重であろう。

また、一覧表の最後⑫『大つへぶし　いろざと町中大はやり』（本安板）には、吾竹調・友鳴画とあるが、この吾竹はこれまで見てきた吾竹の次の吾竹と考える。その理由は後述するように、吾竹が嘉永三年頃に竹我と改名すること、大津絵節の唄本・一枚摺の出版物の隆盛期が安政頃であること、友鳴松旭が同じ本安板の小本『大寄噺の尻馬』（嘉永七年頃）によく名前を出すこと、嘉永六年の見立番付には竹我が差添人、次の吾竹が西方小結にいて、すでに活躍していることがあげられる。

なお、一覧表で吾竹とともに名を出す花枝房小円馬は、すでに述べたように花枝房円馬の悴《せがれ》である。都扇蝶斎・桜川春好は「九、消えていった名前」で、また笑福亭吾鶴は本章の中で後に述べることにする。

「吾竹改め竹我」

先の一覧表は薄物の唄本に限ったものであるが、その中の吾竹の作品で年代の推定できるものは、天保十三年(1842)、天保十四年、天保十五年（弘化元年）であった。吾竹が天保の終わり頃に流行歌替え歌の作者として活躍していたことは間違いない。

咄家の絡む唄の資料としては一枚摺の一群もある。時代はやや下って嘉永期、いよぶしを載せた一枚摺に「吾竹改め竹我」という名を見付けることができるのである【図55】。

中村歌右衛門あづまみやげ　いよぶし　新文句　替へ歌
松屋町二つ井戸　わた正板

〽名残り狂言首尾よくつとめ　合　江戸のいとまを酉（取り）の暮　合　五十三次。野越ゑ山越へ年越へ　戌（去《い》ぬ）の春〳〵と（遥々と）　合　せがれ福助引きつれて。再び浪花へ帰り咲き。お、つゥけ（追っ付け）二代目梅玉《ばいぎよく》。だん〳〵三都で玉助《たますけ》と。成駒《なりこま》や

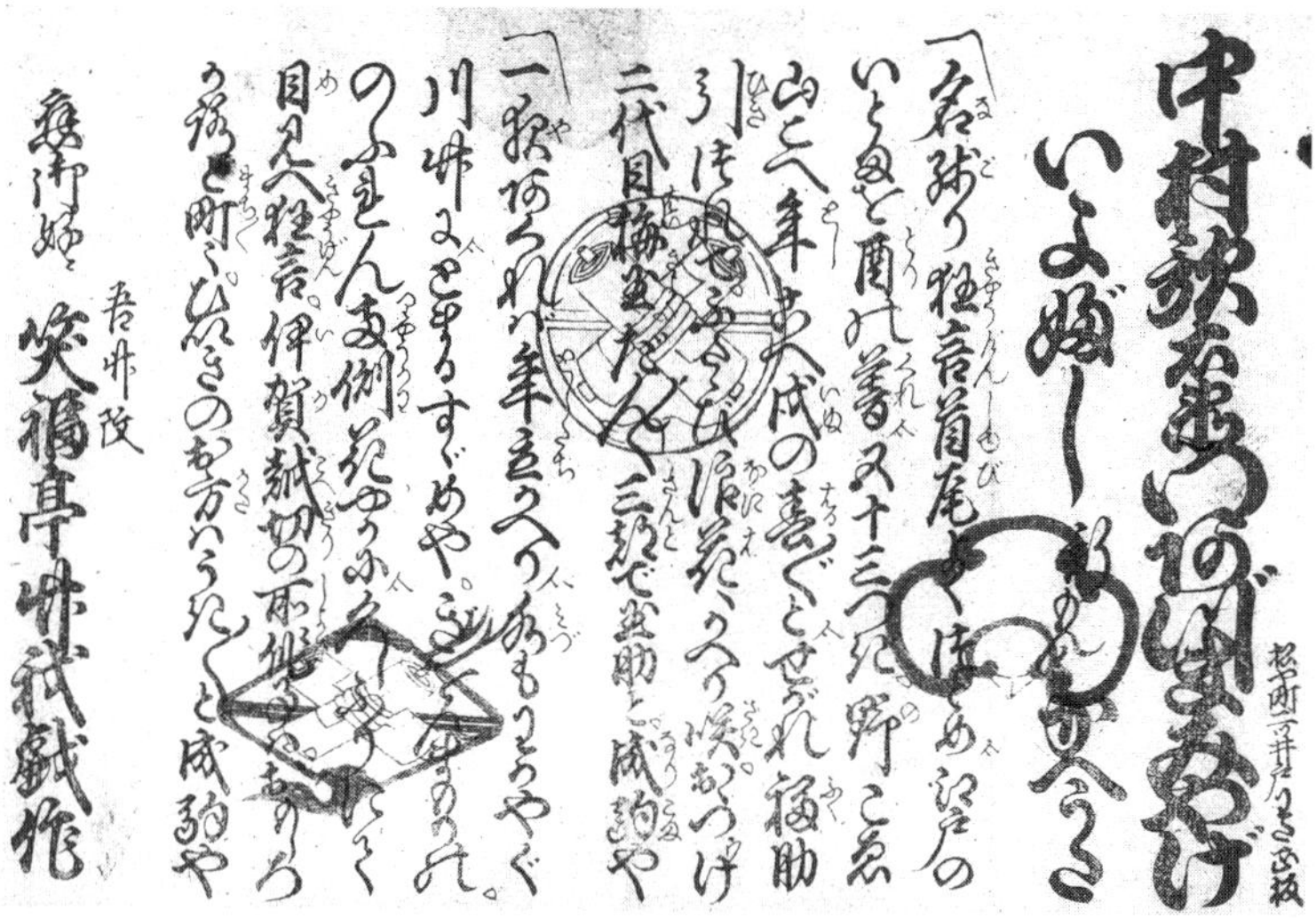

図55 吾竹改笑福亭竹我戯作「中村歌右衛門あづまみやげ　いよぶし　新もんくかへうた」。半紙半裁。文字は藍、役者紋は朱。架蔵。

四代目中村歌右衛門（1798〜1852、屋号 成駒屋、俳名 翫《かん》雀《じやく》）は嘉永二酉年（1849）十一月十九日より江戸市村座「傾城阿波の鳴門」の桜井主膳、大切浄瑠璃「戻駕色相肩《もどりかごいろにあいかた》」の駕舁《かごかき》浪花の次郎作・実は石川五右衛門の役を勤め、「翫雀この度の名残狂言総て中評判なりし」（『歌舞妓年代記続篇廿三』）との評を残して、悴（養子）の初代中村福助とともに東海道を上り、翌年春大坂の舞台に立つ。先代の三代目歌右衛門が改名した例にならえば、四代目も二代目梅玉（三代目の後年の俳名、「梅の浪花」の玉の意味）や二代目中村玉助となって、三都で益々光りを増すであろう、という歌詞である。文字は薄い藍色で摺られ、地模様に「鐶《かん》雀《すずめ》」「祇園守《ぎおんまもり》」「鶴菱《つるびし》に祇園守」の歌右衛門の紋が浮かびあがっている。

さらに続けて、

〽一夜明くれば年立かへり 合 水も若やぐ川竹に
合 とまる雀や。祇園守の。暖簾《のふれん》 両側花やかに 合
久しぶりにて目見へ狂言。伊賀越 切の所作事は。おもしろかろと　町々。贔屓のお方はうき〱と。成駒《なりこま》や

応御好《おこのみにおうじて》ニ　吾竹改　笑福亭竹我戯作

年が明けた嘉永三戌年（1850）正月、芝居茶屋の並ぶ道頓堀では歌右衛門の紋を染めた暖簾が目立ち、久々の帰坂（「天保九戌年江戸表江下りこの度十三年目ニて登り」〔「役者あたり狂言　銘々出世　魁《さきがけ》　初編」〕）を祝う賑わいに満ちていた。役割番付「戌正月吉日より　道頓堀中の芝居ニ而　座本中村駒之助」では、歌右衛門が「伊賀越」（けいせい誉《ほまれ》両刀《のすけだち》）に唐木政右衛門ほかを演じ、大切景事《おおぎりけいごと》に「三春戯雀踊《みつのはるすずめのたわむれ》」が上演されることになる。大坂の贔屓の連中は気もそぞろの正月を迎えたのであった。

嘉永三年春、厳密に言えば芝居の番付も出されて後、初日開演までの間に出板されたものかと見られる。この一枚摺が嘉永三年正月に出されたという年代推定は、まず動かない。とすれば、刊年が明確で知り得た咄家の流行唄の一枚摺の中では、最も古いものということになるのである。歌右衛門の帰坂は「待ちに待ちたる大立者町中は優曇華《うどんげ》の時待ち得たる心地せし」（役者評判記『役者清榊葉《かみいさめ》』）状態であった。この人気を利用して、一枚摺見立番付類にしばしば名を見せる「わた正」の依頼をうけて、「御好《おこのみ》に応《おう》」じて、竹我が戯作したものであろう。このことは、流行唄替歌の作者としての竹我の地位を示していると考えられる。

同じ体裁で、同じく「吾竹改　笑福亭竹我」とある歌の一枚摺がある【図56】。

中の芝居　筑後芝居　花形役者づくし　新文句　いよぶし　かへうた

松〔ヤブレ〕二ツ井戸　わた正

〽町は殊更《ことさら》色里までの　合　男女《をとこおなご》もおしなべて　合　一ト目《め》見るより二葉葵の笄《かんざし》。さしこみ。染もやう　合　見付しだいに我《われ》一と。よつぽどゑい〳〵延三郎。井筒屋様《さん》と娘達や。好《すき》々〳〵大すき　悦《ねつ》〳〵じや。大悦《ねつ》じや引

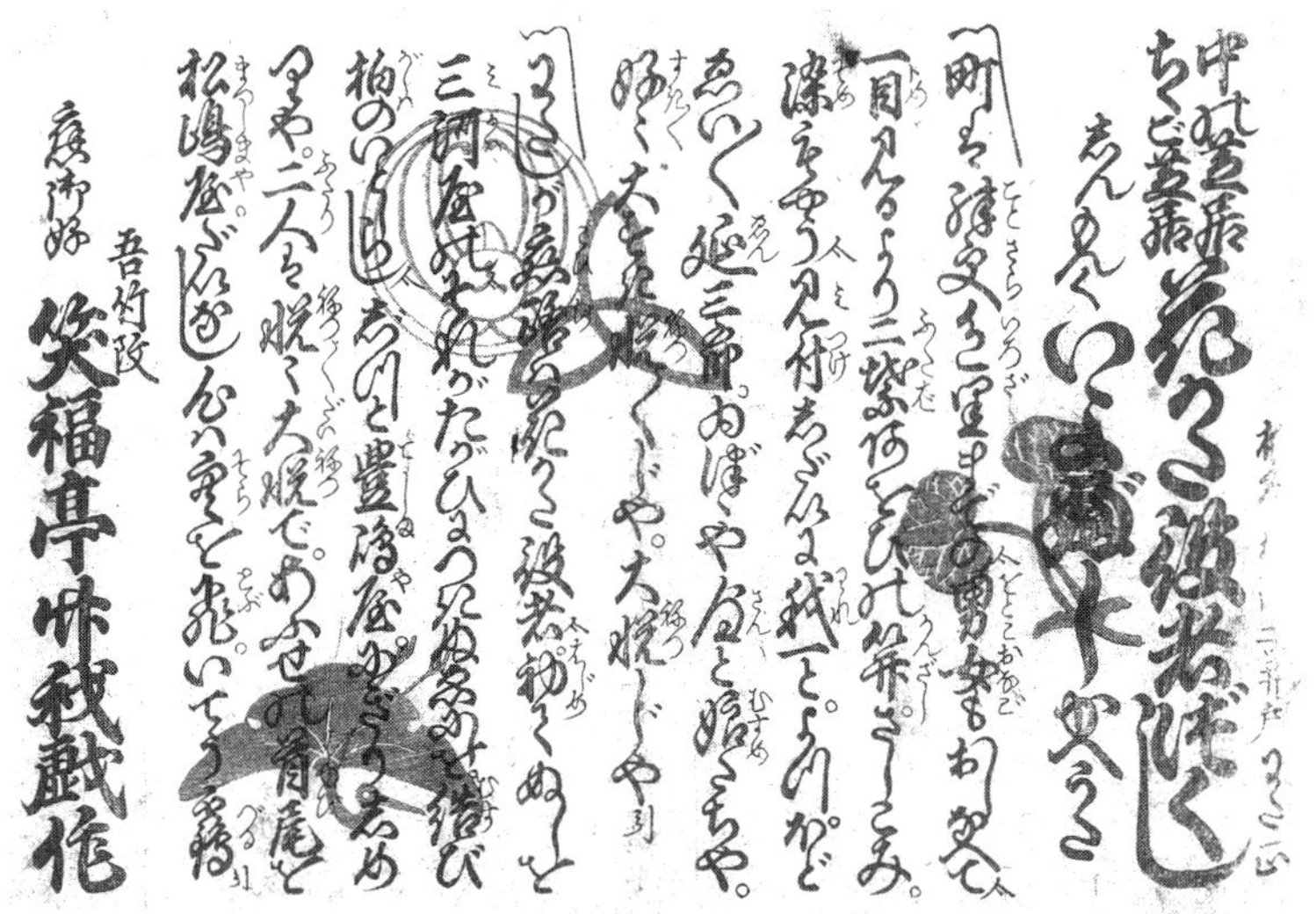

図56 吾竹改笑福亭竹我戯作「中の芝居　ちくご芝居　花かた役者づくし　しんもんく　いよぶし　かへうた」。半紙半裁。文字は藍、役者紋は朱。架蔵。

〽わたしが恋路は花形役者。合　初めて主《ぬし》を（見）三河屋の　合　それが互ひにつきぬ縁《えにし》を。結び柏のいとしらし　合　じつと（手）豊嶋屋《てしまや》。握りしめりや。二人は悦々《ねつ〵》大悦《だいねつ》で。逢瀬の首尾を（待つ）松嶋屋《まつしまや》。だいなし（まるで）心は空を飛ぶ。銀杏鶴　引

応御好　吾竹改　笑福亭竹我戯作

この一枚摺には役者の屋号と紋が詠みこまれ、やはり地模様として紋が摺られている。「二葉葵」は実川延三郎の替え紋、三河屋・「結び柏」の紋は市川市紅（四代目市川団蔵養子）。豊嶋屋・「浮線橋」の紋は二代目嵐璃《り》珏《かく》の替え紋（『俳優世々《やくしやよよ》の接木《つぎき》』）。「銀杏鶴」の紋は二代目片岡我童（のちの八代目片岡仁左衛門）の替え紋。嘉永三年、中の芝居の実川延三郎と筑後（大西）の芝居の二代目片岡我童らの人気対抗を詠み込んだものである。我童が大坂を離れる嘉永六年三の替りまで、延三郎と我童とが大坂の歌舞伎愛好者の人気を分けた時代があった。ついでながら言えば、八代目仁左衛門は今日の松嶋屋片岡仁左衛門家に直接繋がる人であり、実川延三郎は初代実川延若（河内屋）の師匠として近代に上方和事を伝えた人である。

そこで、この替歌の作者「吾竹改　笑福亭竹我」を考えてみよう。吾竹はこれまで見てきたように「ち、〱りちてんぶし」「とつちりとん」の歌を得意とし、写本の咄本も残していた。天保十一年（1840）の「浪花諸芸　玉づくし」に初めて名がみられ、天保十三年の『御治世　萬蔵　かゑうた』、十四年の「浪花昔はなし見立角力」には西関脇に名を載せ、天保十四年、十五年（弘化元年）の唄本が残っていた。

そして、弘化三年（1846）刊とみられる咄本『落噺千里藪』には、口絵見開き第一図【図57】に先《せん》吾竹、同第二図【図58】に二代目吾竹の名がみえ、さらに弘化五年（1848）の序を持ち嘉永五年（1852）頃まで書き継がれたとされる『落語家奇奴部類』の「田舎咄之部」には、竹我と吾竹の両方の名がみられる。

天保後半に流行唄で鳴らした吾竹は初代なのであろうか。しかし、これには多くの疑問がある。その第一は『千里藪』の頃に「先吾竹」が竹我と改名したのであれば、月亭生瀬と花枝房円馬が関係したこの書において、たとえ吾竹の名の方が人々に知られていたとしても、咄家としての看板である現名竹我を出さないことに不審が残る。〝先〟の語感には、既に亡くなっているか、あるいは咄家を退いているという意味が含まれているように思うのである。

第二は、『千里藪』の口絵第一図の他の咄家をみると、「元祖文次」は枠の中に描かれており、当然亡き人の数に入っているが（文化十三年没）、その他の人物も、北桂舎は天保十四年の番付に名がみられず以後も資料がない。里寿は同番付東前頭二枚目にようやく名を出すが、『上方落語の歴史』（前田勇著）には、天保五年四月大新板「はんじやうの家　上手名高き人　浪花親玉づくし」という一枚摺の芸家之部に「はなしノ里寿」とあることが記されている。天保十四年の番付の位置では親玉と呼ばれるには位が低すぎる。第一図に「先里寿」とあるように代替りしていると見なければならない。桂文吉も天保十四年の番付には、花房小円馬（円馬の悴《せがれ》）と共に行司添人《ぎょうじそえにん》を勤める程度の扱いであって、同一人とは認めがたい。それらの人の中に出てくる「先吾竹」は、やはり没しているか引退

図57『落噺千里藪』口絵第一図。半紙本。色摺。架蔵。

図58『落噺千里藪』口絵第二図。貞升（画）。半紙本。色摺。架蔵。

していたかの可能性が高いと思うのである。

第三は、『千里藪』第二図の人々は天保十四年の番付の上位を占める人々だということである。勢楽は東小結、馬井助は西小結、桜川春好は西前頭二、吾竹は西関脇。小円馬は行司添人であるが、この書の作者円馬の悴で、いわば別格の扱いである。これらの人々が座敷に集まっている形で描かれるのに対し、第一図は個々の咄家が個別に描かれている。これは現実には一堂に会する可能性がないことを示しているのではないか。等々を思い合わせると、第一図は一時代、あるいは二時代前、文化・文政頃の名人を並べたとみるのが妥当であろう。すなわち、天保末の薄物の唄本に名を残した吾竹を、わたしは既に二代目ではないかと見ているのである。

『落噺千里藪』口絵の咄家たち

『落噺千里藪』という本は、立派な作りの本（半紙本五冊）であり、上方落語の歴史上重要な意味をもつ本であるが、残念なことに出版年が記されていない。序文は大坂の戯作者楠里《なんり》亭其《ていき》楽《らく》が「丙午のはる日」（弘化三年〔1846〕春）に書いている。その序文の後に歌川貞升（花枝房円馬の錦絵も描いていた人、57頁）の描く色刷りの口絵があり、その後に「はなし角力《すもう》故実」「凡例　噺のはなし」がついている。「凡例　噺のはなし」の末尾には「天保十二　辛丑　はつ春　月亭生瀬　謹識」とあって、初代桂文治の弟子で当時は文筆家となっていた月亭生瀬《つきていいくせ》が天保十二年（1841）に書いたことがわかる。

天保の改革を挟んだ二つの年、天保十二年と弘化三年の年が出てくるために、口絵の咄家の年代を微妙にしているが、ここで問題とする「あづまみやげ　いよぶし」の吾竹は、二代目と考えざるをえない。なぜなら『千里藪』を弘化三年刊として、その頃二代目吾竹ができたとしても、「いよぶし」の嘉永三年までは四年ある。天保十二年とすれば九年ある。四年以上経過して未だ「吾竹改」と断る必要があるだろうか。

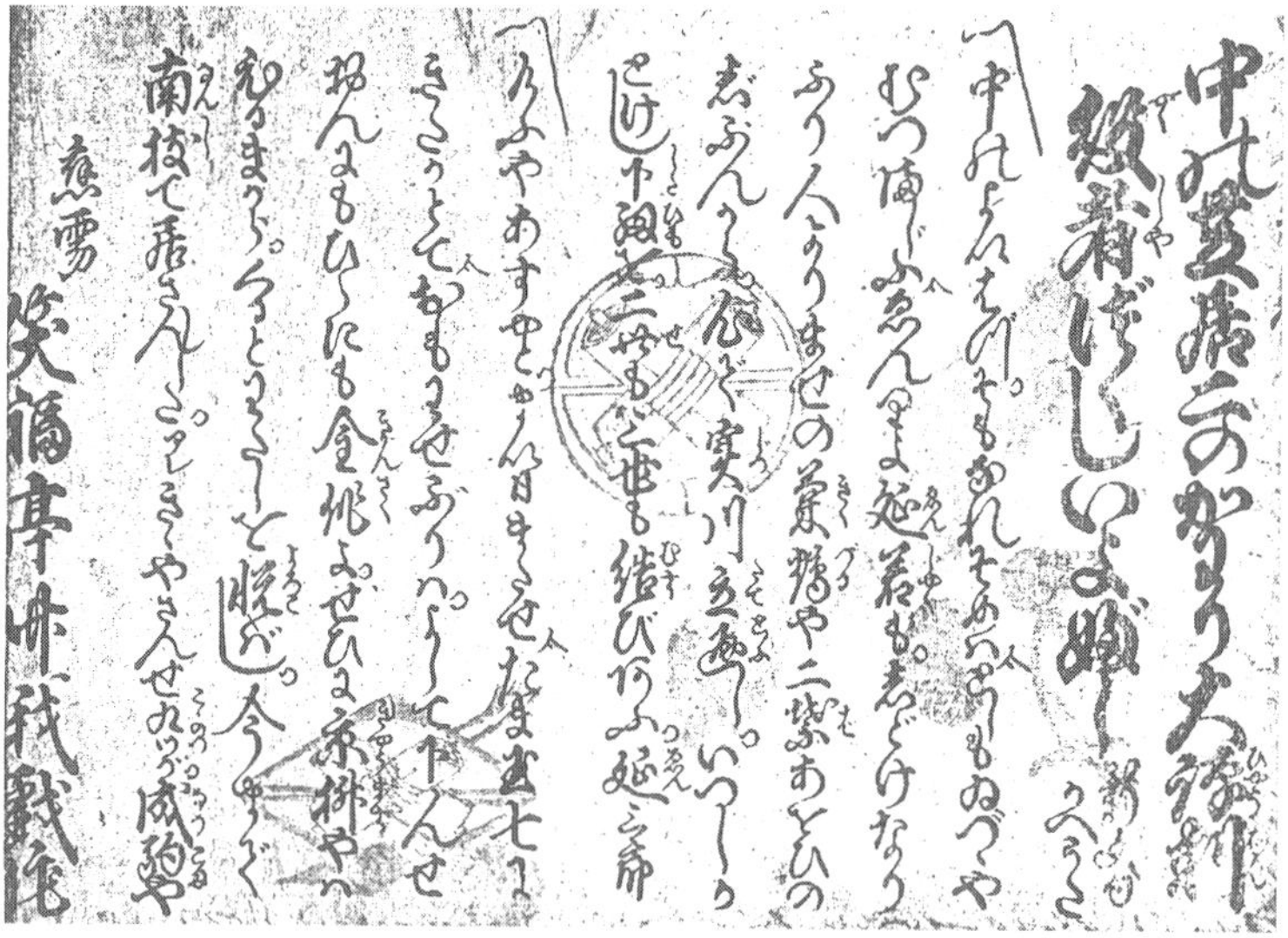

図59　笑福亭竹我戯作「中の芝居二のかわり大評判　役者づくし　いよぶし　新文句かへうた」。半紙半裁。文字は藍、役者紋は朱。肥田皓三氏蔵。翻刻は360頁。

大きさ、形とも同種の一枚摺の流行唄「中の芝居二のかわり大評判　役者づくし　いよぶし」（肥田皓三氏蔵）【図59】は、内容から嘉永四年のものと思われるが、そこでは「吾竹改」が省かれ「応需　笑福亭竹我戯作」と出てくる。歌詞はやはり二章記されており、はじめは実川延三郎一人を詠み込んだもの、もう一つは中の芝居二の替りに出演する役者を詠み込んだものとなっている。

＼今日や明日やと。毎日待たせ　合　たま玉七に来たかとて　合　思わせぶりは。よして下んせ　恩にもひらにも（「恩にも」を強調した言い方）金作よ。是非に京枡屋は昼間から。来ると私を悦ばし。今まで南枝《なんし》て（何して）居さんした。アレ聞きやさんせ九つが。（鳴る）成駒屋

応需　笑福亭竹我戯作

中村玉七・山下金作（四代目）・三枡大五郎（四代目、屋号は京枡屋）・中山南枝（二代目）・中村歌右衛門（四代目、屋号は成駒屋）が詠み込まれている。歌右衛門が帰坂してのち、没する嘉永五年二月までで、中の芝居で二の替りが興行されたのは、嘉永三年、四年、五年。そのうち、若女

方の大立者山下金作も中の芝居に出ているのは嘉永四年だけである。「けいせい清船諷《きよめのふなうた》」に右の役者がみな揃っている。この一枚摺は嘉永四年春、中の芝居二の替りの役者づくしといえよう。嘉永三年春には「吾竹改」とあったものが、翌年には削られているのである。嘉永三年春頃の改名であったと考えるべきであろう。『千里藪』によって二代目の存在が確認でき、嘉永三年頃にその吾竹が竹我と改名したと思われる。そのため正確にいえば、二代目吾竹改め竹我というのが「いよぶし」の作者と考えるのである。

『近世伎史』の中の流行唄

咄家の唄の年代決定に歌舞伎資料が大いに役立つ例は数え切れない。「吾竹改め竹我」の一枚摺をはじめて見たのは、歌舞伎関係の各種一枚摺を集めた貼交帖『近世伎史』（東京大学総合図書館霞亭文庫蔵）の中であった。京・江戸・大坂の三都をはじめ、名古屋その他の地域のものにまで及んでいるが、天保以降に集中する雑資料（見立番付類を主とする）が主なため、かつては歌舞伎研究の方でもさほど重視されているものとは見えなかった。しかし、わたしはこの貼交帖に強く刺激されて『上方板歌舞伎関係一枚摺考』（清文堂出版、平成一一年）をまとめることができたと思っている。雑多な内容だけに庶民生活に浸透した「歌舞伎文化」を調べるには貴重なものであったし、歌舞伎の周辺部分を種々教えられた。咄家の流行歌替え歌もそうであったが、当時の歌謡の資料としても見逃せないものを感じた。本書の本筋としては咄家の絡んだものに限定しているため、それ以外の歌謡関係のものを参考までに拾い出す。

① 中村芝翫　新うた梅の旅　桜亭作　中村新三郎調　（弘化四年〔1847〕一一月）

② いよぶし　かゑうた　酒元五味太夫　（嘉永五年〔1852〕一〇月）

③中山南枝一世一代名残　松風　大津絵ぶし　歌沢妻吉　（安政四年〔1857〕三月）
④（三枡大五郎辞世並びに）大津ゑぶし　半水　（安政六年五月）
⑤申二月十四日京北の芝居ニおいて　中村玉七さいご　大津画ぶし　合ノ亭哥鳴戯作　（安政七年二月）
⑥文久元酉十二月朔日　片岡愛之助　大津絵ぶし　合ノ亭哥鳴即作　（文久元年〔1861〕二月）
⑦萬歳かへうた（写し）　作調者不詳　（明治五年〔1872〕春、名古屋）
⑧宗十郎端歌かへ句（写し）　作調者不詳　（明治五年頃、名古屋）
⑨戯号披露　新曲どんぐり　浪花 団栗坊三升述　三寸路鯉左調　（明治一八年頃）

新作の①⑨、名古屋板の写しの⑦⑧を除いてみれば、嘉永のいよぶしから安政の大津絵節といった変遷が、みごとに描き出されている。歌舞伎資料の中に含まれたために、年代が明確におさえられるところに意義がある。

作・調に名を残した人物について若干説明を加えると、中村新三郎は、嘉永五年二月十七日に没した四代目歌右衛門のために笹瀬連が催した「月忌追善糸竹調番組」においても三弦・調者として名を残している。半水は恋々山人一荷《いっか》堂半水《どうはんすい》で、『粋《すい》の懐《ふところ》』はじめ三つ切（縦八センチ×横一八センチくらいの横長の懐中本）の歌本の編集者として有名である。図版に例として出したのは『大都会ふし　五色調』五編（かのとの酉＝万延二年〔1861〕序）の半水の序文である【図60】。

合ノ亭哥鳴（「あいのて　うたなる」と読むか）は見世物引札の大津画ぶしの摺物など、一枚摺類を多数残している。一例として「大虎大象　道行文句　大津ゑぶし」（茂広画、文久三年〔1863〕か）を図に出しておいた【図61】。

歌沢妻吉については知らないが、上方の歌沢節に関して一つの資料となるように思われる。

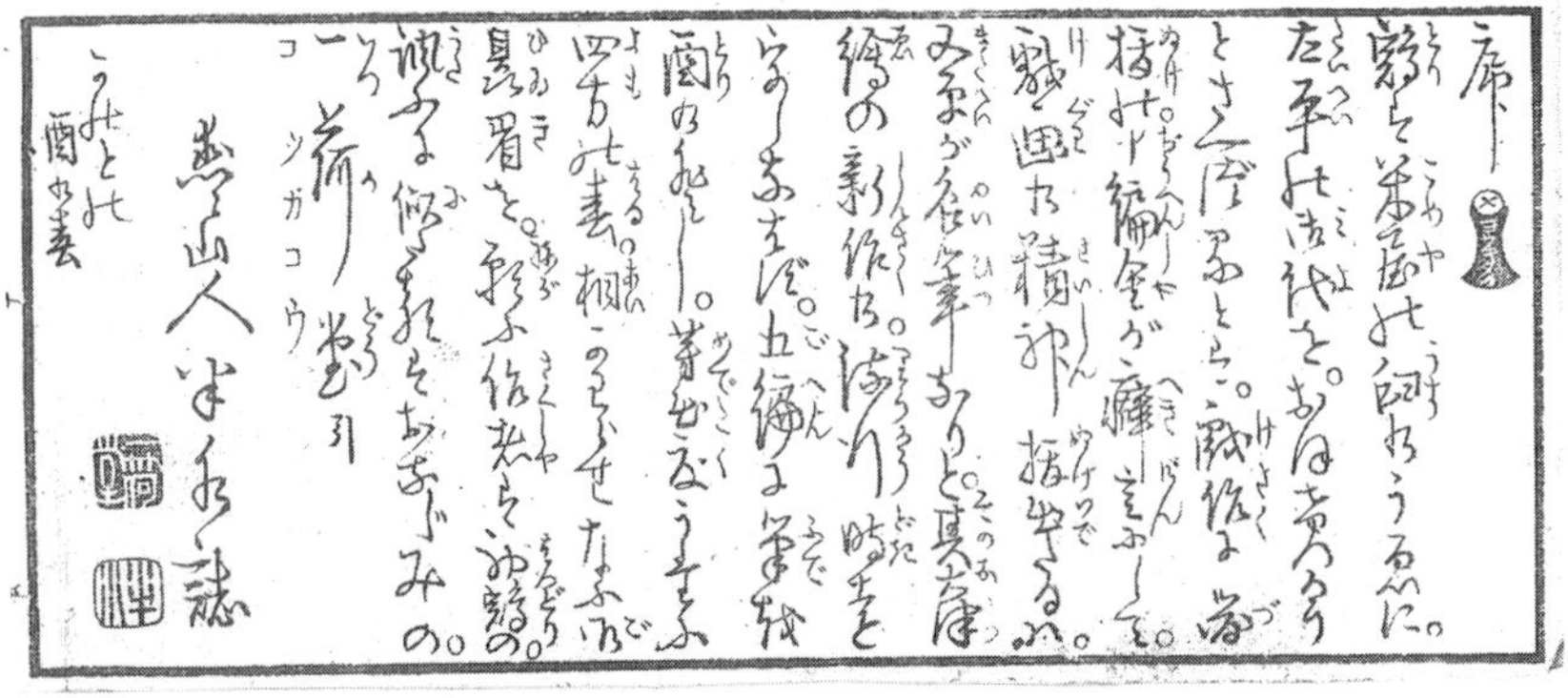

図60 恋々山人半水誌『大都会ふし　五色調』五編の序。万延２年（1861）序。三つ切本。架蔵。翻刻は360頁。

図61 合ノ亭歌鳴戯作「大虎／大象　みちゆきもんく　大津ゑぶし」。半紙半裁。色摺。菊水茂廣画。架蔵。翻刻は360頁。

笑福亭の起原

また脇道に逸れてしまったが、元に戻る。吾竹・竹我の件を昭和四年（1929）刊の『落語系図』の記述と照合させてみよう。『落語系図』は次のように言う。

一、笑福亭先祖は元松富久亭と書き、その頃の大人に松富久亭松竹と云ふ人あり　その人の作に大物沢山あり、初天神、松竹梅、立切れ線香　網船、千両みかん、猫の忠信等　皆この人の作なり、その后初代吾竹の代に成り、今の笑福亭と改名す、この吾竹の作にも大物あり、こぶ弁慶　景清等はこの人の作なり、京都の住人なり。

一、初代　笑福亭吾竹

京にて大人となる、初め素はなし　後に芝居噺に長ず、初代喜蝶と威を争ふ大人なり。

門人　吾鶴　後に二代目吾竹となる。

その外略す

笑福亭の祖を『落語系図』は京都の松富久亭松竹という人物だとし、松竹の作に「初天神」「松竹梅」「立切れ線香」「網船」「千両みかん」「猫の忠信」などがあるという。この松竹についてはこれまで見てきたかぎりではまったく名前が見えない。その作という「立切れ線香」は、初代桂文治の弟子が師の咄を書き留めた『落噺かつらの花弐篇中の巻』に「小いとのゆふれい」があり、「そばへ吉さんが立よりさるゝと、もはやせんかうがきへてあつた」の落ちも一致しており、文献では文治系の咄かと思われる。京都に松竹という人がいて今日につながる多くの咄を残したという伝承が昭和初期にあったものであろう。しかし、今のところ『落語系図』以前の資料を見つけていない。

そして、その後、初代吾竹の代になって笑福亭に改めたという。この書き方からすれば初代吾竹は松竹の弟子、少なくともその系統ということになるのであろう。この初代吾竹には「瘤弁慶」「景清」の作があったという。「景清」の原話は『上方落語の歴史』にあるように、初代米沢彦八の『軽口大矢数』の「祇園景清」が知られており、「目が違うた」の落ちも江戸板小咄本『坐笑産《ざしようみやげ》』の「眼の玉」にある。口承芸である落語の場合、「作」はどの程度をいうのか判断に苦しむが、『落語系図』の記述をすぐに信じるにはためらってしまう。

初代吾竹は都喜蝶と並ぶ実力者だったという。都喜蝶は文政末から天保初めに活躍した人であるから、『落噺千里藪』口絵第一図に「先吾竹」と出てきた吾竹と見てよいかと思う。

さて、唄本その他で見てきた二代目吾竹についてはどうか。『落語系図』は次のように言う。

初代吾竹門人二代目　吾竹

初め初代吾竹門人吾鶴と云ふ。後に二代目吾竹となる、大阪の冠にり（「たり」の誤植か）芝居噺　滑稽に長ず。

門人　竹我　　大人なり。

二代目　吾鶴

その外略す。

二代目吾竹は芝居噺、滑稽（咄）に長じていたという。芝居噺ではないが咄本の存在も確認されており（115頁参照）、天保十一年（1840）の「浪花諸芸　玉づくし」には「所作事ノ吾竹」と出ていた。「所作事」は歌舞伎舞踊系の芸を指すと思われる。この吾竹は初代か二代か微妙であるが（すでに述べたように、わたしは二代目と考えている）、もし初代だとしても二代目が芸風を受け継いだことは考えられ、流行唄を得意としていたことからも一応うなずけよう。唄本や唄の一枚摺の板元が大坂のわた正・丹権などであることから、「大阪の冠たり」の表現も違和感はない。

前名が吾鶴であり、弟子に二代目吾鶴がいたということも、『とつちりとん　東海道五十三次道のり道中記入』

に、吾竹作・吾鶴調と対をなしていたこと、天保十四年の見立番付には吾竹が西関脇、吾鶴が西二段目前頭とあることから、師弟とみてよかろう。嘉永六年の番付には、（この間に吾竹が竹我と改名して代は替わったはずであるが）吾竹は西小結、吾鶴は西二段目前頭と載り、吾竹が当然上であり一定の間隔を置いて吾鶴の名が掲がること、これらは吾鶴の名が次の吾竹への出世名であったことをうかがわせる。

　ところが、問題は二代目吾竹が竹我と改名したことが、まったく触れられていないことである。いよぶしの二枚の一枚摺から、このことは疑いようがない。嘉永六年（1853）の番付でも吾竹・吾鶴の外に、重々しく「差添人笑福亭竹我」と出ている。嘉永六年の番付の吾竹は三代目とみなければならない。しかし、『落語系図』では二代目吾竹の門人に「竹我」がいる。しかも「大人なり」とする。二代目吾竹と竹我を別人と見ているのである。今日のわれわれは『落語系図』に多大な恩恵を受けているのであるが、少なくともこの点ははっきり訂正する必要があろう。

笑福亭勢楽・笑福亭勢柳

『落噺千里藪』の第二図に、二代目吾竹とともに描かれていた勢楽《せらく》も歌の歌詞を残している。閲歴はよくわからないが、図でみるかぎり、二代目吾竹とほぼ同年代と思われる。見立番付でいえば、天保十四年のものでは東小結、嘉永六年のものでは西大関、安政頃のものでは中央行司の位置にあり、着実に位をあげているため同一人とみられる。小本四丁の薄物の唄本では弟子と思われる笑福亭勢柳とともに名を出している【図62】。その表紙は、

大坂道とんぼり日本橋南詰東へ入南側　本喜板
をなじみの　笑福亭勢楽《せらく》　作　　勢柳　調
色里町中　大はやり〳〵

図62　笑福亭勢楽作・勢柳調『大つへぶし』。梅花女子大学図書館蔵。

新板あだもんく　四季　川づくし　口づくし　金のくらい
　大つへぶし

とあって、勢楽自身と思われる高座姿が描かれている。見台には鶴が描かれ、その翼に「せ」の字が見える。その見台を前にして座りながら、扇子と手で拍子をとっているかのようである。内容は、川尽くし、四季（春・夏・秋・冬）、口尽くし、金の位。この本は『藝能懇話』第八号（平成六年（1994））に全文翻刻しているので、「金の位」だけを記しておく。以前の翻刻では板元を「本安」としたが「本喜」の誤りである。

○金の位《くらい》

▲海老蔵は千両で。梅が枝手水鉢三百両。嶋の財布に五十両。合して百両百か日。廿日あまりに四十両。遣い果たして残りが二部（分）で。江戸の間男七両二部（分）詞〽コレ〳〵関取　御内義の勤め奉公の　それ　〽二百両　船場に御霊（五両）で　お医者に産療（三両）治。女に負けたら立たゝぬが一分で。三河は三州（三朱）で　ぬしとわたしを一朱《いちしゅ》（恋人同士）と申します

この唄は、大坂に住み着いた七代目市川団十郎（市川海老蔵）の名が出ており、弘化・嘉永・安政年間のものである。

笑福亭勢柳《せりゅう》は「勢」の字を継いでいるので、勢楽の弟子と思われる。この人は天保十四年の見立番付では東方二段目七枚目、嘉永六年の見立番付では西方四段目七枚目、安政頃の見立番付では西方二段目五枚目に位置している。嘉永の番付では位が下がっているので、代替わりがあったかもしれない。しかし、勢楽の弟子筋という点は変わら

ないように思う。先の『とっちりとん　東海道五十三次道のり道中記入』の吾竹作・吾鶴調と同じく、師匠の作、弟子の調という形であろう。

勢楽の唄をもう一点、一枚摺の「かるかやかへうた　大津ゑぶし」をみてみよう【図63】。

苅萱替へ歌　大津ゑぶし

恋しさに遥々《はるばる》と。地震見舞いに。混雑中へ上《のぼ》り来れば。希《まれ》な事なり。半時余りに一面津波打つて。それを見るより子供はしがみ付き。この大坂に居られんが。方々砕《ほうぼうくだ》けて押し打たれ。昨日揺《きのうゆ》つたも今頃か。ぞく〳〵と。かどふへ（門へ?）早う連れ行き給へ。揺るより体《からだ》は歩くに歩けず。寒《さぶ》さながらも　わが家《や》を慌《あわ》てゝ逃げて這入《はい》る

笑福亭勢楽作

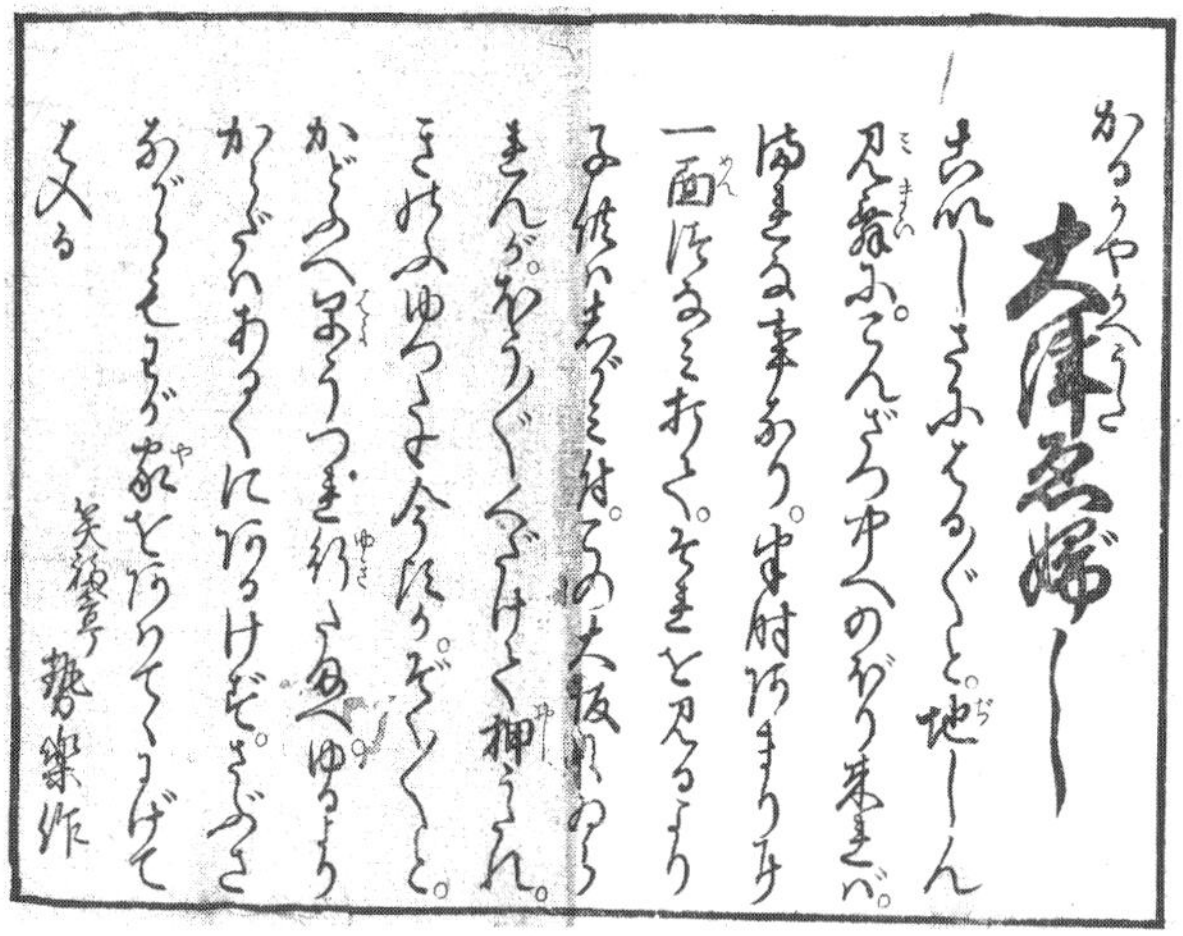

図63 笑福亭勢楽作「かるかやかへうた　大津ゑぶし」(一枚摺集『大地震／大津波　末代噺の種』所収)。半紙半裁。架蔵。

これは嘉永七年（1854）十一月四日の大地震と翌五日の大津波を歌ったものである。地震で混乱している最中に大坂へ見舞いに来てみると、大津波が押し寄せて来て、子供はしがみつく、方々砕けてくる。揺れもあり津波も来て、あわてて家の中に逃げ込んだ、という意味であろう。「苅萱」は、石童丸が父加藤左衛門を訪ねて高野山に登り、親子は出会うが名乗り合うことはできなかったという話。これをもじって、地震津波のようすを詠んだ大津絵節の替え歌である。今日の感覚では不謹慎であるが、この時の各種情報とそれをもとに

作られた戯文を集めた『大地震／大津波　末代噺《まつだいはなし》の種《たね》』という本が出た。その末尾の一枚である。

勢楽の名は『落語系図』には出て来ず、咄本の存在も確認されていないと思うが、古くさかのぼれば笑福亭の大きな名前であった。『落噺千里藪』口絵第二図に二代目吾竹とともに描かれているところから見て、二代目吾竹と兄弟弟子、すなわち初代吾竹の弟子ではないかと思っている。幕末の大坂で活躍した咄家の一人として、ぜひ記憶しておきたい。

なお、『上方落語の歴史』の「幕末における上方落語界の鳥瞰図」において、勢楽を後の新派俳優・川上秋月《かわかみしゅうげつ》としているが、その勢楽では時代が合わない。もっと以前の勢楽である。

七、落語作家・月亭生瀬――「月亭」の祖は誰か

落語作家の祖

初代桂文治の弟子に、「落語作家」とも言える月亭生瀬《つきていいくせ》がいた。名前の読み方は、『絵本おとし噺』（花枝房円馬改め白毛舎猿馬・序、豊田善敬氏蔵。初版の題は『画本即席　おとし噺』、『上方舌耕文芸史の研究』宮尾與男著、勉誠出版所収）の振り仮名による。「つきてい・いくせ」であることは疑いなく、明治に入って桂文都が桂派に対抗して月亭を名乗ったという以前に、この亭号は使われていたことになる。

はじめは初代文治の門人で「幾勢」といい、兄弟弟子の文来・文東などに混じり、甲乙つけがたい咄家であったというが、途中で廃業したらしい（『落語系図』など）。

『風流俄選《ふうりゅうにわかせん》』（弘化五年〔1848〕刊）の倉椀家淀川《くらわんかよどがわ》の序文によれば、

> 月亭生瀬と云ふは初代桂文治といへる落噺の名人家の門弟なれど　師に咄の作意を備ふる事数知れず　彼の文治故人となりて三十余年の今に残り有りしはなし　太体《たいてい》はこの生瀬の作意也

師匠桂文治に咄の材料を提供し、後世に残る文治の咄の大半は彼の作意によるものだという。この本は月亭生瀬作の俄《にわか》（のちの新喜劇につながる滑稽劇）の台本を集めたもので、俄の作者として著名な友人の淀川が序文を寄せているのである。そのため、多少割り引いて読む必要もあろう。

この人の姿を描いた図が二図ある。一つは咄本の『落噺千里藪』の口絵【図64】で、花枝房円馬の後ろに控えて

図64 花枝房円馬と月亭生瀬。『落噺千里藪』口絵。貞升(画)。半紙本。色摺。「はつ春やわらふ門松福寿草」。架蔵。

図65 執筆する月亭生瀬。『風流俄選』。弘化5年(1848)刊。浦川公左画。半紙本。色摺。「御ひいきの君の恵みと夕立やにわかに降るけふのうるをひ　右生瀬」。架蔵。

いるのが生瀬である。もう一つは『風流俄選』の扉に描かれたものである【図65】。『落噺千里藪』の生瀬は端正な顔で畏まる様子、『風流俄選』の生瀬は好好爺の表情を見せて、筆を握って机に向かう姿である。『落噺千里藪』の刊年は不明であるが、序文は弘化三年(1846)で、歌川貞升《うたがわさだます》の描いたもの。『風流俄選』は弘化五年の刊行で、浦川公左《うらかわこうさ》の描いたもの。ともに当時の大阪では著名な画家である。わずか二年の差であるがずいぶん違った印象を与える。生瀬の生没年は今のところ未詳であるが、初代文治が没した文化十三年(1816)に、仮に三十とすれば、弘化の末年には六十過ぎの老人ということになる。『風流俄選』の肖像の雰囲気に合ってくるように思われる。

『大寄噺の尻馬』

さて、彼の著作を少し詳しく追ってみよう。

まず、薄い咄本を集めた『大寄噺《おおよせはなし》の尻馬《しりうま》』にこの人の名前がしばしば見られる。『大寄噺の尻馬』には、半紙を二つ折りした大きさ（縦約二三センチ、横約一六センチ）の半紙本と、その半分くらいの小本（縦約一七センチ、横約一二センチ）の二種がある。半紙本は三冊、小本は六冊。半紙本は表紙の絵を入れて二丁（今の本でいえば4頁）の薄い本を寄せ集めて冊子に仕立てたものである（6頁の例外もあり）。小本の場合も同じように、表紙に絵があり四丁（8頁）の薄い本を集めて冊子としたものである。そのため、現存の本では収められている作品は多様に差し替えられていて、全く同一の本は珍しいくらいである。近年の古書市などでは、綴じ分けた一点一点がかなり高価に出回っている。今日では『伝承文学資料集成十四　近世咄本集』（岡雅彦著、三弥井書店、昭和六三年）に全て翻刻されており、比較的簡単に読めるようになった。詳しい解説、解題も付いている。

桂亭生世も生瀬と同じ人物と見ると、半紙本には二作出てくる。

半紙本初編　桂亭生世戯作　新板おどけもんく　はや口升づくし　舌者　歌関

半紙本二編　浪華生瀬戯作　大新ぱん高津境内にておどけ開帳　大入大あたり　仏説けんやくきやう

『おどけもんく　はや口升づくし』は、「升《ます》（先ず）人間一升《いつしやう》（一生）の事をあら升《ます》（あらまし）計《はか》つて申し升」からはじまる。息子が茶屋遊びにのめりこむが、やがて嫁をもらい、子供ができ、その子が元服して跡取りとなる、一生のあらましを「升」を重ねて言い立てたもの。「舌者　歌関」は口演者を意味すると思われるが、その読み方もわからない。

『仏説倹約経』は阿保陀羅経《あほだらきよう》の類である【図66】。ひどく吝嗇《りんしよく》な人を登場させる。たとえば客に出した二膳の飯が惜しくて取り返そうと思い、手紙の封をするのだと偽って近所に飯粒をもらって歩いたり、魚の骨が咽《のど》に立ったと偽って飯をもらい歩くようすを、経文《きようもん》風に言い立てたものである。

半紙本では、初代桂文治の名が目立ち、生瀬作は二作に止まった。しかし、先の倉椀家淀川の言によれば、彼は

図66 浪華生瀬戯作『仏説けんやくきやう』(半紙本『大寄噺の尻馬』所収)。架蔵。翻刻は360頁。

師の文治に材を提供していたということであり、文治作とあるものの中に、実際は生瀬の発案の作も混じっている可能性が高い。

一方、小本『大寄噺の尻馬』では製本された各冊表紙の裏に「月亭生瀬戯作　大寄噺の尻馬」とあり、ここでははっきり名を出しており、全体の半数近くの四十五作に生瀬の名がみられる。それらの題名を列挙してみよう。

〔初編〕

役者尽《づくし》　幕開口上噺《まくあけこうじょうばなし》　ふろやの初日
大新板おどけ　間違穴《まちがいあな》物語（小咄三題、よしこの）
大しんぱん　大笑《おおわらい》ざしき噺（小咄三題、舞ざらへ）
おどけ大しんばん　忠臣蔵名寄《なよせ》噺
地獄《じごく》の献立《こんだて》　大新板（落ちあり）
大新板　忠臣蔵料理　上のまき（落ちあり）
大新板　忠臣ぐら料理　下の巻（落ちあり）
新板おどけ　忠臣蔵ぬらくら講釈《こうしゃく》　上のまき
新板おどけ　忠臣ぐらぬらくら講釈　下の巻（落ちあり）
大新板おどけ　笑《わらい》の山《やま》はなし　すり鉢かへうた入（小咄三題、端歌「擂り鉢」かへ歌）

大しん板おどけ　大笑《おおわらい》おとしばなし　大つゑぶし入（小咄二題、大津絵節）

〔二編〕

天王寺伽藍《がらん》づくし　女夫喧嘩《みようとげんか》（落ちあり）

大しんぱん　男の髷《わげ》づくし女の髷《わげ》づくし　女夫喧嘩（落ちあり）

新板おどけ　履き物づくし　女夫喧嘩（落ちあり）

新板おどけ　はしりもと（台所）づくし

大新板　菅原　寺子屋場落ばなし（小咄四題）

新板おどけ　大笑落ばなし　京大坂のいよぶし入（小咄二題、いよぶし）

〔三編〕

大新板おどけ　大笑　臍西国《へそのさいこく》（小咄五題）

大新板おどけ　おならの談義

新板おどけ　大笑浮世の穴（小咄三題）

大新板　仏説己惚《うぬぼれ》経　上の巻　舌者あまからや上人

仏説己惚経　下の巻　舌者あまからや上人

新板おどけ　笑の山　臍の宿がへ（小咄二題）

新板おどけ　笑の山　臍のやどがへ　大つゑふし入（小咄二題、大津絵節）

しんぱんおどけ　出臍《でべそ》の宿がへ（小咄四題）

〔四編〕

新板おどけ　地獄の落ばなし　上（落ちあり）

大新板をどけ　地獄の落ばなし　下（小咄三題）
新板おどけ　福神遊《ふくじんあそび》（小咄二題）
客づくし　芸妓《げいこ》づくし　松づくしかゑ歌ばなし　上のまき（小咄二題、松づくし・大津絵節）
大新板　松尽《まつづくし》かへ歌噺　下の巻　祭づくし貝づくし七福神いよぶし（松尽くし、いよぶし）
大新板　大笑世界の穴さがし（小咄四題）
正二三口上《しょうにさんこうじょう》　会毎口上《かいごとこうじょう》　文句　大新板（落ちあり）
新板　蝶づくしおどけもんく（落ちあり）

〔五編〕
新板おどけ　男女《なんによ》太平記　上　城中評定の段
新板おどけ　男女太平記　下
噺くらべ　酒づくし軽業《かるわざ》口上入　大しんぱんおどけ（小咄三題、軽業口上）
新板をどけ　花尽はなし　ぬれもんく　とつちりとん　椀久《わんきゅう》かへ歌（落ちあり、とつちりとん、「椀久」替え歌）
笑袋《わらいぶくろ》　新板おどけ（小咄二題）

〔六編〕
菅原づくし口あひばなし　大新板（落ちあり）
新板おどけ　なぞくらべ　上のまき
新板おどけ　なぞくらべ　下の巻
大新ぱんおどけ　笑くらべ　上のまき（小咄四題、浄瑠璃文句）
しん板おどけ　笑くらべ　下（小咄三題）

今日からみれば小咄は下がかりの作が多い。しかし、落ちはおおかた洒落ていて、咄の作者として勝れていると思う。例として、まず、艶笑落語「下口《したくち》」の原話とみられる「ひよどり越え」（三編の「出臍の宿がへ」の一編）を示しておこう。

▲北辺《きたへん》に、ちと愚かしい息子有りけるに、今に嫁なければ、親御《おやご》も心がけ居《い》なさるに、幸ひなる嫁ありけるゆへ、仲人を頼み、迎ゑけるに、肝心《かんじん》のする事知らねば、一つに寝ず。親の口からこの事を言ふて聞かしもならず、仲人にこの事頼みければ、早速仲人より息子を呼びにまいり、息子何事かと行きければ、仲人「コレ、嫁《よめ》御《ご》が来たのに、未《いま》だ下口《したくち》は食べさしなさらんそうな。それではどふもならぬ、下口が肝心じやぞへ」と聞いて、畏《かしこ》まりましたと帰りければ、昼飯時《ひるめしどき》なり。嫁に膳《ぜん》持つて離れ座敷へ来いと申すゆへ、何事かと嫁は離れ座敷へ行きければ、嫁の前《まえ》をまくりて、おめこの中へ飯を喰《く》わし、菜《さい》も箸《はし》にて突き込みしが、嫁はおならをブウ〳〵とすれば、息子が「咽《のんど》に詰まつたやら、ぶゞ（湯）じやと言ふ」

この種のバレ咄が多いのであるが、次はバレ無しの咄「ひつじばへ」（四編の『大笑世界の穴さがし』の一編）も紹介してみる。

▲ある所の女房、大《だい》の字《じ》のお竹と言ふて、大平楽《たいへいらく》（いいかげんな大きなことを言う人）の親玉《おやだま》あり。七つばかりなる女の子を連れ、雛祭《ひなまつり》に呼ばれて行きけるに、かの大の字（母親お竹）が子に申しけるは「コレ、おいと、この御殿《ごてん》とわし所《ところ》の内と同じ事ジヤ、官女《かんじょ》と云《い》ふて女子衆《おなごしゅ》も三人有り、仕丁《じてい》と云ふて、男衆《おとこしゅ》も三人有り。箪笥《たんす》長持《ながもち》もたんと有ろうがの」と言へば、子「おかア様、女子衆や男衆の事は知りませんが、箪笥長持は私所《わたしところ》と同し事でござります」お竹「箪笥長持ばかりが、こちの内と同じ事じやとは」子「ハイ、箱ばかりで、中にべゝ（着物）が入れて御座《ござ》りません」

みごとな落ちであろう。

そのほか、題名だけでは内容を想像しにくいものを、簡単に説明しておく。

『役者尽幕開口上噺　ふろやの初日』は、道頓堀に芝居風呂という風呂屋ができて、そこの造作《ぞうさく》が全て芝居にちなんだものになっている滑稽。最後に口上があるが、これも「風呂沸いたかと加減《かげん》を　三枡（見ます）大五郎」というように役者名をもじっていく。「忠臣蔵名寄噺」は山科の大星由良之助《おおぼしゆらのすけ》の隠れ家の裏に「忠臣蔵」という蔵を建てようというので、忠臣蔵の文句を駆使してしゃれるもの。

『地獄の献立』は「小鉢　嘘つきの鉄砲あへ（ネギと魚貝を辛子味噌であえたもの）」のように、とても食べられそうにないものを、洒落た料理に仕立てたもの（「鉄砲」は嘘）【図67】。当時、料理の献立表をもじる趣向は一つの流行でもあった。歌舞伎がらみのものについては、拙著『上方板歌舞伎関係一枚摺考』の一覧表の中に含めたことがあるので、参照されたい。また、27頁に、「ちごくこん立　大坂舌者　花澤吉兵衛」の図版を載せておいた。

『忠臣蔵ぬらくら講釈』は小間物屋が奥様に品物を売るのに、忠臣蔵大序から泉岳寺引き上げまでをもじって説明するもの。『天王寺伽藍づくし　女夫喧嘩』『男の髷づくし女の髷づくし　女夫喧嘩』『履き物づくし　女夫喧嘩』は、それぞれ天王寺の堂塔の名・男女の髷の名・履き物の名を詠み込み込んだ夫婦喧嘩の様。『はしりもとづくし』は、台所用品を多数詠み込んで男女の色恋を説明したもの。『おならの談義』は屁に関する詞をちりばめながら、おおげさに屁の由来を説くもの。『仏説己惚経』は、あほだら経の類で、「仏説うぬぼれ経」で始まり、男が女に自惚れる様を茶化して説くもの。

『正二三口上　会毎口上文句』は浄瑠璃の稽古に関する小咄。素人稽古仲間二人の会話。一人の男がいうには、会に出るといつも槍を入れられて（やじをとばされて）困るとぼやく。もう一人は、自

図67 月亭生瀬作『地ごくのこん立』（小本『大寄噺の尻馬』所収）。松旭画書。架蔵。

分も浄瑠璃では槍をいれられるが、そのかわり会のはじめの口上を受け持ち、正月・二月・三月といった季節にちなんだ口上で受けを取るのだという。それを聞いた男が、もし口上でも詰まり、浄瑠璃でも失敗したらどうするのかと問う。相手は堪えず「前も後ろも槍（下手な浄瑠璃を非難するヤジ）をいれられたら、その時は（観念して）念仏を頼みます」。これが落ちとなっている。

『男女太平記』は講釈のもじり。近年女どもが奢りに長じているので、男軍が押し寄せてこらしめようという、滑稽軍談。『なぞくらべ』は、〇〇とかけて〇〇と解く、心は〇〇、いわゆる謎かけ、三段謎を集めたもの。生瀬が文筆の才能、頓才に勝れていたことは、これらバラエティに富んだ内容から、たやすく理解できよう。

『落噺千里藪』の「校合」の意味

『落噺千里藪』（表紙の題簽の題は「絵本千里藪」）は、半紙本五冊のりっぱな作りの咄本である。この本は花枝房円馬作・月亭生瀬校とある。第六章でふれたように、上方の戯作者・楠里《なんり》亭其楽《ていきらく》の序文は「丙午」（弘化三年〔1846〕）であるが、月亭生瀬の「凡例　噺のはなし」には「天保十二　辛丑」（1841）と記されている。ちょうど天保の改革の時期に当たるためか、奥付に刊行年が記されておらず厳密な出版年をおさえがたい。

この本には『上方はなし』第三十五集（昭和一四年）に入込《いれこ》み噺（前座の演じる賑やかな旅ネタ）として出る「狼《おおかみ》講釈《こうしゃく》」が、ほとんどそのまま上演可能なくらいの詳しさで出てくる。巻五の「山道の講釈」がそれで、勘当された若旦那が以前の番頭の内に居候する。しかし、そこの女房に嫌われ、その家も出なければならなくなる。若旦那は聞き覚えの講釈で生計を立てるといって出て行く。腹立ちまぎれに出たので山道に迷い、狼に囲まれてしまった。好きな講釈をやって夢中になっているところを食ってほしいと、若旦那は狼に頼んで語りはじめる。うろ覚えの講釈を繋ぎ合わせて長々と演じていると、狼が逃げて行く。狼の親方が子分の狼に、なぜ食い殺さずに逃げて来たかと問うと、狼の子分が「口からゑろう鉄砲を吐きます（でたらめを言う）」と落ちをつけたものである。この咄については、『近世文学選　芸能篇』（土田衞・荻田清・河合眞澄・廣瀬千紗子編、和泉書院、平成六年）に詳しい注をつけた。

咄の中で円馬得意のとっちりとんが使われた例（巻二「辻うら吉」で「餅づくし」のとっちりとんが歌われる）もあり、円馬がこの本に深く関わっていたことは明かである。ただ、「作」の円馬と「校」の生瀬の関係をどう考えればよいのだろうか。すなおに解釈すれば、円馬が作って舞台にかけていた咄を、生瀬が大坂のことばに直し、体裁を整えて本にしたということであろう。口絵の図に、円馬が挨拶する後ろに生瀬が控えて、いっしょに頭をさげている姿が描かれている。円馬については第六章でふれたように、江戸から名古屋を経て上方に上り、とっちりとんの歌で一世を風靡し、大坂の咄家の見立番付で東方大関に据えられた人物である。人気・実力とも申分はない。

しかし、わたしはそれだから疑うのである。実質はかなりの部分が生瀬の作ではなかったかと。本としては実演者の円馬が表に出て、作者は後ろに隠れるのではないかと。話は少し飛躍するが、近松門左衛門が番付に名を出した時、非難された例もある（『野良立役舞台大鏡』）。歌舞伎役者の名で出された合巻（江戸時代後期の絵本読み物）の例もある（四代目尾上菊五郎の代作者花笠文京）。今日のタレント本のかなりのものがゴーストライターによるものとの暗黙の認識もあろう。芸能関係の出版物における作者の位置とは、そんなものではなかったかと思うのだが、いかがであろうか。そう思わせるのは、以下に述べるように、生瀬はこの後著述家として広汎に力を発揮していくのである。

『落噺千里藪』が上方落語の歴史上有名なのには、もう一つ大きな理由があった。それは、この本の口絵に一時代前（文化・文政期）の咄家、当代（天保・弘化）の咄家の高座姿が、歌川貞升の錦絵で描かれていることである。この図については、すでに第六章「笑福亭の繁栄」で詳しく述べた。

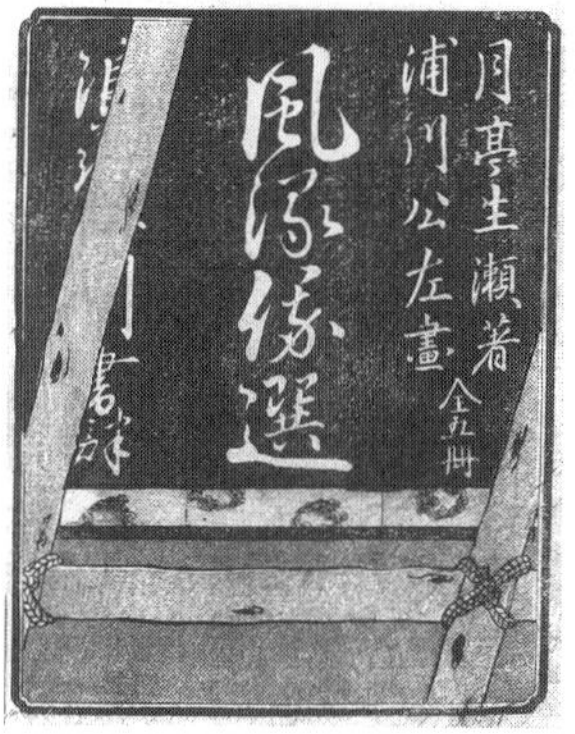

図68『風流俄選』の表紙見返し。弘化5年(1848)刊。浦川公左画。半紙本五冊。色摺。架蔵。

「俄」の作者

月亭生瀬は「俄」の作者としても知られている。「俄」というのは、一言でいえば、夏祭の余興に演じられた滑稽寸劇。後には座敷遊びの芸となり、一方プロの俄師が出て興行材となり、そこからやがて新喜劇が生まれるというものである。素人が演じる際の種本の作者として月亭生瀬の名は出てくるのである。

代表的な本は『風流俄選《ふうりゅうにわかせん》』（弘化五年〔1848〕刊）である【図68】。半紙本五冊で、先の『落噺千里藪』同様、娯楽の本としては堂々とした本である。当時大坂で名の通った画師浦川公左《うらかわこうさ》が挿絵を担当し、倉椀家淀川《くらわんかよどがわ》が序文を寄せている。倉椀家淀川は上方落語「三十石」に出る枚方《ひらかた》のくらわんか船をもじった洒落た名前で、俄の作者として知られた人である。

生瀬作の俄はどのようなものだったのか。巻三の「庄官拳《しょうやけん》」（庄屋と狐と狩人の三すくみの拳）を示してみよう。台本式に改行して、表記を改めて読みやすくしておく。原本の誤記と思われるものは振り仮名の位置に〔　〕で残した。

庄官拳　□敵　○女　△奴
拵《こしら》へ　真中にぶつさき袴（乗馬旅行用の袴）に大小（大刀小刀）さし　襷《たすき》がけに八巻《はちまき》（鉢巻）する　上座に女一人　これも襷　八巻　白装束《しろしょうぞく》にて　長刀《なぎなた》持つて　下座に男一人　菖蒲《しょうぶ》革《〔がた〕》の奴風《やっこふう》にて　刀さし　出の囃子　寄せ太鼓　但し　両方に松明篝火《たいまつかがりび》焚《た》きある

敵□　この度　芸あるものを抱ゑんと風聞《ふうぶん》せしは　汝《うぬ》らをおびき出さんため　それとは知らずうか〳〵うせる狼狽《うろた》へ者　うぬ

らの運の尽きと心得
女○　ヤア　言おふ様《よう》なき大悪人　父の敵《かたき》　サア　尋常《じんじょう》に勝負〱
奴△　御主人の敵　逃れぬ所じや　覚悟ひろげ
敵□　下郎といひ　女童《わらべ》　やさしくもよく言ふた　返り討ちだ
女　奴○△　何をこしやくナ
ト三人しばらく立ち回り
敵□　先づ〱　しばらく〱
奴△　待てとは手遅れしか
女○　この期《ご》に臨《のぞ》んで卑怯《ひきよう》であろウ
敵□　イヤ　チト子細《しさい》（わけ）有ッての事
奴△　子細とは
敵□　時に奴さん　外の事でもないが　南部《なんぶ》縞《じま》に秩父《ちちぶ》の通り裏　然《しか》も三井（三井呉服店）でさして　壱両弐分も出して有るのじや　まだ二三遍着たなりのじや　所がチト金が要《い》り用《よう》で　十月にたつた壱分に質《しち》にやつて有ル　私《〔は〕し》が今日敵を討たれてしもふたら　たつた壱分で流れるが　お前受けンかいナ
奴△　サア　わしも南部縞《〔嶋〕》がほしいと思ふている所じや　受けさしてんか
敵□　そんなら札《ふだ》を渡しておこ　時に札代四五百　お呉《く》れんか　五百出しても利ともに壱分二朱までゝ　お前の物になる
奴△　ソリヤ　安イ物じや　然《しか》シ　四匁ばかりの小玉（銀貨）がある　それで負けてお呉れ
敵□　わしは銀《か》ネ見ることが不得手《ぶえて》じや　銭でおくれ

奴△　そんなら四文銭が百ある　これを
　ト四文銭百渡し
女　奴○△　サア　尋常に勝負〳〵
敵□　返り討ちだ　覚悟ひろげ
　トしばらく立ち回り
敵□　まづ〳〵　しばらく〳〵
女○　又かいナ
敵□　イヤ　女中　お前に売りたい物がある　コレ　この煙草入《たばこ》れ　これを買うてんかいナ
女○　女子が革煙草入れ持てるものかいナ
敵□　煙草入れは誰になとやつてしまひなされ　緒締《おじ》めの珊瑚樹《さんごうじ》がある　簪《かんざし》にしンかいナ
女○　ほんによい加減《かげん》な珊瑚樹《さんごうじ》じや　これ買いましよか
敵□　わしも今日敵討たれたら　人の物になる　三文にでも売り徳じやよつて売るのじや　弐朱に買ふて
女○　二朱なら安イ物じや　サア弐朱
　ト出す
敵□　わしや今言ふ通り金《か》ネはとんと得見《え》んよつて　銭でおくれ
女○　そんなら百文銭八枚　サア渡します　これで体が軽なつた
　ト渡し
女　奴○△　サア　勝負〳〵
　トしばらく立ち回り

敵□　まづ〳〵待たれよ　しばらく〳〵
女○　またかいな
敵□　イヤ　奴さん〳〵　わしが今使うている刀を　買うてんか
奴△　それを売ッて何を持つて勝負する
敵□　サ　そこが応対じや　滅法界《めつぽうかい》（むちゃくちゃに）安ウ売るよつて　敵討しまふまで　この刀　わしに貸してんか
奴△　コリヤ　理屈じや　しかし貸スにしてなんぼで売るぞ
敵□　されば
　　ト懐《ふところ》より算盤《そろばん》出して
　とんと引かぬ所が金ン壱分にいたします
奴△　壱分なら買ふて置くが　金ンで取るか
敵□　どうぞ銭で　金《か》ネ見る事大不得手
奴△　女中さん　お前様　チトばかり銭は厶《ござ》りますまいか
女○　ハイ　百文銭ならまだ六枚厶《ござ》ります
奴△　わたしの方に
　　ト出して見て
　八枚ある　イヤ両方合わして壱貫四百文ある　これで負けなら買ウ
敵□　モウ出《〔たゞ〕》せんか　四文銭は厶《ござ》りませんか
奴△　なし〳〵

敵□　ヱ、負けておけ

ト手を叩く

奴△　女中さん　大キにおじやまさんに厶《ござ》りませう

ト両方の銭を合わして　一貫四百文渡し

サア　この刀はわしのじやけれど　応対通りじやよつて貸〔借〕します　ずいぶん　あしろうて（大事にして）遣《つか》ふてお呉れ　刃《は》が欠けたら直打《ねうち》がさがる

女○　サア　勝負〳〵

敵□　まづ〳〵

女○　何じやいナ　この度はまづ〳〵が早いがナ　どふしたものじやへ

敵□　イヤ　いつたい敵討といふものは両方から互いに名乗り合ふて　敵討にか丶るものじやに　何ともなしに敵討しかけたが　いつたいお前は誰じやイナ

女○　わたくしは奥州白石郡《しらいしごおり》　逆井村《さかいむら》にて　百性与茂作《よもさく》が娘　宮城野《みやぎの》と申す者で厶《ござ》ります

敵□　奴さん　お前はヱ

奴△　我こそは飯沼《いいぬま》勝五郎が家来　筆介と申す者

敵□　それみた事か　ゑら（甚だしい）間違ひじや　わしは京極内匠《きょうごくたくみ》といふ者じや　わしの相手はお園に六介じや　名乗つて仕合《しあ》わせ　すつての事に（もう少しのところで）えらひ目に合おふとした

女○　そんなら買ふた物も　元《もと》〳〵にせにや成るまい

敵□　イヤ　そりや　そのま丶でよいわいナ

奴△　ソリヤ　よいと言ふ筈《はず》や　わしが買ふた質札は十月《じゅうが》ツ成れど　午《うま》ノ十月　モウ流れてしもふた札じや

女◯　これ見なされ　珊瑚樹《さんごうじ》は蠟《ろう》玉じやわいナ
奴△　大方《おおかた》買ふた刀も竹篦《たけべら》に箔押《はくお》しじや有《あ》ロ
女◯　コリヤ　マア　敵《かたき》に出会ふたと思ひの外　騙《かた》りに出会ふたのじや
敵□　彦山権現《ひこさんごんげん》で無《の》ふて　ひこちやくる存念《ぞんねん》（盗み取る心づもり）
奴△　コリヤ　二人リとも鳥目工《ちょうもくたく》み（京極内匠、金銭を奪う計略）に出会ふたのじや

敵を討たれる側が、相手に自分の物を買わせる滑稽が中心となっている。江戸の金貨、上方の銀貨、庶民の銅貨という、今日のわれわれにはややこしい売買の応対もあって、交渉成立。そこで名乗り合いとなる。と、敵は「彦《ひこさ》山権現誓助劔《んごんげんちかいのすけだち》」の京極内匠、討つ側は「碁太平記白石噺《ごたいへいきしらいしはなし》」の宮城野と「箱根霊験躄仇討《はこねれいげんいざりのあだうち》」の奴筆介。三つの芝居が混線していたことがわかり、最後はことばの洒落（口合）の落ちがつく。このパターンは当時の俄の定型であった（宮田繁幸「作品面からみた近世上方俄の変遷過程―パロディ俄と口合オチの定型化―」『藝能史研究』九六号）。

月亭生瀬の俄の本では、もっと簡便な中本形式の『一口⚭か　いろは節用』もある。一編から四編まで見たことがあるが、二編の序文には「嘉永六（1863）丑の中夏」とある。一口俄《ひとくちにわか》というのは、ごく短い落ちだけの俄といえるもの。例えば、

【草紙《そうし》】草紙（習字練習帳）を持つて出で、　芝居行きが延びたら今日はマア寺屋（寺子屋、今の塾）へ行きませうか　落《おとし》「草紙（そうし）なされ

といった類のもので、「鳩が何やして行ったで」「ふーん」のような一口咄に似ているが、落ちにつながる小道具を何か一品持ち出しているところが、この種の俄の特徴である。江戸の「茶番《ちゃばん》」と同じといえよう。一口俄は宴席の余興に適しており、当時多数の種本が出ていた（宮田繁幸氏と共編の「幕末明治初期俄の種本紹介」〔『藝能懇話』一三号〕を参照されたい）。生瀬の優れていたのは、それを「い」から「京」までイロハ順に整理して集めたことである。

狂言作者（歌舞伎の作者）月亭生瀬

さらに興味深いのは、万延元年（1860）九月竹田芝居の歌舞伎「五天竺《ごてんじく》」、文久三年（1863）八月御霊《ごりよう》芝居の歌舞伎「猫怪談《ねこかいだん》五十三駅《つぎ》」には、狂言作者として名を出していることである。

「五天竺」はご存じの孫悟空の話。近年も文楽の「夏休み親子劇場」などでは、「西遊記」の題で親しまれており、人形遣いが宙乗り（上方では「宙吊り」といった）して喝采を浴びている。道頓堀の中ウ《ちゆう》芝居（二流の芝居小屋）である竹田芝居で、この時、新狂言として上演された。といえば、不思議に思うかもしれない。「五天竺」はすでに、文化十三年（1816）七月、御霊境内芝居で人形浄瑠璃として上演されており、「新狂言」はおかしいと思うかもしれない。ところが、この時の絵尽《えづくし》（絵と短い言葉の説明だけであらすじを記そうとした本）【図69】が残っており、それと人形浄瑠璃の「五天竺」（こちらは丸本《まるほん》と呼ぶ台本が残っている）を比べると、まったく違ったような話になっている。絵尽から場面場面を示してみると、

修羅《しゆら》魔王《まおう》と混世《こんせ》魔王《まおう》と孫悟空の術比べから始まる。陳光と白蓮の濡れ場を家老斎天などに見られてしまう。陳光・白蓮は（摩耶夫人の脇腹を破って生まれた）太子を諫《いさ》める。二人は任地に赴く途中、漁師新吉に殺される。烏陀夷《うだい》と修羅魔王と悟空のだんまり（暗闇での闘争）。修羅魔王は御台《みだい》に姿を変え、姫を殺そうとするが、実は孫悟空が姫に代わっており、修羅魔王は正体を見顕《みあらわ》される。修羅魔王は太子を攻めようとするが、孫悟空は天人の姿となり、太子を救う。【深山の段】修羅魔王は太子を谷へ蹴落とすが、太子は観音の利益で助かり、賤女《しずのめ》の介抱を受ける。【太祖館】太子の伯父が悪巧みするのを、孫悟空がこの場

図69 絵づくし『五天竺』の表紙。万延元年（1860）9月、竹田芝居。大阪府立中之島図書館蔵。

を収める。孫悟空は裸猿《はだかざる》の姿で、修羅魔王と戦う。混世魔王は孫悟空を釜煎りにしようとするが、悟空は術を使って飛び出す。【龍沙川】太子が船で渡ろうとするところを猟師たちに襲われる。が、漁師綱蔵（実は沙悟浄）が太子を助ける。〔綱蔵内〕旅僧となって入り込んだ修羅魔王。烏陀夷や悟空が来て魔王を捜す。魔王を泊めた金随《きんずい》は責任を取って自害。【大切祇園精舎】悟空らが皆集まって、荒れる修羅魔王を取り押さえる。

絵尽で見るかぎり、人物関係がわかりにくく、見せ場本意で全体の筋も通りにくい。しかし、悟空と魔王の戦いが何度も描かれていることだけはわかる。この芝居で悟空を演じたのは、早竹虎吉改め山下三虎【図70】。軽業師《かるわざし》として著名な早竹虎吉《はやたけとらきち》が、役者名を名乗って出演しているのである。形だけでも山下金作など当時「山下」を名乗る役者（同番付に出る山下虎杖が最も有力）の弟子になったかと考えられる。観客の度肝を抜く仕掛けがふんだんに盛り込まれたことが想像できよう。この芝居の立《たて》作者の位置に座っているのが月亭生瀬なのである。

「猫怪談五十三駅」は番付しか残っていない【図71】。題名からは四世鶴屋南北の「独道中《ひとりたび》五十三駅《つぎ》」の改作と思われるが、「独道中五十三次」が「恋女房染分総《こいにょうぼうそめわけたづな》」の由留木《ゆるぎ》家の物語に猫化けを絡めたのに対して、こちらは今川家と斉藤道三の争いに猫化けを配したものらしい。ここにも山下三虎、すなわち早竹虎吉が出ており、役名は中納言元氏、老女月ノ輪、実猫の化毛、百まなこ売りノ虎、傘一本足とある。ケレン味たっぷりの芝居だったことは容易にうかがえる。このようなケレン芝居に、生瀬は乞われて狂言づくりに参加したものと思われる。

流行唄替え歌の作者

さて、本書肝心の流行唄替え歌の作者としてはどうか。すでに見てきた『大寄噺の尻馬』（小本）にもとつちりとんや大津絵節、「揺り鉢」「椀久」の替え歌の入る咄もあった。当然のように唄本の類にも名を残している。まず、『いろは文字文句頭《かしら》かづけ　新《ごく》すいのもんく　とつちりとん　月亭生瀬作　平野町淀屋橋西　石和板』（国立国

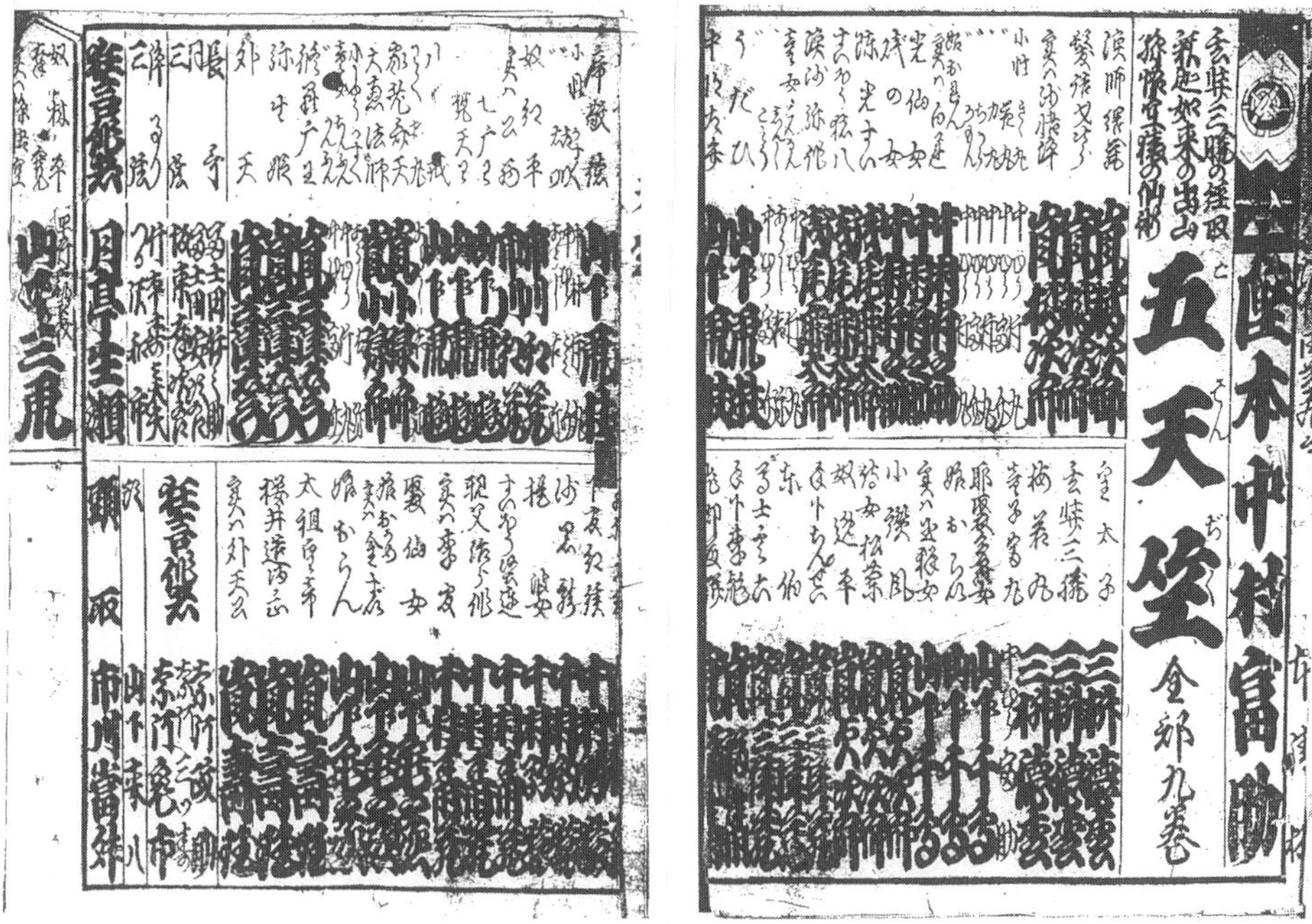

図70　早竹虎吉改山下三虎の番付。万延元年（1860）9月、竹田芝居「五天竺」。大阪府立中之島図書館蔵。左の欄外、庵の中に山下三虎の名、その右に狂言作者月亭生瀬。翻刻は361頁。

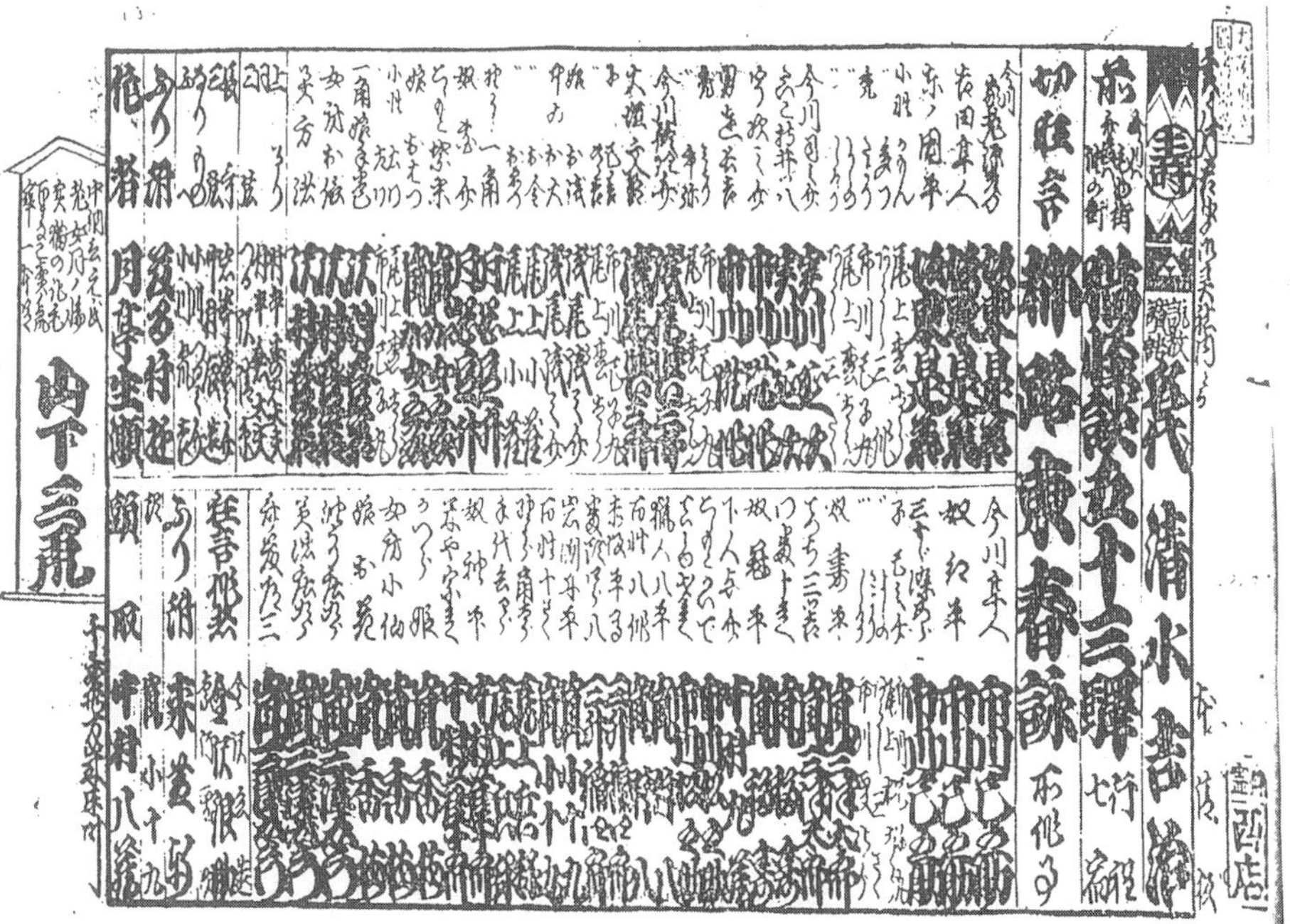

図71　役割番付「猫怪談五十三駅」。文久3年（1863）8月、御霊芝居。左端に作者月亭生瀬、山下三虎の名前がある。大阪府立中之島図書館蔵。翻刻は361頁。

図72 月亭生瀬作『いろは文字文句　頭かづけ　新すいのもんく　とつちりとん』の表紙。国立国会図書館蔵。

会図書館蔵『大寄とつちりとん』）【図72】という、表紙も入れてわずか四丁の唄本からみてみよう。いろはの順に、たとえば「い」の場合、「い」の字が頭に来る言葉を集めて、とつちりとんの歌詞にしている。それだけの条件ではおもしろくないので、さらにこの場合、国名と山の名に限定して集めている。

▲国と山とにいの字をつけて。

詞〽和泉　伊賀　伊勢　伊豆に壱岐。出雲　石見に因幡　伊予。〽山で　合　いの字は稲荷山。詞〽伊吹山から生駒山。犬山　石山　妹背《いもせ》山。石橋山に因幡山。上〽いづわら山《やま》（?）で松茸の。しやつきり立つたは岩戸山　引

同様に、「ろ」は「物の頭に。ろの字をつけて」、「は」は「魚と青物。はの字をつけて」、「に」は「酒と肴に。にの字をつけて」、「ほ」は「惚れた男と世帯をすれば」。「へ」は「人の名がしら　への字をつけば」として、寺岡平右衛門はじめ芝居の登場人物を並べている。「と」を記すと、

▲年の始めに。　合　との字をつけて。

詞〽渡盞《とさん》　盃《さかずき》　屠蘇《とそ》の酒。雑煮に豆腐　唐《とう》の芋。〽松は。　合　常磐木《ときわぎ》　十度《とたび》の華よ。詞〽唐土の鳥は（七草を祝う歌の一部）七草で。年徳棚《としとくだな》の灯蓋《とうがい》（油皿の台）に。灯明《とうみょう》　年豆　年男。上〽十日ゑびすに戸を叩く（戎様は耳が聞こえないので参詣人は社の裏を叩く）。とん〱とん〱　とんど（小正月の火祭り）は十五日　引

無理なくきれいに集めてまとめている。この本で注目されるのは、表紙の絵である。お多福の面を被った演者が、見台を横においたまま、中腰で踊っている様が描かれている。一席の咄を演じた後に、下座の歌に合わせて立ち上がって踊ったものであろうか。とつちりとんの唄本の流行は、これまで見てきたように、天保後半からのことと思

われ、当時の高座のようすを思わせる。ただし、顔が見えないこともあり、生瀬本人を描いたかどうかはわからない。

大阪大学附属図書館忍頂寺文庫には『色里町中大はやり〳〵　大津絵ぶし　月亭生瀬作　大坂天満十丁目さかい筋角　大丈板』という四丁の唄本もある。内容は「葛の葉子別れ」、「浦里時次郎」（「明烏」）、「伊賀越八つ目」、「八重ぎり」（「嫗山姥」）、「貢《みつぎ》おこん」（「伊勢音頭」）、「岩井風呂」（「宿無団七」）。以上は芝居種であるが、最後は「播州の異童子」という風聞を詠み込んだ歌詞である。

〽この度の大評判。播州姫路の出柄《から》村　大工の子千代松は。両眼に瞳子《ひとみ》が三つづつ　足の裏にひし三つ。二親《ふたおや》を呼ぶばかり。その外詞《ことば》なし　物事おどろくけしきなし　今迄に泣いたる事なし　コリヤふしぎ。所の殿さまへ千代松目見へすんで三人扶持《ふち》

姫路の大工の子千代松は両眼に瞳が三つずつ、足の裏に「ひし」（菱？・非指？）が三つあり、親を呼ぶ声は出すが、泣きもせず、声も出さず、物に動じる様子のない希《まれ》な子だった。そこで、所の殿様に目見《めみ》えさせると、殿様も感心して三人扶持を与えたという内容である。この風聞の資料が見つかれば、この本の刊年がおさえられるのであるが、現在のところ探し出せていない。

同じ板元から出ている生瀬作の唄本をもう一点紹介しておく。『大新板　大津画ぶし（梅川忠兵衛）』（四丁、宗《むね》広《ひろ》画、梅花女子大学図書館蔵）の表紙は、忠兵衛にすがる梅川が描かれ、歌詞の題も記されている【図73】。「梅川忠兵へ新口村《にのくちむら》　三勝半七《さんかつはんしち》　松づくし　住よし参り　江戸歌づくし　同かへうた　染いろづくし」の七作である。

「梅川忠兵へ新口村」は本文には「△新口村穴つくし」とある。

梅川と忠兵衛は。極月《ごくげつ》さかりに道行《みちゆき》は。大晦日が越せぬのか。二十日あまりに四十両。しみたれた遣《つか》ひ様《よう》じや。忠三郎の女房は。釜の下頼んで出て行き。そのなり仕舞迄（閉幕まで）戻つて来ん　梅川は。頼まれた釜の下

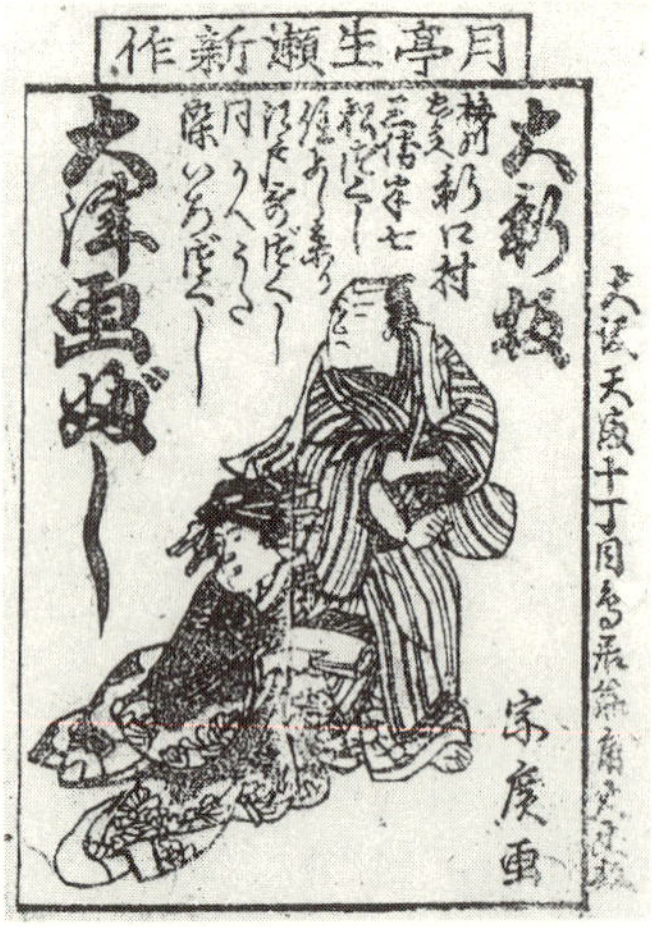

図73　月亭生瀬新作『大津画ぶし』。宗広画。梅花女子大学図書館蔵。

目もやらず。親仁の下駄の鼻緒《はなお》。頼みもせぬのにすげくさる

うっかり見過ごしてしまう矛盾や欠点を探り出し、笑いの種にする「穴さがし」は、江戸時代の戯作《げさく》の有効な手段であった。穴を指摘する側にも無理（論理的な破綻《はたん》）があると、かえって笑いは大きくなる。本書で何度も使用した「浪花諸芸　玉づくし」の載る一枚摺集『浪花みやげ』にも、芝居や浄瑠璃の穴づくしが多数みられた（「浄瑠璃文句穴さがし」「忠臣蔵穴さがし」「忠臣蔵穴さがし柳樽」）。この歌詞は「恋飛脚大和往来《こいびきゃくやまとおうらい》　新口村《にのくち》」の典型的な穴さがしといえよう。

「三勝半七」は「艶容女舞衣《はですがたおんなまいぎぬ》」の内容をすなおに詠み込んだもの。「松づくし」は芝居にからめて「松」を集めたものである。

太平の御代の松。ことさら賑《にぎ》をふ浪花やの待つものは芝居初日　多見蔵《たみぞう》は尾上の松葉蝶《まつばちょう》（二代目尾上多見蔵の替え紋の松葉蝶と尾上の松）。俊寛《しゅんかん》は姫小松《ひめこまつ》（「姫小松子の日遊《ねのひのあそび》」）。行平《ゆきひら》は礒馴《そなれ》松（「行平磯馴松」）。夜毎《ごと》に濡《ぬ》れ事志賀の松。大入するが（駿河）の三保の松　場も桟敷《さんじき》も根（値）上がり松とは和歌の浦　銭掛け松（「伊勢街道銭掛松」）　鐘掛《かねか》け松（「古戦場鐘懸の松」）　どゑらい蔵入り千両松

ここには両手と片足に扇を三本持って踊る姿が挿絵に描かれている。明治時代に「咄家の踊り」を代表する「松尽し」の芽生えが見てとれる【図74】。「住よし参り」は住吉辺の名所地名を詠み込んだもの。

江戸歌づくしは、上方歌（地唄）に対する江戸歌（長唄の類）の題名を詠み込み、娘の一生を綴ったもの。太線が題名である。

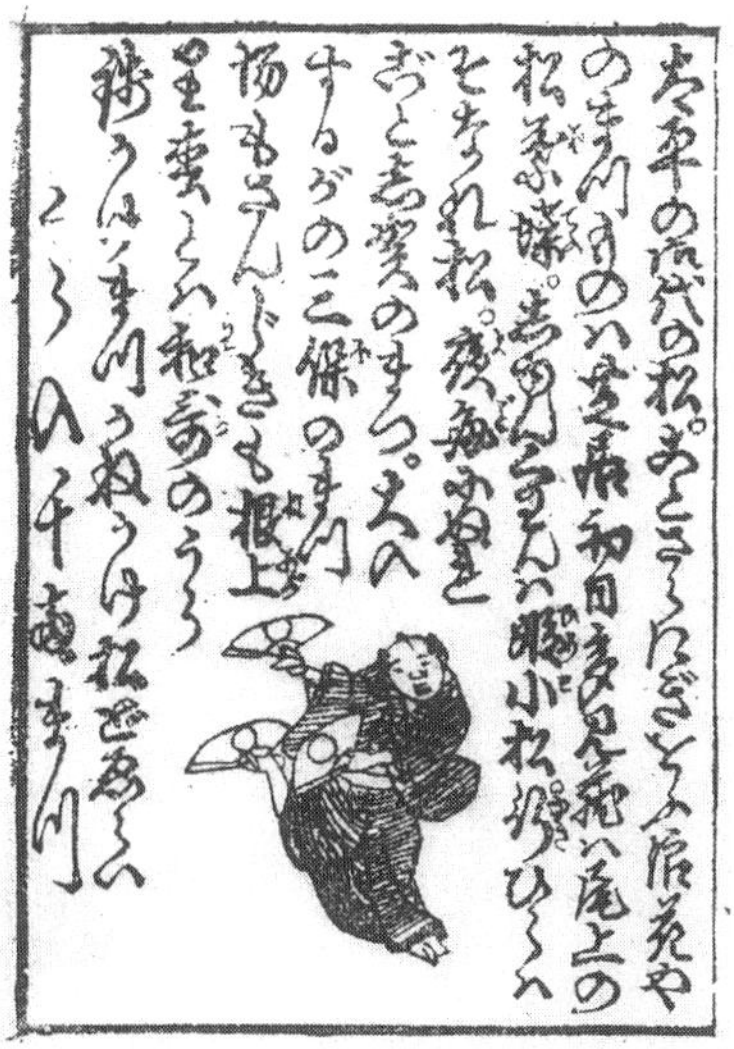

図74　松づくしの図。月亭生瀬新作『大津画ぶし』。宗広画。梅花女子大学図書館蔵。

江戸歌のさらへ講（稽古発表会）手形に**志賀山三番叟**。**藪入《やぶいり》の娘**子が（藪入娘）。**手習ひ子**供や**子守**連れ。ほどよさそうな**浦島**で。チヨト嫌みの**種蒔《たねま》き**や。尻目を**汐汲《しおく》み**　**浜松風**。初手から台詞《せりふ》の**高砂**や**丹前**（高砂丹前）の。程なく世帯《せたい》を**正札《しようふだ》**や。**お兼《かね》**（お金）を延ばして**女夫《みようと》**が**万歳**（女夫万歳）御長命

「同　かへうた」は同種の続き、「染色づくし」は「正月は松葉色」からはじまり、役者の好みの色にちなんだ「顔見世芝翫《かおみせしかん》茶（三代目中村歌右衛門が好んだ赤味がかった茶色）に。市紅（市川団蔵）茶に。延雀（実川延三郎の俳名延若、または実川延三郎の「延」と中村翫雀の「雀」を合わせたか）茶に　餅つきかちん（餅《かちん》と濃紺の「褐《かちん》」染《そめ》」で終わるものである。

一枚摺の流行唄

月亭生瀬は一枚摺の流行歌も残している。天保末から流行した「とつちりとん」では、次のものがある（役者名・屋号を太字にした）【図75】。

とっちりとん　付文　　月亭生瀬

〽ちよつと一筆まいらせ候《そろ》。はづかしながら初芝居　ちらと見初めしその日より　かわい〳〵**成駒屋**　どふぞ女夫に**成田屋**　一旦思ひ立つものは　**市川海老**とはねられふが　お、きな目玉もらおふが　**南枝**（女形中山南枝）もかまひは**千之助**（女形中村千之助）

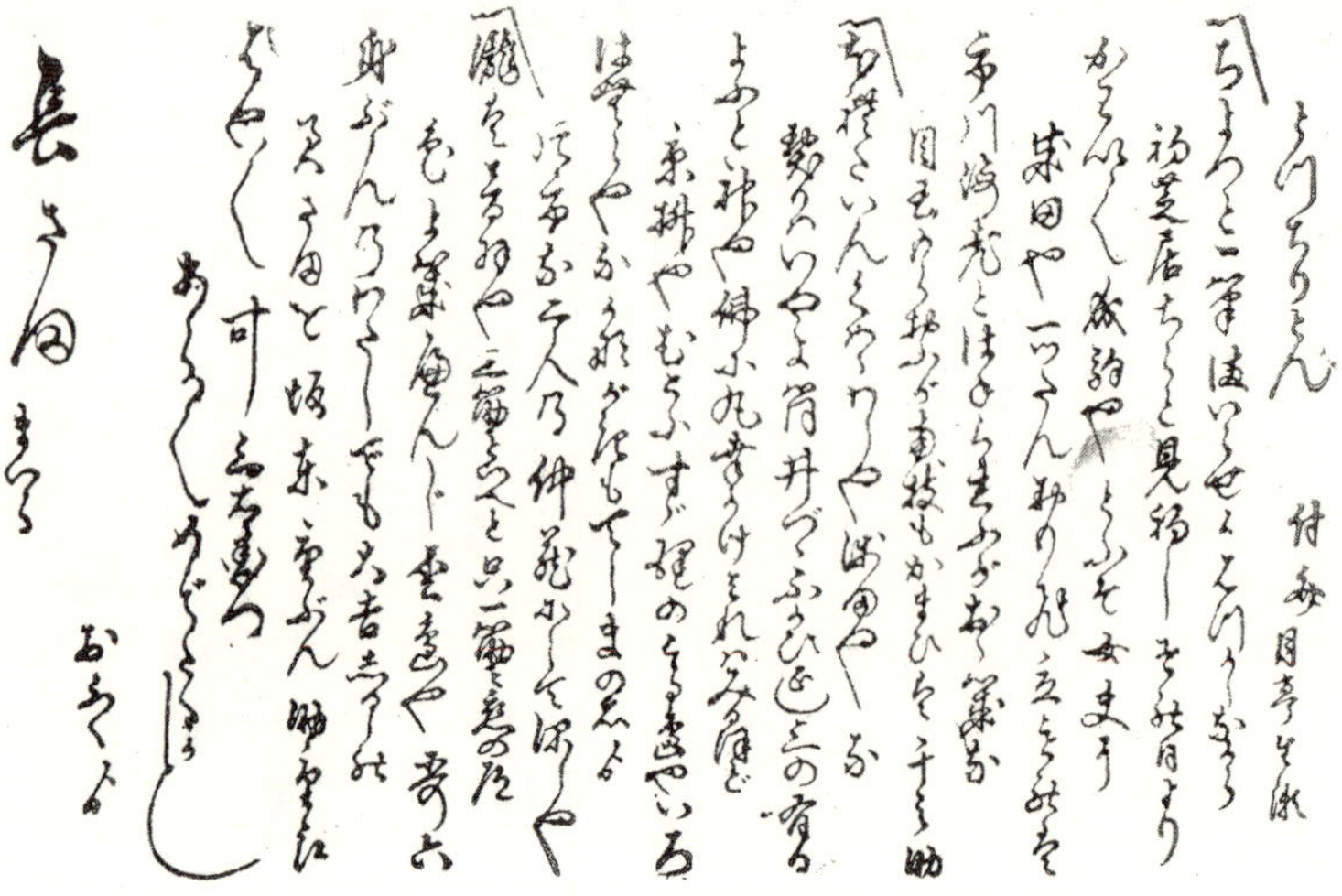

図75　月亭生瀬「とつちりとん　付文」。半紙半裁。文字は藍色。架蔵。

〽惚れた因果はわしや**浅田屋**（実悪浅尾与六）な　契りはいやよ筒井筒　深ひ**延三**《えんざ》（立役実川延三郎）の有るよふと神や仏に**丸幸**《がんこ》（道外《どうけ》中村友三《ともさ》）かけ　みればみるほど**京桝屋**《きょうますや》（立役三枡大五郎）婿《むこ》にすゞりの**高島屋**（立役市川小団次）いろ**葉村屋**（立役嵐璃寛《りかん》）な仮名書きも**豊島**《てしま》（嵐璃珏）の石より**片市**（実悪片岡市蔵）な　二人の**仲蔵**（大坂の中村仲蔵、敵役）にしてほしや

〽滝は**音羽屋**（立役尾上多見蔵）　三筋と言へど　只一筋に恋の道　色よき返事**松嶋屋**（立役片岡我童）　**歌六**（女形中村歌六）身分の私でも**大吉**（女形中村大吉）印《しるし》の奥様を**坂東重**ぶん（立役坂東寿太郎）**助重郎**（立役坂東助寿郎）はや〳〵**叶**《かのう》**三右衛門**（女形嵐三右衛門）あら〳〵めでたくかしく

おふくより

長さま　まいる

お福が長様に出した恋文となっている。お福はお多福のことで、文楽の人形にもあるように頬のふくれた醜女《しこめ》、長様は「桂川連理柵」の帯屋長右衛門のような色男を思わせる。初芝居でふと見初め、人に目玉を食らおうがどうしようがかまわない。

惚れたからは深い契りが交わせるように、縁結びの神に願掛けして、堅く結んでほしい。一筋な恋を早く叶えてください、軽い身分の私でも女房にしてくださいというものか。その文句の中に、太字で示したように嘉永頃の大坂の人気役者を網羅するように多数詠み込んでいる。

同じく、嘉永頃に流行った伊予節の文句の作もある。

樋口保美氏のＨＰ『見世物興行年表』に、すでに詳しい紹介があるが、嘉永二年、天王寺で行われた大象の造り物の見世物を詠み込んだ「伊予ぶし　かへうた」の一枚摺と薄物の唄本がある【図76】。

伊予ぶし　かへうた　　応需　一麿　画

こんど天王寺のみせもの見れば　エレキウルゴロ　万寿時計　合　象の付き〴〵みんな行列　大象の牙には木綿紙（振り仮名「しで」、幣）を振る　風見車《くるま》や指南車　喇叭《らっぱ》吹き出す　弓を弾く　遠眼鏡　老女働き　女中の音楽　ちやり唐人　嫌みする（女性にからんで滑稽な振りをする）

象の背中のせり上ゲ見れば　玉の御殿の障子開け　合　一夜の夢に姉の夫人《ぶにん》は　二人の子達を寵愛す　踊る人《にん》形《ぎょ》の顔かはる　御后　王様せり上げて　唐子《からこ》にひよいと変わりて　牡丹《ぼたん》の畑で獅子遊び　おもしろや

生瀬戯作

絵は一麿。この人は中本の咄本『福笑噺大寄《ふくわらいはなしのおおよせ》』（刊年不詳、一麿画作）の巻末に自画像を載せており、俄の本にしばしば名を見せる十方舎一丸《じっぽうしゃいちまる》と同一人と思われる。一丸には手品の稽古本『手づま早でんじゅ』（画・輯、刊年不詳、中本一冊）や『智恵輪俄選《ちえのわにわかせん》』（半紙本五冊の序と口絵、弘化五年〔1848〕序、文化一一年〔1814〕刊『戌年俄選』の改題本）があり、『一ト口俄　二輯』（庚戌＝嘉永三年〔1850〕中本一冊）には、やはり自画像を描いている。

図76 生瀬戯作「伊予ぶし　かへうた」。半紙半裁。大阪府立中之島図書館蔵『保古帖』所収。

大阪府立中之島図書館蔵『保古帖』十四冊目に貼り込まれたもので、一枚摺の下には次のような書き込みも付いている。

嘉永二酉二月より初り　残らず大象はやる白木綿にて作り　あら見事〳〵　聖徳太子様御年廻忌に当り　三月より開帳初り　象はゑらはやり〳〵となり　おどけ開帳はやらず　それゆへ　いろ〳〵咄しあり
天王寺の大象見物　象儲《もふ》けたら　おどけにやるとゐな
この外に象錦画　はんこ幷《ならび》に灯籠　とつちりとん　いろ〳〵大はやり〳〵
なんば新地　鉄割弥吉足芸《あしげい》　大はやり〳〵
外にいろ〳〵見世物有れども　さのみはやらず

樋口氏のHPにあるように、この文句と同じ物が薄物の唄本としても出されていた。『上方はなし』第四十集口絵写真に表紙とその裏にあたる一丁があり、「生瀬作」「平野町よどやばし

西　いし和板」の文字も見える（大阪府立中之島図書館蔵『唄本集』に上巻二丁のみのものが現存する）。

ついでにいえば、生瀬と親交の深かった倉椀家淀川著の俄の本『智恵可曾家《ちえかそか》』（「智恵貸そか」の意味）三編の冒頭にこの見世物を題材とした俄があり、大象を描いた口絵もついている。

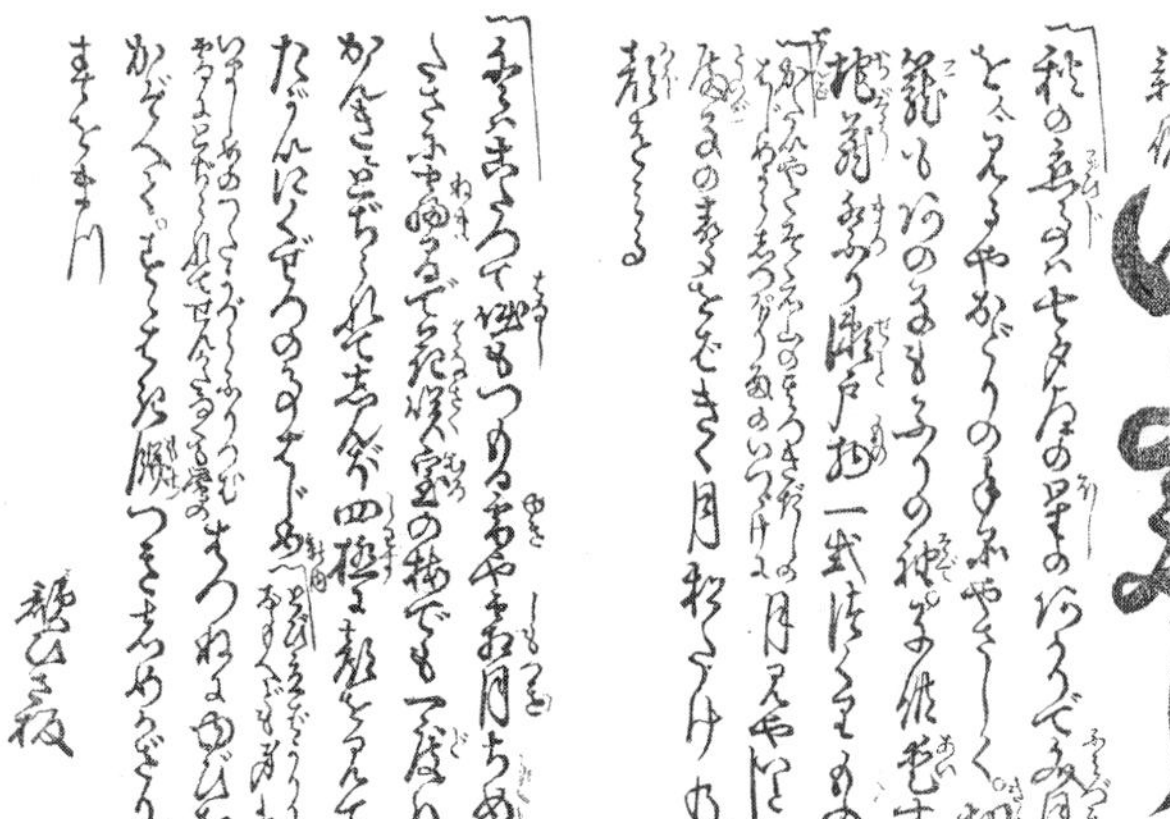

図77 生瀬新作「いよぶし」。歌ひさ板。半紙半裁。架蔵。

生瀬新作　いよぶし【図77】

〽秋の恋事《こいじ》は七夕様の星の明かりで文月《ふみづき》を　合　見るや踊りの手品やさしく。切籠《きりこ》もあの子も振りの袖。子供愛する地蔵祭り　瀬戸物一式作り物

豊後《ぶんご》〽堅い約束石山の　その突き出しの初めから　しつぽり雨の居つゞけに

月見やいとし　殿子の声をば菊《きく》月　松茸の。顔を見る

〽冬は炬燵《こたつ》で咄《はなし》もつもる　雪や霜月冷《〔ちめ〕》たさに　寝間《ねま》で花咲く室の梅でも　一度は寒気《かんき》にとぢられて　辛抱《しんぼ》四極《しわす》に顔を見て　互いに口舌《くぜつ》の事はじめ

新内〽飛び立つばかりに思へども　身は縛《いまし》めの蔦《つた》かづら　降り積む雪にとぢられて　せんかたなくも鶯の

初音《はつね》に指をかぞへて。煤掃《すすは》き　餅つき　注連《しめ》飾り。春を待つ

歌ひさ板

秋冬の情景である。おそらくは春夏を詠んだもう一枚があるのであろう。豊後節や新内を中にいれながら、きれいに色事を（よく読むときわどい文句もあるが）まとめている。『角の芝居当り狂言いよぶし』も残っている。歌舞伎資料として知られる『近世伎史』（東京大学総合図書館霞亭文庫蔵）に貼られているもので、嘉永五年（1852）十月角の芝居の役者と演目を詠み込んだものである。

嘉永五子十月　角の芝居当り狂言　いよぶし

角の芝居　サテ花やかさ。ヒイキ玉七　三番叟　合　安部の仲丸　暦よりわけ　見たいは団蔵　鰕十郎　サテモ　豊島《てしま》屋　助十郎　金作　友吉うつくしや　物草太郎も好きじやと　噂《うわさ》を千代萩もよし　大評判

生瀬作

玉七は中村玉七、団蔵は市川団蔵、鰕十郎は市川鰕十郎、豊島屋は嵐璃珏《りかく》、助十郎は市川助寿郎、金作は山下金作、友吉は藤川友吉。外題は「三番叟」「安部仲丸／吉備大臣　金烏玉兎倭入船《きんうぎょくとわこくのいりふね》」「十帖源氏　物ぐさ太郎」「伽羅《めいぼく》先代萩《せんだいはぎ》」。歌詞としてはとりたてて面白いものではないが、役者や外題をみごとに詠み込み、角の芝居人気を煽《あお》ろうとしたものであろう。

少し下って、安政六年（1859）正月の双六「当時花形午歳当狂言家形独案内《はながたうまどしあたりきょうげんやかたひとりあんない》」にも「月亭生瀬新作よしこの入」と出てくる（拙著『上方板歌舞伎関係一枚摺考』を参照されたい）。これは、当時大坂の花形役者の住所を記し、巡っていくという双六形式のものである。一人一人の役者にちなんだ「よしこの」を生瀬が作っている。それにより役者の芸評を試みており、役名、略画の姿絵、役者の紋が記されてもいる。振り出しは「初日」（触れ太鼓）、上りは「浪花の賑ひ」（芝居前の飾り）。わかりやすく洒落ている例をあげると、

片岡市蔵　中ばし三つ寺筋南へ入東側　石川五右衛門　会《あ》へば互《たが》ひに石川いさの片市ぎりの縁《えん》として

初代片岡市蔵（寛政四年〔1792〕～文久二年〔1862〕）は幕末期の大坂を代表する実悪役者として活躍、「かたいち」

の愛称で親しまれた。石川五右衛門を得意としていたため、「石川いさ」に「可愛さ」を掛け、「片市ぎり」に「堅い契り」を掛けている。

中村翫雀《かんじやく》　太左衛門ばし北詰東がは　　斧定九郎　　主《ぬし》のくはんじやくこの身に受《う》けて心《こころ》からとて定九郎

この翫雀は二代目。天保五年（1834）生まれで万延二年（1861）に、惜しまれながら若くして亡くなった人。ついでに言うと、次の三代目が初代中村鴈治郎の父親の翫雀である。歌詞は「翫雀」と「癇癪《かんしやく》」を掛け、「定九郎」に「苦労」を掛けている。

中村玉七　　太左衛門はし八まん筋北へ入西がは　　塩谷判官　　数珠の玉七かけてぞ願《ねが》ふどふぞゐんやのあるやうに

この玉七は初代。天保八年（1837）～安政七年（1860）。玉七は翫雀よりさらに若くして世を去り、大坂の歌舞伎は大きな痛手を蒙った。歌詞は「数珠の玉」と「玉七」、「塩谷」と「縁や」が掛けられている。

生瀬の唄の一枚摺にはほかにもある。関西大学図書館蔵の「大新板とんとんふし　高津社内おひてつくりもの開帳」（桂亭生世作）は、文政五年（1822）正月中の芝居「けいせい染分綱《そめわけたづな》」に三代目中村歌右衛門が挟み込んだ通称「とんとの三吉」で歌われた唄が流行し、その替え歌の一つである。桂亭生世の名は半紙本の『大寄噺の尻馬』に出ていた。また、霞亭文庫『大津絵集本』には「唐　チン〳〵おどり歌」（月亭生瀬作）が収載されている。

このように、生瀬は江戸時代後期の上方において、咄本だけではなく、多方面にその才能を活かして活躍した人であった。文治の弟子から出発して、大坂の文化史に名を残した人として、是非記憶に止めたい。

八、消えていった名前――再び、咄家とは何か

ここまでは、今日に多少とも繫がる名前の人々であったが、現存しない芸名ながら幕末の見立番付類より咄家と認定できる人も、唄本の中に名を残している。

桜川春好

桜川春好は『落語系図』には出ないが、天保十四年（1843）の「浪花昔はなし見立角力」には、西方前頭二枚目に堂々と位置づけられる咄家である。『落噺千里藪』口絵第二図（121頁【図58】）にも出ていた。ただ、この人はすでに述べた笑福亭吾竹戯作『とつちりとん　辰づくし十二月上下　辰のとし新板かわりもんく』に、調者として名を見せるだけである（113頁、【図51】）。

〽天保十四の　合　卯の年月も。はや辰どしと新《あら》玉の。春は世間も陽気辰《たつ》

この歌詞から天保十五年辰の年の刊行であることは間違いなく、天保十四年の見立番付とも合ってくる。嘉永六年の見立番付では西方前頭三枚目に位置しており、番付面ではやや下がっている（代替りの可能性もある）が、この頃活躍していた咄家とはっきり言い切ってもよかろう。

桜川といえば、当然桜川慈悲成を思い出す。『古今東西　落語家事典』に二村文人氏が項目を立てられているので、引用しながら要約しておく。「五代目市川團十郎の贔屓で、烏亭焉馬《うていえんば》の談洲楼《だんじゅうろう》に対して芝楽亭《しばらくてい》と号した。狂歌

を詠むかたわら戯作・茶番などをよくし、咄《はなし》の会を主催している」。生没は宝暦十二年（1762）～天保四年（1833）か。作品数からいえば、黄表紙（絵が主体の大人の絵本）や合巻《ごうかん》（長編の通俗絵本）の作者として知られるが、口演の様子をうかがわせる文章を残し、現行の落語の原話となる咄本《はなしぼん》も残している。「門弟は幇間の桜川派に通じる（桜川）甚幸のほか、茶番師桜川一声などがおり……」とあり、江戸で一派を形成していたことがわかる。

上方での知名度はどうだったか。『上方落語の歴史』口絵写真の文化板とされる「素人はなし見立角力」には、東方「大関　江戸　ヱン馬」に次いで「関脇　同（江戸）　慈悲成」と出てきて、やはりよく知られていたと思われる。その桜川慈悲成と桜川春好はどこかでつながっていると見られるが、今のところ不明としておく。

芝川扇旭斎

芝川扇旭斎は、忍頂寺文庫本の『伊世節大輯』所収の一本に伊予節の作者として出てくる。『いろ里町中大はやり　いよぶし　新文句入』（大坂・石和板、松旭画、四丁）の表紙には、この人の肖像と思われる図がある【図78】。

図78 滑稽者芝川扇旭斎作『いよぶし　新文句入』の表紙。大阪大学附属図書館忍頂寺文庫蔵。

高座ではなく、座敷のようなところで胡座《あぐら》を組んで座《すわ》り、右の膝に唄本を広げ、両手を使って扇子で拍子をとっている。そこには滑稽者芝川扇旭斎《しばかわせんぎょくさい》とある。「滑稽者」すなわち咄家とはいいきれないが、後年の例では一枚摺に「滑稽者　桂文都」「浪花滑稽者　笑福亭松鶴」という例も見られる。さらに、『伊世節大輯』の序文の嘉永三年（1850）に近い嘉永六年の見立番付「浪花昔噺見立相撲」の西方三段目に「芝川扇旭」の名があり、この人物に違いない。

この本には五章の歌詞が入っている。そのうち、曾我物語を詠んだ「冨士の裾野に曾我兄弟は」を除けば、やはり物づくしの歌詞となっている。雀づくし、流行《はやり》の言葉づくし、「暑い時分に出てくるものは」「寒い時分に出てくるものは」である。流行の言葉づくしを記すと、

▲これは浮世の流行《はやり》のことば　合　ずぼら　のろけに　お許しじや　合　きもた（胆玉？）どがちやが。お楽しみかや。さつぱり杓子《しやくし》に　らいしめて（意味不明）　毛虫　痃癖《けんぴき》　二印《にじるし》（意味不明）や。べんちやら　待たんかよた〳〵で。ほどよし　めひのおもはし（意味不明）。提灯もにじらんがな（意味不明）。おたの申します　引

卑猥な意味をにおわせる不明のことばが多く、読み違えもあるかもしれない。当時の流行語を羅列した趣向が非常におもしろいと思う。表紙絵に見るような宴席などでは、喜ばれたに違いない。

九一軒

『大しんはん　しんさく　とつちりとん』（板元不明、二丁、大阪大学附属図書館忍頂寺文庫蔵）【図79】に「浪花九市軒　作」とある九市軒は、嘉永六年の見立番付「浪花昔噺見立相撲」に、九一軒林好なる人物が西方最上段左端に居り、「市」と「一」の表記の違いはあるが同一人と見て咄家と推定した。安政頃の見立番付には林家林好の名もあり、音曲に秀でた林屋一派の一人かと思われる。

この本の表紙絵には匡郭（枠）がなく、この種の唄本としては珍しい。火鉢に掛かった土瓶の口から湯気が立ち上り、湯気の中に二羽の烏が飛んでいる。火鉢の前には五個の鬼灯《ほおずき》が無造作に置かれている。

図79　浪花九市軒作『大しんはん　しんさく　とつちりとん』の表紙。大阪大学附属図書館忍頂寺文庫蔵。

〽色で迷はす。あの鬼灯は。多くのお手々に。いじられて。はづかしそふに赤くなる。親指さんや。人指しが。なんでも音《ね》を出せ〳〵と。種々様々にひねらんす。なんぼ私をひねればとて。身が鬼灯のことなれば。末には夫婦（フウフウと吹く意を掛ける）となるわゐなあ

バレの歌詞ではあるが、鬼灯を巧く詠み込んでいる。

〽仲のよいのが土瓶と火鉢。火鉢があるから炭が有る。炭があるから火も出来る。お火があるから湯も出来る。お湯があるから茶も出来る。これほど中のよい物を。何が不足でそのように。炭はおこつて熱くなる。土瓶は。ぶつ〳〵口小言《くちこごと》

土瓶と火鉢の炭の口舌《くぜつ》を、面白く調子よくまとめている。

〽肌も凍《ここ》へて。降り来る雪は。庭の格子《こうし》の松ヶ枝に。括《くく》りし縄の腐《くさ》り縁。新内〽強《こわ》き異見《いけん》も身のためと。口と心は浦里（裏はら）が。胸はどき〳〵。時治郎。忍び返しを忍び出《い》で。夢も覚めたか明け烏《がらす》。末には嬶《かかあ》（烏の鳴き声を掛ける）に。なるわゐなあ

春日屋時次郎と山名屋浦里は深い仲となったが、抱え主に知られ、浦里は雪の中、松の木に縛られる。時次郎は屋根伝いに忍んできて、二人で駆け落ちをするが、それはみな夢であった。有名な新内節「明烏夢泡雪《あけがらすゆめのあわゆき》」の内容を、元の文句を活かしてまとめ、最後の本文「ひらり飛ぶかと見し夢は覚めて跡なく明烏　後の噂や残るらん」を、「明け烏。末には嬶《かかあ》に。なるわゐなあ」と替えて落ちをつけているところが、うまい。

　これで、二丁分、三つの歌詞のすべてである。そこで表紙の絵をよく見ると、みごとに三つの歌詞の内容を合成したものであったとわかる。

図80 江戸司馬才治郎作『新もんくとつちりとん』の表紙。『上方／瓦版　とつちりとん集成』より転載。翻刻は362頁。

司馬才治郎

『新もんくとつちりとん　清元入』の司馬才治郎は「江戸」の二字が冠されている【図80】。林屋正三・花枝房円馬と同じく江戸の流行唄を上方にもたらせた人物であった。江戸の落語家を説明した『落語家奇奴部類』には、「司馬」姓の落語家が多数掲げられている。その中に「同所（四ッ谷）住　司馬斎次郎　うかれぶし、胡弓、虫ノ音名人ナリ」とあり、二代目才次郎となった新子亭歌太郎は都々一坊扇歌の一門の中に名を連ねている。さらに同書には三代目・四代目まで記されており、音曲師として大きな名前であったことがわかる。

天保期に活躍した江戸の司馬才治郎（初代か）がとつちりとんを得意としていたことは、天保十一年（1840）の序をもつ咄本『福笑』（宮尾しげを「資料紹介　咄本『福笑』」『話藝研究1』）に、咄家の咄に混じって「色里トッチリトン」が収められていることからも容易に窺える。

「お染油づくし　清元入」の歌詞を記すと、

▲これは梅香の　合　香りとともに　〽その名も高きあだ娘。ついに浮名《うきな》の種油《たねあぶら》。清元〽こゝに浪花の町の名を。聞いて鬼門《きもん》の角屋敷《かどやしき》。瓦屋橋《かわらやばし》とや油屋の。一人娘にお染とて〽内の　合　子飼《こが》いの。久松と〽忍び〳〵て寝油《ねあぶら》（寝脂汗）の　嬉しい折《おり》を荏《え》（得る）の油。まだ十六の初恋に　上〽根《ね》が油屋の娘なら。土器《かわらけ》で灯《とぼ》すでないかいナア　引

上方では珍しい清元を入れて、お染久松の物語をきれいに歌って、最後は「土器で灯す」とバレの落ちをつけている。

「お釈迦《しやか》様の恋づくし」も同様のバレの落ちをつけた歌詞である。「酒宴の座に有りあふ品にて速席四代とつちりとん」は、座敷にある道具を四つ、即席で読み込んだもの。「速席四代」は「即席四題」の意味であろう。「太功記替へ唄魚づくし」「お七青物づくし」と続き、最後に「芝居にある橋々名寄せ」を置いている。

▲達大礎《だてのおゝきど》　合　矢矧《やはぎ》の橋で〽太左衛門橋　岩井風呂。新町橋は出入の湊《みなと》。〽安治川　合　橋なら五人男〽高台《たかきや》橋は雷電源八。五条の大橋　弁慶牛若。瀬田の唐橋　俵藤太《たわらとうた》　上〽信孝《のぶたか》さんは大和橋。錦帯《きんたい》橋　文字助。累《かさね》土橋

この歌詞は今日からみれば、やや説明が必要かと思われる。「達大礎」は歌舞伎の「姉妹伊達礎《あねいもとだてのおおきど》」（浄瑠璃では「碁太平記白石噺《ごたいへいきしらいしばなし》」）。宮城野《みやぎの》・信夫《しのぶ》の姉妹が親の仇討ちをするもので、三つ目に「矢矧の橋の場」がある（『日本戯曲全集』本）。岩井風呂は「宿無団七時雨傘《やどなしだんしちしぐれのからかさ》」。島之内と道頓堀の芝居町を結ぶ太左衛門橋が出てくる。「出入湊」は黒船《くろふね》忠右衛門と獄門《ごくもん》庄兵衛の出入（喧嘩）を描いたもの。新町橋の煙草屋の前で二人が出会う場が有名であった。「五人男」は「白浪五人男」ではなく、上方では「雁金《かりがね》五人男」。「高台橋」は「高台橋諍勝負附《けんかのしょうぶづけ》」など。相撲取の雷電が恩人の息子のために、高台橋で人を殺めてしまう話。弁慶が牛若丸と対戦した京の五条大橋。瀬田唐橋は俵藤太の百足退治の話。信孝は「けいせい青陽鶊《はるのとり》」。信長の遺児信孝が、堺の大和橋で、久吉（秀吉）が高野山に奉納する三千両を奪う。通称「馬切り」「大和橋」。奴文字助の活躍するのは「渡始《わたりぞめ》錦帯橋」。上方で人気のあった芝居が詠み込まれており、作者才治郎が上方に滞留していたことを窺わせる。

安政頃の見立番付の中央中段、行司の位置に「東才治郎」という名がみられる。時代がやや下り、才治郎は四代目まであるため、同人とは思いがたいが、江戸から上ってきたため「東」に名を替えたと見ることもできる。司馬才治郎と関係ある人物のように思われるのである。

竜田安楽・竜田安太郎

竜田安楽・二代目竜田安楽・竜田安太郎は、上方の咄家の資料には名を見せないが、音曲師を含めた寄席芸人の内には数えることのできる人物であろう。唄本の一覧は以下の通り（巻末の「咄家の唄本所蔵先一覧」参照）。

① 江戸みやげ　いろは一ト口　よしこの（前編上下）、（後編上下）　坂　河治　四丁・四丁・四丁　忍・唄本　二代目龍田安楽作　天保十五春（後編上の表紙）

② しん文句入　伊与ぶし　坂　いし和　四丁　藤沢・関大伊　六才竜田安太郎調・御なじみのたつた安楽新作　酉の年（嘉永三年〔1850〕序「伊世節大輯」所収）

③ 伊与ぶし　坂　本喜　四丁　関大伊　竜田安太良しらべるしん作・たつ田安楽作　酉どし（嘉永三年序『伊世節大輯』所収）

④ 伊与ぶし　四丁　板元不詳　忍伊　竜田安太良しらべるしん作・たつ田安楽作（嘉永三年序『伊世節大輯』所収）（③の異板）

⑤ とつちりとん　浄るり入　坂　いし和　四丁　国会　しらべる竜田安太郎　酉のとし

「二代目竜田安楽作」と出てくる①「江戸みやげ　いろは一ト口　よしこの」から見てみよう【図81】。いろは四十八文字を頭に置いた四十八の歌詞を並べており、最初と最後、「い」と「京」を記すと、

祈る誠が届いて今宵《こよい》　神の力の新枕《にいまくら》

京（今日）もお前の悪性《あくしょう》な噂《うわさ》　迷ふ心の馬鹿らしい

男女の情を詠んだ七七七五の基本的な（歌詞としてはあっさりした）ものである。この本の後編上の表紙に、母親と幼児が描かれ、幼児の持つ手習帖の表書きに「天保十五辰」の文字が見

図81 二代目竜田安楽作『いろは一ト口　よしこの』後編上の表紙。大阪府立中之島図書館蔵。

える。「江戸みやげ」の語と併せて考えると、天保十五年（1844）頃に江戸から来た芸人であろうか。江戸の資料『落語家奇奴部類』（弘化五年〔1848〕序、嘉永五年〔1852〕一〇月までの記事を含む）に、桂文六を「上方より下り立田安楽門人」と説明しており、「立田」「竜田」の表記の違いはあるものの、上方在住の安楽（初代か二代目かは不明）の存在は確認できる。

図82 竜田安太郎しらべるしん作『いよぶし』の表紙。大阪大学附属図書館忍頂寺文庫蔵。

図83 当七才竜田安太郎調『浄瑠璃入　とつちりとん』の表紙。国立国会図書館蔵。

嘉永三年（1850）の序文をもつ『伊世節大輯』に収載される④『竜田安太郎　しらべるしん作　伊与ぶし　上』の表紙には、坊主頭をした子供の安太郎が見台の前に座って扇子を広げて演じている様が描かれている【図82】。内容は「豆づくし」「もちづくし」「川づくし」。自作自演を標榜《ひょうぼう》するが、内容はバレがかったものがあり、大人のものである。おそらくは親（または師）と思われる竜田安楽の作であろう。まだあどけない子供がませた唄を歌う、その落差を客は喜んだと思われる。

▲まめで喜ぶ　かの二親《ふたおや》は　合　鉄漿《かね》を付けるや　はじき豆　合　〽誰に大角豆《ささげ》と内をいで（出で、茹で）鞘《さや》。心はそら豆　どふ小豆《しょうず》。粋なお方にまぜり豆。側にしばしはゐんげ豆。上　浮気な主《ぬし》はなた豆。おた福豆のわたしゆゑゑんどう豆（婚姻の縁が遠い）引

下の巻は「大新板　伊与ぶし　たつ田安楽作」。「もりづくし」「つきづくし」「やまづくし」の三作。づくし物ばかりで特

色はないが、表紙絵に工夫がみられる。「安」の字を鶴に仕立て、さらに弓の矢に見立て、的の中央に「安」の字がある。

⑤『とつちりとん　浄るり入』には「当七才　調ル　竜田安太郎」とあり、見台の前で座ったまま腰を浮かせて踊る様が描かれている【図83】。この本は「酉のとし新板」とあり、最後の歌詞に出てくる浅草名物雷おこし売りの流行（弘化四年〔1847〕頃）から見て、嘉永二年（1849）酉年の刊行かと思われる（『上方瓦版　とつちりとん集成』頭注参照）。

▲これは町中 合 この頃はやる。〽稲妻《いなずま》型の半纏《はんてん》に。日和かまわず笠を差し。〽太鼓 合 かたげて来たわいな。〽三国一の観世音。身丈《みたけ》は一寸八分でも。御利生《ごりしょう》のあること恐ろしい。〽雷《かみなり》おこしのことなれば。臍《へそ》を抱《かか》へて笑ひます 引

七才の子供の流行唄が人気を博したとみえる。なお、②「しん文句入　伊与ぶし　いろ里まち中ゑらはやり」は⑤と同じく「酉の年」大新板ながら、七才ではなく「当六才」としている。正確な年齢はともかく、咄よりも音曲の方に重きをおいて演じていたとみられる。しかし、もし咄を全くしないのであれば見台は不要、むしろ邪魔になると思う。唄や踊りの前後に話を交える、咄家の子役の舞台を想像してよさそうである。

都ヤ扇蝶

都ヤ扇蝶という人も、唄本にしばしば見かける人であった。唄本の一覧は以下の通り。

① とつちりとん　みやこめい所　板元不明　四丁　玩究1　花楽亭都扇蝶戯作　貞信画
② とつちりとん　肴づくし他　板元不明　四丁　玩究1　花楽亭扇蝶戯作　花扇ゑ
③ とつちりとん　あんらくさん他　京　イヨサ　四丁　国会　花楽亭都ヤ扇蝶作

④　よしこの　一流一ト口もんく　いろはかしらづけ　京　湊谷猪之佶　四丁　池田　都ヤ扇蝶書画刀
⑤　よしこのぶし　さいもん入　京　桜治　四丁　池田　都ヤ扇蝶戯章
⑥　いよぶし　京町づくし他　京　阿波定　四丁　池田　花楽亭都ヤ扇蝶戯作
⑦　よどの川瀬　御しよ車　春花　近江八景　京　阿波定　四丁　池田　花楽亭都ヤ扇蝶戯作
⑧　〔あねさんしまだ〕　ふしはお江戸みやげ　二上り　さいもん入　京　布袋斎　三丁欠丁アリ　潁原　都ヤ扇蝶作・都扇蝶戯作
⑨　〔やだちうぶし〕〔おふみはつけは〕下　京　あは定　二丁　潁原　扇蝶大人新作　表紙欠
⑩　やだちうぶし　京　阿波定　四丁　関大　都ヤ扇蝶戯作
⑪　とてつるてんぶし　開帳尽し　京　阿波定　四丁　関大　花楽亭都ヤ扇蝶作
⑫　てまり歌　京　阿波定　三丁　関大　花楽亭都ヤ扇蝶作
⑬　ち、〱りちてんぶし　京　ほてい斎　四丁　関大　花楽亭扇蝶画文・笑福亭吾竹戯作

実に様々な歌に名を残している。すでに見てきた笑福亭吾竹作の「ち、〱りちてんぶし」に画作扇蝶斎とあったのも同人か。板元不明のものを除けば、全て京都板であることより京の人には違いない。「花楽」は花洛を思わせ、「都」はそのまま京都である。

図84　花楽亭都ヤ扇蝶作『新さくかへもんく　とつちりとん』の表紙。見台に貼った貼り紙の「素人　舌司」の語が目に付く。国立国会図書館蔵。翻刻は363頁

国会本③「とつちりとん」の表紙を見てみよう【図84】。見台の前に「素人 舌司」の貼り紙がしてある。「舌司」の語は他に例を知らないが、咄家のことを「舌者」と記した例はいくつか見かける。咄本では『しんばん笑眉噺大集』に「舌者　桂熊吉　桂文治」、『落噺桂の花』に「大坂舌者　桂文治」、後述する流行唄の一枚摺にも「浪速舌者　笑福亭松鶴」

などの例がある。見台を前にした姿から、少なくとも人前で口演することもあった人と思われる。画もよくし文才もあり、流行唄に精通し、唄本の板元の周辺にいて、芸人の真似事もする粋人といったところであろうか。

ついでながら言えば、安政四年（1857）八月京都誓願寺の生人形の引札（細工人松本喜三郎、『見世物関係資料コレクション目録』国立歴史民俗博物館、平成二三年）に「花皇九重亭都屋扇蝶画」とあるのも、同人かと思われる。

その名前は京都で活躍した咄家・都喜蝶との関係を思わせる。都喜蝶は『落語系図』に、

初代　都喜蝶　後に都亀助となる、京師の名人なり。膝栗毛を弁ず。

門人　春蝶　物真似に長ず　大人なり

その外略す

と、簡単な説明ながらその存在を大きく認めている。都喜蝶には『御かげ道中　噺栗毛』というよく知られた咄本がある。文政十三年（1830）四月、京都・伏見屋半三郎板。伊勢神宮へ参る「お蔭参り」「抜け参り」の流行に合わせて、全編それに因んだ咄を集めたものである。また、天保三年（1832）、京都河南宗助刊『落咄大仏柱《おとしばなしだいぶつばしら》』（宮尾與男著『上方舌耕文芸史の研究』所収）の咄本も残しており、京都を代表する咄家であったといえよう。

ところが、『落語家奇奴部類』には都々一坊扇歌《どどいつぼうせんか》の門流の人たちで「都屋」を名乗る芸人が多数出てくる。「当時大阪ニ住、後ニ浪花ニテ終る」都屋扇生なる人もいた。都ヤ扇蝶の作にも⑧「お江戸みやげ」の語がみられ、江戸に行ったこともあるようであるが、この扇蝶は生人形の引札の画の例を除けば「都」あるいは「都ヤ」であり、「素人舌司」とも言われる人ゆえに、都々一坊扇歌との直接関係はないと、今は見ておく。

都亀蝶・都歌楽

今、都ヤ扇蝶について都喜蝶との関連を想像したが、林家竹枝調の『大津ゑぶし』（綴じ本の中の一丁、板元不明）

【図85】に作をした都亀蝶なる人物もいた。

門つくし

主《ぬし》とわたしの。比翼紋《ひよくもん》。登る恋路は龍門か。若衆《（わかし）》のおいどが肛門で。女中の前の門が玉門で　ちよいと。見たれば味な門。ひろげて見たればどんな門。いろうてみたればおかしな門。入つた時や。よつぽどよい門じやないかいな。抜いた時にはひよんな門。こうなりや互いに誠にうれしな門

都　亀蝶作
林家竹枝調

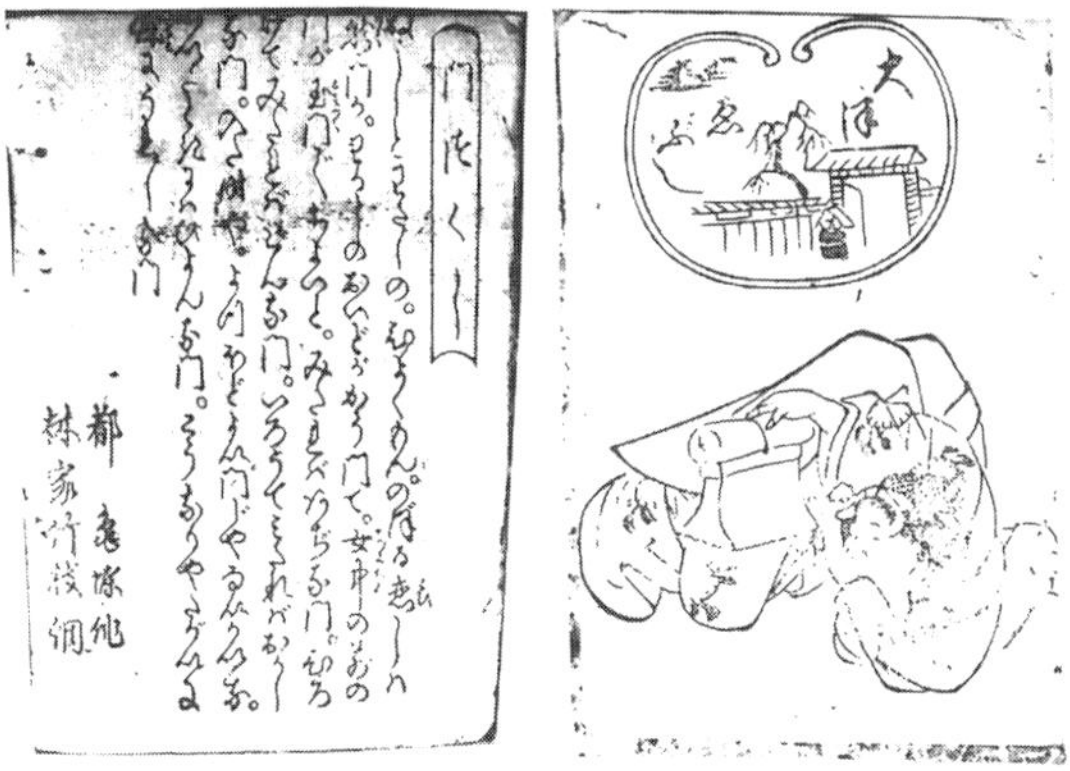

図85　都亀蝶作・林家竹枝調「大津ゑぶし」の門つくし。『類別大津絵節集成　大坂板編』より転載。

なんとも下品な文句ではあるが、林家竹枝とのコンビであることから、亀蝶も広い意味での咄家と見てよいであろう。

さらに、薄物の唄本には都歌楽という人物もいた。

① 伊与ぶし〔まつづくし〕　板元不明　四丁　玩究3・浪唄　都歌楽作

② 大つへぶし〔君《きみ》の乗のは御所車〕　坂　石和　四丁　豊田・忍・架蔵　都歌楽作【図86】

③ 大つゑぶし〔浅倉《あさくら》の惣吾《そうご》（佐倉惣五郎）は〕　坂　石和　四丁　豊田・架蔵　都歌楽作

板元からみれば、京都ではなく大坂で活躍した人のようである。嘉永六年の見立番付に名が見えず、歌詞の内容にも咄家である確実な証拠は見出せないが、名前からは芸人を思わせる。『落語系図』は都喜蝶の門人を「春蝶」一人しか記していないが、われわれの知らない都

図86 都歌楽作『大つへぶし』の表紙。架蔵。

派の人々が「その外略す」の文言の中にかなりいたのではなかろうか。

上方版の薄物の唄本には、その他多くの人名が記されている。その中には、今後新しい資料が出てくれば、広い意味での咄家として認められる人も含まれていると思われる。参考までに列挙しておこう。

大坂	腹唐秋人	作・とつちりとん
大坂	花川染丸	作・とつちりとん
大坂	桃のや馬一	作者・とつちりとん（82頁参照）
京都	あほだら早作寅光	作・とつちりとん
京都	亀村寅光	作・よしこの
大坂？	正月屋三正	作・よしこの
大坂	正月屋徳蔵	作・とてつるてん
大坂	酔玉斎	戯作・いよぶし
大坂	藤川梅枝	作・いよぶし
大坂	我竹	作・いよぶし
大坂	江戸久	作・いよぶし
大坂	春山	作・調・いよぶし

大坂　あづま駒成　作・いよぶし
大坂　都雀　作・いよぶし
大坂　江戸松新　作・よしこのぶし
京都？　染川翫楽　作・いよぶし
京都　湊猪　作拼板（作者兼板元）・やんれぶし
京都　湊谷猪之佶　作・とつちりとん
京都　百朶園喜延　戯作・やんれぶし
京都　笑亭喜延　戯作・やだちうぶし
大坂　森田軍光　作・大津画ふし
大坂　八文舎自笑　作・大つへふし
京都　松喜　戯作・すもうとりぶし
大坂　新孝　作・はかたぶしかへもんく
大坂　花川戸新孝　作・ちうちうよい〱ぶし
大坂　花川戸新孝　作・きがゐい〱
大坂　加津羅月人　選・とてつるてんぶし
大坂　かつら月人　新作・はかたぶし

このうち、広い意味での咄家と言い切ってよいと思われるのは、正月屋徳蔵である。『申のはつ春　大しんはんかわりもんく　とてつるてん　かへ歌　下』（現況三丁、肥田晧三氏蔵）【図87】の表紙には、見台の後ろに頭をさげる作者が描かれ、見台には貼り紙がしてある。その文章を読むと、

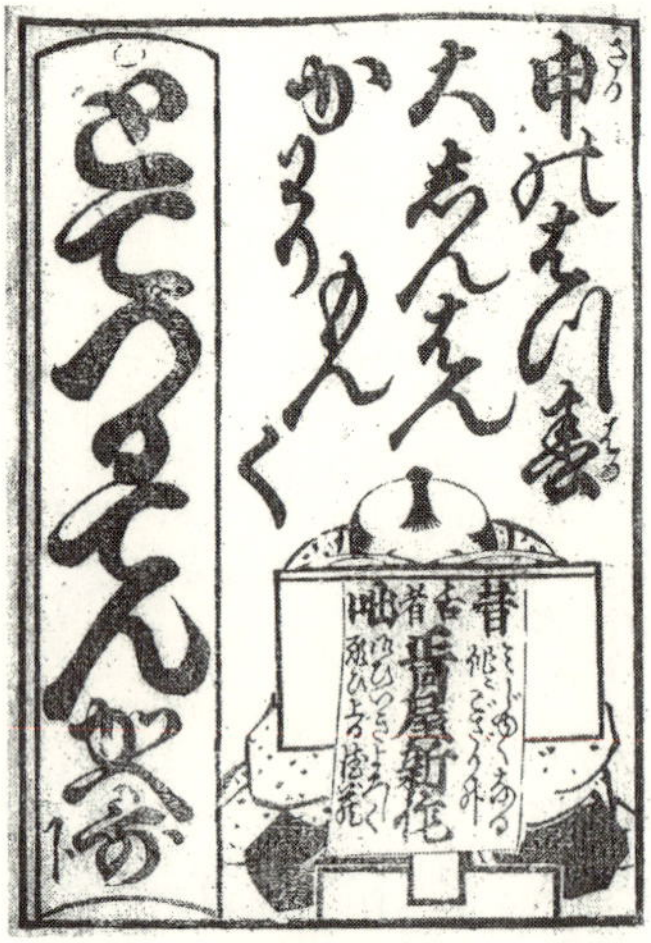

図87　正月屋徳蔵新作『申のはつ春　大しんはん　かわりもんく　とてつるてん　かへ歌』の表紙。「昔咄　舌者」の語が目に付く。肥田晧三氏蔵。

昔咄　舌者　正月屋　新作　　みじゆくなる作にござり升　御ひいきよろしく願ひ上る　徳蔵

見台が見え、舌者とあるからは、すくなくとも観客の前で口演する人であろう。なお、この「とてつるてん」の唄は、弘化四年（1847）一月、江戸河原崎座「飾駒《のりかけ》曾我通《どうちゆう》　双六」四幕目「笑門俄七福」で演じられた「とてつる拳」の唄と拳が大流行したものである。この時、大坂になじみの深い四代目中村歌右衛門も出ていた（『歌舞伎年表』岩波書店、昭和三八年・早稲田大学演劇博物館編『江戸芝居番付朱筆書入れ集成』早稲田大学出版部、平成二年）。『近世風俗見聞集』四巻に収められている『巷街贅説《こうがいぜいせつ》』という、寛政から嘉永の町の噂などを集めた本には歌詞も紹介されている。中に「とてつるてん」の文句もあり、これが上方にも伝えられたものかと思われる。すなわち、弘化四年以降の流行とみられ、「申のはつ春」は翌年の弘化五年（嘉永元年（1848））のことであろう。大阪府立中之島図書館『唄本集』には、同じく「正月屋徳蔵新作」の「大新板　江戸中村座にて歌右衛門調　大はやり庄屋けん　かへ歌　とてつるてんぶし」があり、墨書で「嘉永元年四月」と後の人の注記がある。歌右衛門は弘化四年十一月に河原崎座から中村座へ移っており、中村座でも唄ったものと思われる。

この正月屋徳蔵とよしこの正月屋三正もどこかでつながるように思われる。三正の『大しんぱん　よしこのふし』（板元名なし、小本上下全四丁、架蔵）【図88】は、

▲今度　不思議は産湯の稲荷の　玉池さして　山椒魚が見へたとゆうて　人の人気もぱつと一度に立つの年（辰の年）

この文句からはじまり、大坂産湯《うぶゆ》稲荷《いなり》の池でみつかった山椒魚を、女性に見立てて全章が綴られている。内容から見て大坂板であろう。旧蔵者のものと見られる「天保九年三月」の書き込みもある。しかし、天保九年は戌の年であり、「辰の年」に合わない。林屋正三のよしこの流行の時期と重ねると、天保十五年辰年（弘化元年〔1844〕）であろう。『近来年代記』天保十五年の項に出てくる「〇山椒魚生取」の記事にも合ってくる。三正は文字を返すと正三になる（同じく、いよぶしの我竹は文字を返すと竹我（笑福亭竹我）となる）。

図88 正月屋三正作『大しんぱん　よしこのふし』の表紙。架蔵。

図89 染川翫楽作『新ぱん　十二つきあだもんく　世の中　よしこのぶし』の表紙。大阪府立中之島図書館蔵。

もう一人、高座姿の人物がいる。染川翫楽である。『新ぱん　十二つき　あだもんく　世の中　よしこのぶし　雪山画、本亀板』（小本上下全四丁、大阪府立中之島図書館ほか蔵）。この上巻の表紙に、演者が話しかける（歌いかける）姿がはっきり見てとれる【図89】。浄瑠璃太夫のものを思わせる、房つきの立派すぎる見台が気にはなるが、『本朝話者系図』（国立劇場調査養成部編、平成二七年）には、「古染川翫楽　京大坂トン〳〵のよしこの元祖也　江戸は格別人気なくして帰る」とある。咄家と認めることに問題はなかろう。

森田軍光は、小本『大寄噺の尻馬』によく見かける人である。月亭生瀬の四十三作に次ぐ二十作を入れている。初篇「おどけ落ばなし　中」の表紙には文机の前に筆を持つ女性の図、二篇「大笑下の悦び」には「浪花女子　森田軍光作」。三篇「大新板　おどけ　粋言葉」の表紙には「森田軍光女作」とあって、ここも文机に寄り掛かる女性の図。四篇「新おどけ　いろはうた　上」（森田軍光作）の表紙には座敷で本を読む女性の図。五篇「新板おどけ文句　よみ切こうしやく　體合《からだ》戦　上」の表紙には「森田軍光女つくる」の文字があり、女性の大首絵が描かれ、下の巻表紙にも「浪花森田軍光女つくる」の文字と本を読む女性が描かれている（松旭写）。弘化・嘉永の時期、大坂で名の知られた女性の文筆家（落し咄作家）といえよう。ただし、高座姿ではないので、咄家の類には入れがたい。

八文舎自笑の名は、浮世草子、役者評判記の板元、作者として知られており、役者評判記の関心からは注目されるが、少なくとも咄家とは無縁と見ておく。

九、大津絵節の松鶴とその周辺——笑福亭梅香とは何者か

初代笑福亭松鶴

上方の流行唄は、天保のとっちりとん、嘉永の伊予節から安政の大津絵節へと変遷するが、大津絵節の作者として名を大きく残したのが初代笑福亭松鶴である。この松鶴を中心に、大津絵節に名を残す笑福亭の人たちをみてみよう。資料としては、これまで薄物の唄本が中心だったのに対して、一枚摺のものが中心となる。

平成二十六年六月までに知り得た流行歌一枚摺に、松鶴の名が見えるものは、以下のとおりである。題名（適宜漢字を宛てている）、作・調者、紙型、刊年推定、所蔵者（詳細は巻末の「咄家の流行唄の一枚摺所蔵先一覧」参照）の順に記している。

① 三の替り　かゑ歌因州いな葉　宝前堂狂言作・笑福亭松鶴調（安政六年〔1859〕大坂中の芝居）原本未見【天満宮】

② 角の芝居　五人男　大津ゑふし　宝前字狂言作・笑福亭松鶴調　半紙半裁型（安政六年三月　大坂角の芝居）【霞大】

③（七代目団十郎追福）因州いなばかゑ歌　笑福亭松鶴作　大型半紙横半裁横長　安政六未三月廿三日【面影】

④（七代目団十郎死絵）大津ゑふし　応需　浪速　笑福亭松鶴戯　大判錦絵　安政六己未年三月廿三日　一陽斎豊国画【架蔵】

⑤ 中角忠臣蔵　大津画ぶし　浪花　笑福亭松鶴戯作　半紙半裁型〔万延元年〔1860〕三月〕【霞大】
⑥〔二代目〕中村翫雀〔追福〕大津絵ふし　浪花滑稽者　笑福亭松鶴戯作　里のや〔画〕半紙半裁型【関大】
⑦ 片岡愛之助　尾上梅幸　江戸のぼり　大津ゑふし　笑福亭松鶴作　半紙半裁型〔文久元年〔1861〕正月〕【京都府】
⑧ 片岡我童最欺《ママ》物語　大津ゑぶし　笑福亭松鶴作　芳滝〔画〕半紙半裁型〔文久三年二月〕【面影】【国立】
⑨ 筑後芝居ニおいて　大谷友松名残リ　大都会ぶし　笑福亭松鶴愚作　半紙半裁型〔慶応元年〔1865〕三月〕よし滝画【架蔵】
⑩ 角の芝居駒之助改名　大津画ぶし　浪速舌者　笑福亭松鶴愚作　半紙半裁型〔慶応元年三月〕【架蔵】
⑪ まんざい家栄うた　御代安泰　笑福亭松鶴作　芳滝画　大判錦絵横型　元治元年〔1864〕七月廿日頃ヨリ【架蔵】
⑫〔嵐雛助追福〕大都ゑふし　笑福亭松鶴調　里廼家主人作　半紙半裁型　明治五年〔1872〕申二月十六日【面影】
⑬ 立津くし　大津絵ぶし〔同板　二枚〕笑福亭松鶴作　半紙半裁型〔一枚には「万延元年の比」の墨書あり〕【霞大】
⑭〔忠孝でるろうする〕大津画ぶし　笑福亭松鶴作　よし峰〔画〕半紙半裁型【架蔵】
⑮ 川竹ノ　大津画ふし　上之巻　笑福亭松鶴調　竹の家画　半紙半裁型【霞大】
⑯ 川竹ノ　大津ゑぶし　下之巻　笑福亭松鶴調　竹の家　半紙半裁型【霞大】【国立】
⑰〔かずのおふい物〕大津ゑぶし　笑福亭松鶴作　竹の家画　半紙半裁型【霞大】
⑱ 雨にそふもの　大津ゑぶし　笑福亭松鶴調　貞広画　国広板　半紙半裁型【霞大】
⑲ きられ与三郎お富妾宅場　新板　大津ゑぶし　笑福亭松鶴作　半紙半裁型〔縦小さめ〕【保古】
⑳ 児ともあそび　大津画ふし　笑福亭松鶴調　富雪〔画〕半紙半裁型【架蔵】
㉑ 天の色事つくし　大津絵ぶし　笑福亭松鶴唱歌　半紙半裁型【架蔵】
㉒ たゝぬつくし　大津絵ぶし　笑福亭松鶴作　竹の家画　半紙半裁型【豊田】【肥田】【貼込】
㉓ おどけ三人夜這ひ　因州いなばかゑうた　笑福亭松鶴作　大型半紙横半裁横長【国立】
㉔ 蚊蚤の色はなし　大津画ぶし　笑福亭松鶴戯作　半紙半裁型【架蔵】

㉕　なるつくし　大都画ふし　　笑福亭松鶴作　芳豊画　半紙半裁型　【架蔵】
㉖　竹づくし　大津画ぶし　　笑福亭松鶴作　半紙半裁型　【架蔵】
㉗　端歌〔夕くれに小船でいそがして〕　大津ゑふし　笑福亭松鶴作　半紙半裁型　【前田】
㉘　半尽し　大都絵ぶし　　笑福亭松鶴作　貞広画　半紙半裁型　【貼込】

これからも新資料が見つかるであろうが、平成二十六年六月までに気づいたものである。一覧表を見渡してすぐにわかることは、因州いなばの替え歌と端歌「夕暮れに」、「まんざい家栄うた」のほかは、表記はまちまちながら、すべて大津絵節である。「松鶴の大津絵節」で鳴らしたことが、ここでもはっきりと見てとれよう。これらの一覧表は肥田晧三氏はじめほんとうに多くの方に助けられて、作成することのできたものである。

ここで、この種の一枚摺を探して歩いた頃の思い出、苦労話に少し付き合っていただきたい。①の「天満宮」は、大阪の天満宮御文庫のことで、これは肥田氏からのお教えによるものである。かつて、森川彰氏の紹介で閲覧に伺ったが、ずいぶん探して下さったにもかかわらず、あいにく摺物の貼り込み帖は出てこず、断念して帰ったことを思い出す。その後、伺う機会のないまま今日に至っており、原本未見である。「霞伎」は、第六章「笑福亭の繁栄」でふれた東京大学総合図書館霞亭文庫の『近世伎史』という、歌舞伎関係の一枚摺類の貼り込み帖。「面影」は、やはり肥田氏からお教えいただいた、大阪府立中之島図書館の『大阪役者の追福面影』という摺物集。「霞大」というのは、東京大学総合図書館霞亭文庫の『大津絵集本』、この種の替え歌の一枚摺を集めた貼り込み帖である。本の表紙には「第壱番」の後に「大津絵／諸歌ゑいろ〳〵」と二行に割って書いてある。「諸歌ゑいろ〳〵」は諸々のかえ歌の意味と思われ、その下に「集本」。「諸歌ゑいろ〳〵」を含めて題とすると呼びづらいので、本書では『大津絵集本』としておく。「京都府」というのは、大阪芸能懇話会の橋本礼一氏の御教示によるもので、京都府立総合資料館に所蔵される『幕末明治初年民俗資料』『幕末・安政・文久・元治・明治　珍事集』。雑多な内容の貼り込み帖である。「国立」としたのは、国立演芸場資料室（国立劇場所蔵の一枚物。樋口保美氏・川添裕氏のご教示の後、国立劇場の吉野明子氏のお世話になった。「保古」としたのは、大阪府立中之島図書館の著名な大きな貼り込み帖『保古帖』のことである。豊田としたのは、大阪芸能懇話会の豊田善敬氏。

氏からはこれに限らず、諸種の資料を見せていただいた。前田憲司氏には所蔵資料の原寸大カラーコピーをいただき、桂文我氏蔵の一枚摺のことも教えていただいた。関大は関西大学図書館大阪文藝資料の内のもので、やはり肥田氏のご教示であった。「貼込」は大阪府立中之島図書館『流行歌一枚摺貼込帖』。古書目録に掲載された時、価格を見て無念の思いであきらめていたところ、大阪府立中之島図書館に納まり、佐藤敏江氏のご好意で大阪府立図書館紀要三十九号（平成二二年）に紹介文を書かせていただいたものである。

松鶴の因州いなば

ここに三点出てくる因州因幡の元歌は、バレ歌として知られている。『上方演芸辞典』（前田勇著）は上方の俗謡もていねいに採録してくれており、この歌も詳しく説明される。『上方落語の歴史』の著者の辞典だけあって、落語との関係も述べられており、長いが全文引用する。

俗謡。本調子。文政五年頃より色里を中心に幕末まで流行し、明治に入って二十一、二年頃、再び流行した。元唄の冒頭の語によって、「因州因幡」といい、末尾の囃子詞によって「ちょいとな節」ともいい、歌詞の内容によって「三人女」ともいった。文政五年の摺り物『ちょいとなぶし』に元唄が見え、「因州因幡の鳥取がた、しかも大道の真ん中で、女子に三人出合ひしが、先なる女が十六で、中なる女が十七で、跡なる女が十八で、先なる女が言ふ事にゃ………という唄い出しで卑猥なもの。八五句を十八つづけ、最後に囃子詞チョイトナチョイトナをいい合の手で終る。早くから替唄が多く、またその歌詞の形式は、流行唄の上に大きな影響を与えた。落語家の踊りとしても用いられ、三代目桂文枝がしばしばこれを高座にかけた。この人は背中に見事な鬼若丸龍門出世鯉摑みの入墨をしており、素裸になって惜しみなくこれを見せながら踊った。これ以前に桂文我があり、よく替歌「鬼」を踊った。

「三代目桂文枝」とあるところは、三代目桂文団治の誤りと思われる（『古今東西落語家事典』）が、この歌の歴史がよくわかる。主に大坂の風俗資料『摂陽奇観』をもとにした記述とみられ、「ちょいとな節」の本も同書に載っており、同書が伏せ字にしている部分はふれていない。幕末の『粋《すい》の懐《ふところ》』（架蔵、柱刻は「○小うた　二ノ十二」）【図90】で見ると、

○因州因幡　本調子

因州因幡の鳥取に。しかも大道《ど》の真ん中で。女が三人出合ひしが。先なる女が十六で。中なる女が十七で。跡［あ］なる女が十八で。先なる女の言ふことにや。始めて殿子《とのご》と寝た夜《よ》さは三つ目錐《きり》で揉《も》むがやうに。きりゝやきりと痛《いと》ござる。中なる女の言ふことにや。はじめて殿子と寝た夜さは。朝倉山椒《あさくらさんしょう》を食うがやうに。ひりりや〳〵とようござる。跡《あと》なる女の言ふことにや。はじめて殿御と寝た夜さは。麦飯とろゝを喰《く》うがやうに。ぬるりやぬるりとようござる。さんやれ〳〵 合

元歌がこれだから、替え歌もバレ歌となる。㉓「おどけ三人夜這ひ　因州いなばかゑうた」（国立劇場蔵）をみると【図91】、

笑福亭松鶴作

しんとした夜の寝所《ねどころ》で。しかも大事の真ん中を。女衆《おなごしゅ》が広げて出して居しが。先《さき》なる夜這《よば》ゐが十六で。中なる夜這ひが二十七で。跡なる夜這ひが三十八で。先なる夜這ひが行た時にや。柱で頭を打つた時は。一度ぎりで懲《こ》りました。ひりりや〳〵と痛《いと》ござる。中なる夜這いが行た時にや。そろりと女の寝た息を。足から探つて起こさぬやうに。そつくり内証《ないしょう》でしとござる。跡なる夜這いが行た時にや。恥をば女衆《おなごしゅ》にかゝされて。褌《ふんどし》取られて逃げて戻り。すぼけたふりして寝てござる。かゝしやれ〳〵（手淫をせよ）

女の寝乱れ姿と夜這いする男が色摺で描かれている一枚である。

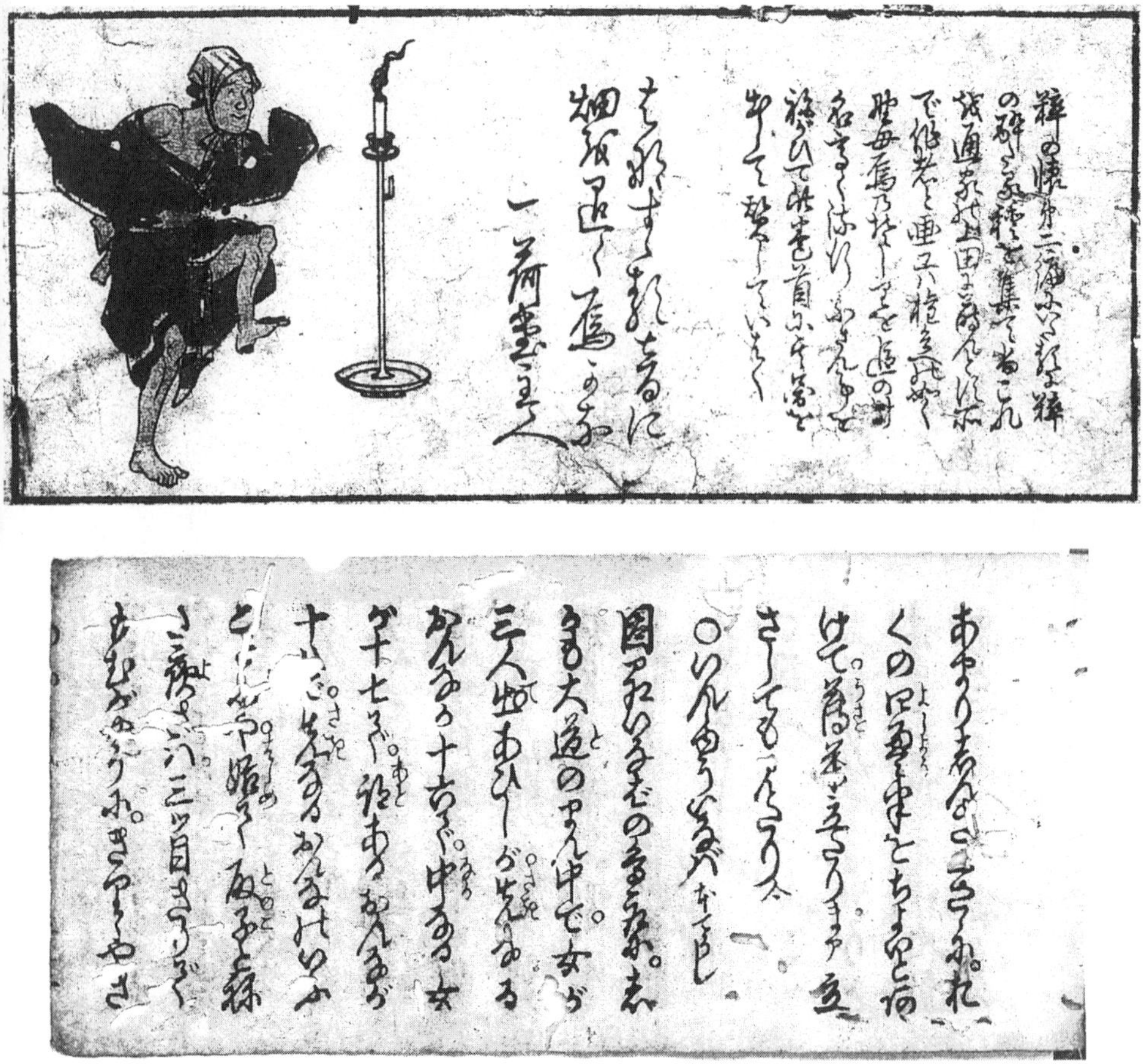

図90『粋の懐』二編の序文（一荷堂主人）（上）と「いんしゆういなば」の歌詞（下）。三つ切本。架蔵。翻刻は363頁。

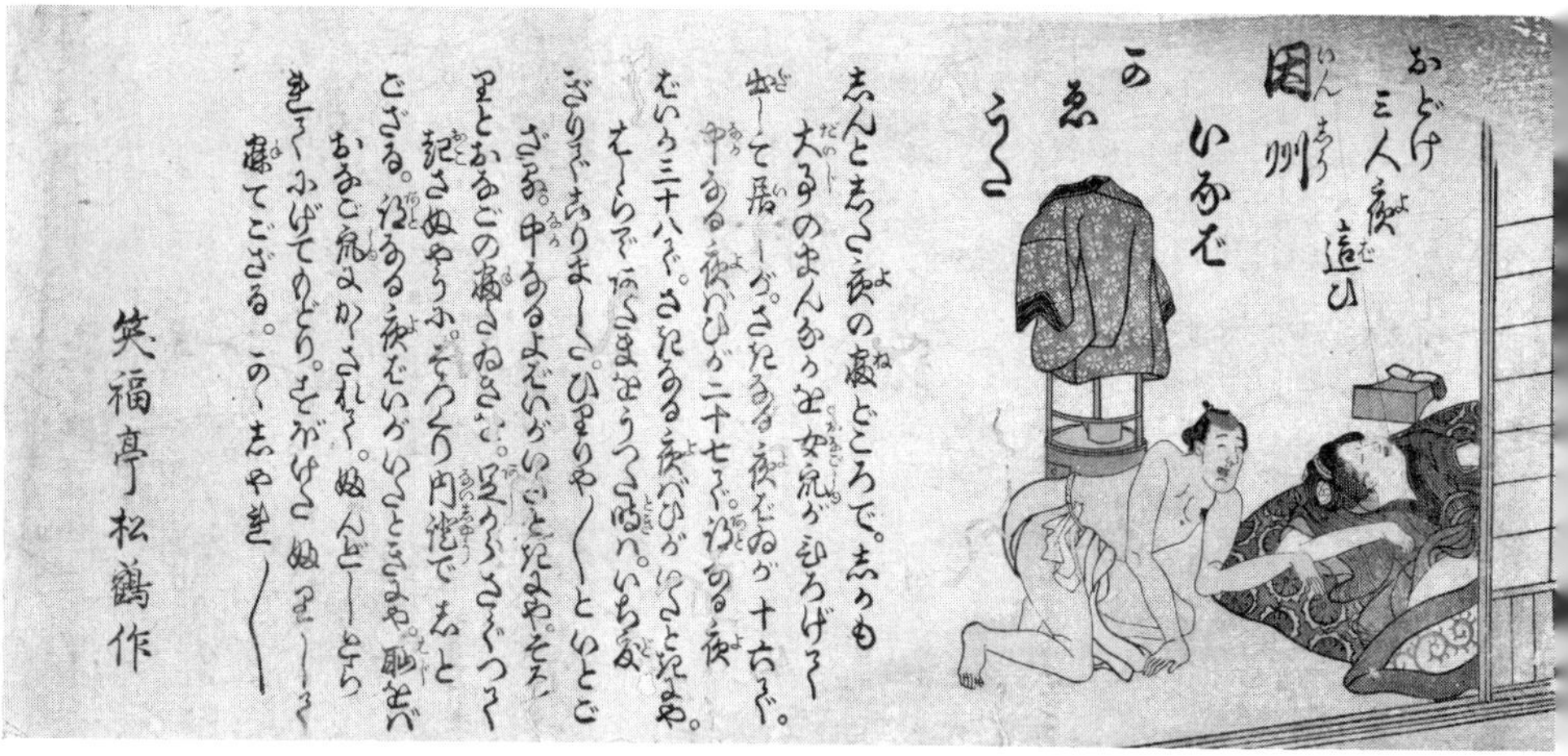

図91 笑福亭松鶴作「おどけ三人夜這ひ 因州いなば かゑうた」。半紙横半裁。色摺。国立劇場蔵。

もちろん、このような不謹慎なものばかりではなく、③「（七代目団十郎追福）因州いなばかゑ歌」（大阪府立中之島図書館蔵）は、五代目市川海老蔵（七代目団十郎）の死を悼《いた》むものである【図92】。

安政六未三月廿三日往生　辞世　有難やむらさきの地に法の雲　七代目　白猿

因州いなば　かゑ歌

人気市川極楽《ごくらく》の。しかも浄土《じょうど》の真ん中で。親子三人出合いしが。先なる親玉《おやだま》が団十郎で。中なるその名が猿蔵《さるぞう》で。跡なる親玉の海老蔵《えびぞう》が。先なる二人に言ふことにや。遥《はる》〴〵お江戸へ往《い》んだなれど。無常の風に誘われて。名残《なごり》や〳〵の狂言も。なま中《なか》打たずに来たものと。なつかし親子が逢ふたなれば。有難《ありがた》い半座《はんざ》を分けて待つと。二人が先に立つて　こふござれ。跡《あと》なる贔屓《ひいき》が言ふ事にや。はじめて噂《うわさ》を聞いた時は。夢見し心地《ここち》をするがように。ほろりや〳〵としてござる。お泣きやれ〳〵

笑福亭松鶴作

天保の改革で江戸を所払いされた五代目市川海老蔵（七代目団十郎）は大坂に住み着き、大坂の歌舞伎に大きな影響を与えた後、

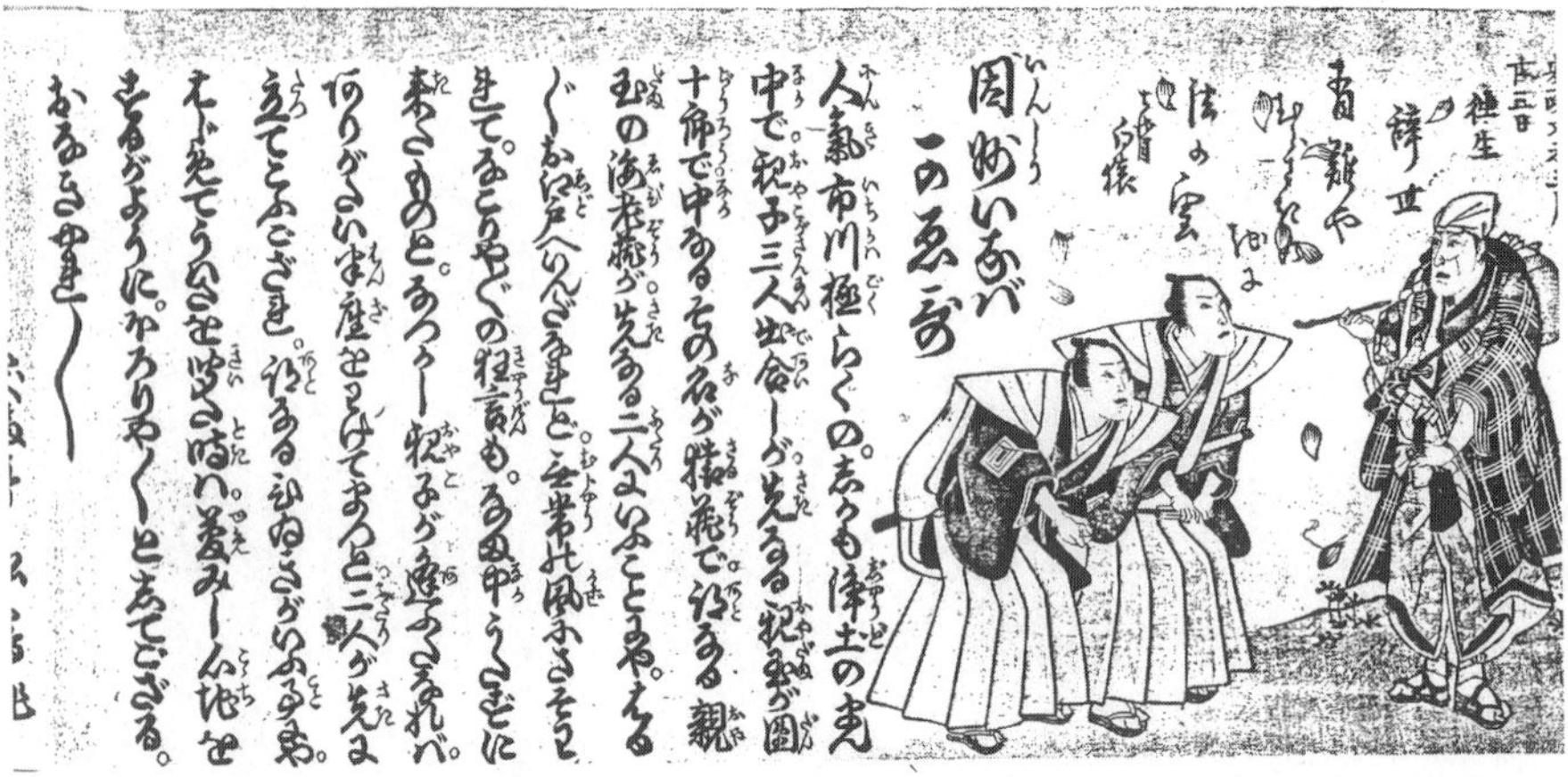

図92 笑福亭松鶴作「（七代目団十郎　追福）因州いなば　かゑ歌」。半紙横半裁。色摺。大阪府立中之島図書館蔵。左端は切れているが文字はかろうじて読める。

嘉永三年（1850）三月江戸の舞台に復帰した。その後も嘉永六年正月から安政五年（1858）正月興行まで大坂の舞台を勤めている。大坂に非常に縁の深い江戸役者であった。その長男の八代目市川団十郎は嘉永七年八月、海老蔵に呼び寄せられて大坂に上ったが、大坂の宿所で自ら命を断った。四男の市川猿蔵は海老蔵在坂中の安政二年九月、やはり大坂で病没した。その親子三人が冥途で出会うという趣向の歌詞である。

五代目市川海老蔵（七代目団十郎）は江戸に帰って没したのであるが、その時の死絵に笑福亭松鶴の大津絵節が載る錦絵が残っている。役者絵で知られる三代目歌川豊国が描く、りっぱな死絵である④【図93】。

安政六己未年三月廿三日　市川海老蔵　行年六十九歳

一陽斎豊国画

大津恵ふし

ま丶ならぬ世の様《さま》や。盛り三升《みます》を頼みしに。継木《つぎき》の牡丹を。つぼみのうちに。一輪《りん》二輪《りん》と先立《さきだ》てて。今は花なき枯黄葉《かれきば》も。終にしをれしこの身筋《みすじ》　冥途の鳥と啼《な》き連れて。お江戸ではかなく成田《なりた》やの。今一度《まいちど》浪花津へ。お目見へがしたいと吾妻《ひがし》から。あんまり西へ行きすごし。十万億土《おくど》へめへりやし

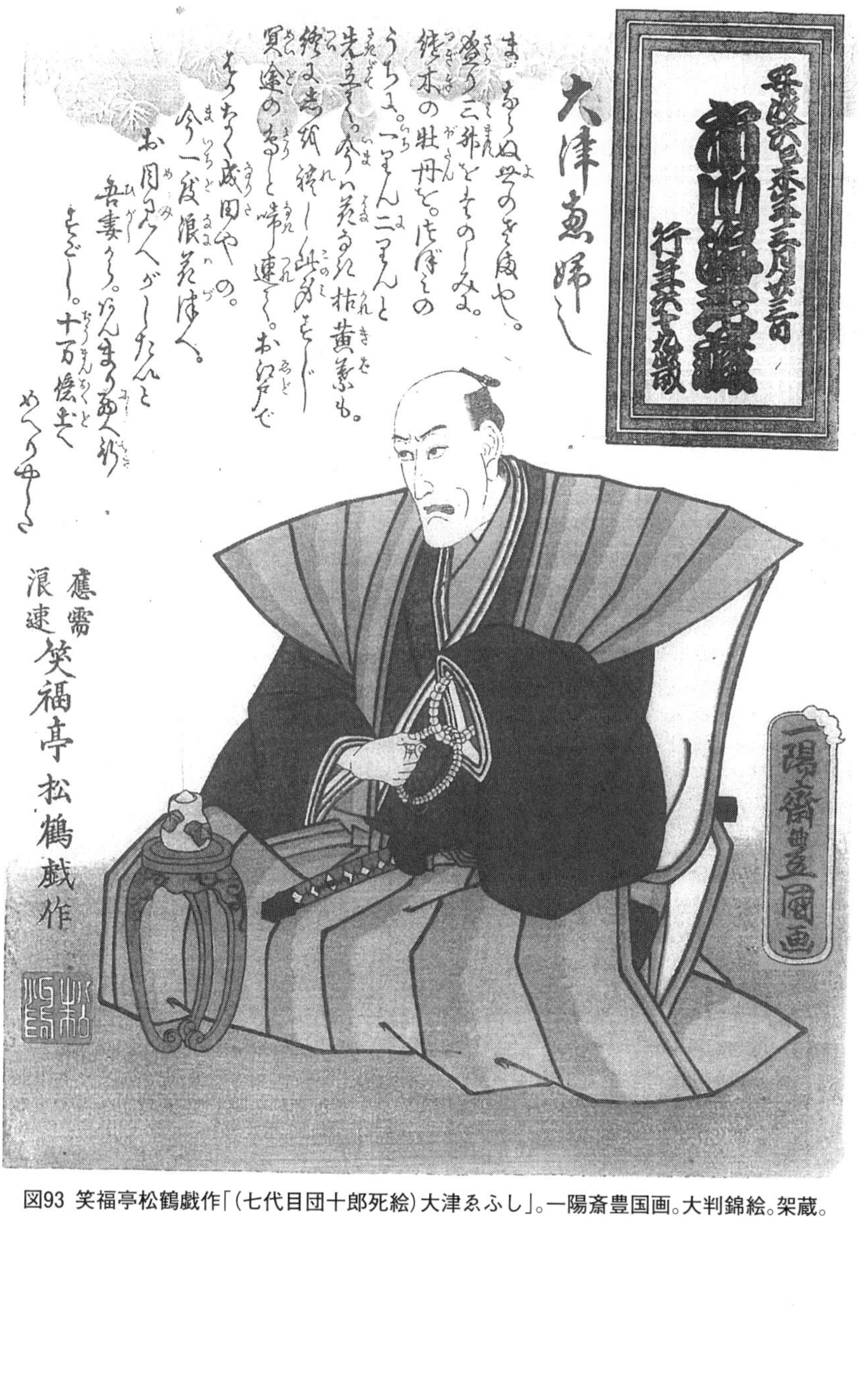

図93 笑福亭松鶴戯作「（七代目団十郎死絵）大津ゑふし」。一陽斎豊国画。大判錦絵。架蔵。

た

応需浪速　笑福亭松鶴戯作

ここでも海老蔵が息子二人に先立たれたことが詠み込まれている。海老蔵在坂中、松鶴と親交があったという記録に出会っていないが、三代豊国描く錦絵（死絵）にその名を記したことは、一人松鶴にとどまらず上方落語にとっても名誉なことであったろう。

万歳替え歌「御代安泰」

松鶴には「万歳」の替え歌も残っている。元治元年（1864）七月二十日頃から、大坂市中で噂されていたことを詠み込んだものである【図94】。できるだけ読みやすくして示すと次のようになる。

元治元年甲子《きのえね》七月廿日頃ヨリ　浪速市中にて風聞　　応需　芳滝画

まんざい家栄《かえ》うた

御代安泰《みよあんたい》

〽取沙汰《とりざた》は古来稀《まれ》じやと　みなが騒ぎ立てます　有る事無い事　かさ懸て　とり〲唶《しゃべ》る周章《あわて》もの　実証分からず（事実かどうかも分からず）着類を集め　騒ぎ立て　家毎に　めい〱東西へ出る　とふど大坂も八朔（八月一日）正昼《しょうひる》　堀江の火事　火の子が大層《たいそう》　方々の炭納屋《すみなや》　炭団《たどん》は数千　夜に入り　ます〱　蔵までもこと〲仰山《ぎょうさん》に　人家東西は一円に焼けます　魔風《まかぜ》吹く　危なひ風と苛立《いらだ》ち騒ぐ　あちらへ早ふと場所換《か》へ運ぶは　まごついて　てんでに（手に手に）道具所々《しょしょ》へ出し　ヤレ騒動〱　京は火事で焼騒動《やけそうどう》　無異《ふい》（不意）なる騒動で難儀《なぎ》なんぎ　大坂も怖《こわ》ひ　愚癡《ぐち》な臆病《おくびょう》　あはて騒ぐ　尼（尼崎）へ行《ゆ》こか　堺ゑ行こか　早ふ逃げよ〱　早ふ逃げよか　うろたへなと　葛籠《つづら》やほで（渋紙を貼った竹の小葛籠の「ぼて」か）や　ヤレ帳面　諸

図94　笑福亭松鶴作「まんざい家栄うた　御代安泰」。芳滝画。大判錦絵横型。架蔵。

道具　蔵へ入れ　惣雑《そうぞう》（みんな）在所《ざいしょ》（田舎）へ
行《い》たれば　親類ぼやく　東《ひがし》や（大坂の東方面は）
人群集《くんじゅ》　じつと平気で不動人《しぶとひ》　逃ん人々性急《せいきゅう》に
家財出してしやらいする（大騒ぎする?）　忽ちに
米屋戸をメりや（締めりや）　御慈悲の上意で
売らざりしも売るよふに　有難《ありがた》さ　片時《へんし》もおまん
ま（ご飯）は命の第一なり　遠方へ行くなよ　つ
い済む〱　静謐《せいひつ》〱〱　だん〱とおだやか
家毎《かごと》に家業《かぎょう》繁昌　世上《せじょう》人気しずまり　当地も諸国
も一列に　御繁栄《ごはんえい》の御代《みよ》ぞ目出《めで》たけれ
応需　笑福亭松鶴作

一部意味不明の箇所も残ったが、蛤御門《はまぐりごもん》の変の兵火で京都市中が大火災となった噂の後、八月一日、大坂堀江で火災が起こった。そのため大坂を逃げ出そうとする人々の狼狽えぶりを描いたものである。米屋の売りしぶりがお上の命で禁止されたため、飯が食べられるようになり、平穏な生活に戻ってめでたいことだという。今日からみれば為政者への皮肉とも取れる歌詞である。幕末維新史の史料としても興味深い。なお、松鶴の師二代目笑福亭吾竹が、天保の改革時に作った『御治世　萬歳　かゑうた』のあったことも思い出したい（115頁）。

大判錦絵の横型で、絵は一養亭芳滝が描いている。幕末から明治にかけて、大坂の浮世絵界にあって初代長谷川貞信《さだのぶ》と覇《は》を競った人である。この種の歌の一枚摺には「里の家《さとや》」を使っていることも多いが、ここは写実的に描いたものゆえ、錦絵と同じ「芳滝」を用いたのであろう。

松鶴の大津絵節

一覧表に戻ると、松鶴の歌はほとんどが大津絵節であり、その数は他の咄家に比べて群を抜いている。歌舞伎がらみの内容になっているものは、可能なかぎり年代推定して、（　）で補った。これにより、安政六年（1859）から明治五年（1872）という時代が浮かびあがる。

ところが、問題になるのは松鶴の代数である。初代の没年は明治十二年三月二十二日大阪朝日新聞の記事によれば「桂文之助が先師笑福亭松鶴の十三回忌追善」の大施《おおせ》餓鬼《がき》を営んだとあり（樋口保美「明治の大衆芸能史」『上方芸能』五五号）、逆算すれば慶応三年没となる。しかし、『浪速演芸名家談叢』（演芸社、明治四二年）の曾呂利新左衛門の項では、談話の前に略歴が記されており、そこには「氏は慶応元年始めて笑福亭松鶴の門に入り……同二年一月師松鶴没し」とあって慶応二年説がでてくる。文之助と曾呂利は同一人であるため、どちらを信じてよいか判断に迷う。『藝能懇話』（大阪芸能懇話会）十一号「特集　笑福亭松鶴」では、慶応二年説をとっており、こちらが有力視されている。二代松鶴の襲名は、初代没後まもなくかと思われるが、確証はない。ということは、大津絵節資料に出てくる松鶴は、初代と二代が混じっている可能性がある。すでに掲げた「おどけ三人夜這ひ　因州いなばかゑうた」なども、内容から刊年の推定は不可能であり、厳密に言えば初代のものか二代目のものか判別できない。ただ、用紙や絵の色づかい、その他の形式が海老蔵没の件を詠んだものに似ているため、おそらく初代の作であろうと見たわけである。初代松鶴の大津絵節の一枚摺をいくつか見てみよう。

筑後芝居ニおいて　大谷友松名残リ　大都会ぶし　　よし滝画

〽江戸で育つた。水仙の。ずんど浪花の水にあい。贔屓も大谷の。友松と。聞けば千歳《ちとせ》もいるように。思ふた甲斐もなんのその。古里《こきよう》え雪輪《ゆきわ》ときくよりも。わしや遣りはせぬ　放しやせぬ。言う間《ま》に表へ駅路《えきろ》の鈴の音なりひゞく。轡《くつわ》で気がつきや　窓に明石やの　これが名残りか　惜しや別れの明ケがらす

笑福亭松鶴愚作

縦一八センチ、横二六センチ。これは大津絵節一枚摺のごく普通に見られる形である【図95】。ちょうど大型半紙を半分に切った大きさであるため、この種のものを半紙半裁型と呼んで一覧表に記した。浮世絵の方でいう中判の大きさであるが、薄い粗末な紙で、錦絵と呼ぶにはためらう一枚摺もあり、本書ではこのように呼ぶことにした。

元治二年（慶応元年〔1865〕）三月、道頓堀筑後の芝居でのこと。この時、番付の枠外に張り出した〝庵〟の位置にある大谷友松は、「明烏名残諷《あけがらすなごりのひとふし》」という名残り狂言で、浦里を演じた。なお、この時の時次郎役は明治時代に活躍する中村宗十郎であった。友松は万延二年（一八六一）に没した四代目大谷友右衛門の子で、このあと江戸守田座に戻り、五代目を襲名する。屋号は明石屋。定紋が「轡」。未確認であるが替え紋には「雪輪」を使用したものかと思われる。「明烏」の浦里と禿が鮮やかに描かれている。画師は一養亭芳滝。

この一枚摺では、松鶴「戯作」ではなく「愚作」とあるのはなぜであろうか。気になるので、「愚作」の例をもう一つ紹介する【図96】。

角の芝居駒之助改名　大津画ぶし

〽川竹の。大舞台。乗込もよき駒之助。豊島屋《てしまや》じや　璃珏《りかく》じやと。どつと人気も立花《たちばな》の。ほんにヒイキも。大

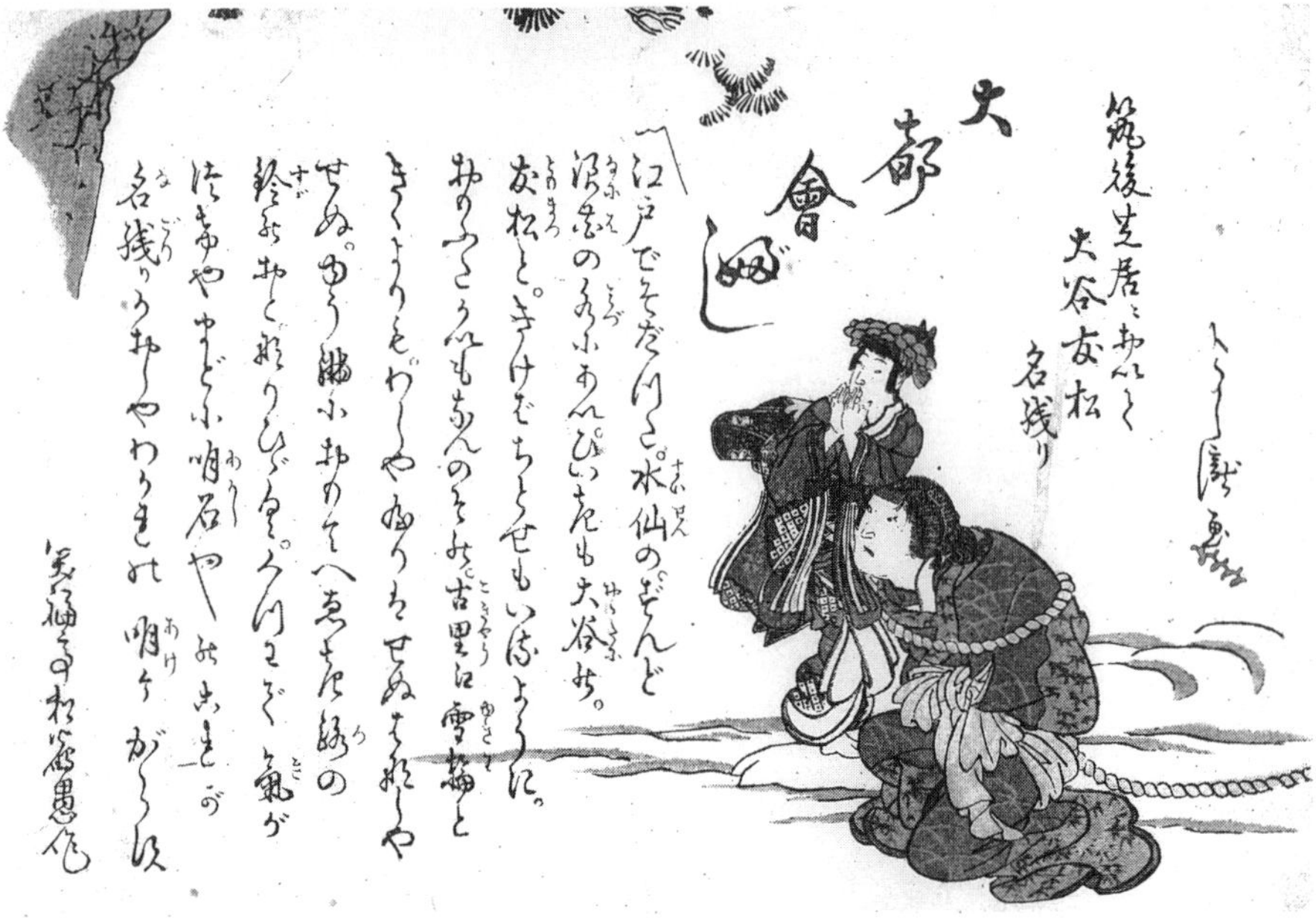

図95 笑福亭松鶴愚作「筑後芝居において　大谷友松名残り　大都会ぶし」。よし滝画。半紙半裁。色摺。架蔵。

あらし。大願成就の表題《ひようだい》は。浪花の梅舎《ばいしや》じや。
座頭《ざがしら》と。評判とり〴〵。皆三《みなみ》枡《ます》　大五郎が。
勤むる役は。名にし〔何〕負《を》ふ名人五郎の。庖丁先
で　イ、二代目を彫《ほ》り出した

　　浪花　舌者　笑福亭松鶴愚作

元治二年（慶応元年〔1865〕）三月、道頓堀角の芝居でのこと。狂言は「大願成就　敵討天下茶屋聚《かたきうちてんがちゃやむら》」。切に「彫刻左小刀《ちようこくひだりこがたな》」、「京人形」の題で今日なお上演される芝居。左甚五郎が傾城《けいせい》の小車太夫に思いを寄せて、そっくりの人形を彫ると、人形が動き出すというものである。中村駒之助はこの時嵐璃《あらしり》珏《かく》と改名して、小車太夫・京人形を演じた。璃珏の屋号が豊島《てしま》屋。ただし、駒之助の璃珏は半年ほどで、もとの駒之助に復するため、歌舞伎史では璃珏の代に数えないようである。左甚五郎を演じたのは、この年三枡梅舎《みますばいしや》から改名した五代目三枡大五郎であった。この一枚摺でも松鶴「愚作」としている。役者・歌舞伎界に対する咄家の遠慮の意識であろうか、元治二年の二枚にだけ見られる

図96　浪花舌者笑福亭松鶴愚作「角の芝居駒之助改名　大津画ぶし」。画師名なし。半紙半裁。色摺。架蔵。

書き方であった。

刊年を推定できないものについては、初代のものか二代目のものか判断しがたい。しかし、明治の錦絵に独特のけばけばしい赤や紫の色もみられず、内容から明らかに二代目であるもの以外は、初代のものとみなしてよいのではないかと思っている。

⑮の「川竹ノ　大津画ふし　上之巻」【図97】と⑯「川竹ノ　大津ゑぶし　下之巻」【図98】は明らかに一組のものである。「川竹」は流れの身と続いて、遊里苦界を意味することも多いが、ここでは大坂道頓堀の芝居の世界を指す。芝居が終わった後の人々のようすを描写しており、芝居観劇の資料として読んでもおもしろい。

川竹ノ　大津画ふし　上之巻

へ果てた芝居のそのあとは。みかんの皮に柿の皮や濡れた紙の屑。木戸口押し合《〔よ〕》ふて。見物わや〳〵と。押すな急《せ》かずに頭《つむり》のご用心（簪などを盗られぬ用心）。茶屋の内義（お茶屋の女将）が表に待ちかけて。さあ〳〵お上がり　お煙草　お茶一トツ。堪《こら》へたお尿《しゝ》で　ちよづば（手水場＝便所）ゑら支《つか》へ。表は布団を払ふ音。ぽん〳〵〳〵〳〵。さやうなら何方《どなた》もやうこそお越しと　お茶子がべちやくちや煮気《にへけ》たれ（騒ぎ立てる?）　連中は　いや去《い》ぬ　去《い》なぬと　北と南へ引きごくら（引っ張り合う）

笑福亭松鶴調

観客の出た後の散らかった様子、表で茶屋の女将が待ち構えていて客を連れていこうとする様子、手水場《ちょうずば》の混雑、座布団を叩いて後始末する様、仕事を終えたお茶子（案内係）のうるさい挨拶。「これからどうする？　どこへ行く?」ともめている観劇仲間。

川竹ノ　大津ゑぶし　下の巻

〽戎橋をどや〳〵去ぬる人。口々しやべるはいつでもおさだまり。みなようできまする。丸幸（道外方・中村友三）がおかしいなあ。行きしなはよけれど戻りがいかん。昨夜《よんべ》と今夜は大違い。中にも似もせぬ延三（実川延三郎）の物真似に。つくり声で独吟《どくぎん》めかして　火《ひ》を出す（顔を真っ赤にして歌う）歌きちがい。やがて夜中を打つ時分。残る店は。寿司屋に飴屋に夜鳴きのそばうどん。乞食がうろ〳〵。蠟燭灯して軒にこぼれた銭探す

笑福亭松鶴調

芝居観劇のあと、人々は役者の噂をしながら戎橋を渡って帰る。二代目中村友三（文久元年〔1861〕没、俳名丸《がん》幸《こ》）は幕末期道頓堀の笑いの王者だった（拙著『笑いの歌舞伎史』）。芝居好きは戎橋の北詰の屋台店に立ち寄るが、実川延三郎（初代、元治元年〔1864〕に二代目実川額十郎を襲名する）の物真似で、一人悦に入って大声で歌う人もいる。夜中になると、寿司屋・飴屋・夜鳴きのそばうどん屋が出て、乞食は客が落とした銭を探しにうろうろしだす。

下の巻に役者の名が出ることで、この一枚摺の年代がほぼ決定できる。二代目中村友三の没する文久元年以前に間違いない。そうなれば、上之巻に描かれていた咄家は初代笑福亭松鶴ということになろう。どこまで写実的な図かは他に比べるものがないためわからないが、羽織には五枚笹に文字一字（「松」か?）の紋が見え、開いた扇子に

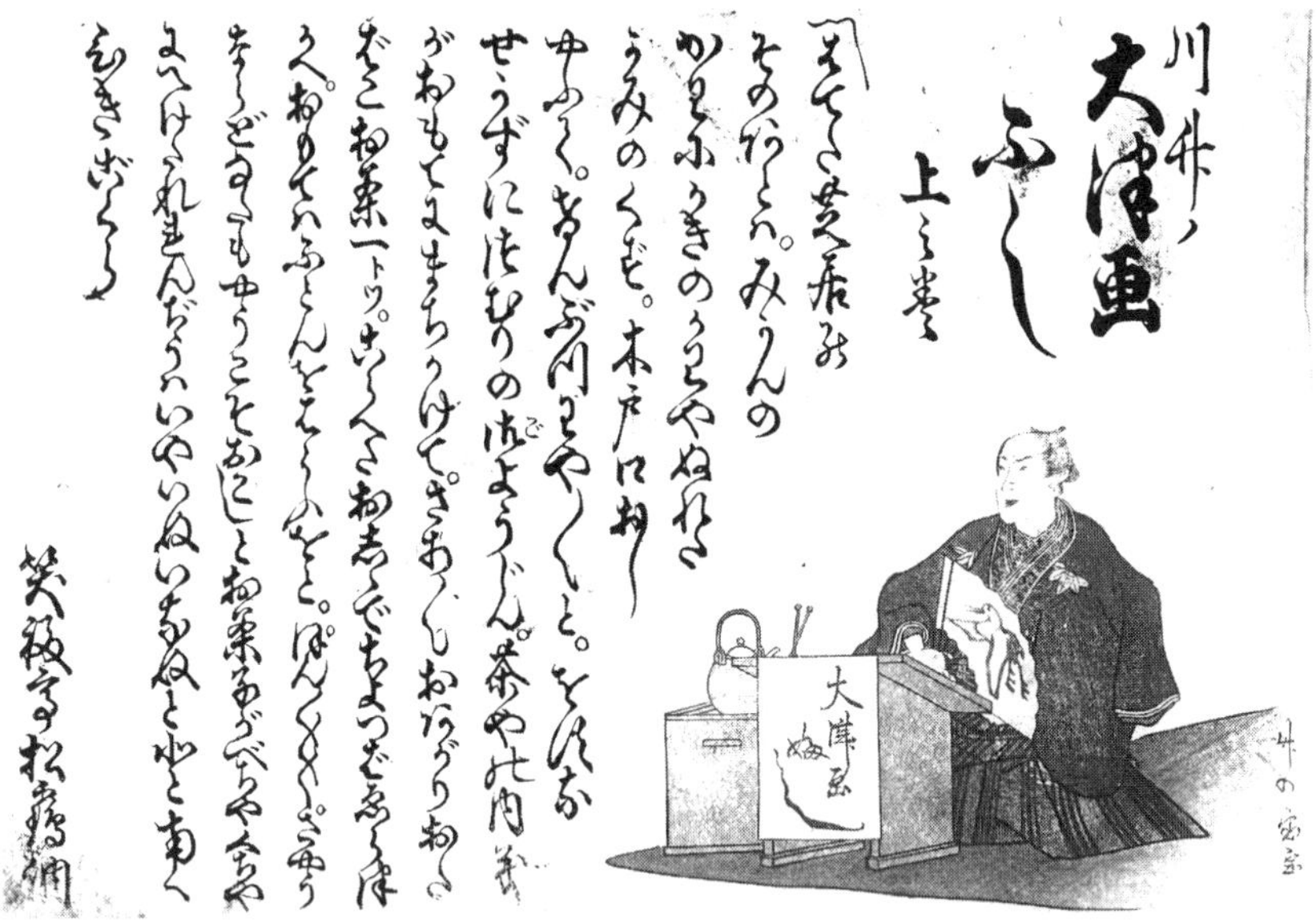

図97 笑福亭松鶴調「川竹ノ　大津画ふし　上之巻」。竹の家画。半紙半裁。色摺。東京大学総合図書館霞亭文庫蔵『大津絵集本』所収。初代松鶴の高座姿が貴重。

図98 笑福亭松鶴調「川竹ノ　大津画ふし　下の巻」。竹の家（画）。半紙半裁。色摺。東京大学総合図書館霞亭文庫蔵『大津絵集本』所収。戎橋橋詰のようす。

「鶴」が描かれている。細面のやや神経質そうな美男子ながら、貫禄をただよわす高座姿である。

この姿を描いた画師の「竹の家」は、この種の一枚摺にしばしば名を出している。しかし、『浮世絵大百科事典』（第二巻浮世絵師、大修館書店、昭和五七年）では誰の画号か見つけられなかった。一養亭芳滝の「里の家」に対抗した名と思われ、芳滝に近い画師ではないかと想像する。芳滝と同じ歌川芳梅門で、この種の一枚摺によく絵を描いている芳峰ではないかと思うが、いかがであろうか。ともあれ、初代笑福亭松鶴の高座図として珍重しておきたい。

歌舞伎役者を詠んだものは年代推定の手がかりが得られてありがたいのであるが、歌詞そのものは歌舞伎から離れた歌の方が、咄家の歌らしい洒落たものと見えてしまう。

なるつくし　大都画ふし　芳豊画

正直に金がなる　太鼓や鼓は〆《しめ》てなる　茶屋の二階に三味《さみ》がなる　銚子《ちょし》の継ぎ目にお手がなる　娘もだん〳〵
嫁になる　昼も簞笥《たんす》の鐶《かん》がなる　わたしの体《からだ》がなに〻なる
詞〽こゝ渡して給《たも》いの　祭文〽今夜《こよい》逢はねば焦がれ死に　この川渡らでおくべきか
清姫は蛇《じゃ》になる　佐用《さよ》姫は石になる　惚れりや惚れるほど深くなる　逢へば別れがいやに□る　ゑい憎らしい
明《あ》けの烏《からす》に鐘がなる

笑福亭松鶴作

歌詞の中に台詞と祭文を入れて気を変えながら、「成る」「鳴る」の語句を多数、みごとに並べている。なお、原本の虫食いの□の部分も「な」が入るはずである。

蚊蚤の色はなし　大津画ぶし

夏の夜に。ひそ〳〵と。語るも蚊帳《かや》の内と外。蚊が蚤を。うらやみて。おまへはどうした果報やら。誰かれなしに肌あはせ。ひよんなとこまで吸いついて。帯紐《おびひも》　湯文字《ゆもじ》（腰巻き）を《お》はづさすを。上　見るにつけてもわしが身は。団扇《うちわ》で追われ。蚊遣《かや》りにくすべられ。蚊帳《かや》に隔てられ。会われぬ思ひに　なかぬ夜とてはなひわいな

笑福亭松鶴戯作

蚊が蚤を羨ましがるという話。お色気も含みながら、擬人化した咄の世界に誘う【図99】。

「半尽し　大都絵ぶし」は、貞広（二代目、幕末・明治初期に活躍した浮世絵師）の絵も可笑しい【図100】。

半尽し　大都絵ぶし

是は半のつく物で　百足山《むかでやま》が七巻き半（八巻＝鉢巻に少し足りない）　力弥（大星力弥）は山科より壱里半　信濃屋お娘《むす》はそりやお半　茶の間座敷は四畳半　いとま去り状は三《み》下《くだ》り半　物見の松（牛若丸に滅ぼされる大盗賊熊坂長範が、登って得物を待った松）は名高い熊坂長範《はん》で　鳴子《(なりこ)》ぐわつたり〳〵暮六つ半　焼いたお芋が八里半（栗に近いうまさ）　嬶《かか》の湯巻きが二巾《ふたはば》半　おならの出るのは牛蒡《ごんぼ》の菜《さい》で　麦飯《ばくはん》四膳半

笑福亭松鶴作

次は無邪気に、当時の子供遊びを集めた尽くし物である【図101】。

児ともあそび　大津画ふし

富雪

子供遊びヲ。続けていふときは。向かひ婆々《ばば》さんお茶飲みにごんせ。木杭《くい》隠しは。九年つぼう。面ない千鳥に尾付《おつけ》がはやつた。おいどまくりの今日は廿五《にじゅうご》日。お月さんいくつ十三ひとつ。尼ケ崎の船は戻りが三文じや。上　通《とふ》れ〳〵山伏に蠟燭《ろうそく》の芯巻《しんま》き。鬼になつて悲しいか。子《こ》買《かお》〳〵にちうらとつてくりや。大和の〳〵源九郎さんに　きつきりもんにようらんものは　風呂屋でぼゝした

笑福亭松鶴調

幕末頃の大坂の子供遊びを綴り合わせた、尽くし物の類といえよう。稚気あふれた歌詞で親しみやすい。ただし、

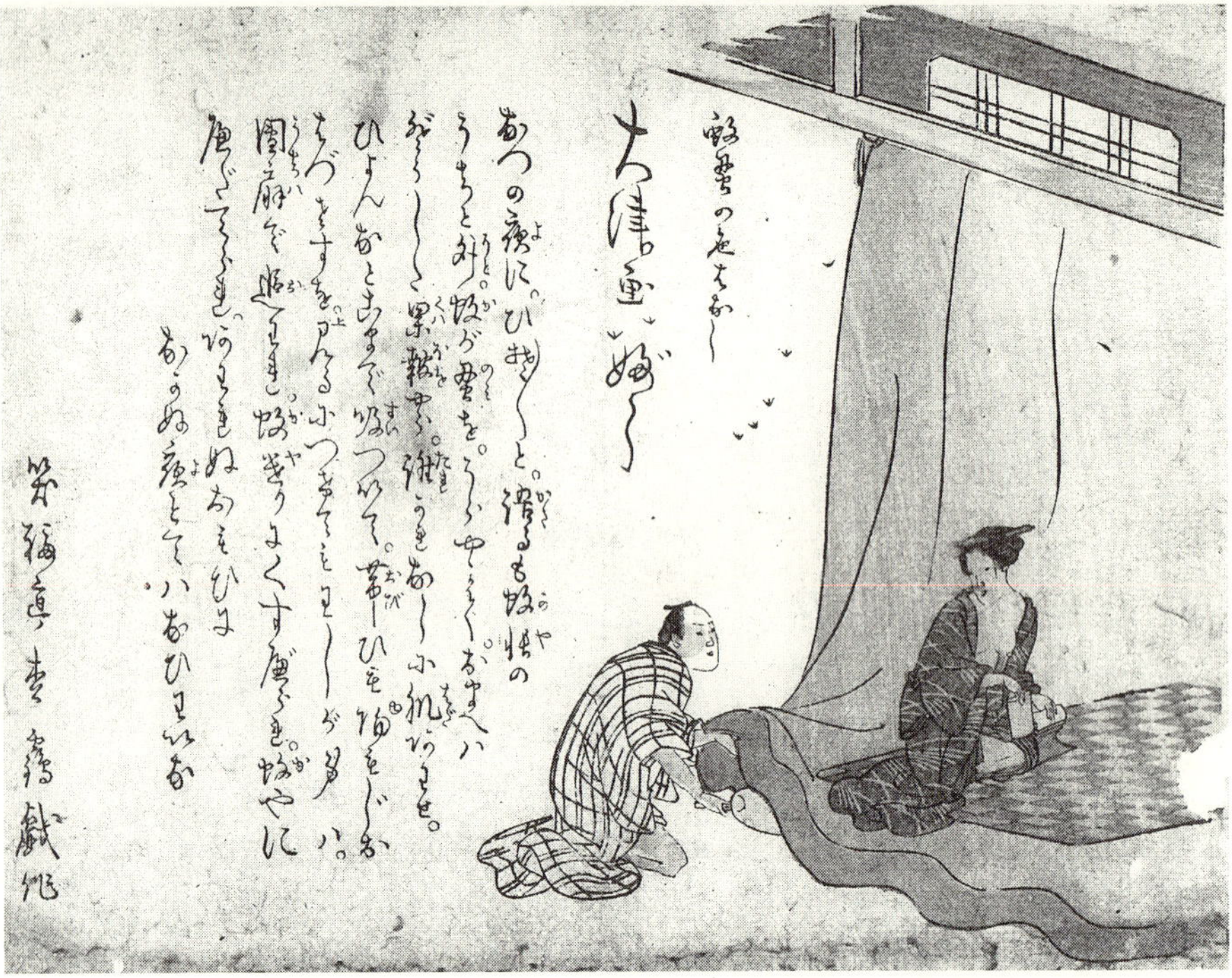

図99 笑福亭松鶴戯作「蚊蚤の色はなし　大津画ぶし」。画師名なし。半紙半裁。色摺。架蔵。

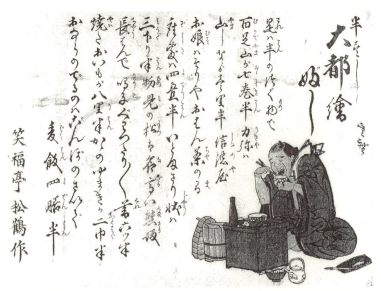

図100 笑福亭松鶴作「半尽し　大都絵ぶし」。貞広(画)。半紙半裁。色摺。大阪府立中之島図書館蔵。

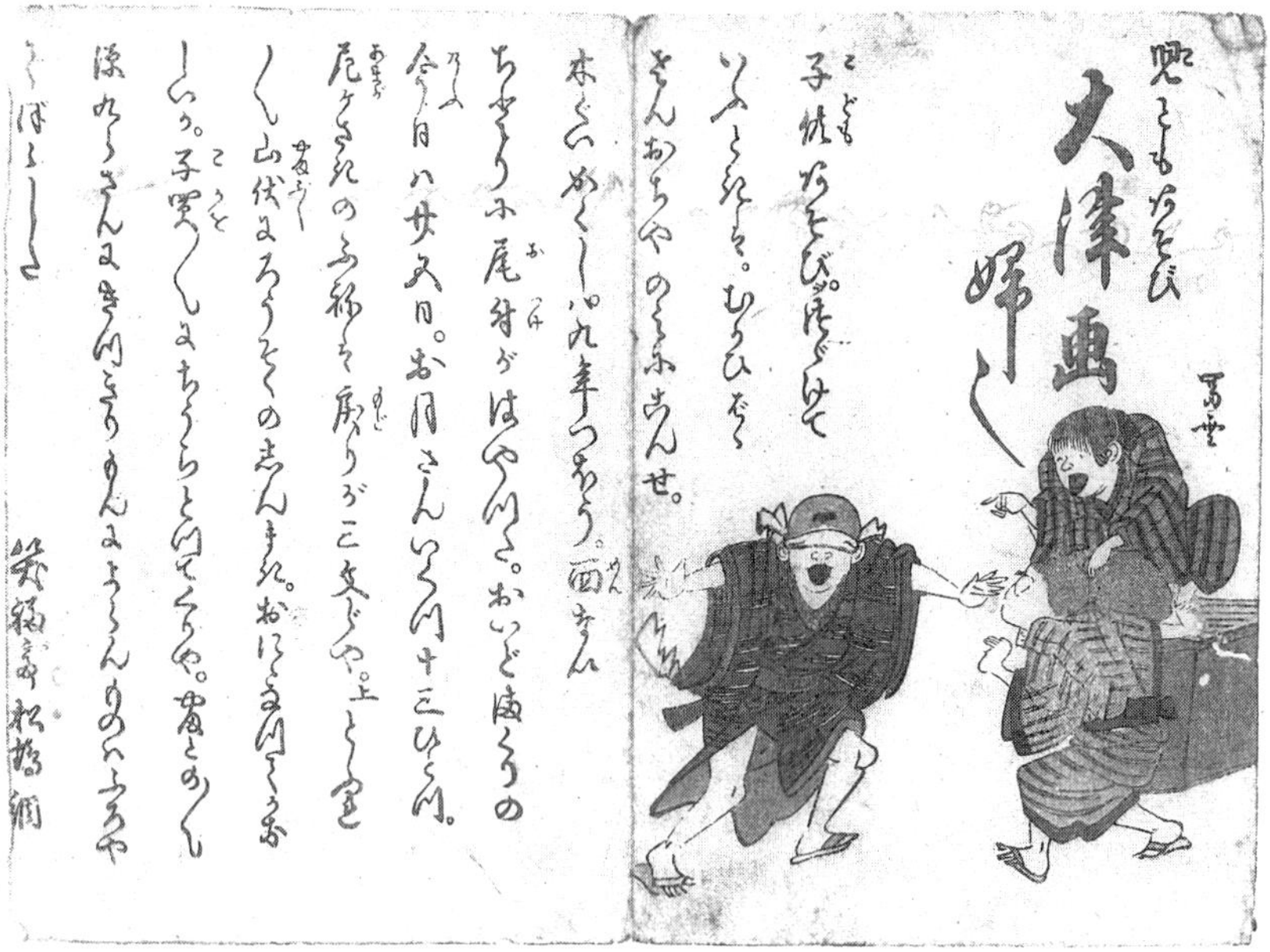

図101　笑福亭松鶴調「児ともあそび　大津画ふし」。富雪（画）。半紙半裁。色摺。架蔵。

最後の「ぼぼした」は子供向けとは言いにくいように思う。

その他架蔵の松鶴大津絵節一枚摺は、『藝能懇話』十一号、十二号にまとめて紹介しているので、参照されたい。

松鶴大津絵節の唄本

松鶴の大津絵節はきちんとした本の形でも残っている。旧稿「上方の咄家と天保・幕末期の流行唄」で使用させていただいた肥田晧三氏所蔵の『大津画ぶし　初篇』（中本一冊、全十丁、芳豊画、錦車堂板）は、幕末期の大坂の草紙屋が多数出板している類の小冊ながら、表紙は錦絵で全十丁（但し二種の本文が混じるか）のもので、序文もつく【図102】。小野原公春の序によれば「安政仲夏発行」とあるため初代の作になることは疑いなく、「初編より十篇まで」の広告もある。二編以下は見ていないが彼の大津絵節における実力と名声を知るに充分であろう。

さらに『藝能懇話』第十一号「特集　笑福亭松

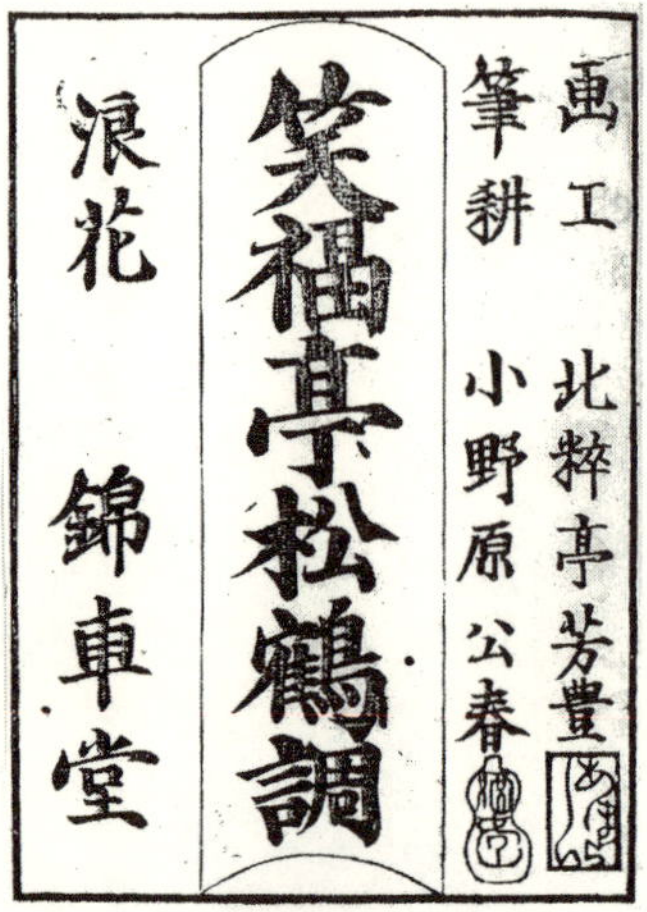

図102 笑福亭松鶴調『大津画ぶし　初篇』の表紙(色摺)(右)と見返し(左)。中本。肥田皓三氏蔵。翻刻は363頁。

鶴」には、肥田皓三氏が『大津ゑぶし　浪花名所づくし』(中本一冊、全十四丁、芳峰画)を紹介されている。住吉勝景・天王寺参詣・大坂宮めぐり・浪花自慢・川遊参・南の繁栄・川筋繁栄・秋の遊山・市中の繁栄・浪花名所・花街尽し・浪花料理亭という内容で、幕末の大坂市中を詠み込んだ、みごとに整った内容の本である。

初代笑福亭松鶴について

ここで改めて、初代笑福亭松鶴の師系、経歴などを確認しておこう。『落語系図』は「二代目吾竹門人」「初め火消壺の松喬と云ふ、後に松鶴となる大人なり」とする。195頁に示した松鶴の頭が火消壺に似ているといえばいえる。天保十四年の見立番付には、松喬も松鶴もともに名が見えず、松喬時代は不明であるが、嘉永六年(1853)の見立番付には東方前頭(二段目)に松鶴の名を見出すことができる。その番付の差添人に(二代目吾竹改め)笑福亭竹我が据えられており、『落語系図』のいう二代目吾竹門人とあることは信じてよいかと思われる。第六章「笑福亭の繁栄」の「吾竹改め竹我」で述べたように、嘉永期に伊予節の一枚摺を出し、咄家の流行唄一枚摺の先鞭をつけたとみられる二代目吾竹改め竹我の後を承けて、大津絵節の一枚摺に抜群の名声を誇った松鶴をその門人とすることは、きわめて説明がつきやすい。

図103「寄席の変遷」大阪朝日新聞 明治37年1月17日 附録。大阪府立中之島図書館蔵。翻刻は363頁。

明治三十七年一月十七日、大阪朝日新聞附録、劇通子の「寄席の変遷（七）笑福亭の松鶴対抗」の文章を引いてみよう（他の引用と同様、表記は読みやすくしている）【図103】。

茲《ここ》に又この文枝（いわゆる初代）の全盛時代に売り出して、文枝と対抗した人がある。それは笑福亭松鶴である。新町で楊弓屋を出して通名を火消壺《ひけしつぼ》と言つた。頭部《あたま》の形が似てゐたからだ。文枝は名人でも芸の行儀が悪かつたが、この人は左《さ》ほどではない。天性咽喉《のど》がよいものだから音曲を入れた艶物《つやもの》を得意とし、自作の唄などを話しの中に挟み込んだ。文枝が彼《か》の『三十石』を流行《はや》らした所から、この人も文句入りの『三十石』といふ小唄を作つて喝采を博し、これを利器として文枝の勢力に対抗したのだ。この唄も世間によく流行《はや》つて素晴らしい人気を取り、何方《どちら》が勝ちとも団扇が上られぬほどであ

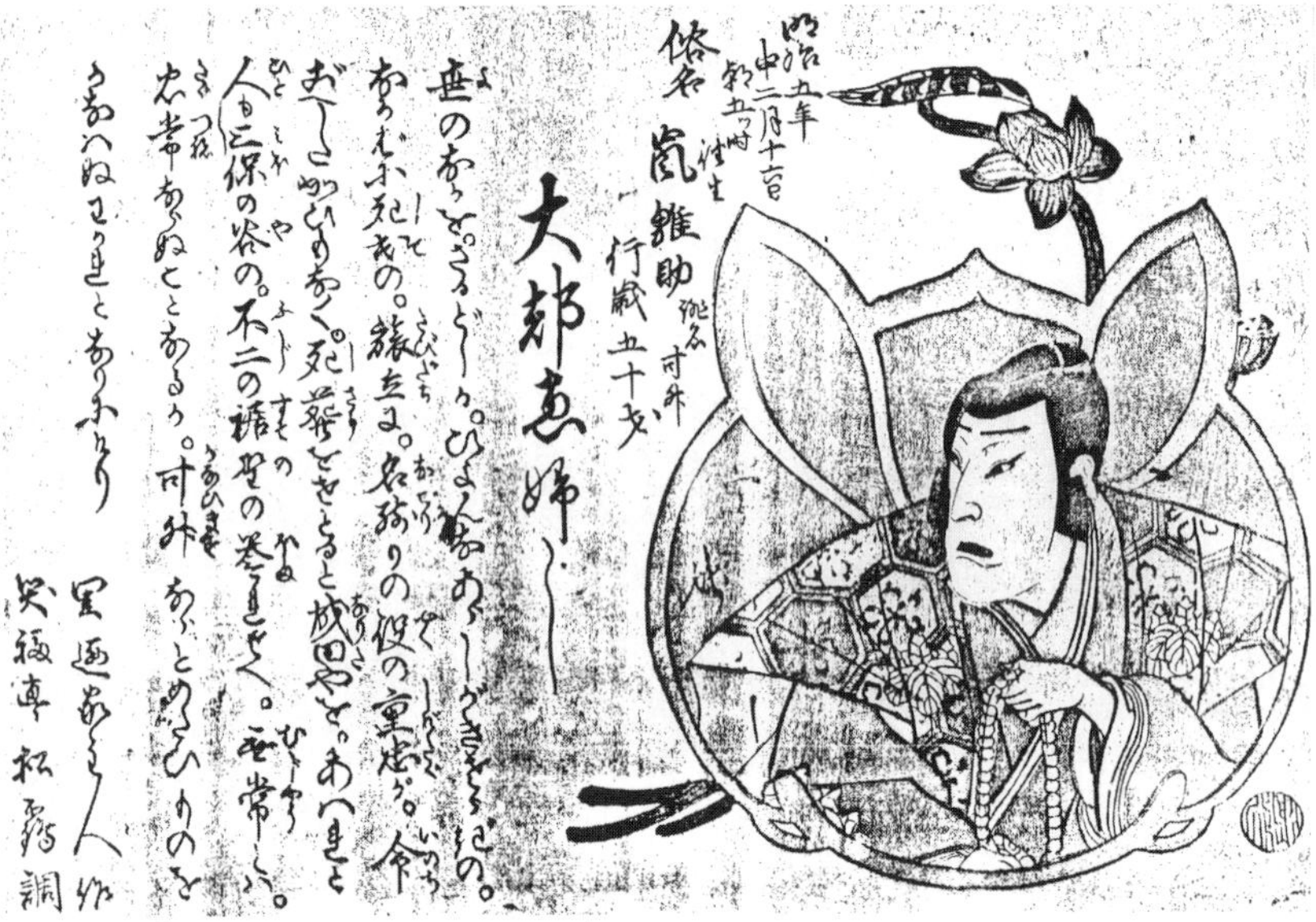

図104　里廼家主人作・笑福亭松鶴調「嵐雛助（追福）　大都ゑふし」。芳滝（画）。半紙半裁。色摺。大阪府立中之島図書館蔵。

つた。併《しか》し、どちらかといへばこの人の方が高座
は上品であつた

大阪芸能懇話会の樋口保美氏から教えられたこの記事は、初代松鶴のことがよく説明されている。実は『古今東西落語家事典』の初代松鶴の項の前半は、ほとんどこの記事に依っているのである。（通説の）初代文枝と同時期に活躍し、文枝に対抗して咄の中に得意の唄を挟んだという。咄本などが残っていないので確かめられないが、これまで見てきた唄資料の多さから、うなづけるように思う。文枝の「三十石」に対抗して作った小唄「三十石」の歌詞にまだ出会っていないのが残念である。

二代目笑福亭松鶴について

そして、彼の後を継いだ二代目松鶴もまた、師の芸風を確実に継承したといえる。

明らかに二代目松鶴のものとしては「（嵐雛助追福）大都ゑふし」がある【図104】。これは大阪府立中之島図書館蔵の「大阪役者の追福面影」という、役者の死

絵を集めた中の一枚である。

明治五年　申二月十六日　朝五つ時往生

俗名　嵐雛助　諱名　叶升　行歳　五十才

大都ゑふし

世の中を。さる年《どし》か。ひよんな嵐が如月《きさらぎ》の。半ばに死出の。旅立ちに。名残りの役の重忠《しげただ》が。命乞《いのちご》へした甲斐《かい》もなく。死葬《しそう》を悟ると（聡明な畠山重忠は人の四相《しそう》を悟ったといわれる）成田屋を。哀れと人も三保《みほ》の谷《や》の。不《ふ》二《じ》の裾野の誉《ほま》れさへ。無常とは。忠常《ただつね》ならぬことなるか。叶升《かないます》なら止めたひものを　叶はぬ別れとなりにけり

里廼家主人作

笑福亭松鶴調

六代目嵐雛助の最後の舞台は、明治五年一月筑後芝居で、「けいせい曾我裾野誉《すそののほまれ》」の三保豆四郎、「壇浦兜軍記《だんのうらかぶとぐんき》」の畠山重忠であった。歌詞中、成田屋とあるのは、この雛助ははじめ四代目市川鰕《えび》十郎の弟子であったため、「嵐雛助」を継いでも師の屋号成田屋をなのっていたものか。歌詞は里廼家主人の作で、松鶴が唄ったもの。「里廼家主人」は「里の家」と同じとみて、一養亭芳滝と推定する。芳滝は役者評判記をつくるなど文才もあったのである（拙稿「芳滝画「三府役者顔似世大見立」をめぐって……芳滝・大見立・八尾善」『浮世絵芸術』一四六号、二〇〇四年）。

雛助が没したのは明治五年（1872）二月で間違いない。となると、初代松鶴の没年を慶応二年（1866）説、三年説のいずれをとってもすでに没しており、二代目と考えざるをえない。そして、二代目の襲名は明治五年一月以前であると、この一枚摺が教えてくれる。

先の朝日新聞附録、劇通子の文章を続けてみよう。

（八）笑福亭松橋の新派

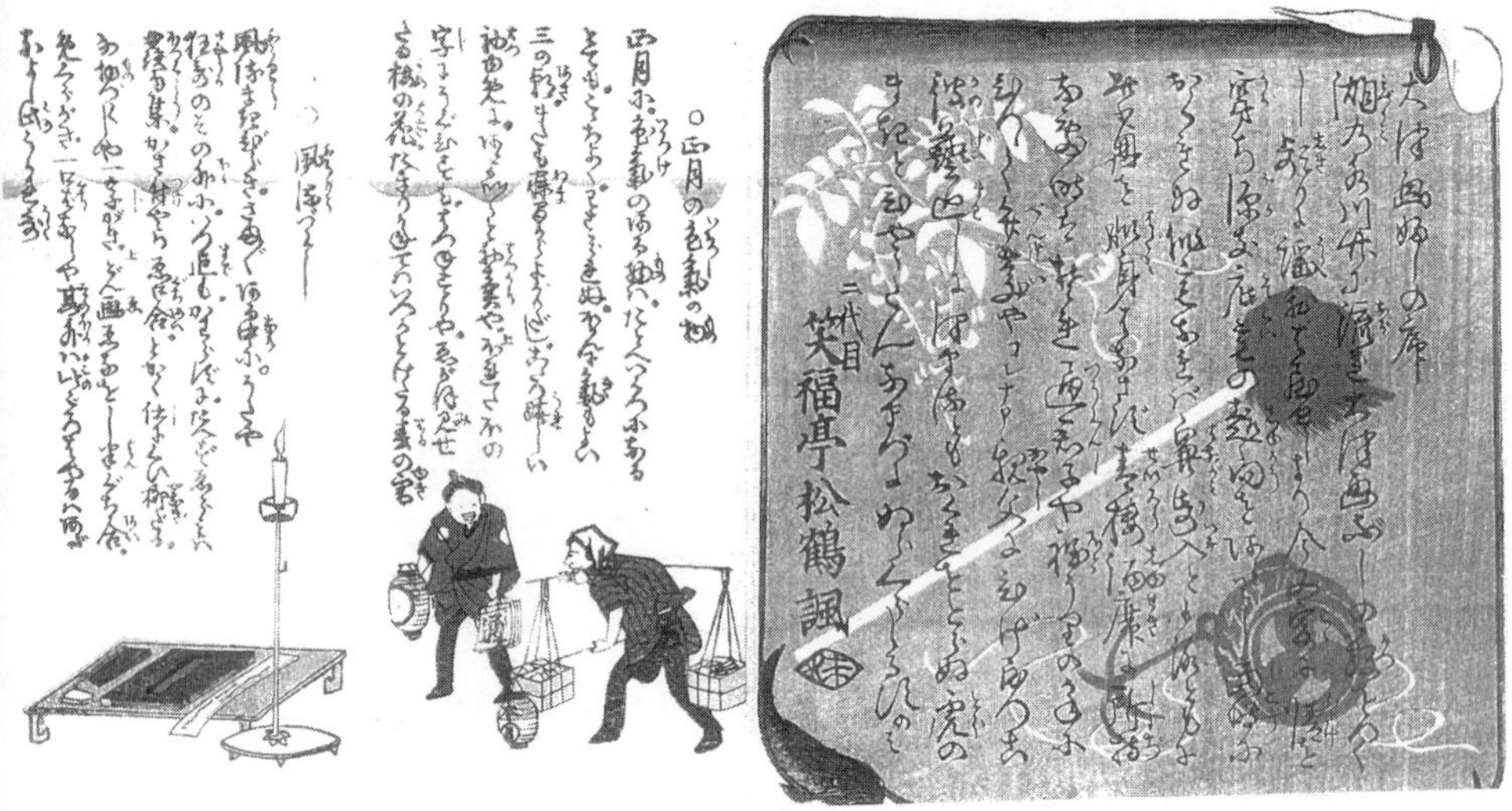

図105　二代目笑福亭松鶴諷『大津絵ぶし』の序文と最初の二章。表紙は板、折り帖。縦17㎝×横 9 ㎝。全丁色摺。肥田晧三氏蔵。翻刻は366頁。

この松鶴の門人に松橋といふのがあつた。後に圓笑と改名したが、この人は元紺屋の形置《かたおき》職で、職の暇な時には天満市場から菓物《くだもの》を買出して来て、一種面白い売り声をしては桃を売つた事もあり、夏祭りの時などでは大阪の名物ともいふべき流し喜劇《にわか》をした事もあるが、生まれついての器用人ゆゑ何をさせても芸にそつがなく、遂に落語家に成つて松鶴に入門したが、前に桃を売つてゐたものだから落語家に成つてのちも通名《つうみよう》を桃屋といふた。松鶴の歿後その名を継いで師匠の三十石の唄をうたひ、その中へ文枝の三十石をも加味したのが人気に叶うて、是も一時世間を騒がした（以下略）

のど自慢で器用な人だったことがわかる。この二代目にも初代同様、本の形をとった唄本が出板されており、現在関西大学に一本が所蔵されている（肥田晧三氏・前田憲司氏も所蔵されている）【図105】。折本仕立のこの本は、歌詞に刊年推定の手がかりがないが、序文にははっきり「二代目笑福亭松鶴諷」と記している。所収の歌詞の一つにはすでに述べた「児ともあそび　大津画ふし」があり、それは一枚摺と同文である（表記は異なる）。

図106 笑福亭松橋作「寅のとし　南地大評判の大象　大都会ふし」。里の家筆。縦20㎝×横26㎝。色摺。関西大学図書館蔵。

「松鶴作」の年代不明の一枚摺の中には、二代目の作が含まれているかもしれない。あるいは二代目が師の作を継承して同じ歌詞の唄を歌っていた可能性は十分ある。

笑福亭松橋

二代目松鶴の松橋時代の大津絵節が残っている（関西大学蔵、以下関西大学本は肥田皓三氏の教示に依る）【図106】。

耳ノ巾　一尺九寸　胴ノ長サ　一丈　廻り　二丈三尺　背高サ　□尺　鼻長サ　三尺二寸　里の家筆

　寅のとし　南地大評判の大象　大都会ふし

象した（どうした）縁やら。異国から。大象な（たいそうな）ものを浪花津に。南の溝の。川竹に。評判高く身の丈も。わづか五才で二間《にけん》にも。余る思ひは処柄《ところがら》。今は色さへ黒うして。上　かわる置き□（「屋」か）に憂き勤め。百歳の。末は白人《しろと》になりますと。浮かめた目つきで　水でも藁でも鼻にかけたる芸尽し

笑福亭松橋作

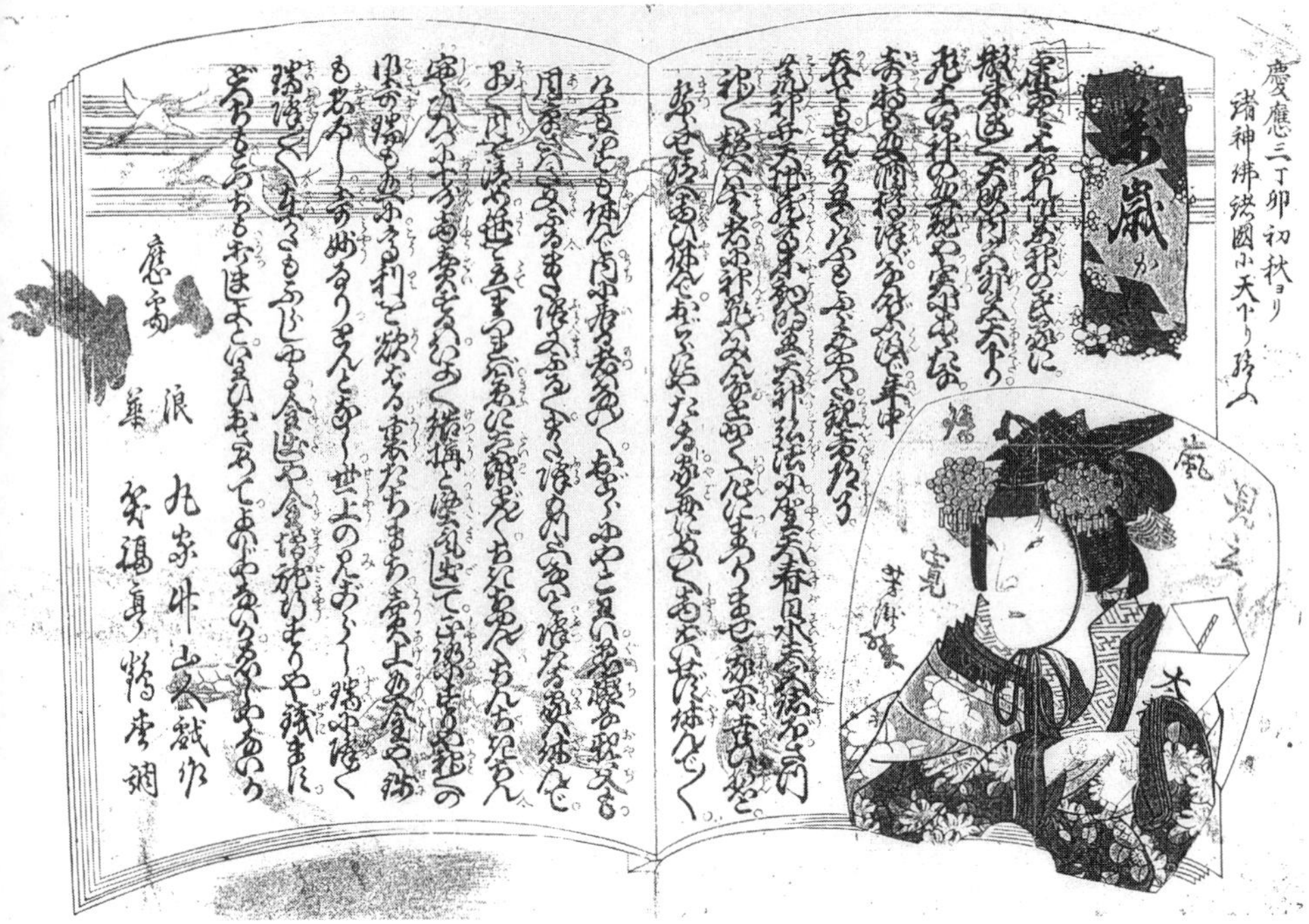

図107　丸家竹山人戯作・笑福亭鶴松調「（慶応三年、ええじゃないか）萬歳　かへうた」。芳滝（画）。大判錦絵横型。色摺。関西大学図書館蔵。

難波新地溝《みぞ》の側《かわ》で行われた見世物の象を、新地に仕替えられて来た娼妓になぞらえて詠んだものか。里の家（一養亭芳滝）の絵は、大きな黒い象と、その前に立つ口上言いを描いている。『近来年代記』によれば、慶応二年（1866）寅の正月八日より、難波新地で生きた大象の見世物があって、色は薄黒く、足が太く鼻が長く、鼻で藁を巻き取り、水を飲むことが珍しそうに記されている。師の初代松鶴の没年月日に近接しているが、この時には二代目松鶴はまだ松橋であることがわかる。

笑福亭鶴松

興味深い摺り物がもう一枚、関西大学にある。一枚摺と呼ぶよりも横型の大判錦絵と言った方がよい、豪華な摺り物である【図107】。

慶応三年丁卯初秋ヨリ　諸神仏諸国に天下り給ふ

萬歳　かへうた　見立　嵐璃寛　芳滝

〽虚空《こくう》はなれ。御萬神《ばんじん》の民家に。散来《さんらい》。まし〳〵。天照《あまてる》。内宮外宮天下り。飛びはいる神の。有難《ありがた》や。実《じつ》にあらたな。奇特《きとく》も有り。酒樽降れば。なんぼふ汲んで。年中呑んでも。せんぐり（次から次へ）湧《わ》く 合 今日も降らしやつた。観音 道了《どうりよう》。荒神 弁天。地蔵尊 合 不動明王。天神。弘法に。聖天《しようでん》。春日 水天宮 合 諸菩薩《しようぼさつ》 神々。疑へば。その《そうの》者《もの》に神罰はみんな。とかく一心に。祀《まつ》りませ。我一《われいち》に。幸ひ肝心《かんじん》と。祭らせ給へ。商ひ休んで。踊らにや祟《たた》る。家毎《やごと》にめい〳〵商売せず 合 休んで〳〵。今日も明日《あす》も休んで。内に居る者はない〳〵。踊らにや怖《こわ》い。愚癡《ぐち》な親父も。周章《あわて》騒ぎ。又降る 合 また降る 合 又降る〳〵。また降るもつたいないと。降つたる家は休んで。早々《そうそう》内を清め。笹を立てまつれば。急に太鼓どん〳〵。ちきちやん〳〵。ちんちきちん 合 実《じつ》ひんづに（思いがけない不利不運に）十分商売するは。いよ〳〵結構と。堅気《かたぎ》出して。正路《しようろ》にすりや。神々の御奇瑞《きずい》も有るに。高利を欲ばる。裏たちまち。売上げ有金《ありがね》や銭も恐ろし。奇妙なり。とんとなし。世上《せじよう》の見懲《みご》らし。瑞《ずい》に降る〳〵 瑞降る〳〵〳〵 合 在方《ざいかた》も降らしやる。金出しや。金増す。施行《せぎよう》すりや。銭増す。どつちもこつちも。打ちましよと。祝ひ納めて。よいじやないか。ゑじやないか

丸家竹山人戯作
応需　浪華　笑福亭鶴松調

慶応三年（1867）秋の「おかげをどり」「ええじゃないか」の流行を詠んだもの。『近来年代記』にはその様子が詳しく記されている。

歌詞の内容を要約すれば、空から民家に大神宮のお札が降ってくる。それを疑うと神罰が下るため、お札を祀り、商売も休んで踊り狂う。そのあと正直に商売に励めば神の御利生があるのに、高利をむさぼると不思議なことに金銭がなくなってしまう。おかげ踊りの人々に施しをすると、ますます商売繁盛で銭がたまる、というものであろう。

大神宮のお札を持ち、烏帽子をつけた女人の姿は、この年八月中の芝居盆替りで、嵐徳三郎から四代目嵐璃寛を

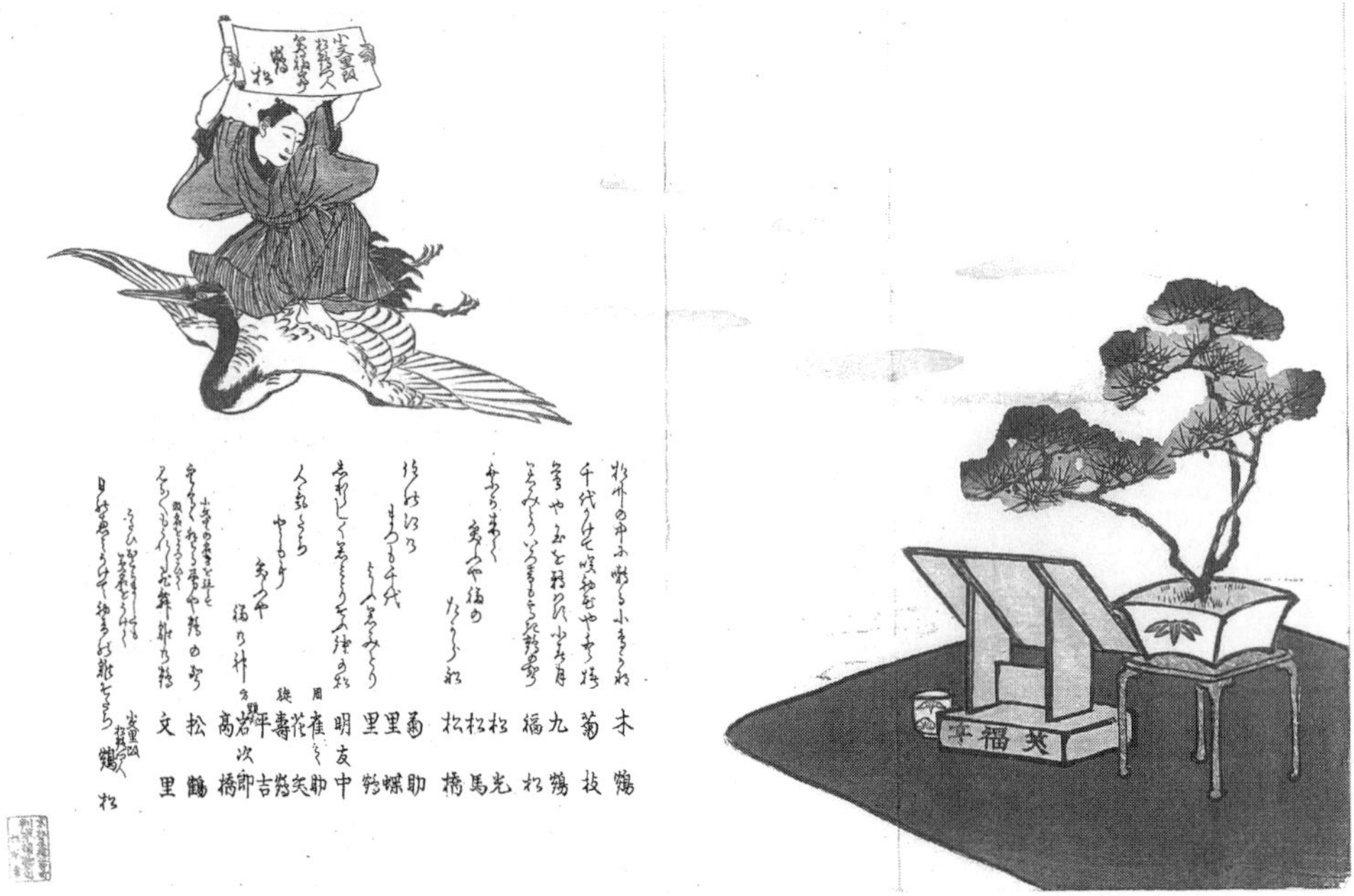

図108「小文里改　松鶴門人　笑福亭鶴松」の襲名摺物。画師名なし。縦34㎝×横51㎝。色摺。
二代目松鶴ほかの祝いの発句がある。架蔵。

襲名した役者である。絵師は一養亭芳滝。「丸家竹山人」については知らない。三代目松鶴が晩年講釈師となって「竹山人」を名乗ったことと、あるいは関係するかもしれない。

さて、この笑福亭鶴松とは誰なのか。先に二代目笑福亭松鶴の項で、朝日新聞附録劇通子の記事を引いたが、そこには二代目松鶴の前名を松橋としていた。しかし、『落語系図』をみると、二代目松鶴は「初め鶴松と云ふ、後に四代目吾竹となり、後に二代目松鶴となり　その後圓笑となり　講談師となる」とある。前者は鶴松の名を出さず、後者は松橋の名を出さない。これまで『落語系図』の江戸時代の記述を疑わしく見てきたが、「鶴松」に関しては二代目三代目も記しており、近代にははっきりつながる名跡ゆえ、ここの信憑性は高いように思う。松橋の名は安政頃の見立番付にもあり、松橋作の一枚摺が慶応二年正月、鶴松調の一枚摺が慶応三年秋と推定されることから、両者を併せると松橋→鶴松→（四代目吾竹）→二代目松鶴ということになろうか。
この鶴松の次の二代目鶴松襲名の摺物が残っている【図108】。図版を掲出したので、文字部分を読みやすくして読んでおく。

小文里改　松鶴門人　笑福亭鶴松

松竹の中に囀《さえず》る小鳥かな　木鶴
千代かけて咲き初む花や　冬椿　菊枝
鶯や　玉を転ばす小春月　九鶴
若みどり　いろ音も高き鶴の声　福松
　松光
乗りが来て笑ふや福の宝船　松馬
　松橋
　菊助
住の江の松も千代良ふ　若みどり　里蝶
　里鶴
しほらしく若みどり添ふ鉢の松　朋友中

人気たちともに笑ふや福の神

周　雀之助
花笑
旋　寿鶴
平吉
方　頭取　岩次郎
高橋

小文里の名替を祝して

空高く登る勇みや　鶴の声　松鶴

改名をよろこびて

見る〳〵もうれし飛び舞う雛の鶴　文里

こたびおこがましくも

美名を受けて　小文里改

日の恵み受けて初音の雛育ち　松鶴門人

鶴松

京松原建仁寺町　判木摺物司　松凮舎

この摺物の刊年について、橋本礼一氏より考証の書簡をいただいた。「西京新聞」明治十二年（1879）十二月六日に、「新京極菊の屋席に出る桂小文里」とあった小文里が、「西京新聞」明治十三年十二月九日には「鶴松」となっていることから、その間の襲名は確実であるとされ、連名の咄家について次のように言われる。

連名中の松鶴は二代目、木鶴は改名直前の三代目松鶴です。小文里の名も、彼の父親文里の名もあり、明治十三年一月の見立番付「楳の都陽気賑ひ」とよく一致します。もっとも、明治十三年一月二十四日の「西京新聞」によると、「新京極の定席へ出る落語家木屋町二条下る所の武田亀太郎（滑稽の名笑福亭木鶴）は本月一日より松鶴と改名して名披露に赤飯と手拭を配り、また同業へ絆天抔《はんてんなど》を配りしが其費用が百円なりとか」とあり、すでに元旦から三代目松鶴を名乗って出席したようです。見立番付の方は大阪発行と言う地理的な距離と、編集時期の早さからこの襲名の一件を知らなかったのでしょうか。この件を考慮に入れて推測すると、鶴松の改名は明治十三年正月頃と見るべきでしょうか。

書簡中の「楳《うめ》の都《つ》陽気賑《はるのにぎわ》ひ」は『上方落語の歴史』口絵写真に載るもので（関西大学図書館に現存）、「明治十三歳辰一月大新版」、板元名はないが「楳《うめ》の都《つ》」の題名から大阪板と見られるものである。右の摺物で重要なのは、小文里改松鶴門人鶴松の句の詞書きに「おこがましくも美名を受けて」とあることである。小文里の師匠二代目松鶴が鶴松を名乗っていた時期のあることを示唆してくれていると思う。

笑福亭梅香

大津絵節に名を残した笑福亭の咄家に、笑福亭梅香がいる。わたしの手元に林屋菊枝と合作の『流行新さく　大津絵ぶし』という唄本がある【図109】。

この本は四丁（8頁）一冊の薄物の唄本を四点集めたものであり、個別にも売られたらしい。それはそれぞれの表紙の匡郭外に「大坂道頓堀日本橋南詰東へ入（歌板元）本安板」としていることからわかる。表紙の画師は初代長谷川貞信、板元は『大寄噺の尻馬』などの板元、本屋安兵衛である。

縦十七センチ、横十一センチ、中本と呼ばれる大きさである。表紙の右上に「外題　貞信画」の文字があって、

図109 林屋菊枝序『新作　大津絵ふし』の表紙。貞信画。中本。表紙・序文は色摺。内容は林屋菊枝・笑福亭梅香合作の大津ぶしの四丁一冊物が四種まとめられている。架蔵。

三味線の撥と稽古本をもった美人が大きく描かれている。表紙の裏側の見返しには文字がなく、薄墨、茶、紅、二種の藍色を使って、稽古屋の部屋の隅が描かれている。この本にはものものしく林屋菊枝の序文があって、酒席で酌する美女に三味線を弾かせて、これらの新文句を唄ってほしいという。惜しいことに菊枝自身のことや出板の事情などについては語っていない。

本文は、天保末・弘化・嘉永あたりの薄物の唄本類、とっちりとんやいよぶしの唄本と比較すると、二丁づつ上下に分けて全四丁とするのではなく、はじめから四丁ひとつづきとなっている。また、かつては縦十五センチ前後の小本形式であったのに対し、この本は中本の大きさとなっている。

裏表紙の裏、奥付の部分をみると、「正本板元　大坂日本橋南詰東へ入　本屋安兵衛板」、その右には、「江戸歌大寄東一諷」「大寄噺尻馬」「大津絵ふし／よしこのぶし」の広告が載る。「大津絵ふし／よしこのぶし」には「初編より追々出板仕候　浄るりさわり入」とあるが、具体的にどのような本をさすのか、今のところわたしにはわかっていない。しかし、『東一諷』と『噺尻馬』はよく知られている本である。ともに本書同様、冊子としても、綴じ分け本としても売出しのできる本であった。『噺尻馬』は月亭生瀬の項を参照されたい。『東一諷』は江戸歌・上方歌などの稽古本を集めたものである（51頁）。

この本の歌詞は『藝能懇話』第六号（平成五年〔1993〕）に全文紹介したので多くは省略するが、落語史の関係でいえば、四種目の表紙絵に「どなたも御なじみの咄家　林屋菊枝／笑福亭梅香合作」とあるのが注目される【図110】。今日の我々には、菊枝・梅香ともによくわかっていない咄家だけに、「どなたも御なじみ」の語に悔しい思いが募る。

歌詞はよくあるパターンが多いのであるが、中に咄家に関する興味深い文句が出ている。

〇大きな物と小さい物づくし

〽世の中に大きな物と。小さい物と見立て言わふなら　三国に裾《すその》伸す富士の山　安治川口の天保山。奈良の大仏さんに。大江戸では浅草の観音さん。熊野浦でとれる鯨に。ちりめんごわい（ちりめんじゃこ、こあいじゃこ）。紀の国那智さんの滝に。清水音羽の滝と。飴屋の日傘に。手妻につかふ傘　差いた刀のその小柄《こづか》と。勢《せ》楽《らく》の片方《かたほ》の耳に菊枝《きくし》の鼻のあな

「勢《せ》楽《らく》の片方《かたほ》の耳に菊枝《きくし》の鼻のあな」という最後の文句は見逃せない。笑福亭勢楽（彼にも大津絵節の薄物の唄本があった。129頁参照）の耳の片方が大きかったこと、この本の作者である菊枝の鼻の穴が小さかったこと（『落語系図』に二代菊枝を「俗に鼻つまりと云ふ」）を教えてくれる。

なお四種目に「子供あそび」が載るが、これは先に松鶴の一枚摺で紹介したものとほぼ同文である。また、二種目の二丁目三丁目、すなわち「なすび」から「三月のわらひ」までは、一枚摺の貼交ぜ帖『大津絵集本』（東京大学総合図書館霞亭文庫蔵）にも貼られていた。本書には、「正月の笑ひ」「二月の笑ひ」「三月のわらひ」があるにもかかわらず、四・五月がなくて、六・七月があるため、この種の薄物がまだほかにあるらしいこともわかる。

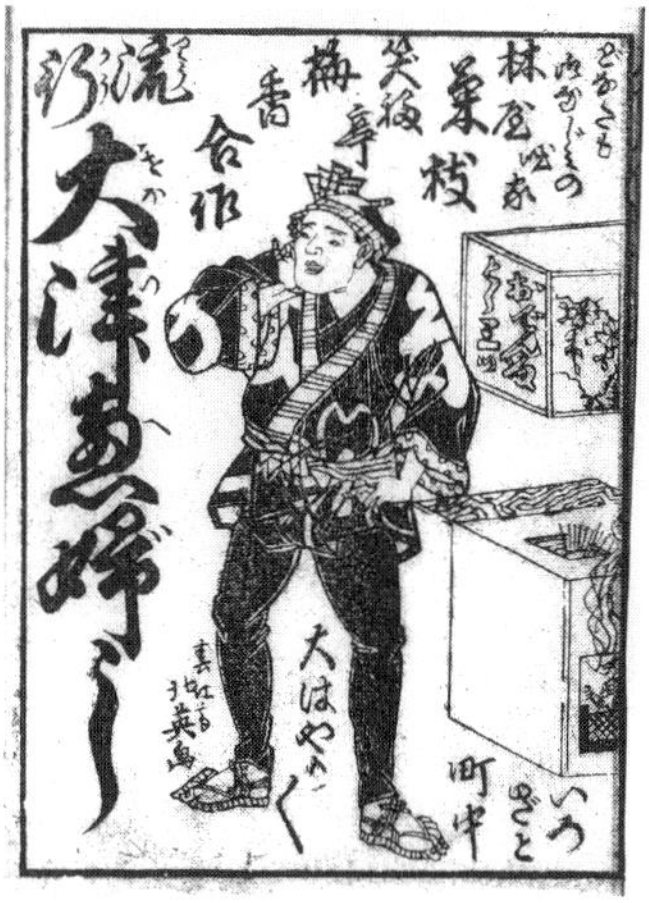

図110 林屋菊枝・笑福亭梅香合作『流行　大津恵ぶし』の表紙。春江斎北英画。図109の中の一点。「どなたも御なじみの咄家」。架蔵。

ところで、この本の刊年であるが、この種の本の通例として刊年は記されていない。本文の中に「天保山」が出て

くるので、天保後半以後というのは確実であろう。大津絵節唄本一枚摺の流行期とも合う。奥付の広告にあった『噺尻馬』は「初編より六編まで」とあるため、小本『噺尻馬』六編の刊行後となる。小本『噺尻馬』は、その五編に「嘉永七年甲寅六月十四日夜半より　大地震助縁著法口連《ちよぼくれ》　全」と題する一編があるため、嘉永七年以後のもの。となると、この本もその頃のものと考えたいのであるが、ここに別の問題が出てくる。

それは、四種中三種の表紙絵に出てくる「春江斎北英」の名である。この人は大坂の浮世絵師として多数の傑作を残しており、その没年は天保八年頃とされる（『浮世絵大百科事典』）。本書の形にまとめられる以前、綴じ分け本で出板されたのが天保八年以前という考えも成り立つが、そうすると、薄物の唄本としては極初期のものとなる。大津絵節は元唄が文化四年の歌本『粋弁当《すいべんとう》』にすでに掲載されており、文化七年大坂生まれの喜多川守貞は、江戸時代の風俗資料としてよく知られる『守貞謾稿《もりさだまんこう》』の中で「予幼年の時より之を唄う」とあるため、天保期に出ていたとしてもおかしくはない。しかし、咄家の大津絵節で年代のわかるものは、安政以降に限られている。浮世絵師北英の没年をずらして晩年はこういうものも描いていたのか、あるいは本屋の作為《さくい》か、疑問は残るが、唄本としては早くても嘉永後半から安政期のものと見ておく。

笑福亭梅香の薄物の唄本は、他にも『類別大津絵節集成　大坂板編』（玩究隠士編、太平書屋、平成一五年）に見られる【図111】。本喜板の『大つへぶし』の表紙には「安政四巳どし（1857）大しん板」とはっきり刊年が書かれていた。また、『大新板一つの物より十ヲまで　大津画ぶし』の表紙には、団扇にこの人の紋と思われる図柄が見える【図112】。「者」をくずしてできた変体仮名の「は」を五つ（い）花弁のように組み合わせ、中心に「可」をくずした変体仮名の「か」があり、これで「はいか」と読むのだろうと思う。

また、『下がゝり大津絵ぶし』（齋田作楽編、太平書屋、昭和五三年）の口絵写真にも、石和板の『いろ里まち中ゑらはやり〴〵　しん文句　画いり　大津へぶし』の表紙があり、「御なじみ　梅香作」と見える。松鶴の大津絵

図111 笑福亭梅香作『大つへぶし』の表紙。『類別　大津絵節集成　大坂板編』より転載。

図112 笑福亭梅香戯作『一ツの物より十ヲまで　大津画ぶし』の表紙。『類別　大津絵節集成　大坂板編』より転載。

節が群を抜いていると先に述べたが、梅香の大津絵節もよく知られていたといえよう。

梅香の大津絵節一枚摺

笑福亭梅香の大津絵節の一枚摺も三枚見た。二枚はともに安政のもの（安政四年九月と安政六年頃）、もう一枚は万延二年かと思われるものであった。

具体的に笑福亭梅香の名の出る一枚摺をみてみよう。

まず、「角芝居　一世一代　大津絵ぶし」は「助六」の絵が描かれており、そこから年代推定が可能となる。五代目市川海老蔵（七代目団十郎）が助六を一世一代として演じたのは、安政四年（1857）九月角の芝居においてであった。役者の一年間の評判を記した役者評判記『役者初渡橋《わたりぞめ》』（池田文庫蔵、安政五年正月刊）によれば、海老蔵はこの年春、中の芝居を勤めた後、堺へ行き、それより宮嶋へ下ったため帰阪が遅れ「角　中　引《ひっ》張《ばり》にて　双方盆替り延引に成り　やう〳〵九月角ノ座へ御出勤……切　江戸桜に花川戸助六……別にこゝぞといふ所も厶《ござ》り升《ま》せねど　立者衆顔揃《たてものしゅうかおぞろ》へにて　先ず　助六の一世一代と云ふ花やかなことで厶《ござ》り升《ま》した」ということである。

二枚目は「うたゝ寐　大都会ふし」（東京大学総合図書館霞亭文庫蔵『大津絵集本』）で、床几の上でうたた寝をして、女に惚れられる夢を見ていたが、（女房に）「風邪ひくがな」と起こされたというもの。内容に年代の手がかりはないが、「安政六年の比」の墨書（旧蔵者のメモ書き）がある。

三枚目は「酉のよふで酉でない物　大津ゑぶし」。「平尾作／笑福亭梅香調」【図113】。平尾についてはまったく知らない。

りよけん（良家?）の嫁さんは姑婆《しゆとめば》様の気取《きど》りする（機嫌をとる）　山め（鰥夫《やもめ》）がひとり　嫁取り　婿取り　こわいが寝太《ねぶと》りで強いが角力取り　竜宮《りうぐ》の海女《あま》が玉取りで　祇園の火ともしは油取り　色屋の娼妓《おやま》さん　こりや手取り　役者の上手が人気取り　初春若みどり　風呂屋の八文が先取りで　出て来ると嫌なものが掛け取り　飯《まゝ》時に出てきて嫌なが肥《こえ》取り　小便《しようべ》取り

「とり」づくしで、歌詞から酉年新年のものと推定される。右下に「南粋亭芳雪」と画師名があり、松の木に迦陵頻伽と思われる鳥が紙面の半分を超える大きさで描かれている。芳雪は天保六年生まれで明治十二年に没した人。大坂の文化史からは、芳滝・国員《くにかず》とともに『浪花百景』を描いた人で知られる。その作画期は安政三年から明治八年とされている（『浮世絵大百科事典』）。この間の酉年は万延二年（1861）と明治六年（1873）があるが、落ち着いた色づかいから万延二年の方ではないかと思っている。

笑福亭梅香とは誰か

さて、以上見てきた笑福亭梅香とはどういう人なのか。「どなたも御なじみ」と唄本に出てきたが、今日のわれわれにはそうはいかない。そもそも「ばいこう」と読むのか「ばいか」とよむのか。

梅香の名は、初代桂文枝や曾呂利新左衛門の前名として、明治以降も伝わっていた。『落語系図』によれば、初代文枝は「初め梅花と云ふ、後に梅香となり、その後文枝となる」。曾呂利は「二代目梅花　初め猫丸　夢丸　後

図113　平尾作・笑福亭梅香調「酉のよふで酉でない物　大津ゑぶし」。南翠亭芳雪（画）。半紙半裁。色摺。架蔵。

にかしくと云ふ、笑福亭松鶴門人なり、松竹となり後に梅花となり梅香となり、文仙となり文之助となり、その後二代目曾呂利新左衛門となる」。曾呂利の場合、自分の経歴を『浪速演芸名家談叢』に残しており、それに従えば彼が松鶴に入門したのは慶応元年（1865）であり、若干の記憶のずれを考えても安政期の梅香は別人である。

明治七年四月三日没（『談叢』の文左衛門「二代文枝」の談）の初代文枝も梅香を名のったと『落語系図』はいう。しかし、それはいつ頃なのか。文政二年（1819）生まれとされる文枝の安政元年（1854）は三十六才頃。「天保十一年（1840）、二十三歳の頃笑福亭梅花の門人となり万光、のちに文治門人に転じて梅花、さらに梅香とし」（『古今東西落語家事典』）ということであれば、この人の可能性も否定できない。後に詳しく述べるが、文枝の大津絵節の一枚摺も、現在ではかなり発見されてきたのである。しかし、嘉永六年の見立番付、安政頃の見立番付にすでに文枝の名がはっきり出ていることにより、安政の大津絵節の梅香を文枝の前名ととるのは無理があろう（天保一四年の見立番付の文枝については、後に述べる）。

桂文左衛門（二代目桂文枝の後名）の語る談話の中に、師（初代文枝）が近代の三名人と認めた一人に梅香が出てくる（『はなし』如月の巻、明治四一年二月刊、肥田晧三「明治の大阪落語」〔『上方学藝史叢攷』〕に依る）。さらに天保十四年（1843）生まれの曾呂利新左衛門（桂文之助の後名）が九歳頃、すなはち嘉永四年（1851）頃に聞いたという「心斎橋北詰西側を西へ入った所の鉄瓶屋」（『大福帳』四九号、明治四一年、「明治の大阪落語」に依る）の梅香がある。この梅香は嘉永六年の見立番付に桂文枝の隣、西方の二段目「結」（小結の省略形）に位置している春亭梅香であろうか。春亭という亭号は、嘉永の見立番付以降全く影を潜めてしまうが、そのうちの一つの名、嘉永の番付で西方関脇という重い位置にあった春亭馬井助の名が、安政頃の番付には笑福亭馬井助となって出ており、春亭梅香から笑福亭梅香の移りは、この例から予想できるように思う。ただ、安政頃の番付に笑福亭梅香の名のみえないのが疑問なのであるが………。

松鶴のところで引用した大阪朝日新聞附録、劇通子の「寄席の変遷」に、「（三）笑福亭梅香《ばいか》の美談」という文章が出てくる（明治三七年一月一〇日）。振り仮名は「ばいこう」ではなく「ばいか」である。

今は世の中の事が複雑して、客の心もあわたゞしいのか、話もシンミリとした実のある話は受けぬといふがそれは疑問で、或ひは芸人の方がそんなものを巧く遣る者がなくて、つまり腕がないのかも知れないテ。兎に角昔の落語家はシンミリとした物で落ちを取る人が多かつた。安政年間から文久へかけて盛名成した笑福亭梅香《ばいか》は通名を金物屋といひ、元は堺筋の鉄瓶問屋の息子であつたのが、放蕩の末落語家になつたので茶屋話は実験がある丈に殊に上手であつた。『親子茶屋』などはこの人の作つたので、この話の骨子は親父が息子に意見をする処でホロリとさせ、後の狐釣の処で花やかに客の気を浮かせ、落合いの処で腹の皮をよらせるのだから、つまり話が三段に別れて抑揚波瀾に富んでゐる。それを今では手ッ取り早く話して、意見の処もホロリとさせる所《どころ》か肝腎の話の魂を引き抜いて滅茶々々に成つてをるが、梅香の話すのは如何にも上品で而して面白かつた……

この後、『五人凧《いか》』（内容不詳）『五色曲独楽』（現行の落語「悋気《りんき》の独楽《こま》」）も巧かったことにふれる。梅香の咄を聞いた客が妾と本妻の争いに心打たれ、妾を持つことを止めて自宅に梅香を招いた。礼をしようとすると、酒食のもてなしだけで礼金は頑として受け取らなかった、という美談が書かれている。この劇通子なる著者が実見した咄家として最高の賛辞が贈られている。この芸風は聞き巧者、仲間内にも評価されたと思われる。初代文枝が名人にあげたのも、この人のように思う。曾呂利が言う「鉄瓶屋」の梅香とも合ってくる。大津絵節の一枚摺や唄本の時期とも合っくるのである。読み方も、薄物の唄本に出てきた紋らしきものの図案の解釈（214頁）やこの新聞記事の振り仮名から「ばいか」と決定できよう。

笑福亭梅香の咄本『絵本十二支』

笑福亭梅香作の咄本『絵本十二支《えほんじゆうにし》』（見返し題「当勢新はなし」、中本一冊、錦絵表紙、刊年不詳、富雪画、錦車堂板）というものが残っている【図114】。一口咄や俄、謎の本などで見かける絵本型の小冊子である。十二支にちなむ小咄を見開きに一話ずつ記したもので、咄本を残した上方の咄家の一人として記憶に留めたい。この本は『藝能史研究』一五二号（二〇〇一年一月）に宮尾與男氏が「初代笑福亭梅香作『絵本十二支』―幕末期の舌耕文芸作品―」として紹介されている。そこでは、梅香を初代桂文枝の前名と見て、嘉永六年の見立番付に文枝の名があること、表紙絵の画師富雪の作画期などから、嘉永六年以前の刊行とされた。

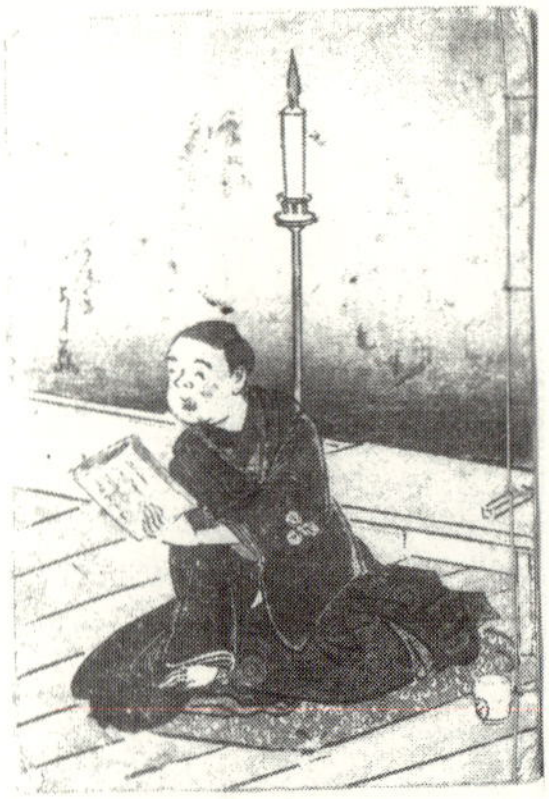

図115『しんさく噺ほむ』（中身は『絵本十二支』）の表紙。あづまよし藤（画）。中本。肥田皓三氏蔵。

図114 笑福亭梅香新作『絵本十二支』の表紙と見返し。富雪（画）。中本。表紙、序文色摺。架蔵。

わたしもこの本をたまたま二本持っている。鼠が高座で演じる発端の一話が色摺りのものと、表紙とその裏以外はすべて墨摺りのものとである。さらに、表紙を替えた本（肥田皓三氏蔵）も残っている【図115】。肥田本の色摺表紙は、三つ柏の紋付を着た、月代《さかやき》を剃った跡の青黛《せいたい》も鮮やかな若い芸人の高座姿が目をひく。この本はたいへん好評だったようである。

内容は、はじめに鼠が高座に上がって挨拶する姿が描かれ、次に子《ね》にちなむ小咄、丑にちなむ小咄と続き、最後は亥にちなむ小咄となる。題名どおりの内容である。十二支が揃っており年の始めに出される本として、どの年に出てもおかしくない本だと思っていた。しかし、はじめの子にちなむ小咄は、

今日は親方のお祭りじやから、木津の大黒様へ参詣したが、扨〱賑はしい事じや　左様でござり升　向かうからちう二郎さんが灯心を担《（た）》げてきなさるが　あれは何《なん》で、ござり升　あれか　あれは甲子《きのえね》に灯心を買うと　油が減らぬといふて皆買いなさる　わたしやまた　内へ往《い》んできのゑ（気の良い）殿御と子《ね》ヱ（寝え）そしてアノ　早ふともせかしらんと思ふた

落ちは灯心の縁で、「火を灯す」と「男女の交わり」を掛けた

ものでバレがかるが秀逸なものと思う。甲子の日に大黒天を祭り、子の刻まで寝ずに灯りを灯して甲子待ちをする風習があった。甲子の日は六十日に一度、毎年五、六度かならずあるのであるから、いつの年でもよいといえる。ただ、鼠を特別に扱っているところから、子年の刊行を思わせる。甲子の年のはじめに出版されたならば、もっとも効果的ではあろうが、江戸時代末期の甲子の年は文久四年（1864）である。文久四年では時代が下りすぎの感もある。その前の子歳は嘉永五年（1852）である。

図116『本朝出世鑑』（表紙題は「武勇鑑」）の見返しと第一丁表。北粋亭芳豊画。表紙は木版色摺、本文は合羽摺。小本。架蔵。翻刻は366頁。

表紙の錦絵を描いた富雪は天保末から嘉永まで、役者絵や読本の挿絵画家として活躍したようで（『浮世絵大百科事典』）、嘉永七年（1854）八月「与話情浮名横櫛《よはなさけうきなのよこぐし》」の市川猿蔵の切られの与三（中判錦絵）が知られている（『池田文庫上方役者絵集成　第三巻』）。作品が多くなく、正確な活躍期は押さえがたい。

この本の裏表紙に錦車堂の出版広告があり、その中の『出世鑑』と思われる本を紹介しておく【図116】。『本朝出世鑑』（見返し題、表紙題は「武勇鑑」）。北粋亭芳豊画、浪花錦車堂の出板。合羽摺（型紙で色づけ）の絵本で、内容は日吉丸誕生から信長に仕えるまでを描いたもの（以後落丁）である。錦車堂板では、後に詳しく述べる林家菊枝著『大津画ふし　初篇』（画工北粋軒芳豊、筆耕小野原啓三）もある。芳豊の活躍期、大津絵節の流行期から見て、嘉永・

安政頃のものと見ている。『絵本十二支』もその頃のものと思われる。
『絵本十二支』の刊年を明らかにできず、文枝の改名時を決定できない今、これ以上は追求しがたい。ただ、わたしはこの笑福亭梅香は、初代桂文枝の前名と見るよりは、安政期に大津絵節に名を残した梅香、「笑福亭梅香の美談」で絶賛された咄名人の梅香の方をとりたいと思っている。

笑福亭福我

「生人魚」と題する大津絵節の一枚（半紙半裁型）が関西大学図書館にあり、そこに笑福亭福我の名が見える【図117】。はじめに人魚の絵と説明があり、人魚の肉を食べると不老不死となり、見るだけでも長寿となり、子供が見れば疱瘡《ほうそう》や麻疹《はしか》の呪《まじな》いになると言う。

一　人魚は《〔わ〕》西洋の海に産して、肉を食せば不老不死と云ふ　一度見る者は長寿たるもの也　子達には《〔わ〕》疱瘡《ほうそう》
麻疹《はしか》　まじないと云ふ

その後に大津絵節の歌詞が記されている。内容から判断すると、夏の夕方、難波新地溝《みぞ》の側《かわ》で行われた見世物で、「鉢植」「たね細工」の語があるので植木細工らしい。

大津へふし
〽夏の夕暮れに打連れて　涼みかこつけ溝《みぞ》の側《かわ》　色気をとぼす燭台の　味な所から仕かけられ　水気《すいき》な（粋気な）お前に色々と　木で気をつくした鉢植の　糸し恋しの種細工　またの逢瀬《おうせ》を松浦潟　それにまた美しい人魚のよふな女中の出来たゆへ　しゆと（貞操を固く守る「守燈」か）の一念　深い恨みに　浅草寺の御利生で気を晴らす
笑福亭福我作

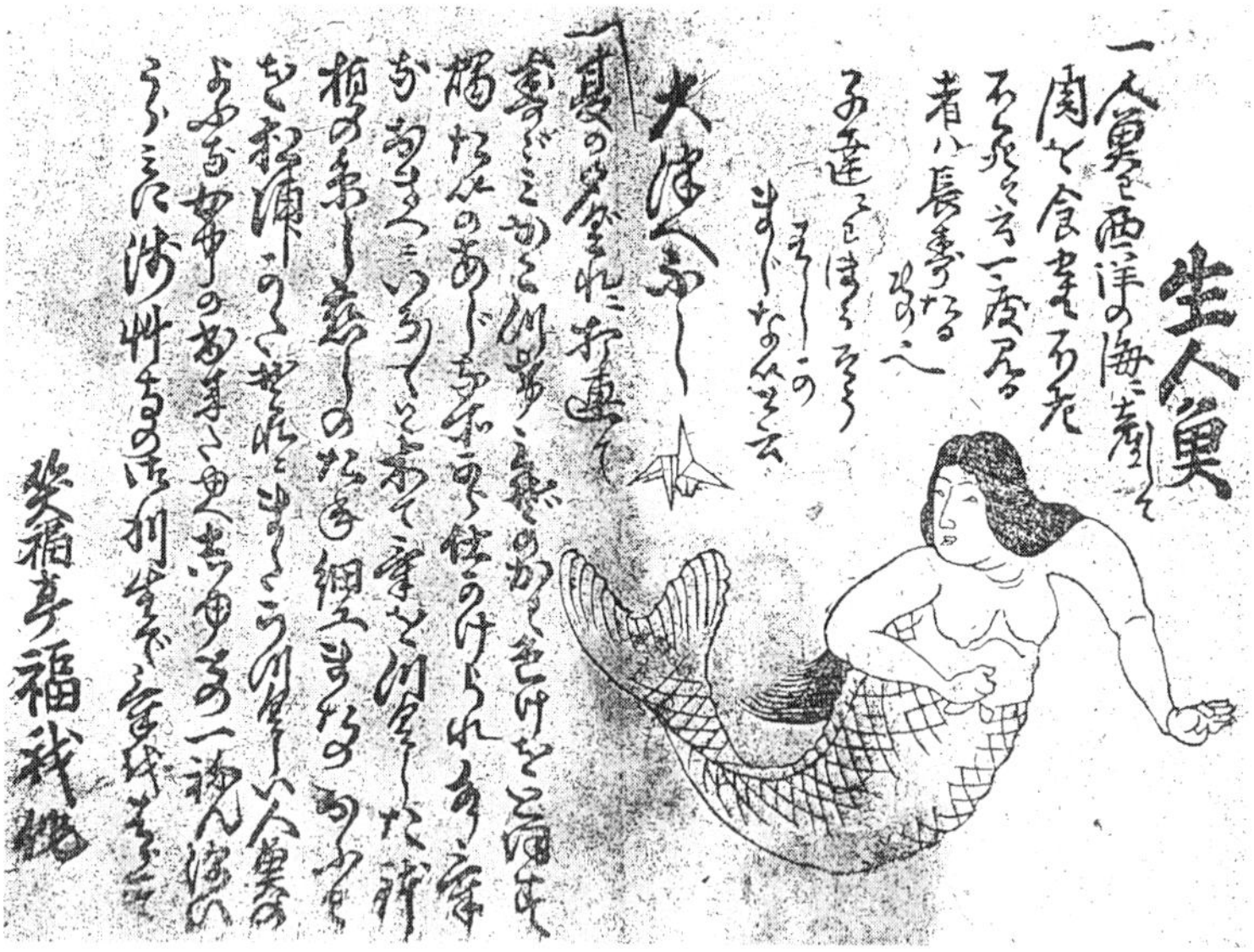

図117　笑福亭福我作「生人魚　大津へふし」。半紙半裁。関西大学図書館蔵。

『近来年代記』を調べてもピタリと一致するものは見あたらない。ただ、明治六年の見世物を並べたところに「○植木細工生人形　是はいろ〳〵の生木を持て作りしなり」とあり、これではないかと思われるが詳細はわからない。

笑福亭福我は、「我」の字から「竹我」の弟子筋と思われる。『落語系図』はすでに述べたように、竹我のことはよくわかっていないようで、福我の名前も見あたらない。しかし、この人も幕末から明治にかけて活躍した一人である。嘉永六年、安政頃の見立番付にともに名がみられ、明治八年七月の「浪花名所昔噺連中見立」（『藝能懇話』一三号）にも見られる。そこには「軽口ととうしん（唐人？）顔芸人々が　福が来るかと木津の大黒」の評がついている。嘉永六年（1853）と明治八年（1875）では二十二年の開きがあり、代替わりしている可能性もあるが、いずれにしても笑福亭の中で忘れてはならない噺家名の一つであった。

十、林屋から林家へ――嘉永七年（安政元年）の大津波との関係は？

林屋か林家か

今日では、「はやしや」は東京・関西とも林屋ではなく林家を使っている。ではいつごろからそうなったのであろうか。江戸時代はおおらかで、人名でも文字表記にこだわらないところがあるが、芸人の亭号にあたる部分である。看板やビラで目につくだけに無頓着ではいられなかったと思う。

江戸・東京の場合、明治十二年（1879）没の正蔵の四代目までは「林屋」、明治二十一年に五代目を襲名した正蔵から「林家」になったようである（『古今東西落語家事典』）。林屋の祖の正蔵代々でははっきり言えても、その他の場合は必ずしもそうではないようである。『日本庶民文化史料集成　第八巻』所収の見立番付類で確認すると、安政四・五年とされる「大寄見立都々一」に仮名書きの「はやしや正寿」はあるが、他は「林屋」で統一されている。明治九年の「落語業名鑑」でも「林屋」であって「林家」ではない。しかし、明治十一年十二月の「落語人名鑑」では、「林家朝蔵・林家小正蔵・林家林蔵・林家林蝶・林家正丸」と「林家」の表記が見え始めるが、「林屋正楽」のようにまだ「屋」も残っている。

上方の場合はどうか。天保十四年の見立番付、嘉永六年の見立番付ともすべて「林屋」であった。ところが、安政頃の見立番付では、逆にすべて「林家」となっている。すでに述べたように、この番付は手書きのもので、明治以降に書かれた可能性もある。確実なものとして明治八年七月の「浪花名所昔噺連中見立」を見ると、「林屋」はまったくなく、「林家」と「林」に分かれて統一されている。明治十三年の「楳の都陽気賑ひ」も同様に「林家」と「林」に分かれているが、「林屋」は出てこない。上方では嘉永末から明治初年の間に、「林屋」は「林家」になったと思われるのである。このことをまず頭に置きながら、「林家」を名乗る咄家の流行唄の資料を見てみよう。

林家竹枝

第八章「消えていった名前」でふれた都亀蝶作の「大津ゑぶし」の調者であった林家竹枝は、天保十四年の見立番付にも嘉永六年の見立番付にも見られないが、安政頃の番付では東方二段目二枚目に「林家竹枝」と出てくる。『落語系図』によれば、二代目正三の弟子で、後に四代目正三、三代目菊枝を継いだとある。

表紙に林家竹枝調・嶋丸作とある『大都画ふし』の小冊子もある【図118】。この本は裏打ち改装されていて（一枚一枚別の紙に貼り付けて綴じ直した）、もとの形がよくわからない。本文は五丁半（一一頁）であるが最初の二丁半は作者名がなく、表紙見返しの題のない歌詞、「芸子ののぞみ」「下駄づくし」「うらみ」「こたつ」の題の大津絵節。次の二丁は「十二支　中村友三作」「はつ湯　中村雀右衛門作」「湯上り　嵐吉三郎作」「大津湯　中村友三作」と、役者の作になる歌詞を載せ、最後は「待夜のうらみごと　大津画ぶし」の一丁（一枚摺を二つ折りしたもの）がつく。道外方の中村友三、敵役の中村雀右衛門、立役の嵐吉三郎という幕末期上方の人気役者がこうした流行唄に関わっている点、大変珍しい。

図118　林家竹枝調・嶋丸作『大津画ふし』の表紙。中本。架蔵。

この本は『藝能懇話』第四号（平成三年）に翻刻紹介を載せた。

江戸時代後期、道頓堀で活躍した道外方の役者二代目中村友三を調べて、「至上上吉　中村友三　幕末大坂歌舞伎の一断面」（『歌舞伎研究と批評』第四号、平成元年）を書いた頃、歌舞伎研究の先輩の武井協三氏からいただいたものである。役者資料として貴重だったが、咄家資料としては、表紙の「林家竹枝調」がどこまでかかるのか曖昧なのが惜しまれる。少なくとも表紙裏の大津絵節は竹枝調と見て紹介しておこう。

これほどに思ふもの　詞〽なぜそんなに邪見《じやけん》なだろ　男心のむごらしく（むごたらしく）。気強《きづよ》いばかりが男かと　しがみついたりしやくり泣き。聞くに不憫《ふびん》さ　引寄せて　詞〽互ひに締めつ締められつ　更《ふ》けゆく夜半《よわ》のものすごく　ぽん〳〵　火の用心さつしやれましよ　まわりの声でふと目をさまし　詞〽おや今のは夢であつたか　ハア　くしやめ　畜《ちく》生《しよう》め。かわい女がそしるのか。ただしや恋風《こいかぜ》邪ひいたのか

なお、作詞の嶋丸は咄家なのかどうかもわからない。

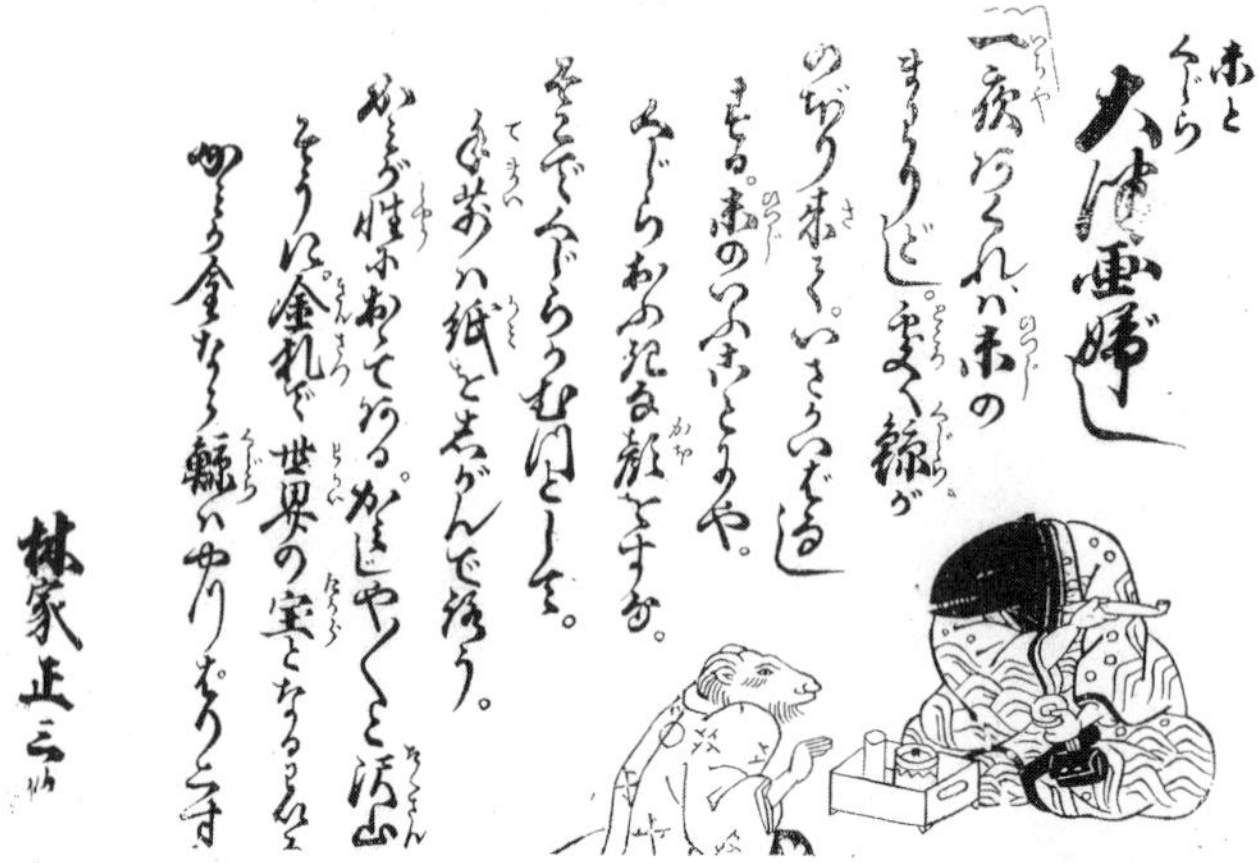

図119 林家正三作「未とくじら　大津画ぶし」。半紙半裁。京都府立総合資料館蔵。

林家正三

林家正三の大津絵節の一枚摺は今のところ二枚見たことがある。まず、京都府総合資料館蔵（以下ここの資料は橋本礼一氏に教えられた）の「未《ひつじ》とくじら　大津画ぶし」（半紙半裁型、墨摺）を見てみよう【図119】。

未とくじら　大津画ぶし

〽一夜明くれば未《ひつじ》の回《まわ》り年。処《ところ》へ鯨が上《のぼ》り来て。諍《いさか》い話する。未の言ふことにや。鯨大きな顔をすな。そこで鯨がむつとして。

手前《てまい》（お前）は紙を噛《しが》んでろう。紙が性《しやう》に合《おゝ》てある。紙じや〳〵と沢山《たくさん》そうに。金札《きんさつ》で世界の宝となるわい〔な〕紙が金《かね》（曲尺《かねじやく》）なら鯨（鯨尺）はやっぱり二寸〔五分〕

林家正三〔作〕

鯨が着物を着て煙草を吸っている前に、羊がやはり着物を着て話しかけている、素朴な絵がついている。鯨が大坂に上ってきて大きな顔をするので羊が文句を言いに来た場面。鯨は羊に、お前は黙って紙をしがんでおれという。羊は紙を馬鹿にするけれども、金札は世界の宝になる、鯨尺《くじらじやく》は曲尺《かねじやく》より二寸五分短いではないか、という意味であろう。残念なことに下部が切れているので一部文字を〔　〕で推測した。

この未年は明治四年（1871）の未年と思う。なぜなら、この年、大阪の見世物に「○大鯨生取」（『近来年代記』）が出た。金札は明治政府によって慶応四年五月から明治二年五月まで発行された政府紙幣で、以後もしばらくは流通していたものか。

もう一枚は「尾上卯三郎　尾上多見丸　あの世の土産《みやげ》　大津画ふし」（半紙半裁型、色摺、八尾善板）である【図120】。

〽哀れとも多見丸が。死出の旅路へ魁《さきがけ》の。跡に続いて。卯三郎も。同じ尾上の若松と。是《これ》や一座《いちざ》の立者《たてもの》が。人気評判取り越して。今は蓮《はちす》の花形《はながた》と。なりし互ひの身の秋は。是非《ぜひ》もなき。東《ひがし》の芝居を首尾よく勤め。西へ戻るを行き過ぎて十萬億度《じゆうまんおくど》へ参りました

林家正三戯作

これは若手花形の尾上多見丸・尾上卯三郎の二人が相次いで亡くなったことを詠み込んでいる。二人はともに二代目尾上多見蔵の弟子で、明治七年一月刊の役者の見立番付「三府《さんぷ》惣役者大見《そうやくしやおおみ》立《たて》」（前田喜兵衛板）に、ともに故人として出てくる。尾上卯三郎は『歌舞伎俳優名跡便覧』によれば、死絵を根拠にして八月二十日没とする（この死

図120　林家正三戯作「尾上卯三郎／尾上多見丸　あの世のみやげ　大津画ふし」。半紙半裁。八尾善板。色摺。架蔵。

絵は未だ見てない）。多見丸の没した月日は不明ながら、二人とも六年中に死亡したわけで、この大津絵節もその時期のものと考えられる。

この正三は明治の初年に活躍した人ということになり、『落語系図』に言う竹枝から四代目正三となった人、すなわち前項の竹枝と同一人とみてよいであろう。

林家正太郎

林家正太郎には、天保後半から出ていた薄物の唄本がある【図121】。

『大津絵ぶし　そろばん玉にのる物他』（大丈板、四丁）の上の巻は、表紙に「林家正太郎調」「安楽軒作」「新文句」「そろばん玉にのる物　七夕祭り　鳥尽し　玉尽し　長し短し　団扇の心意気」「大津絵ぶし」とあって、しどけない姿で三味を弾く女性が描かれている。下の巻表紙には「林家正太郎調」「新作　大都会ふし」とあって、行灯と三味線と濡れ文と簪《かんざし》が描かれている。ただし、上下は連続したもので、はじめの表紙に記された六つの歌詞が半丁（一頁）ごとに書かれ、

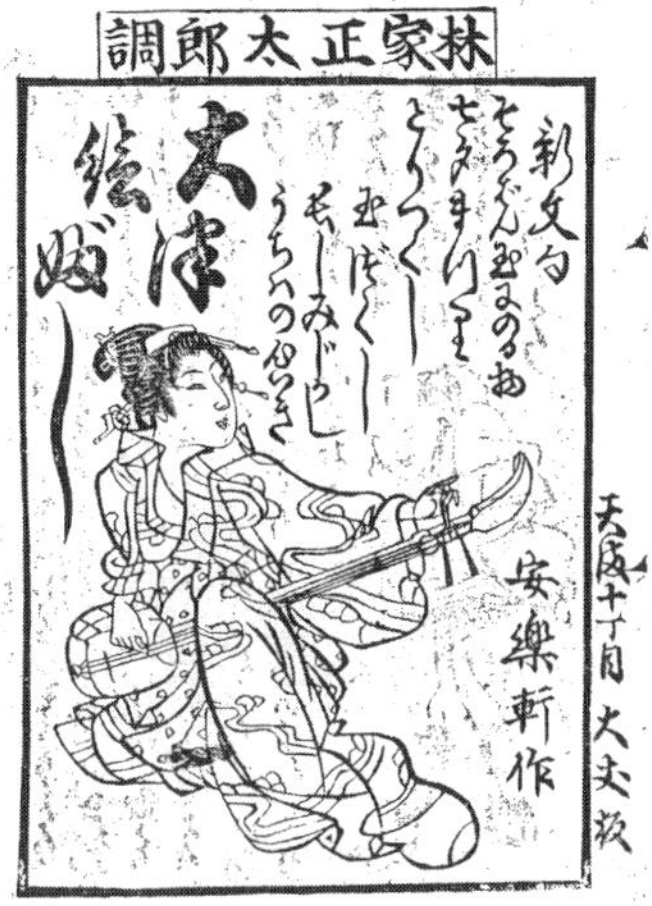

図121　林家正太郎・安楽軒作『大津絵ぶし』の表紙。梅花女子大学図書館蔵。

それぞれ小さな挿絵が入っている。『藝能懇話』第九号に紹介したものである。「団扇の心意気」を除けば、みな尽し物。「長し短し」を見ると、

▲帯に短し　たすきに長し　亀の手足に鶴の首　雀の色事に牛のよだれ　角力の勝負付にもぐさの売り声　お侍の腰の物に　紋日《もんび》の線香《せんこ》に中居《なかい》の返事　芝居丁稚の着物の裄《ゆき》と丈《たけ》　お医者の羽織にちんばの足元　鴨《かも》の脛《はぎ》に虎の尾と　娼妓《おやま》の手水《ちょうず》とお客の急ぐ気と　秋の日に主《ぬし》を待つ夜と　狆《ちん》の面《かお》とお市（市子。神楽女の意から処女《おとめ》の意?）の前の毛《け》と

短いものと長いものを対にしている。角力の勝負付は、半紙を横に二枚に切った横長の紙に、相撲取りの名を上下に置き、中に「かち」「まけ」「分」「預り」「勝負なし」などだけを記した瓦版である。これをその日のうちに売り歩く「勝負付売り」の売り声は威勢よく短いのに対し、江州の艾《もぐさ》売りの売り声はのんびりと長く伸ばす、この対比のおかしさである（落語「亀佐」では、艾売りの売り声が咄の骨格となっている）。ひとつのことばの中に長いもの短いものの両方含まれているものもあって、注意を要する。最後の部分、『藝能懇話』で紹介した時には「前掛《か》け」と読んだが、最後にバレの語をもってくる歌詞の例は多く、ここも「前の毛」と読み直しておく。言い訳になるが、「可」をくずした変体仮名の「か」と「の」の判別は微妙なのである。

調者の林家正太郎について、『落語系図』は五代目正三門人の正太郎を初代とみている。しかし、嘉永六年の見立番付には行司桂文治の脇に林屋正太良の名が既にみられる。行司添え人のこの位置は、実力的には番付の上位に置きにくいが、人気知名度で無視しがたい、大立者の子供などの座ることがある。「郎」と「良」の違いは、江戸

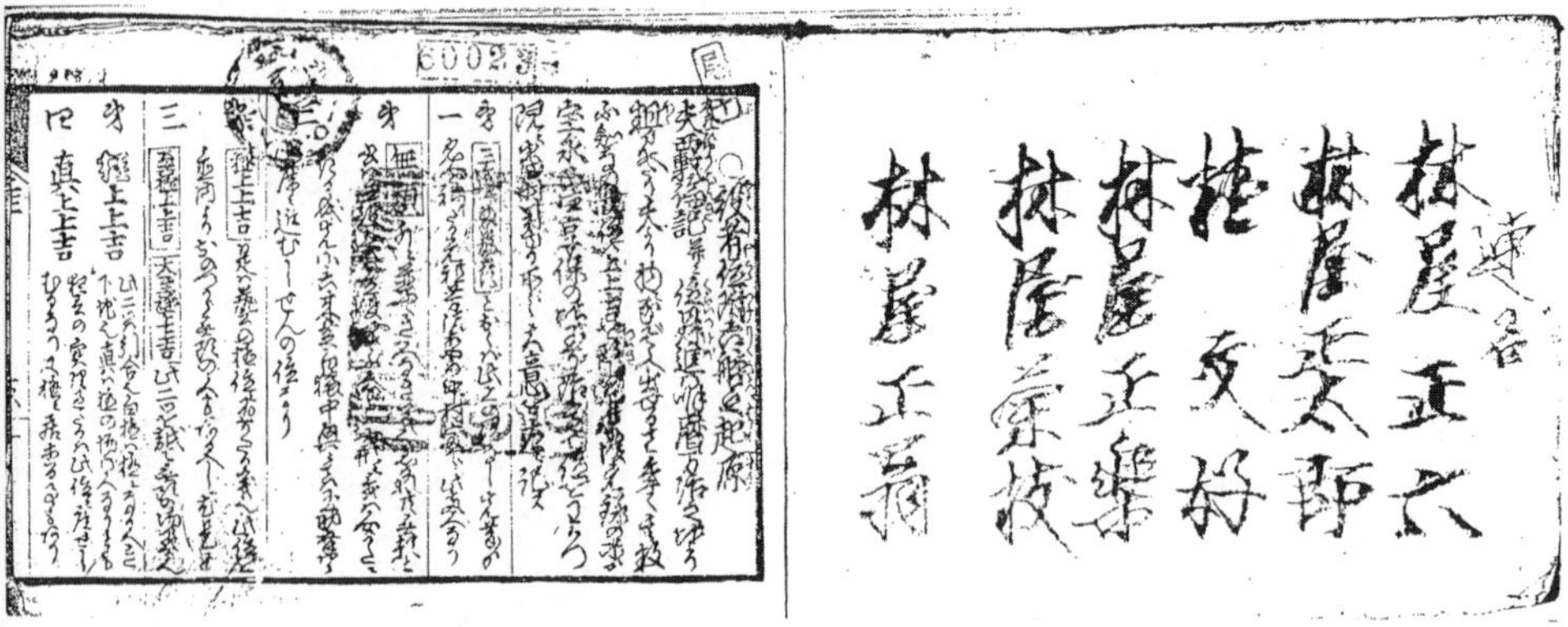

図122 林屋の連名。役者評判記『役者産物合』の見返しと一丁目表。京都大学附属図書館蔵。
翻刻は367頁。

時代の表記にはしばしば見られるもので、この際気にはしない。

また、京都大学附属図書館蔵の嘉永二年（1849）の役者評判記『役者《やくしゃ》産物合《めいぶつあわせ》』京大坂上巻の表紙の裏側の白紙に、旧蔵者の心覚えであろうか、どういうわけか咄家名を列記した墨書があって、その中に林屋正太郎があがっている【図122】。「連名　林屋正六　林屋正太郎　桂文好　林屋正楽　林屋菊枝　林屋正翁」と、それぞれ一行に書いてあり、菊枝と正翁の間は一行あけているものである。正六を除き他は嘉永六年の見立番付に名がみられるため、嘉永期の書き込みと思われ、この頃林屋正太郎のいたことは確実である。大津絵ぶしの正太郎は林家、嘉永の正太郎は林屋であり、二人をすぐに同人とするには問題もあろうが、『落語系図』が五代目正三の門人を正太郎の初代とするのは誤りと言わなければならない。

京都府総合資料館の『幕末明治初年民俗資料』という貼り交ぜ帖の類を調査したところ、林家正太郎調の「御ぞんじ大津へふし右衛門」（半紙半裁型、絵なし、藍摺）という一枚摺のあることを知った【図123】。

御ぞんじ　大津へふし右衛門

寅の年　**大**角力　関は**二**しき山馬之助　**四**角山巳の右衛門　**六**ヶ峰辰蔵　**七**草《ぐさ》山戊平　**八**陣酉次郎　続いて**十**万海申之進　**極**印未良化《け》粧紙《しょがみ》　**小**結　**正**釈迦嶽丑之助　**三**坂山子太郎　**五**所の浦亥之介に

閏つき辰蔵　九文龍卯之助　初霜寅右衛門

六月廿六日　土用入仕候

林家正太郎調

これは暦の大小が読み込んである。太陰暦では毎年各月の大小が変わるため、その月が大の月（三〇日）なのか小の月（二九日）なのかを知っておく必要があった。寅の年は二月・四月・六月・七月・八月・十月・極月が大の月であり、正月・三月・五月・閏月（閏七月）・九月・霜月が小の月だというものである。この条件に合う寅の年は嘉永七年（＝安政元年〔1854〕）である。詠み込んだ相撲取りは確認できない力士もあり、古い時代の人もあり、下の名前はその月の朔日の十二支を表しており（内田正男編著『日本暦日原典』雄山閣、一九七五年）、実際の名前ではない。非常に凝った歌詞になっている。一枚摺が嘉永七年（安政元年）であることは確実である。先の正太郎調の薄物の唄本もほぼ同時期とみてよいかと思われる。唄本に「作」とあった安楽軒（竜田安楽）も、第八章で述べたように嘉永期に活躍した人と見て間違いないと思う。

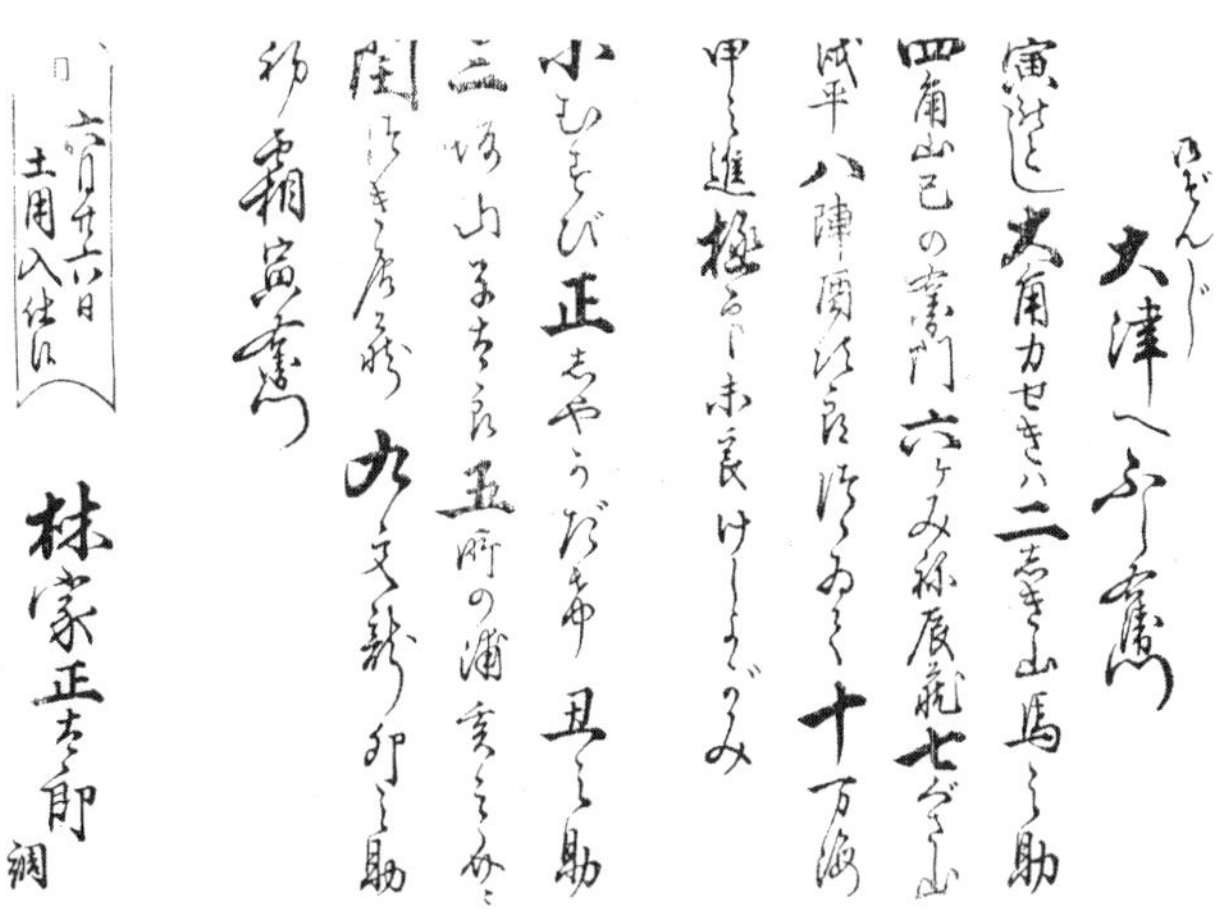

図123 林家正太郎調「御ぞんじ　大津へふし右衛門」。半紙半裁。京都府立総合資料館蔵。

林家菊枝

林家菊枝も一枚摺の流行唄を残している。「角の芝居二ノ替り　大津絵ぶし」（半紙半裁型、絵は色摺）は国立演芸場（国立劇場）にあり、また霞亭文庫の『近世伎史』にもある【図124】。

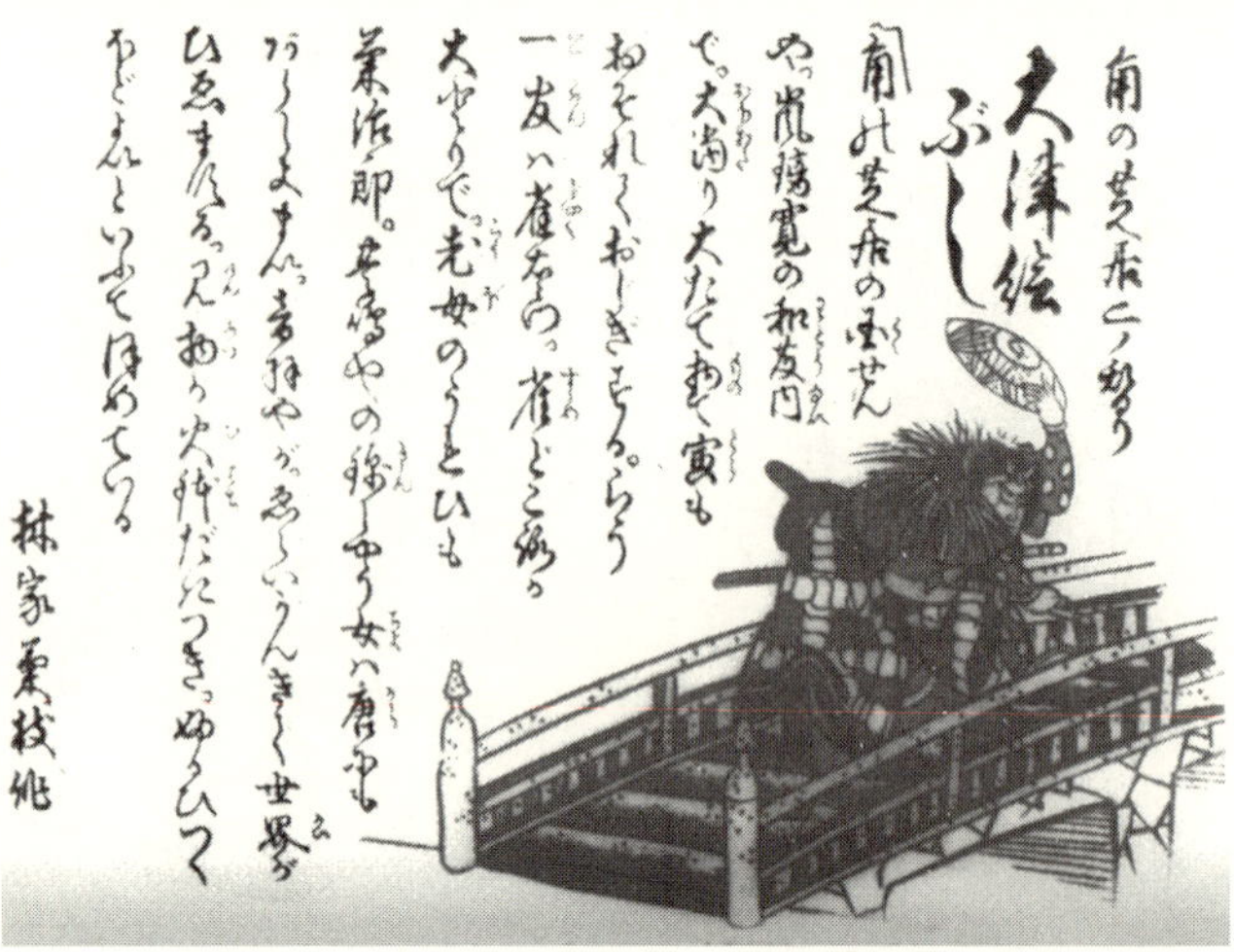

図124　林家菊枝作「角の芝居二の替り　大津絵ふし」。半紙半裁。色摺。東京大学総合図書館霞亭文庫蔵『近世伎史』所収。

角の芝居　二ノ替り　大津絵ぶし
ヘ角の芝居の国性爺。嵐璃寛の和藤内で。大当り大立者《物》で寅も恐れてお辞儀する。老一官は雀右衛門。雀どころか大《おお》鳥《とり》で。老母の愁ひも（開く）菊治郎。豊島《てしま》屋の錦祥女《きんしょうじょ》は唐《から》にもあらしよまい。音羽屋が。ゑらい甘輝（寒気、疳気?）で世界が冷ゑまする。見物が火鉢抱きつき。ふるいつくほどよいと言ふてほめている

林家菊枝作

安政六年（1859）正月角の芝居の「国性爺合戦」を詠み込んだもので、画師名はないが獅子ヶ城の石橋の和藤内が描かれている。三代目嵐璃寛の和藤内、初代中村雀右衛門の老一官、二代目尾上菊次郎の老母、二代目嵐璃珏（豊島屋）の錦祥女、二代目尾上多見蔵（音羽屋）の甘輝将軍と、配役もきっちり合っている。

なお、「林家」でなく秋亭菊枝・二代目林屋菊枝の薄物の唄本は、すでに第五章でみてきた。また、笑福亭梅香と合作をした林屋菊枝のことは、第七章でふれた。二代目の菊枝がいつ頃まで活躍したのか。嘉永六年の見立番付の東方大関の林屋菊枝と安政の見立番付に東方大関の位置にある林家菊枝を別人とは見にくい。見立番付の最高位の名前が代替りしているとは考えがたいのである。

林家菊枝の名が出る『大津画ふし』という冊子がある（『藝能懇話』第五号）【図125】。表紙も入れて八丁（16頁）

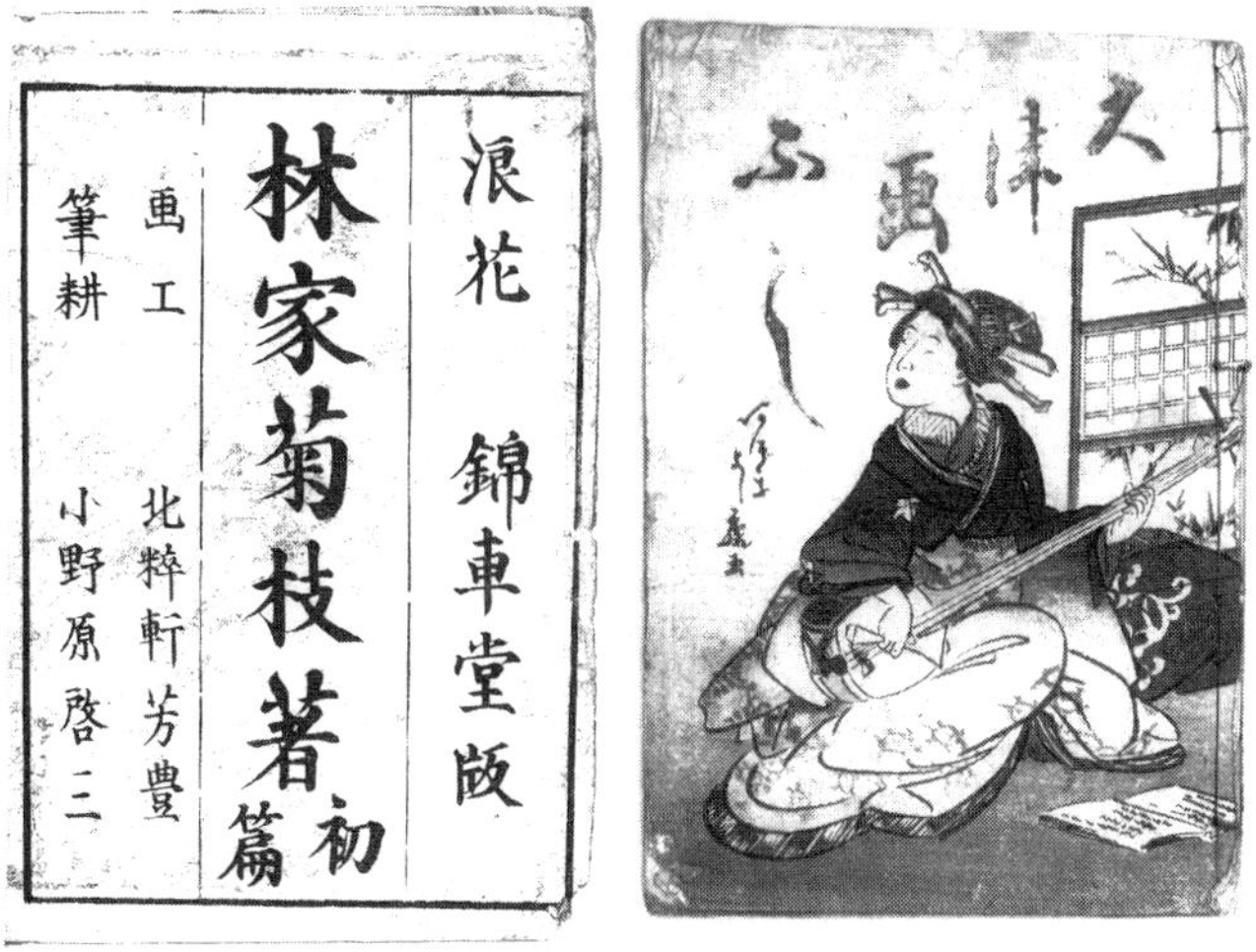

図125 林家菊枝著『大津画ふし　初篇』の表紙と見返し。北粋軒芳豊（画）、表紙はあづまよし藤画。色摺。中本。架蔵。

で、裏表紙はない。表紙も本文と同じ薄い紙で、藍・青・茶・黄・薄紅の色刷りではあるが、地は白のままで、錦絵のような極彩色ではない。三味線を弾く女性が描かれ「あづま　よし藤画」とある。幕末から明治にかけて「おもちゃ絵の芳藤」として知られた江戸の歌川芳藤であろうか。表紙見返しには「浪花錦車堂版」「林家菊枝著　初篇」「画工　北粋軒芳豊　筆耕　小野原啓三」とある。芳豊は表紙を描いた芳藤と同じ歌川国芳門の人、慶応二年（1866）没、作画期は安政元年（1854）から五年までとされている（『浮世絵大百科事典　第二巻』）。筆耕の小野原啓三の名は、肥田晧三氏蔵『生人形いろは譬　よしこの』（安政四年刊、宗広画、川辺屋板）の筆耕としても出ている。この頃の唄本などの序文に見られる小野原（関西大学図書館蔵『伊世節大輯』嘉永四年刊、石川屋和助他板）・小野原公春（『絵本十二支』）と同一人と思われる。内容は「四季大津画」と題するものが四丁半、その裏の半丁は題を四角で囲んだ「よいのくぜつ」で本文十行。「籠の鳥」・「きり〱す」の一丁は本文十一行で、題の囲みはない。そして最後の一丁は「世の中にかわるもの」「棚のねずみ」で、題の下に「林家菊枝　作」と記される。すなわち、外見から判断すると、三種のもののとじ合わせとわかる。

このうち「四季大津画」の五丁は、肥田晧三氏蔵『大津画ぶし　初篇』（安政仲夏発行、小野原公春序・筆耕、笑福亭松鶴調、画工北粋亭芳豊、錦車堂板）の後半と同じものである。板元などの一致から、どちらかが流用したことは明かであるが、一方は松鶴調の本に綴じられ、一方は菊枝著の本に入れられている。予想されたことではあるが、これらの資料に載る咄家名は名目にすぎないのではないか、という疑問がふくらんでくる。ただ、当時の人が見て明らかな嘘は書いていないとも考えている。

「四季大津画」の「春」を見てみよう。

〽蓋茶碗
　詞　もほ　しなはんナ
座《ざ》禅《ぜん》豆　五分切漬け大根は
　詞　おや　おいしいねへ
照りごまめ　鏡台《きょうだい》に
　詞　誠にきれいだ
桜草。連子《れんじ》（連子格子の窓）に駒下駄
　詞　濡れて有るかへ
仰向《あおむ》けて　うがひ茶碗に
　詞　早く使つておしまひ
房楊枝《ふさようじ》　衣桁《いこう》にやぴか〳〵蛍貝。火鉢に
　詞　早く　持つとおいで　ふう　熱《あつ》つ
ほたて貝　引四《ひけよ》つ（遊廓の終業時間）前からのろけ話

詞　おや　ひどいねへ　それでも　ども（どうも）あの人の事は忘れられないよ
毘沙門さんのお供えを鼠がおつこした（落とした）
　チウ〳〵
　ごろ〳〵ぴつしやり　琴柱《ことじ》に当りて　ころりんしやんと。時雨の松風　音ばかり
　遊女が二人火鉢を挟んで食事をしながら話し、後ろで禿が給仕する図が描かれている。歌詞は詞と歌の掛け合いである。これが菊枝作のものか、松鶴調のものか、あるいは菊枝作・松鶴調のものか、いずれにせよ寄席の歌の雰囲気があふれていると思う。
　この本の中で「林家菊枝　作」とはっきり記される「世の中にかわるもの」も見ておこう。
　世の中にかわるものは。人の心と猫の目と。浮世の事《こと》、川の瀬と。覗《のぞ》き（覗きからくり）の紐《ひも》引きや江戸とかわる。ま一つ紐《しと》引きや外題《げだい》がかわる　おで、こでんの笊《いかき》の中と。品玉遣《しなだまづか》ひの茶碗の中と。毛虫が蝶々と変わり升。銭金がなけねば（無いと）女郎の気が変わる　古金　古釘　金魚とかわる。破れ傘　伏見人形とかはり升《ます》
　紐を引くと中の絵がかわる覗き機関《からくり》、笊を開ける度に中の人形が変わる大道芸のおでこでん、茶碗の中からいろいろな物を取り出す手品師が詠まれ、古釘などを持って行くと金魚と替えてくれる金魚屋、古い傘を持って行くと伏見人形と替えてくれる傘屋が出てくる。幕末頃の芸能・風俗に関心のある者には、興味深い歌詞である。
　もう一冊、林家菊枝作のものを見たことがある。豊田善敬氏蔵。表紙を入れて全六丁で、表紙には合羽摺で菊枝本人と思われる人物が、見台の前に座り下手にある燭台の蠟燭の芯を切っているところが描かれている。手擦れで題名がはっきり読めないが『［大津画］ふし』と思われる（詳しくは巻末の「咄家の唄本所蔵先一覧」の321頁を参照されたい）。実はこの本と非常に体裁の似た林家菊丸作のものがあり、それは次節で詳しく述べることにする。
　菊枝にはさらに、年代決定の手がかりはないが維新前後のものかと思われる、簡素な一枚摺大津絵節の連作があ

図126　林家菊枝作「大津ゑぶし　諸国を自由ニする物」。半紙半裁。色摺。肥田晧三氏蔵。

る。

・心もちのよふない物　大津ゑぶし　架蔵　林家菊枝作
・諸国を自由にする物　大津ゑぶし　豊田・肥田・架蔵　林家菊枝作

枠の外の「林家菊枝作」の文字はないが、版の形が全く同じ「百人一首の内」と題する大津恵ぶしも残っている。

その一枚（半紙半裁型、豊田本・肥田本は錦絵とは言えないが色摺絵。紙は架蔵本同様薄い楮紙《ちよし》。架蔵本は墨摺に紅色で鶴の模様のみ）【図126】を紹介する。豊田本冊子の『〔大津画〕ふし』にも収められている曲である。

　諸国を自由にする物
世の中をたづねてみたら。諸国を自由にする物がある。土佐や薩摩を目に掛けて。いる　これが鰹節屋《かつおぶしや》の店の人。土佐や日向《ひゅうが》を担《かた》げて出る炭屋若い人。たばこ呑みは諸国を煙りに吹いて見る。砂糖屋は国国を舐《な》めて知る。日本国を動かす地震の鯰《なまず》。指先で唐《から》と日本を見分けている生薬《きぐすり》屋　五十三次股に掛けて江戸町を畳《たた》んで担《かた》げるからくり屋鰹節の産地、炭の産地、煙草の産地、砂糖の産地。地中にあって地震を起こすと信じられていた鯰は、日本国全体を動かすことができる。生薬屋は指先で、中国渡来の漢方薬か日本産の薬かを見分ける。覗き機関《からくり》屋は東海道五十三次や江戸の町の名所を見せながら、荷を担いで商売に回っている、という意味であろう。はっきりとした年代推定はできないが、「土佐や薩摩」の言い方に、維新前後の匂いがする。となると、二代目林家菊枝の悴菊助が三代目菊枝を継いだとあり（『落語系図』）、この連作の場合などはあるいは三代目とも考えられる。

林家菊枝作

林家菊丸

見立番付で菊丸を探すと、天保十四年（1843）の見立番付は西二段目前頭にすでに林屋菊丸で名前があり、嘉永六年の見立番付では東前頭筆頭に上がり、安政頃の番付の林家菊丸も同じ位置にある。代替わりをすれば一旦は地位を下げるはずであるから、三枚の見立番付に出てくる菊丸は同一人と見てよいかと思う。そして、二代目林屋菊枝と菊丸の関係は、両者の番付の位置は菊丸がいつも少し下ということから、菊枝の弟子というより弟弟子と見たい。『落語系図』が菊丸を初代正三の門人とする記述にも合ってくる。

林家菊丸にも、粗末なものながら一冊の本が残っている【図127】。本書のはじめの方でふれた薄物の唄本ではなく、一枚物を二つ折りして、まとめて表紙をつけたもののようである。表紙も裏表紙も本文と同じ薄い紙で、それらを含めると七丁、十四頁。ただし、最後の裏表紙は薄い藍色（吹きぼかし）はついているが、文字はない。もちろん、刊年や本屋を書いた奥付《おくづけ》もない。この本は、『藝能懇話』に紹介しなかったので、やや詳しく記そう。

表紙には上部に菊の花と茎や葉で囲んだ枠が描かれ、その中に「おはん／長右衛門　桂川道行　大津画ふし　林家菊丸　戯作」とある。下部には毛氈《もうせん》台の上に三味線を持ち弾き語りしている芸人が描かれている。見台の横には

図127 林家菊丸戯作『おはん／長右衛門　桂川道行大津画ふし』の表紙。画師名なし。表紙のみ合羽摺。小本。架蔵。ひどい手擦れ。

扇子・手拭い、反対側には火鉢・土瓶が見られる。実際の舞台を描いたものと思われ、演者は菊丸自身と想定できる。ただ、破れや手擦れがひどく、演者の顔がはっきりしないのが惜しまれる。全体に、型紙を切り抜いて刷毛で彩色した合羽摺《かっぱずり》の素朴な色がついている。

表紙の裏には枠の中に、「□つら川」とあって、落語「胴乱の幸助」で知られる「桂川連理柵《れんりのしがらみ》」の内容を詠んだ大津絵節が一つ記されている。

年はあわねどもかの所《とこ》が。あふは不思議な縁ならば　帯屋を解いて。ゆうくりと　サア　信《しな》のや（「しなさい」と信濃屋）と身をまかし　石部《いしべ》でかたい約束は。初めて泊まりし宿じやもの　なんとせんかたないしようの豊後へこの腹帯をどふしようゐ　殿御も抱いて赤子《やや》産んで　ながらへおる気はさらになし。覚悟して桂川へと急ぎゆく　二人が中の赤子《やや》の顔も見ず（水）に死す

四十に近い帯屋の長右衛門と、まだ十四の信濃屋のお半が、東海道石部の宿で偶然泊まりあわせ間違いが起こった。孕んでしまったお半と長右衛門は自分たちの赤子の顔を見ることもなく、桂川で心中した。

以下、半丁（一頁）に一章ずつの歌詞があり、内容にあった絵が挿入されている。

一丁表　辻占大津ゑ　林屋菊丸　作
一丁裏　みえそうで見へぬ物
二丁表　せにやならんことをせぬ人　林屋菊丸　作
二丁裏　せいでもよい事をする人
三丁表　いもづくし　林家菊丸　作
三丁裏　世界のたから（寛永通宝のはなし）
四丁表　目つくし　（作者名ナシ）
四丁裏　冬の売り物つくし
五丁表　十月の大津ゑ　林屋菊丸　作
五丁裏　見て見ぬふりする

趣向を感じさせる「辻占大津ゑ」を見てみよう。歌詞は艶っぽい連想をさせてはぐらかす、よくあるパターンである。〔　〕は四角で囲った部分。〈　〉はルビ位置にある占い用の数字。

【辻占大津ゑ】林屋菊丸　作
〔色気あるやうで〕〈一〉ないことは〔いれておくれや〕〈二〉水屋さん
〔抜かずにおいて〕〈三〉土瓶《どびん》の茶が冷める
〔拭いておくれよ〕〈四〉板の間を
〔またゆき升《ます》〕〈五〉角力好き
〔今やり升《ます》〕〈六〉寺子やと
〔わたしも行き升《ます》〕〈七〉朝風呂に

〔関《かか》はりやしやんすな〕〈八〉腫《は》れ物を
〔ゆひながら〕〈九〉〔可愛《かはゆ》うてならぬ〕〈十〉猫の子が
〔合《あ》はせてくだんせ〕〈十一〉切れぬ　〔わたしの〕〈十二〉剃刀《かみそり》を

匡郭《きょうかく》（本文の枠）の外に、「辻うら見やうは畳算《たゝみさん》にて　一より十二迄読みて　またもとへかへる也」とある。畳算と同じように、愛しい人を待つ女性が後ろ向きで簪《かんざし》を投げ、簪の先から畳の縁までの編み目の数を数えて吉凶を占う。十二を越えると一に戻り、合った数の〔　〕の文句が、占いのことばとする、このような遊びを入れた大津絵節の歌詞なのである。

四丁目の一枚には作者名がないが、前後と体裁が整っているため、すべて菊丸の作と見ている。ただ、この本では林屋菊丸・林家菊丸の表記が混じっており、もともとは一枚ずつ独立したものを、後にまとめて表紙をつけて売り出したものかと思われる。年代を決定することばは見当たらず、幕末頃としかわからない。

さらに、林家菊丸は一枚摺を多数残している。わたしが見た枚数でいえば、初代笑福亭松鶴に次いで多い。そして、年代を推定できるものはなぜか文久三年（1863）に集中しており、大津絵替え歌作者「林家菊丸」としては、その頃の活躍が確認できよう。題名の後は所蔵先の略称（巻末の「咄家の流行唄の一枚摺所蔵先一覧」参照）。

①　春さめ　かへ歌　はるしやれ　霞大　林家菊丸戯作
②　〔高下駄のこゞとを聞けば〕大津画ふし　霞大　林家菊丸戯作
③　交浄るり　大津画ふし　霞大・架蔵　林家菊丸戯作　里の家画
④　〔丁ちんのこゞとをきけば〕大津ゑぶし　霞大・架蔵　林家菊丸戯　南江斎（画）
⑤　片岡我童名残　大津ゑ　国立　林家菊丸作　芳滝（文久三年二月）

⑥〔人の五体についてあるものが〕大津絵ぶし　国立　林家菊丸作　芳峰（菊丸肖像）
⑦なのはかへ歌　我童葉　池田　林家菊丸作　芳滝画（文久三年二月）
⑧亥の年　大津ゑ　架蔵　浪花滑稽者　林家菊丸戯作　文久三
⑨〔しやうぎずき〕大津絵ぶし　貼込　林家菊丸戯作
⑩中の芝居　赤根屋半七　実川延三郎　かさや三かつ　藤川友吉　大津画ふし　貼込　林家菊丸戯作　広信画（文久三年一〇月）

年代の絞り込めるものから見てみよう。⑤「片岡我童名残　大津ゑ」（半紙半裁型、色摺、芳滝画）と⑦「なのはかへ歌　我童葉《がどは》」（半紙半裁型、色摺、芳滝画）は、ともに片岡我童の死絵に菊丸の歌詞を添えたものである【図128】。片岡我童は大坂の人気役者であったが江戸に下り、江戸で八代目片岡仁左衛門を襲名した人である。文久二年の暮れに、もとの我童に名を戻して華々しく船乗込で帰坂したが、翌三年二月十六日に没した。大坂では仁左衛門を名乗らないままであった。

図128　林家菊丸作「なのはかへ歌　我童葉」。芳滝画。半紙半裁。池田文庫蔵。

なのはかへ歌　我童葉《がどは》　応需　芳滝画
悲しいと言ふ事を　わしやはじめて見る　場も桟敷も
上の空　合へ急病で変哲《へんてつ》無ふ　ふつと死ぬとは知らん
極楽参ると死にめす心のあさましさ　合へ銀主《ぎんし》も連中

も寄つて　じつと思案　うへ〳〵玉の所作ぶりも　別に意《い》の有る玉株で　合〽女中が実《じつ》にきついヒイキ　思ひまわせば　モウ本意《ほい》無ふて　合〽死んでしもて　見よもモウ　居《い》ん〳〵　この世を去つたら逢へん事　名残を残す銀杏鶴

林家菊丸作

元歌の「菜の葉」は地歌・二上り端歌で、その歌詞は、

可愛いといふ事は、誰が始めけん。外の座敷も上《うわ》の空　合　もとさま参るとしめす心のあどなさは　合　上《うえ》々様の痴話文《ちわぶみ》も。別変《べち》わらぬさま参る　合　思ひ回せば勿体なふて　合　言葉さげたら思ふ事　菜の葉にとまれ蝶の朝（文政一二年板『新大成糸のしらべ』）

読み比べると、合の手の後に、台詞であろうか、言葉を増やしているが、女性の贔屓客が名残を惜しむ気持ちを、元歌に基づいてきれいに歌い上げている。

⑩「中の芝居　大津画ふし」（半紙半裁型、色摺、広信画）は、文久三年十月中の芝居の「三勝櫛」。片岡我童と人気を分け合った初代実川延三郎（のち二代目実川額十郎）の赤根屋半七と幕末の大坂で女方として活躍した三代目藤川友吉（のち荻野扇女）の三勝を詠み込んだものである。

歌舞伎から離れて、年代推定のできるものは干支を詠み込んだ、暦がらみのものである。⑧「亥の年　大津ゑ」（半紙半裁型、色摺）は、年代を知りたい立場からはありがたい内容となっている【図129】。

亥の年　大津ゑ

一筆《ふで》しめし　年号は文久三《さん》へ《江》言付《ことづ》けを　新玉《あらたま》で亥の年　正くわいに（初会《しよかい》に）惚れて　二世三世　深ひ約束
四《し》ましたも　五《い》つも互ひに六《む》つまじく　七《なな》の八しろ（社）へ願掛《がんか》けて　裸足参《はだしまい》りも九（苦）にならぬ　十分な
望みはなけれど　この上は気楽に霜月　極楽世界で暮らしたい

図129 浪花滑稽者林家菊丸戯作「亥の年　大津恵」。画師名なし。半紙半裁。色摺。架蔵。

浪花滑稽者　林家菊丸戯作

一月から極月までの月を入れながら、「文久三」の年をはっきり示しており、さらに下に描かれた図は大小暦となっている。親猪と子猪を併せて十二頭描き、よく見るとそれぞれに漢数字があり、親猪が大の月、子猪が小の月であり、それは文久三年の暦の大小にピタリとあっている。

菊丸の年代不詳の一枚摺

年代を推定する手がかりのない一枚摺に目を移そう。

①「春さめ　かへ歌　はるしやれ」（半紙半裁型、色摺）は端歌「春雨」をもじった歌詞である【図130】。

春さめ　かへ歌　　はるしやれ
春酒落《はるしやれ》に　合　ちよつこり呑んで産湯《うぶゆ》行き　浮
かれて賑はふ梅屋敷　合　浜に川舟　塩干《しおひ》遊び
ふと桃畑《ももばたけ》に気を寄せて　桜色増す上《うえ》の宮《みや》　合
見れば絵にも鶴満寺《かくまんじ》（書くまい）　まゝの（皮）
川崎過ごして野がけには　十三《じゅうそう》　酒《さか》森（酒盛

図130　林家菊丸戯作「春さめ　かへ歌　はるしやれ」。画師名なし。半紙半裁。色摺。東京大学総合図書館霞亭文庫蔵『大津絵集本』所収。

り）の宮ではないかいな　サア〳〵なんべんも酔《よ》うわいな
　　　　　　　林家菊丸戯作

よく知られた「春雨」であるが、念のため元の歌詞を記すと、

　春雨　江戸端唄　二上り
〽春雨に 合 しつぽり濡るゝ鶯《うぐいす》の、羽風に香る梅が香の 合カン 花に戯《たわむ》れしをらしや、小鳥でさへも 合 一筋に、塒《ねぐら》定めん木は一つ、わたしや鶯　主は梅、やがて気《き》儘《まま》身儘《まま》になるならば　サア 合 鶯宿梅《おうしゅくばい》ぢ《い》やないかいな、サッサどうでもよいわいな（安政六年『改正　哇袖《はうた》鏡』）

両者比べると、実にうまく作り替えていることがわかる。

②「〔高下駄のこゞとを聞けば〕大津画ふし」（半紙半裁型、色摺）と④「〔丁ちんのこゞとをきけば〕大津ゑぶし」（半紙半裁型、色摺画、南江斎）【図131】は、連作と思われる。題に相当す

るところは大津画ふし（大津ゑぶし）とだけあって、他に何も記さない。右下に色摺の絵があるが、人物の顔など写実的なものではなく軽く書き流した感じである。南江斎についてはまったく知らない。高下駄や提灯を擬人化して、人の身勝手さなどを皮肉ったもの。提灯の方を紹介すると、

大津ゑぶし　南江斎

提灯《丁ちん》の小言《こごと》を聞けば　昼は余儀《よぎ》なく内に居て　闇の夜《よ》に出る時は　人よりわたしが先《さき》に立ち　ぶら〳〵すると焦《こ》がされる　扨《さて》月夜になりぬれば　いらんものじやと捨て言葉　儀式《ぎしき》で行く時は　紋付きでよけれども　座敷へめつたにや行かりやせず　すぼめて消されて　待たせておくのは　上《あ》がり口

林家菊丸戯

図131　林家菊丸戯「大津ゑぶし」。南江斎（画）。半紙半裁。色摺。東京大学総合図書館霞亭文庫蔵。

「戯」は「戯作」と同意であろう。

③「交《まぜ》浄るり　大津画ふし」（半紙半裁型、色摺、里の家画）は、浄瑠璃文句を混ぜ合わせた五目浄瑠璃の歌詞である【図132】。画師の里の家は一養亭芳滝のことであるが、「ひらかな盛衰記」の梶原平次景高と「妹背《いもせ》山婦女庭訓《やまおんなていきん》」のお三輪を描いた絵は、写実的な似顔絵ではない。役者似顔絵の時には芳滝、軽筆の際は里の家と使い分けている傾向が見えてくる。

交《まぜ》浄るり　大津画ふし　里の家画

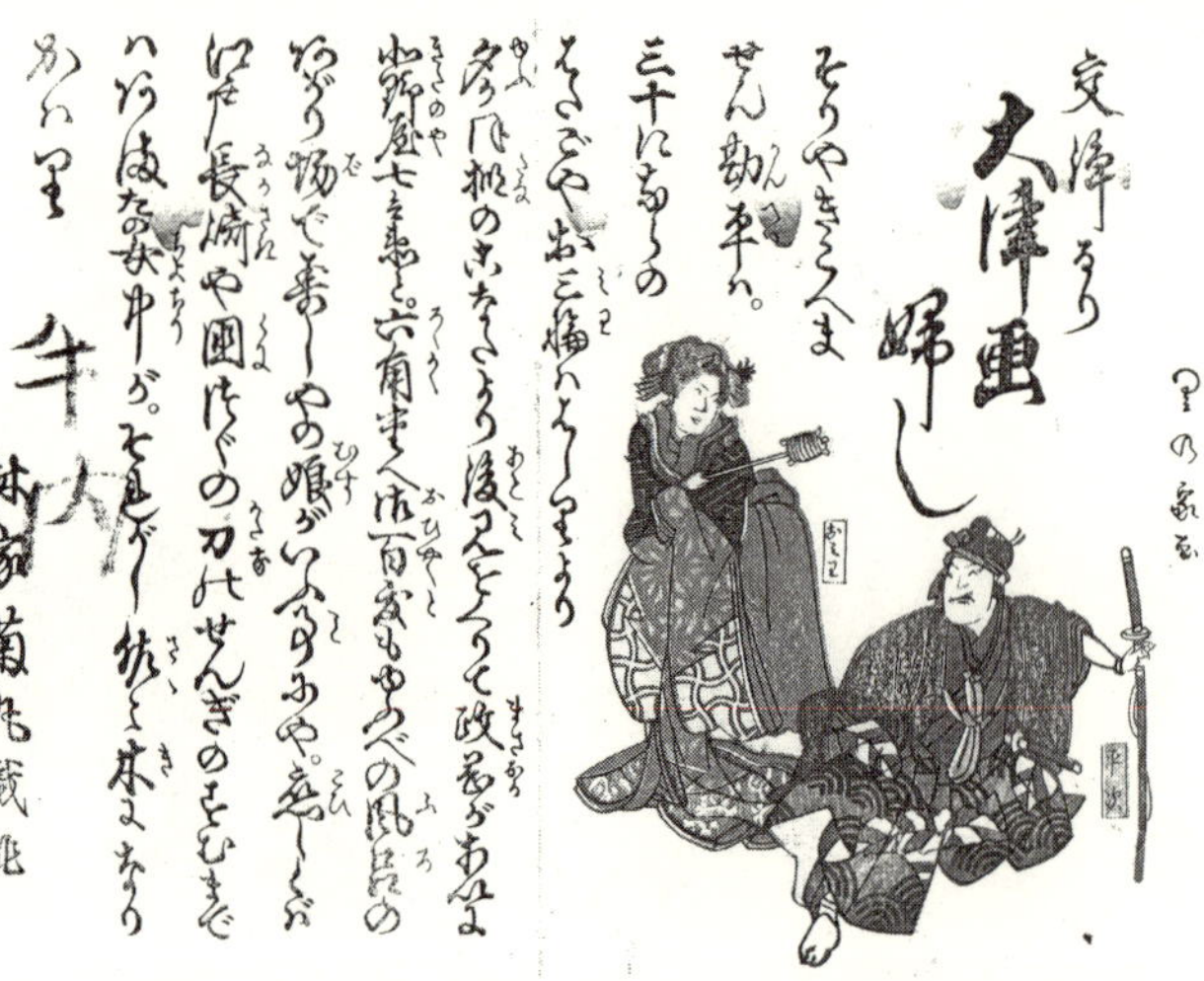

図132　林家菊丸戯作「交浄るり　大津画ふし」。里の家画。半紙半裁。色摺。架蔵。いたづら書きあり。東京大学総合図書館霞亭文庫の一枚は衣装の模様が省かれている。

そりや聞こへませんん勘平は。三十に奈良《なら》の旅籠屋《はたごや》お三
輪は走り寄り　夕顔棚のこなたより　跡見送りて政岡
が　逢いに北野屋七兵衛と。六角堂へ御百度も夕べの
風呂の上がり場で　鮨屋の娘が言ふ事にや。恋しくば
江戸長崎や国次《くにつぐ》の　刀の詮議《せんぎ》のすむまでは　数多《あまた》の女
中が。それがし佐々木になり替《かわ》り

林家菊丸戯作

わたしのわかるものだけでも、「近頃河原の達引」「忠臣蔵七段目」「冥途の飛脚」「妹背山婦女庭訓」「太功記十段目」「伽羅先代萩」「新版歌祭文」「関取千両幟」「桂川連理柵」「染模様妹背門松」「義経千本桜・すし屋」「芦屋道満大内鑑・葛の葉子別れ」「傾城阿波の鳴門・順礼歌」（最後は「近江源氏」物か）が入っている。まさに「まぜ浄瑠璃」である。

⑥「〔人の五体についてあるものが〕大津絵ぶし」（半紙半裁型、色摺、芳峰）には、三味線の胴板《どういた》の形で、見台の前で弾き語りする芸人の姿が、浮世絵師歌川芳峰により写実的に描かれており、おそらくは菊丸その人であろう【図133】。□は虫食いで判読できないところ。

大津絵ぶし　　芳峰

人の五体《からだ》についてあるものが。よそへ行きそふな言葉がござる。寒いと鼻がちぎれさうな。美味《むま》い物たくさん

図133　林家菊丸作「大津絵ぶし」。芳峰（画）。半紙半裁。色摺。三味線の胴板に菊丸と思われる演者の絵がある。国立劇場蔵。

食べると頤《おとがい》が落ちそふで。人にちよつと耳を貸して。女《をなご》
にかゝると眼《め》がないよふになる。おかしな事を聞けば
臍が西国《さいこく》致します。按摩《あんま》□（は？）んに□（せ？）なか
をとつてもらふて。酒呑みが。ずだいぼうに（べろべろ
に）酔ふて足とられ。借《か》りのあるのをたてふり（決済？）
するのに。金玉を質《しち》にやるにも　質屋が取りませぬ
林家菊丸作

⑨「〔しやうぎずき〕大津絵ぶし」（半紙半裁型、色摺）は、将棋と将棋愛好者にはたまらないおかしさがある【図134】。将棋の駒と娼妓をかけており、娼妓狂いの果てのあわれな様を将棋の駒などを詠み込んで歌っている。

大津絵ぶし
しょうぎ（将棋・娼妓）好き　茶屋遊び。四十駒《しじゆうこま》〳〵
（細々）たづぬれば。その晩の楽しみに。させばたがい
に木（気）を寄せて　金銀遣《つか》ふて面白ふ。今日も明日も
と居続けに。逢ふて嬉しきその中《うち》に。褌《ふんどし》かけられ是非もなく。鼻ひしやげ。角《かく》なりゆくも身の詰まり。後《のち》はふ
あしらひ（歩あしらい）桂馬《けいま》の高飛び　とゞのつまりは雪隠《せんち》詰め
林家菊丸戯作

図134　林家菊丸戯作「しやうぎ　大津絵ぶし」。半紙半裁。色摺。大阪府立中之島図書館蔵。

菊丸門弟の大津画ふし

菊丸の唄をていねいに見てきたが、「菊丸門弟」の作った大津絵節の一枚摺（半紙半裁型）を見たことがある。ＩＮＡＸギャラリー大阪で行われた「大坂の細工見世物」展に出品されていたもので、「未七月　地蔵祭　瀬戸物町作り物　道法《みちのり》順番附　大津画ふし」とあって、大坂の瀬戸物町で、地蔵盆に開催される瀬戸物の作り物を詠み込んだもの。展示会では安政六年七月かとされていた。おそらく大津絵節の流行の時期、木版の出板形式から、安政六年の未年とされたものであろう。

『落語系図』によれば、菊丸の弟子には雛丸、小菊丸、菊蔵、初代染丸、三篤、房丸、花丸、菊治の名があがっている。そのうちの誰かの作であろうが、名前がない。師匠の菊丸が大津絵節で名を知られているからこその書き方である。菊丸の大津絵節は文久三年のものが目についた。安政六年ということになれば、菊丸の大津絵節よりも古いことになる。わたしは明治四年未年の可能性を考えている。この種の一枚摺は明治初年まで多数刊行されており、また、『近来年代記』によれば明治四年は維新の「大変」がやや治まり、「大坂諸祭り大はづみ事」ともある。

林家小菊丸

菊丸の悴で後に二代目菊丸となる（『落語系図』）林家小菊丸作の大津絵節の一枚摺がある。これは『新大津絵節稽古本』（栄文堂、昭和八年初版・九年再版）の口絵写真に掲出されているもので、現物にはまだ出会っていない【図135】。

角　切　　大津画ぶし

〽野崎揃ふ花方《はながた》に　分けて（一）市川右団次の　おみつ〳〵と言いなづけ　いつか会お《を》〳〵久松は　片岡我当《がとう》
（堅う）約束で　主《しゅう》の娘と密通《みっつう》を聞いて　暇《ひま》取る久作は義理の（仲）中村雀右衛門　慕い来るお染はしん実川《じつかわ》い
（真実可愛い）延三郎　娘がゆくへを　母は（見）三枡の大五郎

林家小菊丸さく　林家染丸諷

明治四年三月角の芝居切狂言の「新版歌祭文」を詠み込んだものである。配役は、娘おみつ（市川右団治）、丁稚久松（片岡我当）、野崎の久作（中村雀右衛門）、娘お染（実川延三郎）。お染の母を歌詞では三枡大五郎とするが、番付に母は出ていない。役に扮した写実的な五人の似顔絵があり、当時の錦絵の画風から、署名はないが芳滝の画ではないかと思っている。

図135　林家小菊丸・林家染丸調「角切　大津画ぶし」。『新大津絵節稽古本』（栄文堂、昭和８年、９年再版）の口絵写真。架蔵。

二代目林家菊丸

右の小菊丸が二代目菊丸となった後のものがある。

「十一月廿二日　卅三才死去　片岡我当　大津画ふし」

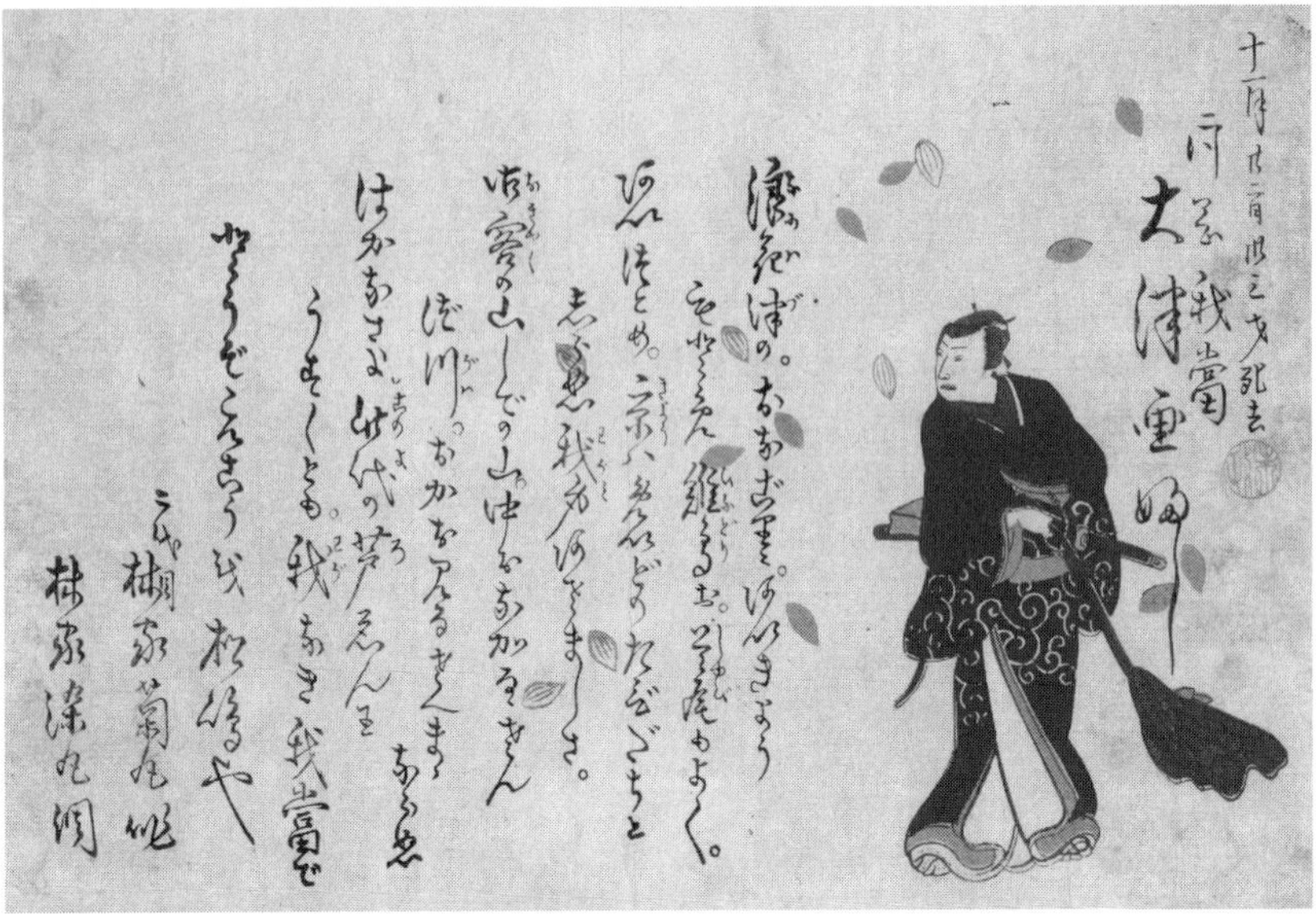

図136　二代目林家菊丸作・林家染丸調「片岡我当（追福）大津画ふし」。画師名なし。半紙半裁。色摺。国立劇場蔵。

（半紙半裁型、色摺）で、右と同じく林家染丸調である【図136】。

浪花津の。お名残に。愛嬌もとめ雛鳥を《お》。首尾もよく。相勤め。京（今日）は冥途の旅立ちと　知らぬ我が身あさましさ。御客の山　死出の山　中を《お》流る丶三途《さんず》川。お顔見るさへ儘《まま》ならぬ　はかなさよ。この代《よ》の芦《ろ》ゑん王（俳名芦燕《ろえん》、縁をと閻魔王）薄くとも。我《わ》がなき我当《がとう》（あと）で　どうぞ回向を（待つ）松嶋屋（我当の屋号）

二代目　林家菊丸作
林家染丸調

これは典型的な役者の死絵に歌を添えたものである。明治四年（1871）十一月二十二日に三十七才の若さで没した二代目片岡我当（没後に九代目片岡仁左衛門を追贈される）の死を悼んだ歌詞で、年代は明確である。先の一枚摺の三月には小菊丸であったが、十一月には二代目菊丸となっていることから、この間の襲名となる。父菊丸の芸を受け継いでいることが見てとれる。

林家染丸

右の二枚の大津絵節の調者として出てくる林家染丸は、初代の染丸。『古今東西落語家事典』では、二代目染丸の項に「初代染丸は初代林家菊丸の門人で、染物職人であったことから染丸と名乗り、滑稽噺に長じた人であった。この染丸はその後名を浅尾新七と改め、明治三十年頃に没している……」とされる。『落語系図』では菊丸門人であったこと、のちに浅尾新七となったことが記されている。明治八年七月の「浪花名所昔噺連中見立」には「人気よし　五つの矢倉川竹の水で染丸花やかな色」という狂歌が付いており、歌舞伎との関係や派手な芸風をうかがわせる。

浅尾新七というのは、名前から判断すると歌舞伎役者のはずである。「浅尾」は為十郎、その俳名だった奥山《おくやま》、工左衛門《くざえもん》、大吉、与六、などが有名で、明治時代は浅尾朝太郎が活躍している姓である。「新七」は尾上新七の名であり、次に鯉三郎を襲名する名として代々続いている。「浅尾新七」は一見活躍している役者に思われるが、上方の歌舞伎資料にわたしは探し出せなかった。明治十三年、十七年、二十一年、二十五年の役者大見立（小芝居の役者や地方回りの役者まで載せた役者一覧）を確認したが出てこない。著名な役者の姓と名を組み合わせた紛らわしい名前で、地方回りをしていたのかもしれない。あるいは浅尾新七の名で寄席に出ていたのかもしれない。

林家福助

国立演芸場に「〔はだかでものを〕大津画ふし」（半紙半裁型、色摺）という一枚摺がある【図137】。たいへん摺りが悪く肝心の作者のところがかすれて読みづらいが、林家福助作と読んだ。絵には頭の異様に大きい（福助）演者が高座で扇子を開き演じている姿が描かれ、見台の前には「福」の字を書いた貼り紙がしてある。『落語系図』によれば、三代目林家正三の弟子に福助の名が見られ、この人かと思われる。「福助」のように頭が大きいのを売り

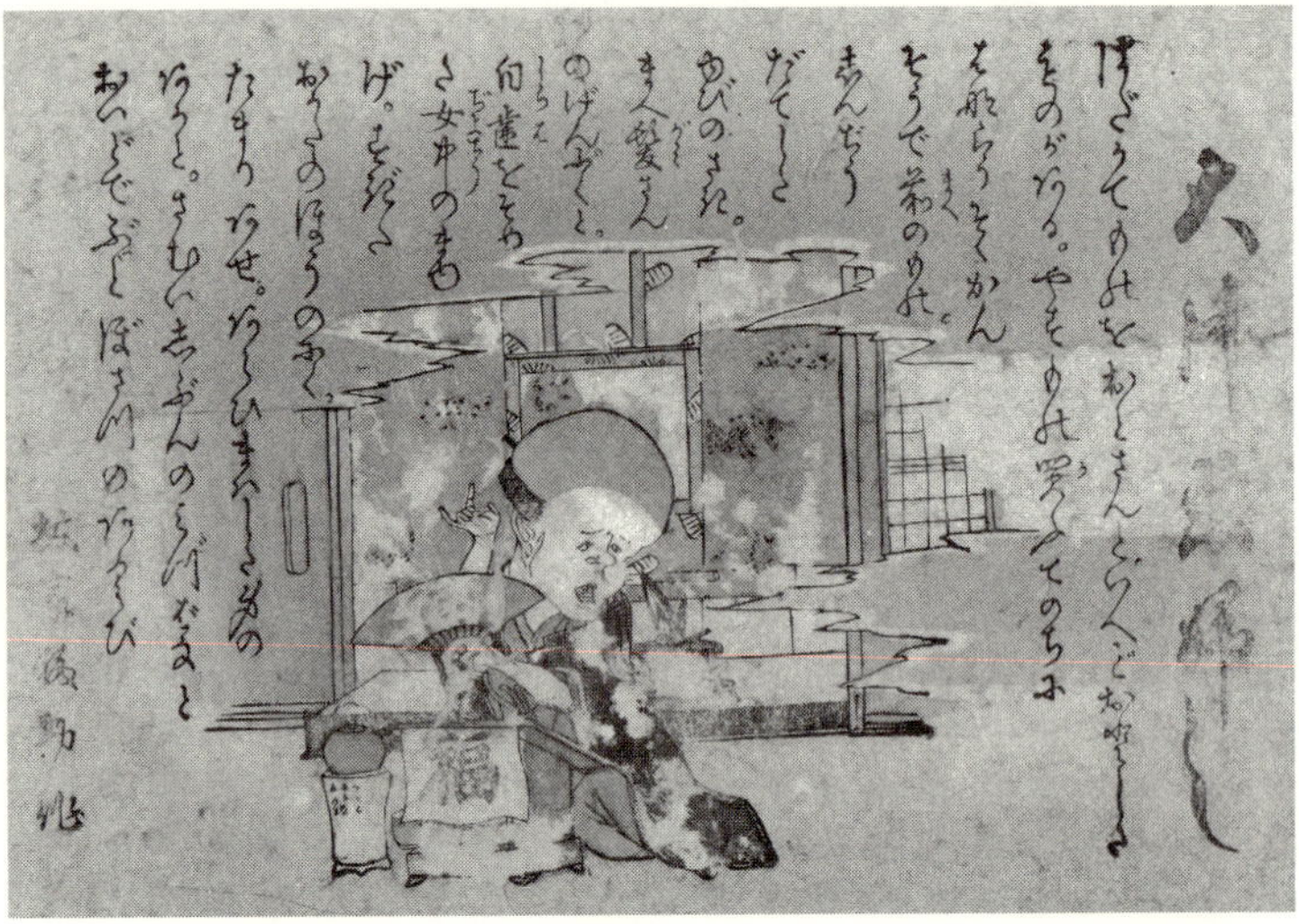

図137　林家福助作「大津ゑふし」。画師名なし。半紙半裁。色摺。国立劇場蔵。

物にしていたのであろう。明治八年の「浪花名所昔噺連中見立」には名が見えない。一枚摺の感じからも、幕末期のものかと思われる。

大津画ふし

裸で物を落とさんと言へど　落とした物がある。安物（下級遊女）買ふてのちに　花蠟燭（花蠟燭のように鼻が溶けて落ちる?）疳瘡《かんそう》で前の物。心中立てした指の先。前髪さんの元服と白歯《しらは》を染めた女中の眉毛。過ぎた（房事の過ぎた）お方の頬の肉。溜まり汗。洗ひまはした身の垢と。寒い時分の水洟《みづばな》と　おいど（尻）でぶと菩薩のあくび（放屁）

林家福助作

「落とす」物尽しで、下品ではあるがよく集めた歌詞かと思う。咄家の作った大津絵節としておもしろい。

以上をふりかえれば、元祖林屋正三以来流行唄で鳴らした林家は、菊枝・菊丸・正三ほか明治初年までの活躍が確認できた。しかし、「上方に根づいた林屋」の章にふれた天保後半・弘化・嘉永の時期に比べると、すでに述べた笑福亭や次章で述べる桂と比べて、やや物足りない数である。これはわたしの見た資料の偏《かたよ》りとするよりも、『上方落語の歴史』もいうように、維新前後から明治に入って、林家派が低迷に向かうことを示していると思われる。

林屋から林家への移行

ところで、すでに述べたように、天保十四年・嘉永六年の見立番付で林屋であったものが、安政頃の見立番付では一斉に林家に変わっていた。わたしははじめ、安政頃の見立番付は後に筆写されたもので、書き写した人が意図的にそうしただけではないかと思っていた。しかし、この章で見てきた林家竹枝・四代目林家正三（竹枝と同人）・林家正太郎・林家菊枝・林家菊丸・林家小菊丸（二代目菊丸）・林家福助らがみな林家となっている。年代がはっきり押さえられたものは、林家正太郎の嘉永七年（内容が暦だから普通は正月頃の刊行と思われるが、「六月廿六日土用入仕候」とある）、菊枝の安政六年、菊丸の文久三年、小菊丸・染丸の明治四年、正三の明治四年。多いとはいえないが、安政頃の見立番付が林家で統一していることと符合していた。

嘉永六年の見立番付と安政頃の見立番付の間に何かがあって、上方林屋はほんど一斉に「屋」を「家」に替えたのではなかろうか。

普通に考えれば、芸道上の問題、『落語系図』林家正三の項に「林屋江戸上方の混ぜざるより屋と家とになす」とあるように、江戸の林屋と区別するために替えたのだと思われる。しかし、その時期や契機は何だったのか。ここでわたしは一つの仮説を立てたい。嘉永七年（1854）六月に大地震、十一月に大地震・大津波が大坂にあった。林屋の中に被災した人があって、縁起をかついで「屋」から「家」に替えたのではないかと。本書では天保から明治初年を中心に見てきたが、その間、社会的に大きな出来事は、天保の改革と明治維新がよく知られている。しかし、大坂の庶民生活の上では、嘉永七年の天災もたいへん大きな出来事だった。上方落語史から脇道に逸れてしまうが、嘉永七年の天災を振り返ってみよう。

嘉永七年の大地震・大津波

この一件を『近来年代記』はもちろん細かく記しているが、ここでは手元にある別の資料で追ってみる。『日嘉恵』（「ひかゑ」）と題する写本である。縦一二センチ、横一七センチ。表紙・裏表紙も入れて六十九丁（一三八頁）。裏表紙に「清水氏」とあるが、どういう人なのかしらない。内容は嘉永三年四月の京都出火からはじまり、安政四年極月の「大坂　遊女町　宮芝居許《ゆ》りる事」まで、大坂の変事が中心で京都・江戸、諸国の異変も交えている。

この本の嘉永七年の記事から、地震・津波関係を拾い出してみよう。

六月十四日夜中の九つ半（午前一時頃）に大地震があった。船場では両御堂の被害は少しだったが、市内の境内の石灯籠が倒れ鳥居が崩れた。西北の野里では、渡し場近くの綿作の畑に二間四方、深さ二丈の陥没があり、しばらくするとあたり近辺泥がしみ出て、泥海のようになった。

十一月四日朝五つ半時（午前九時頃）、大地震。座摩神社は鳥居・石灯籠、門も崩れた。南御堂の被害は軽少だったが、北御堂は本堂が大破した。本町丼池辺からは火も出た。

西横堀の護岸に大きな被害があった。福嶋の五百羅漢の辺は塀が総崩れとなった。上天神の門が崩れ、裏門・鳥居も大きくゆがんだ。のばく（大阪市中央区の地名、落語「らくだ」で有名な地）では蠟納屋《ろうなや》が十三軒ほど崩れ、蠟と壁土が混ざって大混雑だという。長町の毘沙門の大鳥居も崩れた。

南の方では安にゅう寺（?、他の資料では瑞龍寺＝鉄眼寺）の釣り鐘がくずれた。天王寺の五重塔も傾いた。住吉境内もおよそ八分くらい損じた。堀江では稲荷社御旅所の神楽殿や相撲場が大いに痛んだ。新町の扇屋では二十畳四本柱の座敷が大崩れした。市中どこも被害甚大であったため、荒《あば》ら屋に住む人は家では寝られず、焼き場や道路に小家を立てて夜を明かすという、あわれな次第だった。

ところが、ほんとうの災難は翌日起こった。五日早朝からの出来事は、原文を読みやすくして紹介しよう。

然《し》かる処《ところ》　翌五日七つ時（午前四時頃）大地震　半時（一時間）ばかり　それより何方ともなく　大いにうなり　みな〳〵おどろき　その音雷にひとしく　市中大いにさわぎ　又暮六つ時（午後六時頃）に大地震　又々半時ばかり揺り　同六つ半時頃（午後七時頃）沖より二丈（六メートル）ばかりなる大津波出来《いでき》り　誠に海辺騒動　目もあてられぬ事也　然かる処　安治川　木津川筋に数千の大船小船ども　一時に折り重なり　川筋出《い》でなだれ込み　道頓堀川筋にては　日本橋　汐見橋　幸橋　住吉橋　金屋橋　長堀にては　高橋　堀江川にては　水分《みずわけ》橋　黒金橋　其外　安治川橋　亀井橋　一時に落ち　数千の船　大黒橋にて山の如くに重なり　その下敷きに成り候ふ人　壱人もたすかるもの稀れ也　市中町人　四日の地震におそれ　皆々茶船　家形船　又は三拾石船なぞに乗り　夜あかしする人　夥《おびただ》しくこれ有り候ふ処　その近辺に居合し候ふ船　悉《ことごと》く砕け　溺《おぼ》れ死す人何百人か　その数しらず　大船小船のくだけたる事　又怪我《けが》人　人家の損じ　崩れ　すべて川筋の損じ新田廻り　海岸の人家申におよばず　その市中の人々は八方へ散乱する事　誠に前代未聞の珍事成りといふ事

譬《たと》え　子孫迄も地震の節　船に乗べからず

泉州堺　大坂近辺

堺市中　津波にて大混雑　人家一軒も無事ならず　それより佐野近辺より貝塚　岸の和田　すべてこの近辺往来筋　ことごとく崩れ損じたる処　数しれず　………

大地が大揺れしたため、水の上ならば安全と船に乗り込んだ人たちが、津波に遭って多数の死傷者を出したのである。安政の大地震といえば、安政二年十月江戸を中心に被害のあったものをさすことが多いが、大坂ではこの嘉永七年（一一月二七日、安政と改元）の地震・津波の被害が大きかったのである。

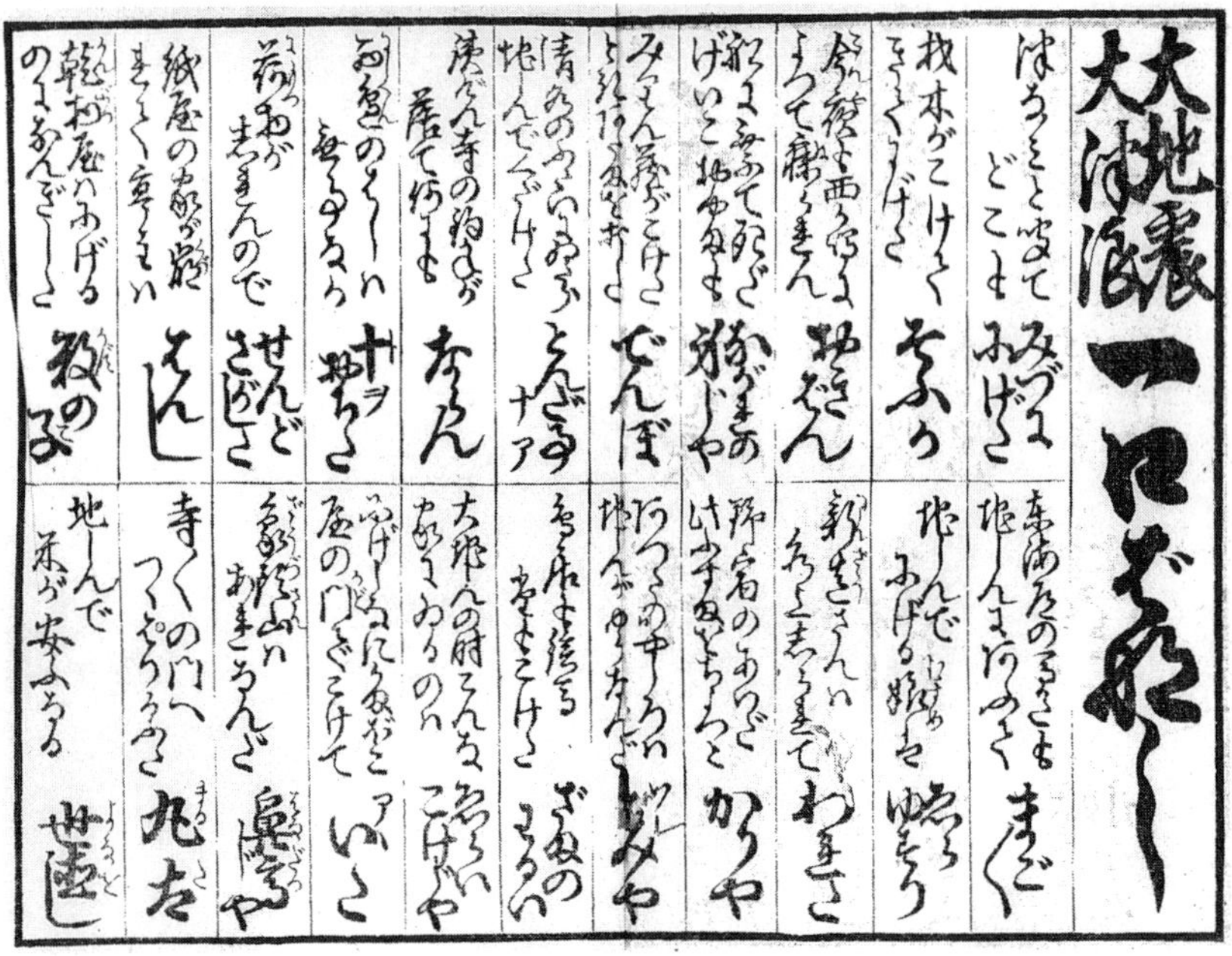

図138「大地震／大津波　一口ばなし」（一枚摺集『大地震／大津波　末代噺の種』所収）。半紙半裁。架蔵。嘉永七年の大災害を当時の人はしたたかに笑いに転化している。

笑福亭勢楽の「かるかやかへうた　大津ゑぶし」を載せていた『大地震／大津波　末代噺の種』という一枚摺集も出た（131頁）。その中の「大地震／大津波　一口ばなし」を紹介しておこう【図138】。

大地震　大津波　　一口ばなし

津波と聞いてどこも　みずににげた（見ずに逃げた、水に逃げた）

材木がこけてきてにげた　そふか（惣嫁）

今夜も西が鳴るによつて寝られん　おきばん（沖番?、起き番）

船に乗つて死だ芸妓《げいこ》　おやまも　ながれの身じや

味醂蔵《みりんぐら》が転《こ》けたとき　あたまを打た　でんぼ（こぶ、伝法村の味醂蔵の崩壊）

清水（新清水寺）の舞台にゐたら地震でくだけた　とんだ事ナア（大変な、飛んだ）

銕げん寺（鉄眼寺）の釣かねが落ちて何にもならん（成らん、鳴らん）

西辺の橋は無事なか　十ヲ落ちた（疾く落ちた、十落ちた）
荷物が知れんので　　せんどさがした（千度探した、船頭探した）
紙屋の家が崩れて亭主は　　はんし（半死、半紙）
乾物屋は逃げるのに難儀した　　数の子（たくさんの子供、鰊の子）
東海道の馬かたも地震にあふた　　まご〳〵（驚愕の様、馬子）
地震でにげる娘は　　ゑらゆすり（揺すり、身なりに凝る）
新造さんは水上しられて　　割れた
野宿のあいだ　此ふすまをちよつと　　かりや（仮屋、借りや）
熱田《あつた》のやしろは地震がゆらなんだ　　ソレみや（見や、宮）
鳥居も絵馬堂もこけた　　ざまのわるい（様の悪い、座摩の悪い）
大地震の時こんな家にゐるのは　　ゑらいこけじや（愚かじゃ、転《こ》けじゃ）
にげしなにかまぼこ屋の門でこけて　　ア、いた（痛い、板）
象頭山は荒れなんだ　　鼻高じや（自慢じゃ、讃岐の象頭山、象の鼻は長い）
寺〳〵の門へつ、ぱりかふた　　丸太（丸太棒、スッポン？）
地震で米が安ふなる　　世直し

今日の感覚では不謹慎なものであるが、天災をも笑いとばすしたたかさを感じさせる。

ところで、市中にこれほどの被害をもたらせた地震・津波であれば、当然被災した寄席小家もあれば、咄家もいたであろう。そのことについてはまったくわかっていない。しかし、この天災を境にして、林屋の人たちは林家に変わっていったように見える。林家正太郎は十一月の震災前から、林家で出てくる資料があるが（六月の震災以後か）、他の人たちも安政以降、林家に変わっていった。「屋」と「家」、地震・津波、今のところ憶測にすぎないが、関係しているように思われてならない。『落語系図』のもとになった『本朝話者系図』（山本進監修、本朝話者系図の会注釈、国立劇場調査養成部編、平成二七年）には、三代目正三（「今正翁と呼名す」）のあとに「東都初代正蔵之弟子正蔵　正翁と談　江戸上方の混さるよふ　屋を家となす」と具体的にいう。落語史としては明快な答えのようにみえるが、後日のつじつまあわせ、権威づけのように思えなくもない。わたしは嘉永七年の大地震にこだわるのである。

十一、桂派も例外にあらず——初代文枝の前に文枝がいたか

初代や二代目は芝居咄で有名であった桂文治だが、三代目文治（三代目から江戸と上方の両方にできるが、本書では上方の文治）は天保十一年の「浪花諸芸　玉づくし」では素咄に秀でることが示されていた。笑福亭吾竹のちゝ〳〵りちてんぶし、林屋菊枝のよしこのぶし、花枝房円馬のとっちりとんが注目されていた時代に、桂派では流行唄の面で大きくとりあげる人物は見当たらない。しかし、いないわけではなかった。薄物の唄本や唄の一枚摺に名を残す「桂」を探してみよう。桂派という語を、ここでは「桂」を名乗る咄家群という意味に用いる。明治中期に桂派・三友派の対抗があって、派単位で興行に関わる時代があったが、その意味ではない。初代桂文治に繋がる人々ということである。

図139 桂文東戯作『道具づくしとつちりとんふし』の表紙。京・和久治板。『上方瓦版　とっちりとん集成』より転載。大阪大学忍頂寺文庫には大坂・わた正板あり。

桂　文東

まず、桂文東《ぶんとう》には『新かわりもんく　道具づくし　とっちりとんぶし』（小本四丁、わた正板、大阪大学附属図書館忍頂寺文庫蔵）があり、『上方瓦版　とっちりとん集成』には京都・和久治板のものが紹介されている【図139】。本文は同じであるが表紙が違い、歌詞の順序が異なっている。大坂のわた正

板で説明すると、

▲座敷行灯《あんど》の　合　不足を聞けば。昼は押入《おしれ》に放《ほ》りこまれ。そこにいるかと問いもせで。〽傘や　合　箒と相《あい》住居《ずまい》　日暮れにそろ〳〵呼び出され。家内《かない》を照らす役を受け。知れぬ草履《ぞうり》を教へたり　上〽引つ提《さ》げられたり夜《よ》が更《ふけ》けりや。二人の側《そば》が辛《つら》い役

と、座敷行灯の不平からはじまり、硯と墨、箱火鉢（上の巻）、手盥《てだらい》と金盥《かなだらい》の喧嘩、八方（広い釣り行灯）の不満と続き、最後は、

▲棕櫚《しゅろう》箒の　合　咄を聞けば。掃除をするのが役なれど。子供が寄れば馬にする。〽酒の　合　はづんだその時にや。奴が鑓《やり》振る鑓になり。亭主が酔ふて戻つたら。枕となつて酔ひ醒ます　上〽おいどの長い人が来りや。隠れて逆立ちするはいな（長居する客を帰らせる呪い）

世帯道具がものいう形で、浮世の様をおもしろく言い立てている。

この文東はとつちりとんの流行期から、天保十四年の見立番付の西方前頭筆頭の桂文東と見てよかろう。『落語系図』にいう初代文治の弟子かと思われる。

初代　桂文治

門人　文来

文東

幾勢

力造

文吾

右五人の門人　何れも噺に妙を得たる大人なり、幾勢、力造の両人は中途にて業を改むる、五人共甲乙な

し。

文来、文東は上方にて棟梁たり。

文治の五人の実力ある弟子の一人で、文来とともに「上方にて棟梁」だったとも言われている。棟梁は頭領、中心的な役割を演じた人。五人のうち、幾勢はのちの文筆家・月亭生瀬、力造は業を替えたというが不明。文吾は江戸に下ったため、残った文来・文東が上方の咄家社会で中心的な存在になったという意味であろう。文来には文政五年（1822）刊の『春興噺万歳《しゅんきょうはなしまんざい》』（半紙本五冊）という、りっぱな噺本が知られている。それに比べると片々たる小冊子であるが、文東の活躍の一端を見ることはできよう。

桂　文当

文東作の唄本は右の一点だけ見たが、同じ形の薄物の唄本に、発音すれば同じ「ぶんとう」となる桂文当のものが二点知られている。『かわり新もんく　とつちりとんぶし』（小本四丁、わた正板、大阪府立中之島図書館蔵）【図140】、『新づくし物　よしこのぶし』（小本四丁、わた正板、大阪大学附属図書館忍頂寺文庫蔵）である。

とつちりとんの方の内容は、酒が威張り、餅が反論し、米が仲裁するという上の巻。京自慢の者と大坂自慢の者が言い争い、江戸の者が仲裁する下の巻。落語の世界にも通じるような三都自慢話の下の巻を紹介する。

▲花の都は　合　さて水上《みなかみ》や　春は御室《おむろ》に嵐山　豊かな御代《みよ》に蒲団着て。〽寝たる　合　姿や東山　夏は四条の川涼み。

図140 桂文当戯作『かわり新もんく　とつちりとんぶし』の表紙。大阪府立中之島図書館蔵。

秋は高尾の紅葉狩り　冬は雪見の数多し。上ヘ大坂といふ在所《ざいしょ》には　名所古跡が少なかろ
▲派手な浪花は　合　げに大湊《おおみなと》　出船入船ある中に　あるひは千石弐《に》千石　さても　合　みごとな城と橋　心《こころ》
住吉《すみよし》　天王寺。絶へず賑はふ芝居側。その外長者　米の市。上ヘ大坂を在所と言ふけれど　京の田舎よ叶ふ
まい
▲粋《いき》な吾妻《あずま》は繁華の育ち　京と大坂を押し隔て　やき〳〵言ふて気をもむな。ヘ国は　合　変われど同じ人
わつちも三都のその一トつ。名所名物数知れず。一番喧嘩《けんか》をくんなせい。上ヘめでたふ納まる三がの津　一
座も賑をふ登り船

歌詞に一貫したものがあって、文才を感じさせる文句である。

「新づくし物　よしこのぶし」は上の巻が「はなづくし」「のぼりづくし」「たつづくし」「ところづくし」、下の巻は「嶋づくし」「握るづくし」「うつづくし」「さしづくし」。これも尽くし物を並べた、たいへん統一のとれた歌詞となっている。

ところで、この桂文当とは何者なのか。天保の見立番付、嘉永の見立番付、安政頃の見立番付、そのいずれにも名を見せない。しかし、後に再びふれるが、明治時代に活躍した月亭文都が「四代目文当」（『落語系図』、「大阪朝日新聞」明治33年4月27日、月亭文都逝くの記事）を名乗っていたことが分かっており、少なくとも上方の桂系統の名に「文当」のあったことは確認できる。薄物の唄本の形が同じであること、板元も同じであること、歌詞に統一した趣向が感じられること、これらを考えると文東と文当は同一人ではないかと思われてくる。あるいは「文東」から「文当」と字を変えた時期があったのかもしれない。発音すればともに「ぶんとう」（「とう」を短く発音すれば「ぶんと」となり、文都にも通じる）であったと思われる。表記の統一に今ほどうるさくなかった時代である。あるいは、咄家としては文東であっても、唄本では文当と記すこともあったのではないかと、今は思っている。

桂　慶枝

薄物の唄本の大津絵ふしを残した桂の咄家に、桂慶枝《けいし》もいた。『色文句づくし物　大つゑぶし』（小本四丁、石和板、梅花女子大学図書館蔵）に桂慶枝調と出てくる【図141】。『藝能懇話』第八号に全文翻刻したので、内容を簡単に言うと、「色尽し」「川尽し」「山尽し」「橋尽し」の尽し物。「夕霧伊左衛門」は芝居の「廓文章」吉田屋の場面を詠み込んだもの。「八百屋お七」は青物づくしでお七のことを歌ったもの。最後の「笑ひの文句」は紹介をはばかるようなバレの文句である。

歌詞から年代を決定する語は見つからないが、大津絵節の薄物の唄本であること、表紙の「松旭画并ニ書」（友鳴《ともなり》松旭《しょうきょく》）は月亭生瀬の項で述べた小本『大寄噺の尻馬』にしばしば見かけたことから、ほぼ嘉永末・安政頃のものと推定される。となると、この桂慶枝はどういう位置づけの人になるのか。桂慶枝は嘉永期に流行した伊予ぶしの唄本も残している（玩究隠士校注『音曲大黒煎餅〈絵入りはやり唄本廿種〉』俗謡叢書第九冊、太平書屋、平成一八年）。

図141　桂慶枝調『大つゑぶし　色文句づくし物』の表紙。松旭画并ニ書。梅花女子大学図書館蔵。

見立番付で探すと、天保十四年の番付には出てこず、嘉永六年の番付には東前頭二枚目に出てくる。時代から判断して、この人と見てよいのではなかろうか。『落語系図』には出てこない。

四代目桂文治

右の桂慶枝が上方の四代目桂文治を継いだ。その時の大津絵節の一枚摺が残っている【図142】。

卯年より大変無し

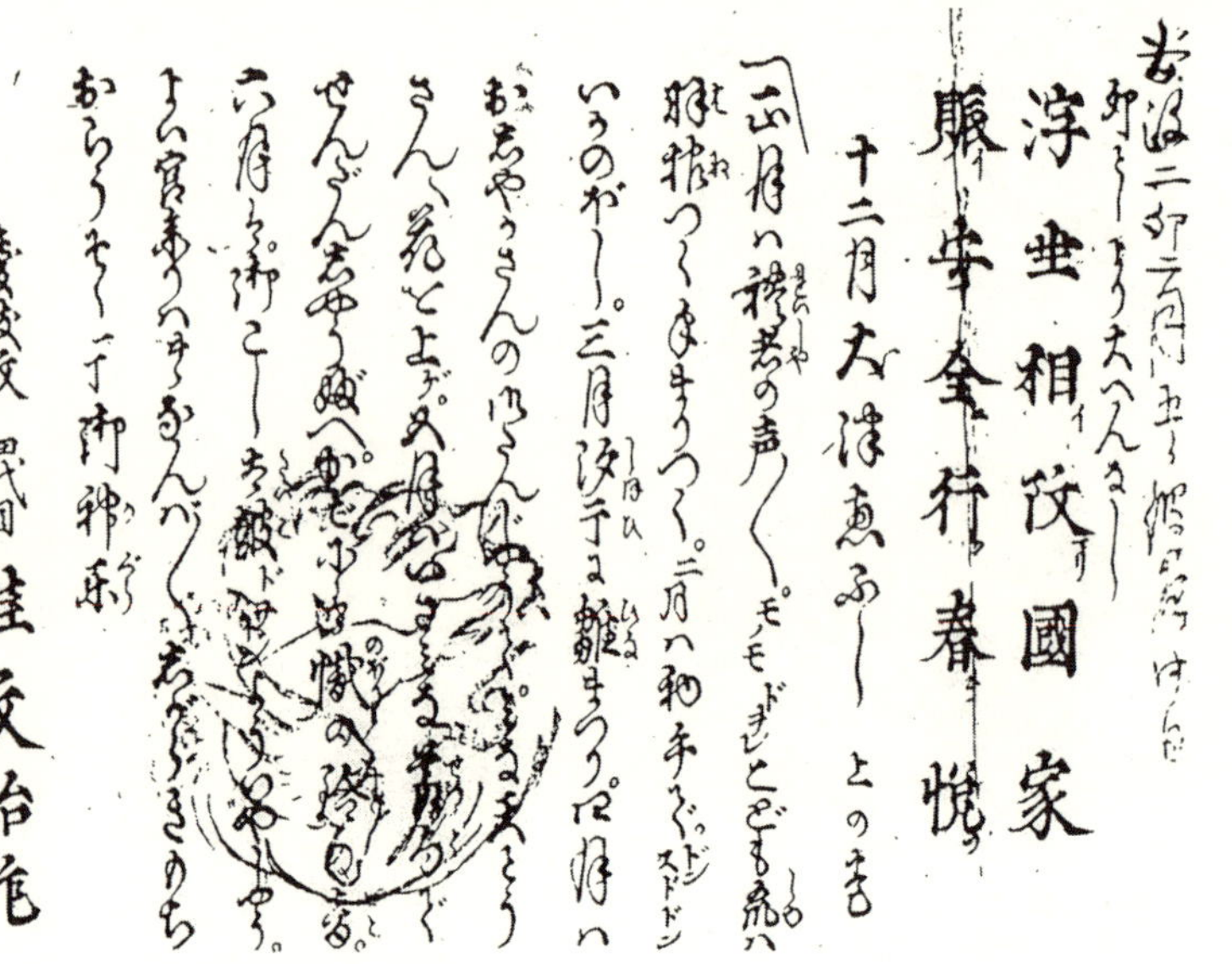

図142 慶枝改　四代目桂文治作「十二月　大津ゑふし　上の巻」。半紙半裁。大阪府立中之島図書館蔵『保古帖』所収。

浮世相ィ改マリ　国家賑ィ　安全ニ行ク春ヲ悦ブ

十二月大津ゑふし　　上の巻

＼正月は礼者の声〳〵。モノモ　ドヲレ　子供衆は羽根つく　手鞠つく。二月は初午で。ドンスドドン　凧《いか》のぼし　三月汐干に雛祭り。四月はお釈迦さんの御誕生で。みな天道さんへ花を上ゲ。五月は勇みな節句で梅檀菖蒲《せんだんしょうぶ》へ。門《かど》にて幟《のぼり》の鈴の音。六月は御輿《みこし》太鼓　ドサドン　よういやしやう。宵《よい》宮《みや》参りは　ヲ、　なんば〳〵　信楽餅《しがらきもち》　お蠟燭《ろうそく》一丁　御神楽《かぐら》

慶枝改　四代目　桂文治作

下の巻は同様に、七月から十二月までの行事を詠み込んだもので、歌詞としては平凡なものである。ところが、上方落語の歴史にとってはたいへん重要なことを教えてくれる。第六章「笑福亭の繁栄」の中の「吾竹改め竹我」で考証したように、この一枚摺の刊年が慶枝の文治襲名の年と判断できるからである。

これは大阪府立中之島図書館蔵の『保古帖《ほごちょう》』第十九編に貼り込まれている。同館が出している「なにわ

づ」十六号の「資料紹介　その十六「保古帖」」（長友千代治氏）によれば、「化政―嘉永期の大阪関係のものが大部分」とある。ただ、この第十九編に限れば、年代の明確なものは、「芸州厳島細見之図」の文化八年から「御貿易場」の安政六年三月までであり、この編には殊に安政の年号をもつものが多い。ここにも「安政二卯二月五日彼岸中日」という書込がある。一枚摺のはじめに「卯年より大変無し」とあり、さらに続けて「浮世相イ改マリ国家／賑イ安全ニ行ク春ヲ悦フ」という漢文（カタカナは原文では小字の送り仮名）が歌詞の前に付いている。

これらをもとに刊年を推定してみよう。まず卯年より大変無しというのであるから、前年の寅年に世間を騒がす大事件があったにちがいない。そして「浮世相改」は政権交代あるいは改元があったと思われる。安政の前後で卯年を拾えば天保十四年、安政二年、慶応三年、明治十二年が考えられるが、「浮世相改」の語感からは天保十四年、明治十二年は除外されるであろう。日本国中を揺さぶる事件という点では大政奉還のあった慶応三年が思い当たるが、奉還の行われたのは同年十月十四日であり、「行春」の段階では「相イ改マリ」とは言えない。そこで安政二年を考えると、ペリー来航が前々年の嘉永六年、日米和親条約が嘉永七年。七年十一月には大地震・大津波もあった。この大地震・大津波の被害の大きさについては、前章で詳しく述べた。そして嘉永七年寅年十一月二十七日に安政と改元したのである。

安政二年春は改元後はじめて迎えた春であった。安政二年は二月四日が春分であり（『日本暦日原典』）、墨書の「彼岸中日」と一日のズレはあるが、書込みの「安政二卯」年を信じてよいと思われる。安政二年春頃に桂慶枝は四代目桂文治を名乗ったということになる。

『上方落語の歴史』によれば、桂九鳥（二代目桂文治の孫弟子という）が、江戸に持ち去られた文治を認めず、自ら上方で名乗ったのが三代文治であり、その跡を継いだのが、四代目とされている。この四代目桂文治には初代松鶴などと同じく、きちんとした表紙をつけた本の唄本も現存している（肥田晧三氏蔵『新作さわり　よしこの咄し』

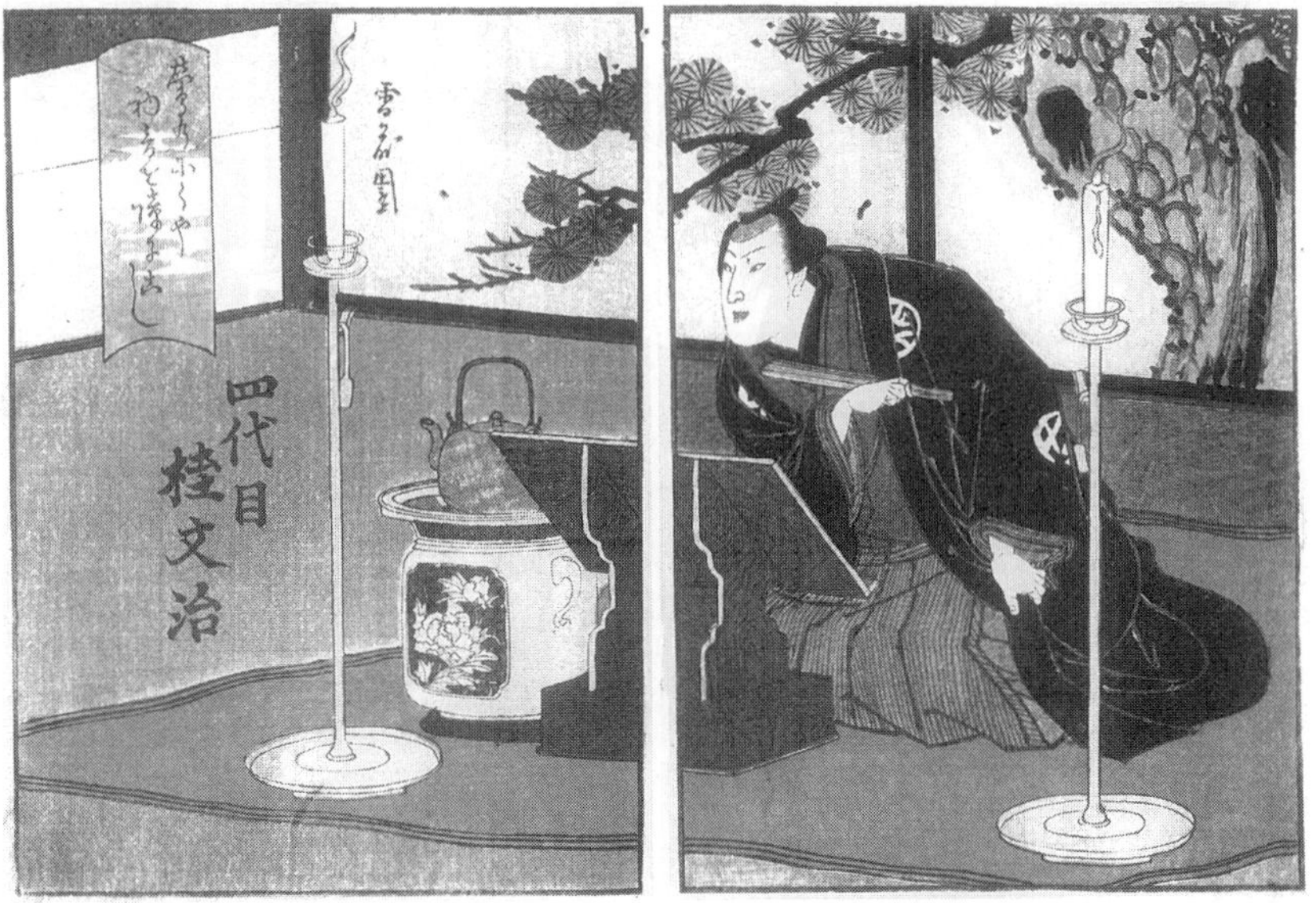

図143 四代目桂文治『新作さわり　よしこの咄し』の口絵。雪花園（長谷川貞信）画。左上の句は「鶯のにくや初音を障子こし」。四代目文治の舞台が詳細に描かれており、落語資料の一級品。肥田晧三氏蔵。

貞信画、中本、全十四丁、本安板、序に「四代目桂文治」）【図143】。『古今東西落語家事典』の四代目桂文治の項に、口絵の高座姿が図版に使用されている。

「よしこの咄し」と題にある意味は、七七七五のよしこのを七七と七五の二つに分けて、中に浄瑠璃・長唄などを入れ、台詞を入れ、後の七五で落ちをつける形である。例えば【図144】、

〽梅に止まりし小鳥を刺せば
詞〽ソコヱ老僧が通りかゝつて　いつも愚僧《ぐそう》が念仏を唱へてやると助かるに　今日はナゼ捕《と》られたと見れば　小鳥が。外の鳥なら念仏で助かりませふが　わたしは念仏では行き升《ませ》ぬ　ナゼ
ハテ鶯《うぐいす》ダカラ
〽ホウ法花《ほけ》経《きょう》でござり升

いうまでもなく、宗旨が違うのである。南無阿弥陀仏の念仏は浄土宗系、南無妙法蓮華経の題目は法華宗（日蓮宗）。

興味深いのは、この歌詞と『落噺千里藪』巻四「法の一心」が内容的にはまったく同じということ

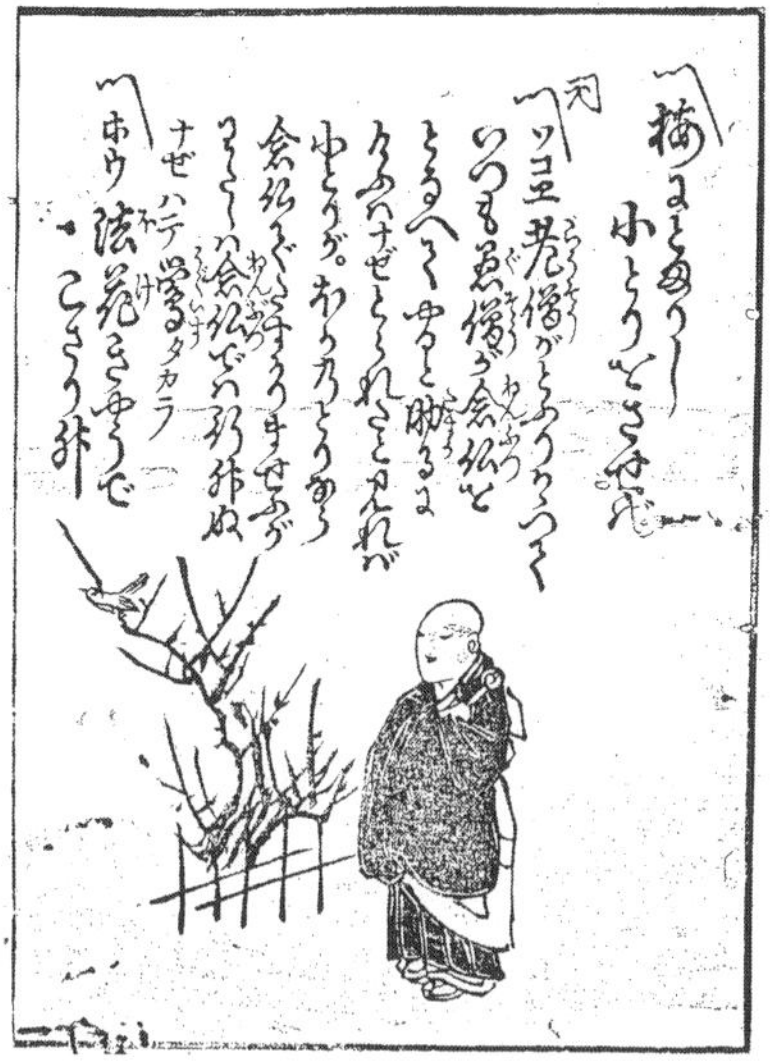

図144　右は図143の表紙。色摺。貞信画。肥田皓三氏蔵。図109と図柄の類似が興味深い。左は本文「梅にとまりし………」。

である。「法の一心」は次のようなもの。

玉造辺の屋敷町を通りけるに　鳥刺しが雀を刺しかけていると　出家壱人来合《きあ》はし　口の内にて念仏を申しければ　かの雀は逃げ去りける　又右のごとく念仏を申し　雀五六疋《ひき》助けける　鳥刺しは又刺しかける　出家念仏申しけるに　この鳥刺《さ》ゝれける　出家は不思議に思ひ　側《そば》へ寄りてとくと見たらば　念仏では行かぬはづじや　鶯じやあつた

歌詞に物語性があって、小咄とみごとに合っていると思う。「よしこの咄し」の題はうまく内容を表したといえよう。

この四代目文治について、孫弟子にあたる桂文左衛門（二代目文枝）が『浪速演芸名家談叢』で語っている。

文枝と申す家系は落語桂派の祖文治の名を襲ぐべきが至当なので厶《ござ》いますが　師匠（初代文枝）の先師四代目文治が早世を致し　その前代も代々早世を致したので……文治の名は弟子に譲って五代目を襲がせ自分は一代文枝で終わりました

上方の五代目文治を誰が継いだのか、これは今日わかっていない。継がせるつもりだったと解釈したい。「思ひ出の明治の落語家」（会心居主人、『上方』五号）では、「五代文治　初代文治ノ門人生瀬預かり」となっており、わたしはこちらの説をとっている。文左衛門は「大阪朝日新聞」明治三十三年（1900）五月二十日にも四代目文治について語っており、長太文治と呼ばれたこと、元はたどん屋であったことなどを記している。

この四代目文治のものと思われる薄物の唄本も残っている。『類別大津絵節集成　大坂板編』（俗謡叢書第八冊、玩究隠士編著、太平書屋、平成一五年）に載る『ゑらそふにかわいろのはなたれて　文句入　大津絵ぶし』（四丁、本安板）の文治が、大津絵節の薄物の唄本の流行期からみて、この人だろうと思っている。

初代桂文枝の唄の一枚摺

四代目桂文治の弟子、初代桂文枝は、『諸事見聞集』（京都大学日本史学研究室蔵）という幕末頃のことを記した写本に、「当時浪花津にて噺家の名人とも言われるくらい、鳴り物なし、尤もはやり歌　手踊りの類は少しもなし桂文枝　俗に藤兵衛と言ふ」と記された。この記事をそのまま受け取れば、文枝は素咄《すばなし》で鳴らした三代目桂文治と同じく、三味線・鳴り物などの入らない素咄の名人ということになる。ところが、この人の流行歌替え歌の一枚摺が、今日ではかなり知られるようになった（詳細は巻末の「咄家の流行唄の一枚摺所蔵先一覧」を参照）。

① 大津画ふし〔大坂はもの見高い〕　桂文枝作・桂文笑調【霞大】
② 五代目嵐璃寛　大津画ぶし　桂文枝戯作【貼込】慶応三年（1867）八月
③ 中の芝居にて坂東彦三郎　法界坊　大津画ふし　桂文枝作　芳滝画【貼込】明治二年（1869）八月
④ 中の芝居にて　二人道成寺　大津画ふし　桂文枝調　芳滝酔筆【貼込】明治三年正月
⑤ 八重垣姫　あらし璃寛／かつより　実川延若　大津画ぶし　桂文枝調　芳滝画【池田】明治三年十月

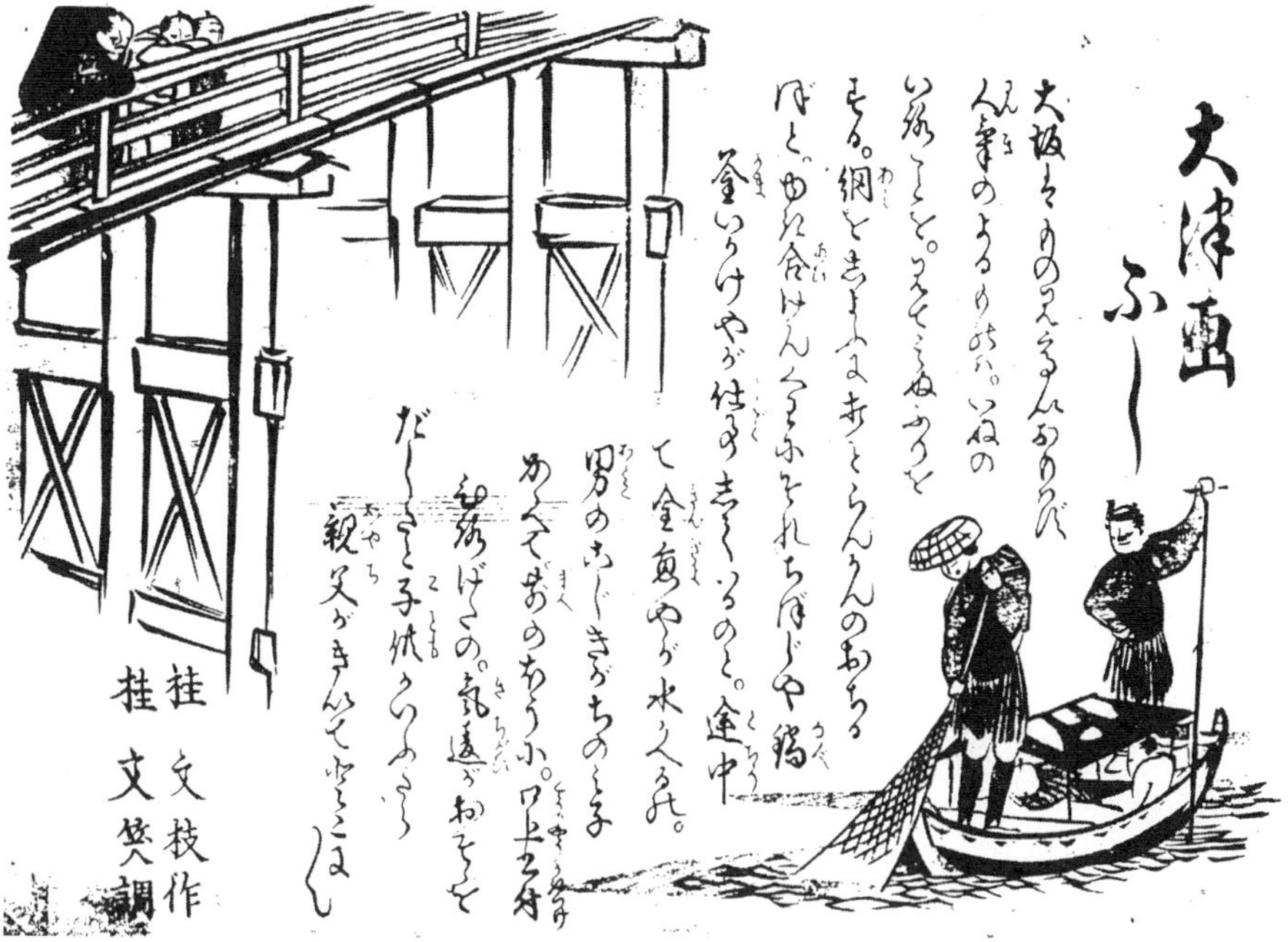

図145　桂文枝作・桂文笑調「大津画ふし」。画師名なし。半紙半裁。色摺。東京大学総合図書館霞亭文庫蔵『大津絵集本』所収。翻刻は367頁。

⑥　油屋おそめ　市川右団治　大都会ぶし　桂文枝作　一養亭芳滝画　【目録】　明治六年九月

⑦　みつ葉のかへな　大津画ふし　桂〔文枝作〕【文我】

①「大津画ふし〔大坂はもの見高い〕」（半紙半裁型、色摺）は内容から年代を知る手がかりを把めないが、この一枚を収める『大津絵集本』の他の摺物のうち年代推定可能なものからみて、遅くとも維新前後のものとみられる【図145】。明治十四年に二代目を継いだ文枝でないことは明らかであろう。

②から⑥までは、歌舞伎にからむ内容であるため、年代がはっきりおさえられる。②は半紙半裁型で画師名はないが、五代目（歌舞伎史でいう四代目）嵐璃《あらしり》寛《かん》扮する「皿屋敷」の腰元お菊を描く錦絵がある【図146】。慶応三年（1867）八月中の芝居の「色競《いろくらべ》秋七草《あきのななくさ》」「播州皿屋舗」が詠み込まれている。③も半紙半裁型で芳滝の

図146 桂文枝戯作「五代目　嵐璃寛　大津画ぶし」。画師名なし。半紙半裁。色摺。大阪府立中之島図書館蔵。翻刻は367頁。

描く、五代目坂東彦三郎扮する葱《しのぶ》売り姿の野分姫の亡霊が花道のすっぽんから現れる図がある。明治二年（1869）八月中の芝居の「隅田川続俤《すみだがわごにちのおもかげ》」の一場面が描かれている。

④の一枚は詳しく見てみよう【図147】。大判錦絵の横型というべきもので、凧の中に坂東彦三郎と嵐璃寛の二人の白拍子が描かれている。錦絵とよぶべきもので、画師は一養亭芳滝。偶然かもしれないが、わたしの見たかぎりでは、文枝の一枚摺と芳滝との関係は深い。七点中四点に芳滝の名が出ているのである。歌詞は、

午の初春　雪の朝　芳滝酔筆

中の芝居にて　二人道成寺　大津画ふし

〽並ぶ矢倉《やぐら》の花やかに。一を争ふ二の替《かわ》り（顔見世のあとの正月興行）。いさましき賑わしさ。言ふも中《なか》〳〵中の芝居。東京《おゑど》で染めた紫と。浪花に咲きし橘（璃寛の紋）と。色香比ぶる道成寺

長唄〽恋の手習《てならい》つい見習いて　誰《たれ》に見しよとて紅鉄漿《べにかね》付きよぞ　みんな主《ぬし》への心中《しんじゅう》立て

図147 桂文枝調「中の芝居にて　二人道成寺　大津画ふし」。芳滝酔筆。大判錦絵横型。色摺。大阪府立中之島図書館蔵。

お、嬉し〱
いづれ劣らぬ美しき。その姿。登る人気は凧《〔いか〕》ならで。場や桟敷《さんじき》も割れる程。うなる贔屓の褒め言葉

桂文枝調

歌詞の作者名はないが、「酔筆」と記した芳滝自身であろうか。豪華な摺り物で、明治三年(1870)正月中の芝居の「色競二人道成寺《いろくらべににんどうじょうじ》」の人気を歌い、中に長唄「娘道成寺」の一部を挟んだものである。文枝がこの一枚摺にどこまで関わっていたのか疑問は残るが、こうした摺り物に名が出てくるところに、咄家文枝の人気もうかがわれよう。

⑤は紙質といい、絵の豪華さから、半紙半裁の一枚摺というより中判錦絵と言った方がふさわしいものである。明治三年十月筑後芝居「本朝廿四孝」の武田勝頼(初代実川延若《えんじゃく》)と八重垣姫(四代目嵐璃寛)が描かれ、道頓堀の賑わいが詠み込まれている。これは十三

代目片岡仁左衛門旧蔵（もとは嵐璃寛家旧蔵）、現在は池田文庫所蔵のものである。

⑥はヤフーオークションで見かけただけのものであるが、市川右団治《うだんじ》扮する油屋お染を芳滝が描き、上部を仕切って「文枝戯作」の大津絵ぶしが記されたものである。明治六年（1873）九月角の芝居「お染久松　所作姿」が詠み込まれていた。

以上、年代の確定するものは、慶応三年八月から明治六年九月までということになる。

⑦は当代桂文我氏所蔵のもの（桂文我著『落語「通」入門』集英社新書、二〇〇六年）で、左端「桂」の下に破れがあって、肝心のところが読めないが、絵には在原業平《なりひら》と首引き（二人の首に大きな輪をかけて引き合う力競べ）する男が描かれ、その羽織の紋は「文」の字を四つ合わせた文枝の紋である。文枝のこの紋については、芝光男氏「初代桂文枝追跡」（『藝能史研究』九五号、一九八六年）で述べられている。先の四代目桂文治の高座姿（266頁【図143】）の紋は、「文」の字が二つ向かい合っているように見え、文二（文治）の意味を込めていたのと同じである。また文句の最後に「その昔、植疱瘡《うえほうそう》（種痘《しゅとう》）のお医者さんがあつたなら　文枝も美男よ権八（芝居の登場人物・白井権八）そこのけ。少々釣りでもとるよふになり平（美男子・在原業平）じや」と「文枝」の名前が詠み込まれている。「文枝」のあばた面を笑いの種にしたこととなり、当人に間違いないと思われる。

これらは文枝の名前を使っただけという解釈も成り立つ。しかし、素直にとれば、高座で披露したかどうかは別として、初代桂文枝も流行唄の替え歌に深く関わっていたといわざるをえない。

とすると、先の『諸事見聞集』の文章と矛盾してくる。『諸事見聞集』をもう少していねいに見てみよう。

一　当時浪花津にて噺家の名人ともいわれる位　鳴物なし　尤はやり歌　手踊りの類は少しもなし　桂文枝俗に藤兵衛といふ　文枝席へ出れば聞手より　藤兵衛はん〳〵と声が掛かル　この仁仕舞へば聞手過半帰る　いつも町歩く時は　金剛《こんこう》ノ様な人（草履持ち、付き人）一両人は召し連れ　歩む也　この頃住家　島ノ内

心斎橋通り八幡筋辺の裏成る由　年齢四拾才ばかり　この仁の面白き事　その短き所一ツ弐ツヲ是に書き残す

文枝四十才頃のことだったのである。明治七年（1874）、享年五十六才（もちろん数え年）を信じれば、四十才は安政五年（1858）となる。文枝の唄の資料が維新前後にみられたことと合わすと、素咄一本で演じていた文枝も晩年は唄にも手を染めたということになろう。

四十才頃、文枝はすでに付き人を連れて歩くような大御所となっており、住所もわかる。本文はこのあと、小咄を五つ記載している。①現行「日和違い」、②バレの小咄「天河屋儀兵衛」。③耳の遠い女の子が市松人形を大事に抱えているので、それはどうしたのかと問うがとんちんかんの答え。いくらで買ったのかと尋ねると、抱いて寝ているので一朱（恋人同士という当時の流行語）。④土佐藩蔵屋敷の近所から火事が出たので、鰹座の人たちが蔵屋敷の稲荷神社に鎮火を祈っていると、藩の侍が来て、安心せい、「土佐の武士がついてるわい」。⑤摘まみ菜（間引き菜）を大声で売り歩く男を子供が馬鹿にして売り声のまねをする。男が怒って子供の首を捉えようすると、子供が「つまみぃな」という小咄「つまみ菜」。

右の如く何が咄の行込み面白キ様に心へ升《ます》　古イ噺の様には思ひません　是等の人が名人かと存じられ候ふ　又外の題のある噺　下役酒抔《など》と申て　質屋の番頭が町内の下役に酒を呑ます　下役段々酩酊の身振りはなんともいへません　文枝は至つて下戸なれども　是を見て今一チ度聞たい抔と云ふ人ばかりなり　この仁は三十石の噺が名人の内での上手なり　是はヒイキの御客参り合はせの砌《みぎり》でないとやらん様子也　時によつて座敷でもあれば　席へ出申さず候ふ時は　文枝が居ねば去《い》のか　つまらん咄ばかり　こんな事なら　入らなんだらよかつたのに　なぞと云ふ人も沢山《たくさん》あり　何をいわしても面白き事　古今稀なり

「下役酒」（現行「市助酒」）を下戸の文枝がみごとに演じたこと、すでに「三十石」を得意として贔屓客が来ている時だけ演じたことなどもわかる。次いで「爰にこんなはなしが有り升《ます》　是も文枝に聞たなれども　むかしの噺といふ事でござり升《ます》が」と断って、⑥六十くらいの父親と十六くらいの娘が仲良く話ながら歩いていると、後から来た侍が親娘とは気づかず嫉妬して悔しがり、追い抜いて屋敷へ入る。どこの屋敷かとみると、土御門家の屋敷だった。土御門家は天文占いの家で、そこの公家侍だったという咄である。

是等はよつほど面白イ噺でござり升　当時素噺の名人桂文枝　常席　座摩宮　いなり　九軒　先ずこの辺也

ここでも「素噺の名人」とあり、この頃文枝が定席として出演していたのが、座摩神社、博労町稲荷神社、新町の九軒であったことも教えてくれる。

なお、この本の記事は近世演劇研究の井口洋氏が発見され、肥田晧三氏に伝えられ、肥田氏が「上方落語史の諸相」（『国文学』臨時増刊「古典落語の手帖」昭和四五年、『近世學藝史叢攷』青裳堂書店、昭和六三年に収録）に紹介されているが、文枝の基本的な資料ゆえ、わたしの解釈をふくめて長々と記した。

桂　文笑

文枝のところで示した表の①「大津画ふし　〔大坂はもの見高い〕」に、文枝とともに出ている桂文笑には、「新町夜桜　大津画ふし」（半紙半裁型、色摺）がある【図148】。

今度廓《くるわ》の。賑わひは。吉野も及ばぬ花づくし　鳥渡《ちよつと》人気を。菊の花。見物に来る桜花　御茶屋は厳重で床の花
御客に汲んで出す入花《いればな》　出華《ではな》　芸妓《げいこ》衆《しゆ》は沢山《たくさん》に売れる花方　子供衆は天狗《てんぐ》花（天狗鼻？）　御座敷で程よふ浮
かす小金花　衣裳揃へは雪月花《せつげつか》で　みな〳〵道中花くらべ

桂文笑作

平凡な花づくしで、絵も略画、とりたてていう程のものではない。年代も維新前後というくらいしか言えない。

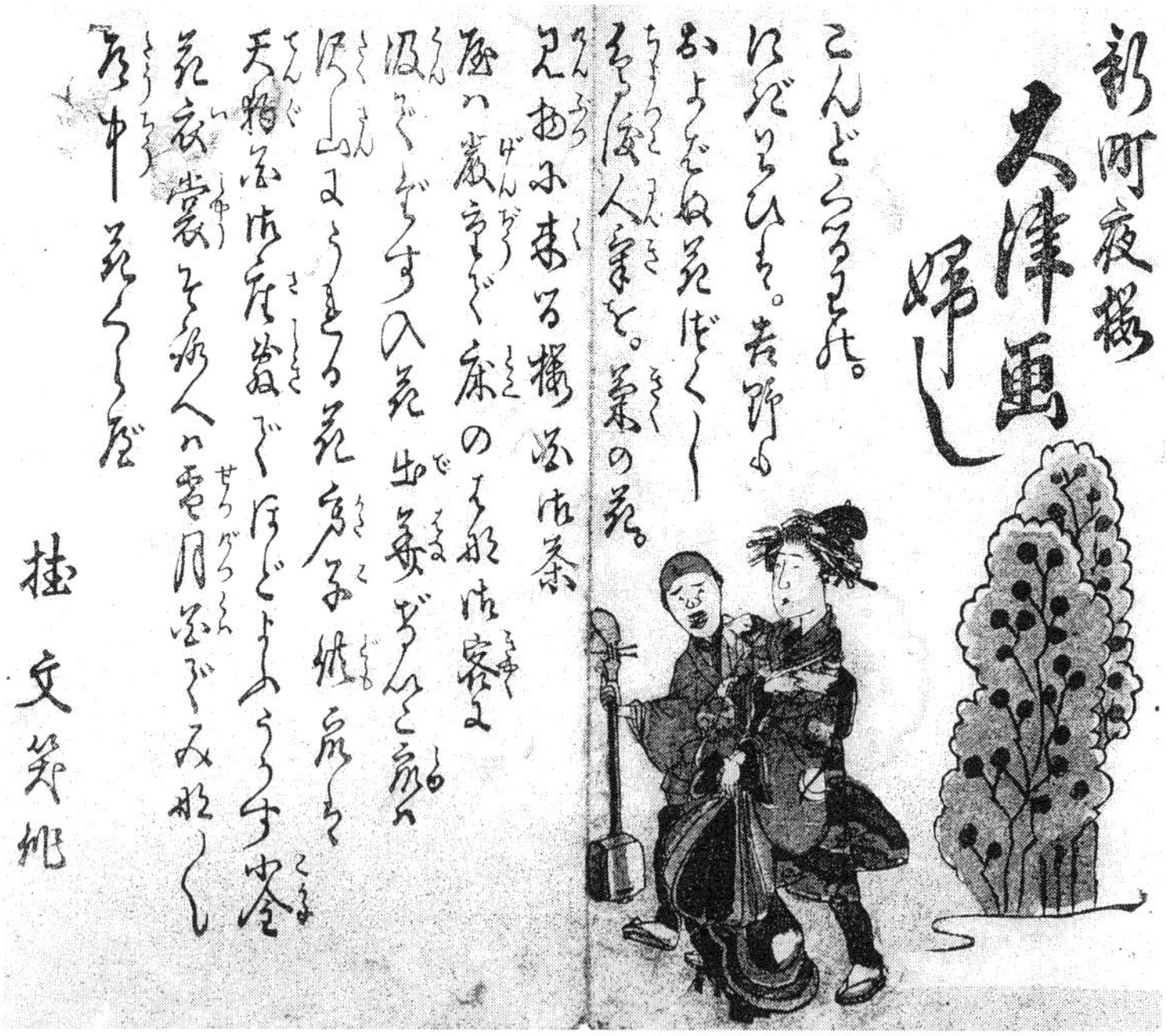

図148　桂文笑作「新町夜桜　大津画ふし」。画師名なし。半紙半裁。色摺。架蔵。

また、一枚物を綴り合わせた一枚かと思われる中に「色づくし　大津画ぶし」（墨摺、一丁、大阪大学附属図書館忍頂寺文庫蔵）も桂文笑作とある。歌詞としてはこちらがおもしろい。

江戸の火消しを〔ヲ〕鳶《とび》（鳶色、茶褐色）といふ。京でおからを〔ヲ〕あさぎ（浅葱色）といふ。武士の城郭　白といふ。以前の女房を〔ヲ〕せんさい（仙斎茶、黒ずんだ緑色）で。体にたまるのが赤（垢）といふ。機転のきくのが紅梅（勾配、判断のはやいこと）で。御所〔ごしょう〕の橘を〔ヲ〕右近（鬱《う》金《こん》色、鮮やかな黄色）トいふ。勝手の隠れ家　納戸〔なんどう〕（鼠がかった藍色）で。にこ〳〵と笑顔のよいのが愛（藍）といふ。狐の鳴き声　こん（紺）といふてゑらそうに洟垂《はなた》れるのは皮色《かわいろ》（若い情人と、緑がかった紺色の革色？）じや

桂文笑の名前は、天保十四年（1843）の見立番付では東方二段目前（前頭）一枚目にすでに出てくる。この番付では後に詳しく述べるが文

枝の名前も東方二段目前（前頭）三枚目に出てくる。嘉永六年（1853）の見立番付では文笑は西方前頭（上段）二枚目、文枝は東方二段目の「脇」（関脇）、見立番付の見方からいえば明らかに文笑の方が文枝より地位は上となる。ところが安政頃の番付になると、文笑は東方前頭二段目三枚目、文枝は東方前頭（上段）二枚目と、二人の地位はまったく逆転している。見立番付の評価を信じれば、実力・人気が逆転したということになり、ここで文笑の代が替わった可能性もある。いずれにせよ、文笑は桂の中で大きな名前だったことは間違いない。

しかし、不思議なことに『落語系図』は文笑のことにまったくふれていない。『落語系図』は上方の四代目桂文治を記していないために、結果的に文枝の兄弟弟子などが出てこない傾向にある。上方の桂姓の場合、後には桂文枝系統ばかりを問題にするが、文枝の偉大さはもちろんながら、『落語系図』に頼りすぎたことも一因ではないかと思っている。

文笑の名は明治以降消えたように見える。が、それに代わるように音の同じ文昇の名が出てくる。『落語系図』にも初代文枝の弟子連名の中に「俗に目玉の文昇と云ふ」とある。明治八年の「浪花名所昔噺連中見立」に文昇は「錆《さ》びたれど見かけは光る御霊判　誰に見せても押し立ての良さ」の狂歌がついている。「錆たれど」の語句からは、かつて活躍した古い咄家と思わせる。文笑、文昇はどこかで通じているように思えてくるのである。

桂　慶治

霞亭文庫の『大津絵集本』には、桂慶治作の「新板はなしの　大津絵ぶし」（半紙半裁型、色摺、芳峰写）が収められている【図149】。役者似顔絵ではないが、芳峰によりかなり写実的に描かれた図が右下にある。芳峰は芳滝と同じく一鶯斎（歌川）芳梅門の浮世絵師。『源平布引滝《げんぺいぬのびきのたき》』の小万が平家の御座船《ござぶね》に助けられる図である。

片手打ち　その名も高き石橋山にて真田与市《さなだよいち》　やんちゃや息子の団九郎に　東寺《とうじ》に棲《す》んだ茨木童子　人形芝居の

図149 桂慶治作「新板はなしの　大津絵ぶし」。芳峰写。半紙半裁。色摺。東京大学総合図書館霞亭文庫蔵『大津絵集本』所収。

一人遣ひ　薩摩守《さつまのかみ》もおいとしや　矢橋《やばせ》の
船中で実盛《さねもり》が
詞〽浮いつ沈んづ流れ来る　あの女
助けよと　船端《ふなばた》叩いてあせれども
浄瑠璃〽折から比叡《ひえ》の山　颪《おろし》　柴舟《しばぶね》の
助けもなく　水に溺《おぼ》れる不憫《ふびん》さと
三間櫂《さんげんかい》を投げ込んで　念のふ（難な
く無事に）御舟《みふね》に助け乗せ　様子は
いかにと尋ぬれば
わたしや太郎助の娘にて　小万女《こまんじょ》で　お
くみの父親《てゝ》は悲しかろ　人を騙《だま》すに手な
しと言へども　ほんに手無人《てないど》で困ります
桂慶治作

石橋山で腕を切られた真田与市（『けいせい鎌倉山』など）、鍛冶場で秘伝の湯加減を盗もうとして腕を切られた『新薄雪物語』の団九郎、渡辺の綱に腕を切られた茨木童子、左手はなく袖をブラブラさせる一人遣いの人形、薩摩守忠度は楽人斎に右腕を切り落とされた

（『一谷嫩軍記《いちのたにふたばぐんき》』）、源氏の白旗を握りしめていたために腕を切り落とされた『源平布引滝』の小万、娘のおくみを助けようとして法界坊に腕を切り落とされた『隅田川続俤《すみだがわごにちのおもかげ》』の権左衛門。人を騙すのは手もない（たやすい）ことというけれど、ほんとうに騙すのに手のない人ばかりで困るという落ちがつく。これは上方落語「てないど」（『増補　落語事典』青蛙房、昭和四八年参照）と同じ趣向の歌詞である。

落語では、物好きの旦那が食客を受け入れると看板を出すと、薩摩守はじめ片手のない人が大勢集まってくる。世話をする女中が「これでは台所の手が足りない」というと、旦那が「客人も手のない人ばかりじゃ」。

ところで、この慶治と先に述べた慶枝（四代目文治）とは、どのような関係になるのだろうか。見立番付では、天保十四年にはどちらの名もなく、嘉永六年は慶枝のみ、安政頃のものでは逆に慶治のみが出てくる。この関係を素直に解釈すれば、慶枝が慶治に名を改めたと見られる。しかし、慶枝が安政二年（1855）に四代目文治を襲名した事実は動かせない（263頁）。名前から類推すれば、「慶治」は「慶枝」と「文治」の名を一字づつ取ったもので、慶枝が四代目文治を継いだあと、その弟子筋の者が名乗ったのではないか。慶治は安政頃とされる見立番付の東方中段右端に地位しているが、明治八年（1875）の「浪花名所昔噺連中見立」には名前を見ない。「大阪朝日新聞」明治十二年五月九日の条に「落語家の隊長桂慶治（五十七歳）……何分老耄にもなり落語の風も時に合ず……」と出てくる人物とみられる。実力面で文枝に及ばなかったとしても、やはり同時代を生きた咄家といえよう。すなわち、この人も初代文枝の兄弟弟子ではないかと思うのである。

桂　文寿

桂文寿は、明治二年（1879）三月二日に亡くなった中村駒之助の死絵（半紙半裁型、色摺、里の家〔芳滝〕筆、『近世伎史』・池田文庫蔵）【図150】に名前を出している。

明治二巳三月二日　寅ノ時往生　中村駒之助　行年三十才
陽山院梅駒日遊霊　　里の家　筆
大津画ぶし
〽浮世は夢の左《さ》海屋《かいや》で　この世あの世の二の替り　〽思はず死出の　〽加賀見山　尾上の姿　蓮池に　映して
蓮花《れんげ》の花形《はながた》も　露の命と思へども　無常の風に誘はれて　〽惜しめど帰らぬ中村《なかむら》で　目に涙　〽落ちて三途《さんづ》の
つくま川　〽咲いた桜に駒之助で　花散る香りは手向《たむ》け草
桂文寿作

図150　桂文寿作「中村駒之助（追福）　大津画ぶし」。半紙半裁。色摺。東京大学総合図書館霞亭文庫蔵『近世伎史』所収。

上方でよく見かける、錦絵と呼ぶには粗末な紙の中判の死絵《しにえ》である。著名な役者などが没すると生前の当たり役姿、あるいは死装束姿を描いた絵が出された。中村駒之助は三代目。三代目中村芝翫の弟子だったが、師没後その子の初代中村玉七（三代目中村芝翫の子で、二十四才の若さで亡くなった）の弟子となった。笑福亭松鶴のところで述べた「角の芝居駒之助改名　大津画ぶし」で詠まれたように、歌舞伎史では代数に数えられないが、一時嵐璃《あらしり》珏《かく》を名乗っていた人である。維新前後の上方歌舞伎の中では重要な立役だったが、三十才で没した。屋号は左海屋、俳名は梅丈という。

明治二年正月中の芝居「けいせい対彩梅《つひのかゞもん》」という加賀見山の芝居の番付では、下段の書き出し（右端）に多賀大領俊綱と中老尾上の役が当てられている。絵にも尾上の役が描かれている。

もう一枚、明治の落語界で活躍する桂文都作の「越後獅子」の替え歌の一枚摺に、桂文昇とともに「調」者として名を出している（後の文都の項参照）。しかし、文都の文字に比べて小さく、明治二年に役者の死絵に名前を残した文寿と同じ人といえるかどうか。代替わりしていると思われる。

そもそも文寿の名は、早く天保十四年の見立番付の東方三段目に名を出し、嘉永六年の番付でも西方四段目に名があがる。ただ、安政頃の番付には名を見せておらず、明治の資料に出てくる文寿を天保末の文寿と同一人としてよいものかどうか。いずれにせよ、幕末・明治初期の桂の中では大きな名前の一つだった。中村駒之助の死絵の文寿は、時期から見て、この人も初代文枝の兄弟弟子になる咄家であろう。明治八年七月「浪花名所昔噺連中見立」には出てきておらず、明治の極初期で活躍が終わったと見られる。

桂　梅丸

桂梅丸という咄家も、唄の一枚摺に名前を残している。「午ノ年役者大よせ　萬歳」（大判錦絵横型、里の家よし滝画、肥田晧三氏蔵）という、地歌「万歳」の替え歌の一枚摺である【図151】。

〽年替り御繁昌を見るもいさまし　まちまつ（町待つ？）歌舞妓《かぶき》の座頭《ざがしら》なりける大五郎。年寄役は浅尾奥山《おくやま》
いつも笑わす中村友三《ともさ》。義三郎　伊八　合　坂彦（坂東彦三郎）は名人と申されける　合　器量の司《つかさ》は延若殿
芸を見りや芝蔵。中村梅司　荻野《おぎの》扇女　翫雀　幸団次。上手《じょうず》雀右衛門　歌四郎は歌津右衛門《かつえもん》となり　松緑（代

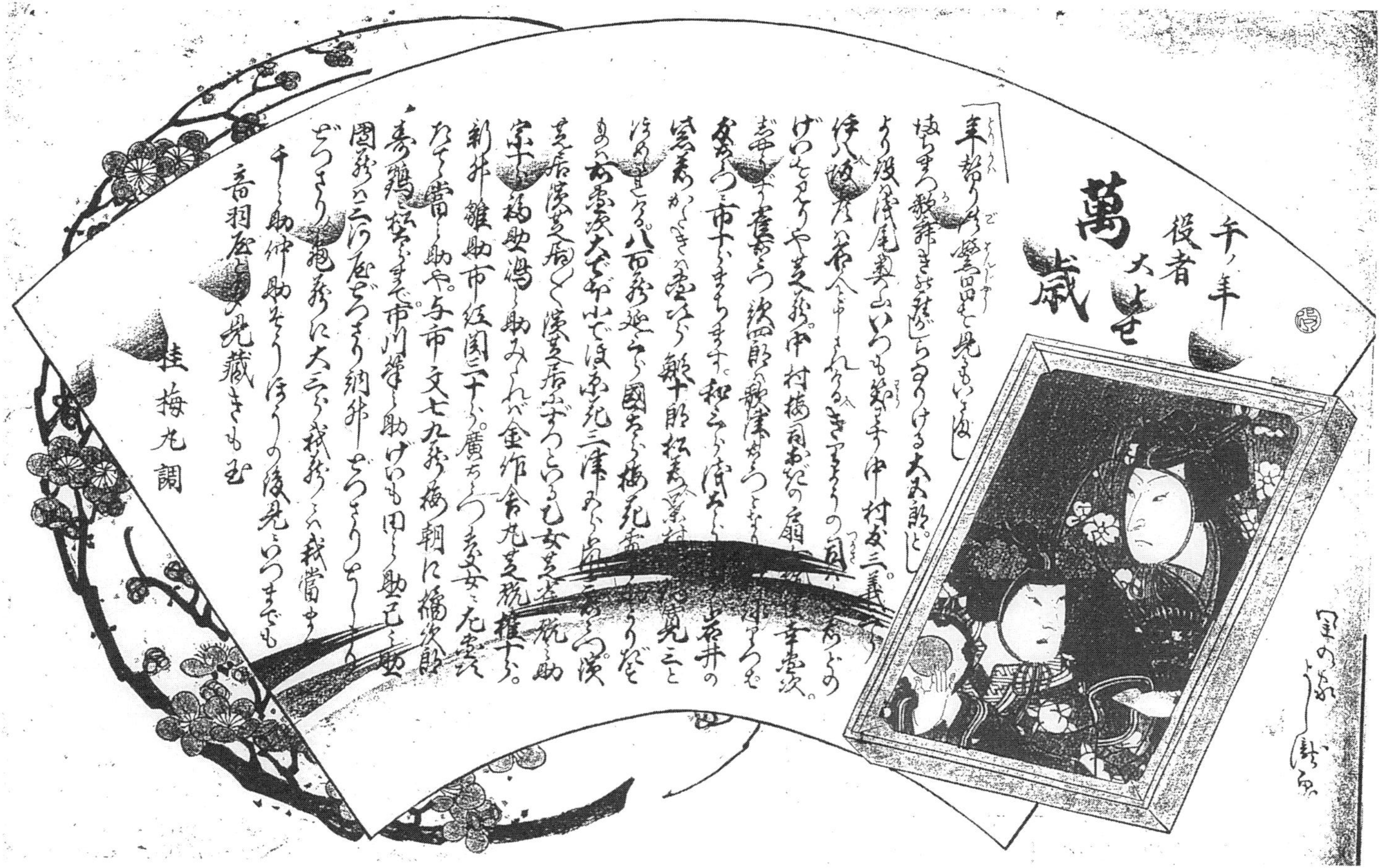

図151 桂梅丸調「午ノ年　役者大よせ　萬蔵」。里の家よし滝画。大判錦絵横型。肥田晧三氏蔵。

数に数えられない上方の尾上松緑）立派　友右衛門に市十郎まちます。和三郎　浅太郎　団次　岩井の紫若　敵《かたき》は団次郎　鰕十郎　松若　合　葉村屋璃寛　三都褒められける。八百蔵　延三郎　国太郎　梅花　梅之助　売り出すものは右団次　大でぼ小でぼ（?）京花　三津五郎　嵐三右衛門。浜芝居浜芝居〳〵　浜芝居にずつといる乙女　芝雀　翫之助　宗十郎　福助　嶋之助　見たれば　金作　舎丸　芝翫　権十郎。新升　雛助市紅　関三十郎。広右衛門　慶女に左団次立て、当之助や。与市　文七　九蔵　梅朝に橘次郎　寿鶴に松太郎まで。市川筆之助　芸も田之助　巳之助　団蔵は三河屋　どつさり訥升　どつさり年取りどつさり　合　亀蔵に大三郎　我蔵には我当まつ　千之助　仲助　双方《そうほう》の後見に　いつまでも音羽屋と　多見蔵肝玉《きもたま》（物に動じない貫禄）

桂梅丸調

大芝居や浜芝居（中堅・若手の役者を集めた芝居。上方では大芝居への登竜門という性格をもっていた）の役者七十三名を並べたもの。午の年は役者名寄せの役者から判断すると明治三年の午歳である。「歌四郎は歌津右衛門となり」の中村歌四郎は浜芝居の敵役の人気者で、元治二年（1865）に歌津右衛門と改名して大芝居に昇った。細かな考証は省くが、明治三年「三府惣役者重宝録《さんぷそうやくしやちようほうろく》」（石川屋和助板）でほとんど確認できる。この替え歌の作者は記していないが、絵を描いた芳滝自身であろうと思う。芳滝は明治六年頃以降、役者の見立番付である役者大見立や役者評判記といった歌舞伎関係のものを作るようになるが、その魁ともいえようか（拙稿「芳滝画「三府役者顔似世大見立」をめぐって―芳滝・大見立・八尾善―」『浮世絵芸術』一四六号、二〇〇四年）。

「調」の桂梅丸は、江戸時代の三種の見立番付には名がみられず、明治八年（1875）十一月の「繁華賑人気評聞」（林田良平氏旧蔵・現所蔵者不明）に、亭号不詳ながら梅丸があり、明治九年一月の「三国人気の大寄　初編」（前田憲司氏蔵）にも亭号不詳ながら梅丸の名がある。明治八年七月の「浪花名所昔噺連中見立」（豊田善敬氏蔵『藝能懇話』三号）には、松月亭梅丸の名があり、高麗橋の鉄橋に見立てた「見事なる高麗橋の賑ひは重たひ鉄をかぶる梅丸」の狂歌が付く。明治十三年一月の「楳の都陽気賑ひ」には西方前頭三枚目に「桂梅丸」と出てくる。明治初年に活躍した噺家ということになろう。

『落語系図』では、初代桂文枝の弟子に「梅丸　後に団九郎となる、初め慶治門人慶助と云ふ」とあって、この人の可能性が高い。初代文枝の梅香時代の弟子として出てきており、それにしては明治八年・九年の資料では軽い扱いのように見える。『落語系図』は、のちに「団九郎」になったというが、団九郎とは何者であろうか。噺家名で団九郎は知らない。市川団十郎・市川団蔵系の役者名とも考えられるが、見つけていない。単に団九郎といえば、俄師鶴家団十郎の弟子で二代目を継いだ鶴家団九郎が思い浮かぶ。しかし、団九郎の経歴（雑誌『大福帳　俄の巻』毎日繁昌社、明治四一年）に噺家出身ということは出てこないし、安政五年（1858）生まれの団九郎が、遅くとも嘉永六年（1853）には文枝になっている文枝の梅香時代の弟子になるのは無理である。この点も、『落語系図』を疑わざるをえない。

桂　鶴助

桂鶴助の名は阿法陀羅経の作者として出てくる。阿法陀羅経は『上方演芸辞典』によれば、「乞食坊主が、世態・時事などに取材した戯れ文句を七七調ないし八八調で、経文訓読にまねて「仏説あほだら経（あほだらとは、上方語で阿呆の強調語）という唄い出しで歌った俗謡」とある。

半紙本『大寄噺の尻馬』二編には天口斎編撰のものが載っている【図152】。小さな木魚二つを指に挟んで鳴らし、拍子をとりながら早口に歌う。明治時代の寄席で色物として演じられ、現行の落語「天王寺参り」でも演じられることがある。月亭生瀬の項で見た半紙本の『大寄噺の尻馬』には、「あほだらきやう」の外にも「仏説けんやくき

図152　天口斎編撰『あほだらきやう』の表紙。半紙本。「北ほりへ綿喜板」。『大寄噺の尻馬』所収。架蔵。

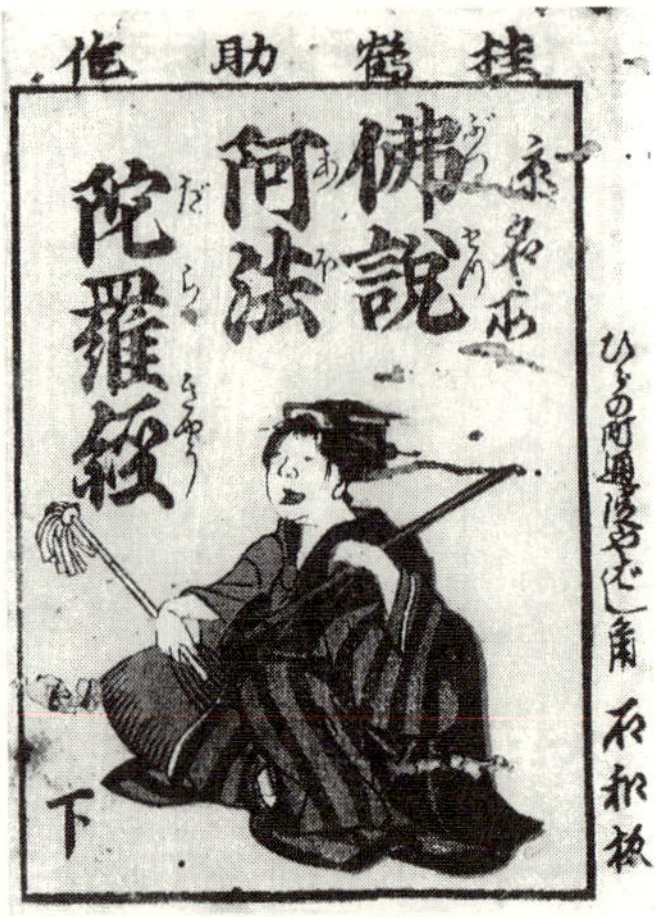

図153　桂鶴助作『京名所　仏説阿法陀羅経』の表紙。色摺。架蔵。

やう」（生瀬作）、「青物づくし　談義丼ニ精進料理経」（桂文治作）など、経文をもじった戯文があり、それらが「あほだら経」に集約されていったと見られる。尽し物も取り入れ、替え文句は自在に作られたようで、桂鶴助はその第一人者だったかと思われる。

鶴助作のものとして、『仏説阿法陀羅経　大坂名所　上』（小本四丁、石和板）、「仏説阿法陀羅経　京都名所　下」（小本四丁、石和板）、「大新板　仏説阿法陀羅経　近所のあいさつ」を見たことがある。京都の名所を詠み込んで夫婦喧嘩する作を紹介しておく【図153】。

京名所　仏説阿法陀羅経　下　　桂鶴助　作

ひらの町通淀屋橋角　　石和　板

これな申し　こちの人へ。お前のよふな京《きよ》ト〳〵〳〵京都名所と人が言ふぞへ。朝は早ふから何も嶋原（しない）。慌《あわ》て探して　もつくり返りて　ひつくり返りて　内を出口の柳で　＼酒を壬生《みぶ》（水）呑むよふに。やたら無性《むしよう》に加茂《かも》〳〵呑んで　いやな博打《ばくち》も桂川（勝つのか）かや。いつでも負けて　すつぱりぽんと　丸山裸で因幡《いなば》（丸裸で帰る）　さつぱり薬師で。蒲団《ふとん》に巻かれて寝たる体《からだ》（姿）が東山から。丸い銭裏《ぜぜうら》さへあると。七条新地や二条新地　橋下《はしした》なんぞへ女郎買いと出かける　＼四条芝居はどないになさるへ。わしもお前のお嬶《かか》になつたその折や。西陣帯でも着物もたくさん持つて北野へ（来たのに）天神さんでも愛想《あいそ》つかして。今は何《なん》にも嵐山（あらじ）とはしまいがつかない　〽すきと暇《ひま》とに前の道具を　むつくり返りて放《ほ》り出し　その又道具が大仏の柱で。ひんこ〳〵太らし　憎《にく》てな代物　割り木を持つて来て　すつくはらくわんと（すつからかんと）なぐり出しや。ごん〳〵うなつて　知恩院の釣り鐘　〽あたりさはり　ごつ〳〵言ふて。大きな大谷のよふな眼鏡橋《めがねばし》とて　むつくり返してむきたて。癇癪《かんしやく》起こしてそこらを投げ打ち　お嬶《かか》もたまらん　東六条　西六条のちつとは御堂《みどう》（身に）にもなつてみなされ　〽何《なん》のかのとて銭さへ儲《もう》けりや　程よく持ち込む。一つの代物《しろもの》も二つ三つも　朝は早ふから内を清水《きよみず》　祇園祝ふて（縁起《ぎえん》をかついで）商売やらかせ。東寺〳〵に金閣寺　儲かる　〽女郎買い止《や》めにして　酒呑むな〳〵〳〵〳〵

桂鶴助の名は、天保十四年の見立番付の西方二段目前頭にすでに見られ、安政頃の番付では右上段（東前頭）という高い位置に据えられている。天保と安政の間の嘉永六年の番付には何故か出て来ず、この間代替りの可能性が高いが、幕末に阿呆陀羅経を売物にした桂鶴助という咄家がいたことは確実である。古書目録で見ただけで現物は見ていないが、「京名所」の文句と同文の一枚摺（芳滝画）に「二代目　桂鶴助」としたものもあった。

そして、桂鶴助は維新前後の見せ物絡みの大津絵節の一枚摺（半紙半裁型、色摺）【図154】にも名を残している。

貝細工　口合文句　大津ゑぶし

〽初春の賑ひは。富貴《ふうき》の名ある牡丹花《か》や。開く匂ひは梅屋敷。福は内にと引きがいる（蟇蛙か）。よき事春日《かすが》（数が）重なりて。千代と鶴との花比べ。人気を取り込む蟒蛇《うわばみ》の。悪《あ》しきはよそへ灰吹きじや。宝をば。児雷《じらい》也《や》鷲《わし》にひと摑《つか》み。いつ〳〵までも。江の島弁天　菊畑

桂鶴助作

口上　あまからや

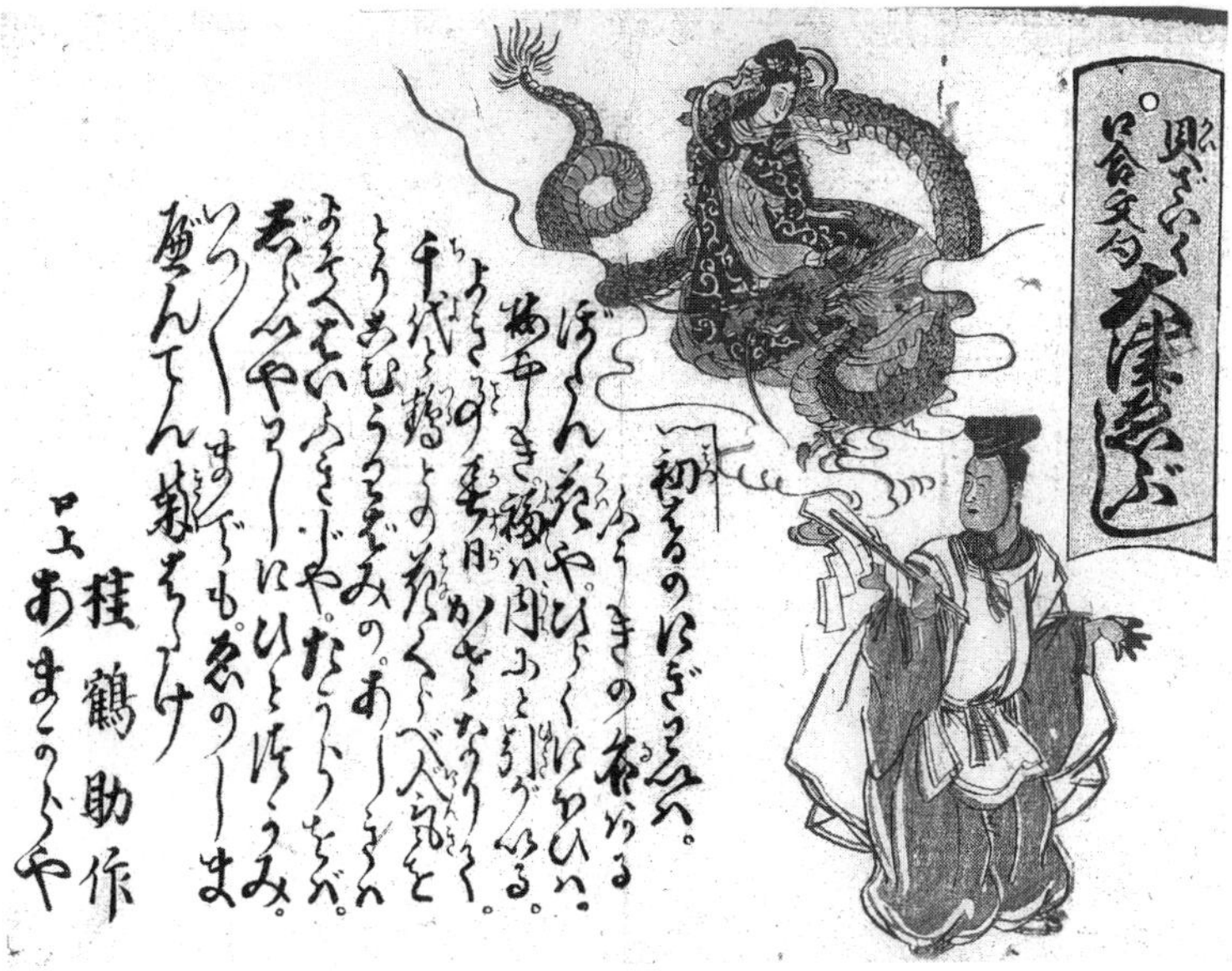

図154 桂鶴助作・口上あまからや「貝ざいく　口合文句　大津ゑぶし」。画師名なし。半紙半裁。色摺。架蔵。

牡丹・梅・花比べ・菊といった花の類、蟇蛙・蟒蛇・鷲といった児雷也に関するもの、春日・弁天といった神仏に関するものを、貝細工でみせたものであろう。絵には神官と弁天と龍が描かれている。口上のあまからやは、見世物口上では有名な名である。

ところで、この貝細工興行を『近来年代記』で探せば、元治二年（1865）に難波新地で貝細工の見世物があり、表看板には「曾我物語」の仁田の猪狩りが描かれ、四季の花、大象が飾られていたとある。児雷也のことは出てこないが四季の花は合っており、この時のものであろうか。あるいは文中の「梅屋敷」を上本町六丁目にあった梅の名所と見て、ここで行われた別興行であろうか。

あまからやではなく口上の梁造と組んで、鶴助が大津絵節の文句を作っている見世物の引札のようなもの（半紙半裁型、色摺）【図155】がある。

大津画ぶし

当る人気は。六人男。みのる楠の福原が。松太郎で。吉備《きび》よくも　あれ市川と団十郎。江藤新平の

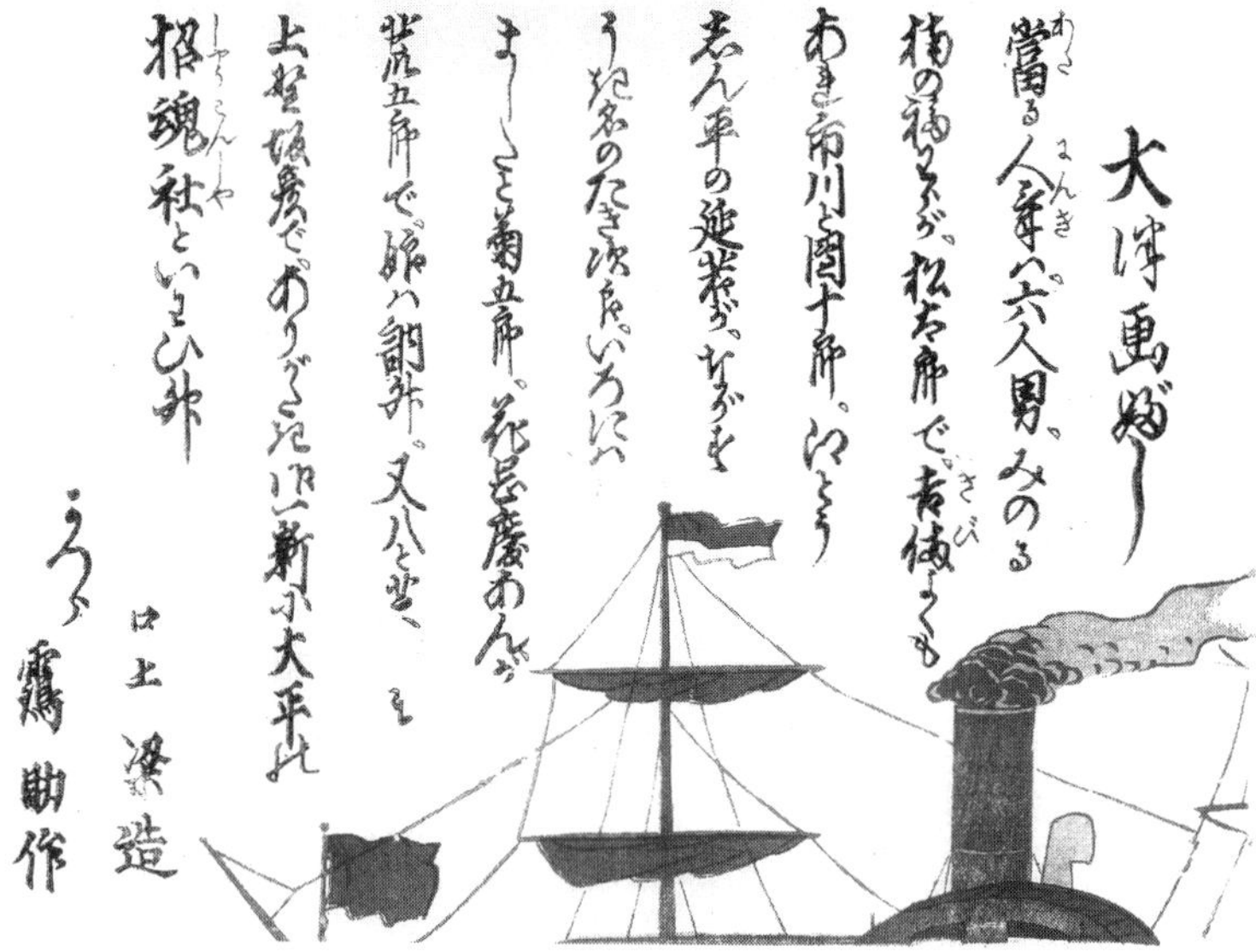

図155　口上梁造・かつら霍助作「大津画ぶし（当る人気は）」。画師名なし。半紙半裁。色摺。架蔵。

延若が。流す浮名の滝次郎。色にはました（増した?）と菊五郎。花岡慶あんが荒五郎で。娘は訥升。又八と芝□（文字無し、空白）も　上野　坂彦で。ありがたき御一新に　大平の招魂社と祝ひ升

口上　梁造
かつら鶴助作

江藤新平は維新の戦で活躍した著名な人物でわかるが、他の人物がわからない。役者の方は市川団十郎、実川延若、尾上菊五郎、市川荒五郎、沢村訥升《とつしょう》、坂東彦三郎の六人のはずである。招魂社は維新後各地で戦没者を祀った社で、明治九年には東京に合祀されて護国神社となっていく。明治初年に生人形として見世物になったものであろうか。『近来年代記』では、明治二年に「〇生人形　是も札銭百文也　是は当世の人物又は役者之顔似せにいたし、中々出来し也」とある。これではないかと思うが、それ以上のことはわからない。

しかし、この見世物は人気があったものと見えて、

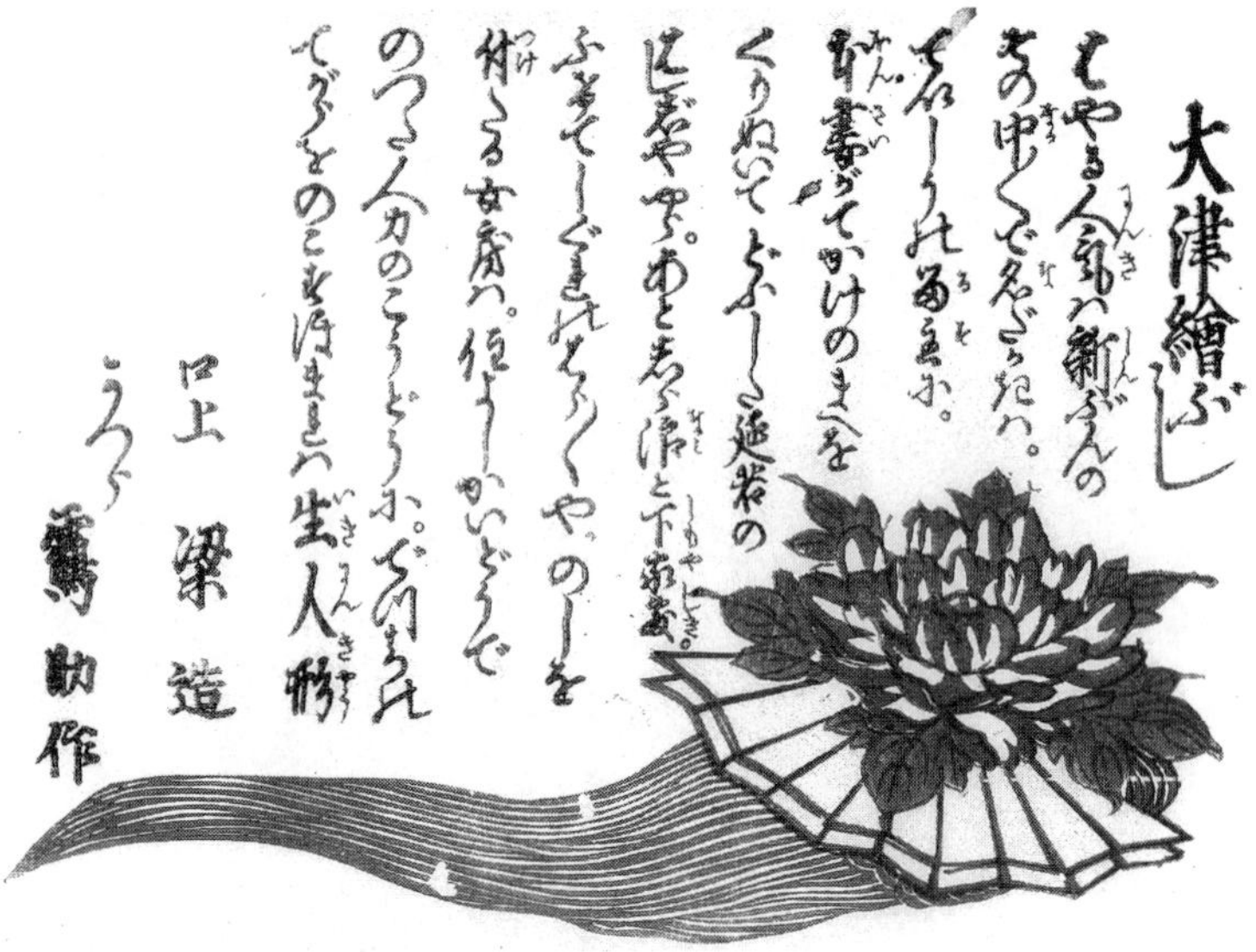

図156 口上梁造・かつら靏助作「大津画ぶし（はやる人気は）」。画師名なし。半紙半裁。色摺。架蔵。

出てくる名前から同じ時のものに違いない「写真あぶら画　よしこの」（半紙横半裁横長、色摺、豊田善敬氏蔵）が残っている。

写真あぶら画　よしこの

小枝《こえだ》離れてアノ楠は　公に真事《まこと》を立て通し
ぬしの福原　わしや松太郎　それに逃げ出す気が知れん
吉備の大尽《だいじん》　団十郎当《あ》て□（かすれで読めず）　異国《いこく》からとる文字《もじ》の花
心せかずに書く長文《ながぶみ》は　真事新平　延若の
ぬしの狸《たぬき》にわしやだまされて　胸に訥升と家橘なり
深ふ浅草散る花岡は　悪に心は荒五郎
上野せんそ（戦争か）の枯れたる榊　坂東一じやと彦三郎
岩も砕くる　アレ熊五郎も　鷹《たか》も女に芝翫なし
浮名川越　身も滝次郎　鰊《にしん》数の子《〔のの〕こ》と菊五郎
人気立浪その月影で　結ぶお客の末長ふ

口上　梁造
桂靏助作

同じように年代を確定しがたいものながら、見世物がらみの大津絵節の一枚摺で、鶴助作のものがもう一枚（半紙半裁型、三色摺）ある【図156】。

大津絵ぶし

はやる人気は新聞の　その中〳〵で名高きは。亭主《〔ていしう〕》の留守に。本妻が妾《てかけ》の前《まえ》をくりぬいて　どふした延若の端《はし》じややら。あと白浪と下屋敷。ふけて時雨のはら〳〵や。のしを付けたる女房は。住吉街道で乗った人力（人力車）のこうどうに（強盗？・公道？・正義によって？）。丁稚の手柄を残す誉れは生人形

口上　梁造

かつら鶴助作

これも生人形の見世物らしい。「新聞」「人力」の語があり、明治維新以後のものであるのは確実である。『近来年代記』によれば、明治四年の項に「人力車流行之事」とある。絵は牡丹（の造花）と扇子と赤毛。「石橋」の小道具かと思われて、文句との関係はまったく見えない。亭主の留守に本妻が妾の陰門をくり抜いて、下屋敷から住吉街道を人力車に乗って逃げたが、丁稚の手柄で捕まったという、そんな事件を生人形に仕立てたものであろうか。猟奇的な事件を生人形にしたのなら、見世物として有名なはずであるが、見付けられなかった。

なお、妻が夫の愛人の下女を殺し、陰門をくり抜いて夫に刺身と言って出し、妻は自害したという事件のことが明治八年（1875）の「大阪日々新聞」に載っており（土屋礼子著『大阪の錦絵新聞』三元社、一九九五年）、このことと関係があるかもしれない。近年、見世物研究は非常にすすんでおり、ご教示に期待したいと思う。

このように、幕末頃に阿法陀羅経で鳴らし、明治初期に大津絵節に名を残した桂鶴助は、明治八年七月の「浪花名所昔噺連中見立」の作者でもあった。その中の自分の評には「心斎（心斎橋）で衒妻《げんさい》（女性）達の目に付くは出《で》歯《ば》りの橋か鶴助の口」の狂歌を詠んでいた。出歯を売り物にしていた人気の咄家と思われ、初代桂文枝とほぼ同時

代の人と考えられる。

今日の我々は「桂」を名乗る咄家を、初代文枝に収束させて考えがちである。しかし、文枝にも師匠があれば兄弟弟子もあり、文枝以前が当然あったのである。明治の上方落語史において、文枝とその四天王と呼ばれる門弟達（文都・文団治・文之助・文三）の存在が大きかった故に、これまでは文治から文枝、文枝から弟子の四天王という「桂の幹」にのみ着目してきたが、今後は桂の枝葉の部分にも目を向ける必要があると思う。

初代文枝はほんとうに初代なのか

ここで文枝の七回忌法要を報じた明治十三年（1880）四月十一日の「大阪朝日新聞」の記事を、没年に近い資料として引いてみよう。

………元三文字屋万兵衛と呼て　鱣谷《うなぎだに》三休橋筋にて鍛冶職を営居《いとなみお》りし者なるが　幼年の頃より落語を好み　廿二才の頃初て笑福亭梅花の門人となり笑福亭万光と称せしが　根が三度喰ふ飯よりも一層の好の道なれば　好こそ物の上手なれと　僅《わずか》の間に芸道熟練なし遂に文治の以前の名を継ぎ　桂文枝と改名せり　然るにその頃京坂間に誰一人としてこの文枝に肩を比ぶる者なかりしとぞ………生者必滅の古語に洩れず去七年四月上旬五十六年を一期の夢　眠る如く鬼籍《きせき》に入りぬ………

没後丸六年経ってからの新聞記事であるが、文枝の経歴についてはこの記事が基本となっている。芝光男氏は文枝の子孫を訪ね、墓石・過去帳・戸籍などの調査とこの記事をもとに、「初代桂文枝追跡」を書かれた（『藝能史研究』九五号、一九八六年）。生没年の確認をされ、さらに「鍛冶職」ではなく「家具職」であったことの指摘もされた。

享年から逆算すれば、文政二年（1819）の生まれ、この世界に入った二十二歳は天保十一年（1840）に当たる。

ところが、天保十四年の見立番付には、下段の「前座」の位置ではなく、中段の東前頭の位置、林屋木鶴の隣に桂文枝と出てくる。『日本庶民文化史料集成』の複製では擦れて読みづらいため、東京都立中央図書館蔵の原本で確認したが、やはり「桂文枝」と判断した。その後、肥田晧三氏が同じ板の番付を入手されて、コピーをいただいた。それには「桂文枝」がはっきりと読める（36頁、【図10】）。となると、文枝が咄家となって僅か四年目でこの位置にいることになる。そこがこの人の非凡なところであるといえばいえるが、別人の可能性はないのであろうか。芝氏は新聞記事の「文治の以前の名を継ぎ」の部分を、新聞の誤記ではないかと言われた。わたしはこの記述を重要とみたいのである。

桂文枝の師は誰だったのか。四代目桂文治（前名桂慶枝）のところで述べたように、二代目文枝（後、文左衛門）の談によれば、四代目桂文治であった。『落語系図』は、文枝を三代目文治の弟子として、上方の四代目文治を意図的と思えるほどにふれていない。四代目文治の唄本などの存在も確認できた今、わたしはこの二代目文枝のいう説を信じたい。

この仮説の上に立って、嘉永六年（1853）の見立番付「浪花昔噺見立相撲」を素直にながめると、桂慶枝は東方前頭二枚目、文枝は東方二段目の「脇」（関脇の省略形）に出てくる。文字は明らかに慶枝の方が大きい。「脇」とは何か。咄家の見立番付は歌舞伎の見立番付を真似ていることは明かである（歌舞伎の見立番付については拙著『上方板歌舞伎関係一枚摺考』を参照されたい）。歌舞伎の見立番付では三段目、四段目も「大関・関脇・小結」（あるいは省略して「関・脇・結」）からはじめ、中ウ芝居・子供芝居を大芝居と区別して位を立てる。すなわち、上段の大関・関脇・小結とは同じ大関・関脇・小結でも格が違うのである。この見立番付の見方としては、慶枝は実力者、文枝は中堅・若手の有望株とみるべきだと思われる。

天保十四年（1843）の見立番付の桂文枝を、今問題とする文枝と同じ人物と見ることには大きな疑問を覚える。

疑問その一。文枝ははじめ笑福亭梅花の門人で万光と名乗っていたという。『落語系図』にも「初め梅花と云ふ、後に梅香となり、その後文枝となる」とある。併せて考えると、少なくとも笑福亭梅花の弟子時代があり、入門三年間で師匠を替え、名前を変えて、この位置に座れるものだろうか。もしそうだったとすると、天保の番付ではすでに一流の咄家の仲間入りをしているのに、十年後の嘉永の番付では中堅・若手の有望株のような地位に下がっていることになる。

疑問その二。師匠桂慶枝が四代目文治になるのは、すでに見てきたように安政二年（1855）である。この人は天保十四年の見立番付のどこにいるのか。先に説明した嘉永六年の見立番付では慶枝・文枝の師弟が程よい距離を保って、共に出ていた。しかし、天保十四年の見立番付では文枝の名はあるが、慶枝の名がない。ここで大胆な仮説になるが、文枝→慶枝→文治の可能性を考えてみたい。嘉永六年（1853）と天保十四年（1843）ではちょうど十年の開きがある。天保十四年の文枝を慶枝の前名とみる方が合理的だと思う。「文治の以前の名を継ぎ」の記述に合ってくるのではなかろうか。

歌舞伎役者の代数にも、このような例はいくつも出てくる。わかっていても代数に数えないこともある。咄家では初代の桂春団治の例が有名であろう。今日では皮田藤吉の春団治の前に、宍喰屋《ししくいや》橋《ばし》の圭春亭主人で、そこそこの活躍を見せていた春団治がいたが、皮田藤吉の春団治が有名になったため、こちらを初代とするのが通例となった。わたしの仮説が正しければ、はじめの文枝はその後慶枝から文治を名乗ったわけであるから、普通は最後の名前、四代目文治で呼ばれる。したがって、明治に入り戸籍上本名も桂文枝とし、文枝の名で没した通説の初代を、初代と呼ぶことに大きな支障はない。その弟子の文三が継ぐのも二代目と数えて差し支えないと思う。ただ、上方落語の歴史として厳密に言えば、初代文枝の前にも文枝という名前があったらしいことは記憶しておきたい。

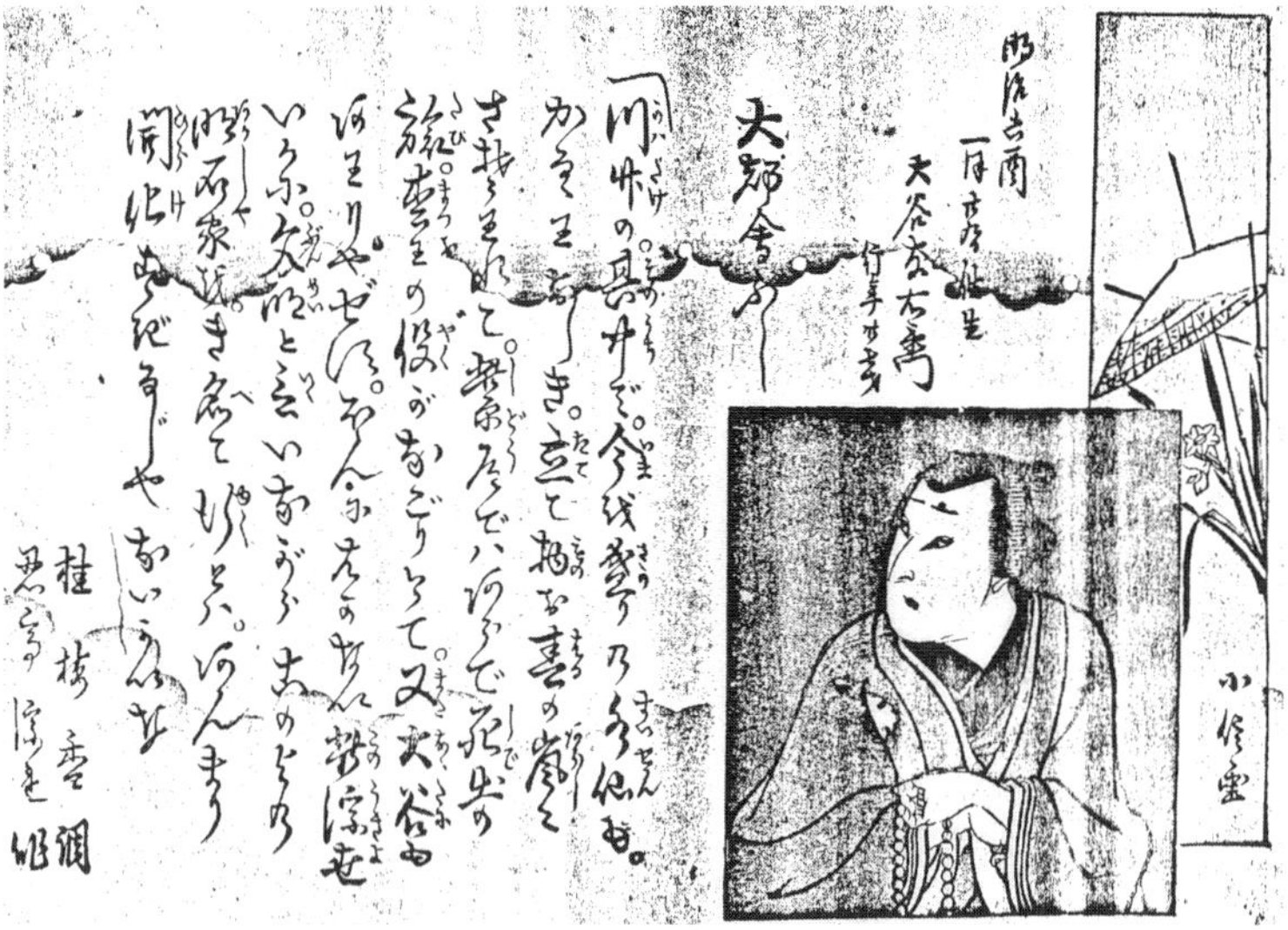

図157　桂梅香調・忍亭浮連作「大谷友右衛門（追福）　大都会ふし」。小信画。半紙半裁。色摺。大阪府立中之島図書館蔵。

桂梅香・桂文之助

初代桂文枝の弟子筋の咄家の大津絵節を見てみよう。明治六年（1873）正月の「大谷友右衛門追福」（半紙半裁型、色摺）【図157】や「浄留りさわり文句　鳥尽し」（半紙半裁型、色摺）の大津絵節に名を出す桂梅香がいる。

明治六酉　一月二十九日往生　大谷友右衛門　行年卅七才

小信画

大都会ふし

へ川竹の。その中《うち》で。今を盛りの水仙も。枯るゝは〔わ〕惜しき。立て物を〔お〕春の嵐に誘われて。紫道《しどう》ではあらで死出の旅。松王の役が名残とて。又大谷も逢わりやせず。ほんにはかないこの浮世　いかに。文明と言いながらこの世の明石家を。消〔名〕へて行くとは。あんまり開化《ひらけ》すぎるじゃないかいな

桂梅香調

忍亭浮連作

作の「忍亭浮連」は「忍んで浮かれ」と読むのであろうが、聞いたことのない人である。大谷友右衛門は五代目で、はじめ大坂にいて大谷友松で親しまれていた。松鶴が「筑

図158 桂梅香調「浄るりさわり文句　鳥尽し　大津絵ぶし」。小信画。半紙半裁。色摺。架蔵。

後芝居ニおいて　大谷友松名残リ　大津絵ぶし」を詠んだ人である。江戸に帰って友右衛門を継ぎ、一時大谷広次を継いだり、大谷紫道を名乗ったりしたが、明治四年二月中の芝居に大谷紫道の名で下ってきた。明治四年四月筑後の芝居から大谷友右衛門の名に復し、立役・女方ともにこなす重要な役者として活躍。明治五年三月の松島大芝居開場の興行では、初代実川延若、四代目嵐璃寛とともに一座の中心を占めていた。大津絵節では行年三十七才とするが、『歌舞伎俳優名跡便覧』では享年四十一才。屋号は明石屋、俳名は紫道。明治五年十月松島芝居で演じた「菅原伝授手習鑑」の舎人《とねり》松王丸が大坂の人々とのお名残りとなった。役者の見立番付「三府　大芝居浜芝居子供芝居　惣役者大見立」（明治六年正月、前田喜兵衛板、筆者笹木芳滝）では、東方小結の位置に据えられた役者である。

同じ桂梅香の調となる大津絵節がもう一枚ある【図158】。

浄瑠璃さわり文句　鳥尽し　大津絵ぶし　小信画

あらし璃寛　娘おみわ

迷ひはぐれし片鶉《かたうづら》。寝ぐら離れし時鳥《ほととぎす》。忠と教ゆる親鳥の。訪ねて来《〔気〕》鳴く鶯の。物《〔者〕》の隘路《あいろ》も水鳥の。同じ羽

色の鳥つばさ。焼野の雉《きぎす》夜の鶴。夕告げ鳥の鳴く〱も。降る雪に身は濡《〔わ〕》れ鷺《さぎ》の芦垣《あしがき》や　止まり烏《からす》の。鳴き連
れて　新暦《こよみ》開けば鳥の年
桂梅香調

鶉・時鳥・鶯・水鳥・雉・夕告げ鳥・鷺・烏と、鳥を並べた文句で、「新暦開けば」とあるため、明治六年正月であることは確実であろう。明治五年十二月三日が、新暦の明治六年正月元日となった。長谷川小信（後の二代目貞信）の描く嵐璃寛の「妹背山婦女庭訓」のお三輪は、この種の一枚摺としては豪華な色づかいで目を惹くが、明治六年正月頃に璃寛がお三輪を演じた記録を見つけていない。

さて、桂梅香とは誰なのか。『落語系図』には、「桂梅花　改め　桂文枝」という記述があって、この桂梅香を桂文枝のことだと判断しそうになる。しかし、明治六年のものであることは内容から否定しようがない。明治六年に文枝が一時的にせよ、桂梅香を名乗ったとはとても考えられない。

桂梅香の素性に悩んで、あるいは歌の資料にのみ出てくる架空の咄家ではないかと疑っていたが、次のような一枚（半紙全紙横型、色摺）【図159】を芸能研究家の前田憲司氏から教えられた。

○開化萬才　調子はみな御存じ　　小信筆

〽君が世は御萬代に。品《しな》ぞ開化《かいか》なります。太陽新暦改まり。年《とし》〱変わらぬ。大小にいつも閏月《〔うるづき〕》。廿九日とかぎり極《きわ》まりけるは。誠《ま事》にわかりよふ候ひける。京の都は東京へ替り。神戸の湊は　合　日の本建家《たちいえ》と西洋造り。町も同然。よろづ西洋店《だな》。裏道は鉄道なり。正月を一チ月《〔げつ〕》。蒸気船往返《おうへん》する。乗りまする。我が国も。商内《あきなひ》異人も乗合なさる。国主《こくしゅ》の大名に侍《さむら》ひなし。牛売る〱　何処《どこ》の町も牛売る。巡卒《じゅんそつ》方（警官達）は御大儀。ほら布《ふ》（旗）を建る。武士の洋服。若い人はやる。ざんぎり散髪　お、ゐ。〱。散髪ざんぎり沢山《たくさん》なり。剃つた

図159　梅花改桂文之助調「開化萬才」。小信筆。石和板。大判錦絵横型。色摺。前田憲司氏蔵。

る頭に髷《わげ》なし。町をうち通り。区々《くく》の学校見事な。どゑらゐ鉄橋。いざや小便所《しょうべんしょ》　合　板で張つて真つ白な　町灯《とも》す。みな辻ガス灯。いろ〱とり〲に並べ立てて　写真うつしける。国々へ。郵便で。訪れ速いは電信局。行き通ふありさまは。げにも矢射る如くなり。自由なり。いづくの湊《みなと》も。ズツシリ〱〱〱　合　茶蚕《ちゃさん》を積み込む。門《かど》には人力。背戸《せど》には馬車あり。どつちもこつちへも。行く時は円金《えんきん》の。光あざやか

梅花改　桂文之助調

大坂平野町淀屋橋角　石和板

これまで何度か出てきた「萬歳」の替え歌である。大津絵節よりも歌詞が長いために、多くの情報を盛り込むことができる。太陰暦から太陽暦に替り、都は東京に移り、神戸は西洋風の町となり、鉄道が通り、蒸気船が往来し、侍がいなくなり、牛肉が食べられ、巡査ができ、ざ

んぎり頭となり、学校ができ、心斎橋は大きな鉄橋となり、きれいな公衆便所ができ、ガス灯が点り、写真が流行る、郵便・電信制度が起こり、港から外国に茶や繭を積み出し、人力車や馬車が通り、金貨が通用するようになった、という。図は洋服を着て烏帽子を被り、太夫に当る一人は鼓を持ち、才蔵に当る一人は袋を担げ太陽暦を持っている。新暦の採用された明治六年正月以降のものであることは確実である。

ここで後に二世曾呂利新左衛門となった桂文之助の芸歴を細かくふりかえることにしよう。『浪速演芸名家談叢』の略歴と本人談によれば、慶応元年（1865）笑福亭松鶴門に入り京都で松竹を名のる。翌二年三月に帰阪し梅香となり、さらに梅花と改め、同年十月座長となり旧名梅香。明治五年（1872）中国四国遊歴、同年暮帰阪、六年三月文枝門に入ったとある。ここで、桂文枝一門への加入の時期を事実上正月に移してみれば如何であろうか。三点とも小信画の彩やかな絵を有するものであるが、古い情報に基づいたものと、新しい情報に依ったものとの違いではなかろうか。「桂梅香」と「桂梅花」が、同じ大坂に同時期にいるとは思いがたい。明治六年正月の桂梅香も、桂文之助の前名と見たいのである。

そして、「〔雪月花に引きかゑて〕大津ゑぶし」（半紙半裁型、大阪府立中之島図書館蔵『大阪役者の追福面影』）では、兄弟弟子の桂文都の調、桂文之助の作と出てくるが、これは明治六年四月のものである。

大津絵ぶし　長谷川小信筆

〽雪月花《ゆきつきはな》に。引き替えて。待ちに待つたる川竹の。人気も多き。大西や　その名も爰《ここ》に芳しき　お役も重き乳《おちの》人《ひと》。実に政岡の原田甲斐あつて。二度の清書　首尾もよく。ヒイキは寺坂吉右衛門　豊田家と。これぞ浪花の立物と。寿《ことぶき》　いさ坂東一の寿太郎《じゆうたろう》

桂文都　調
桂文之助作

長谷川小信（二代目貞信）の描く坂東寿太郎の原田甲斐の姿が描かれている。文枝の唄に芳滝が深く関わっていたように、文之助は小信との関係が見てとれる。明治六年四月、筑後の芝居で、三代目坂東寿太郎（屋号は豊田屋）が、「伽羅先代萩《めいぼくせんだいはぎ》　続五段」の原田甲斐《はらだかい》・乳人浅岡《めのとあさおか》、「忠臣二度清書《ちゅうしんにどめのきよがき》」の寺坂吉右衛門を勤めている。文之助改名以後のものであることがわかる。

文之助改名以後のものとしては、外にも「乙亥《きのとい》のとし（大津絵ぶし）」（大阪府立中之島図書館蔵『浪花趣味はりまぜ帳』明治八年〔1875〕亥年）があり、桂文之助戯作、「ヒン〳〵尾糸しらべ」とある。

付け加えれば、「越後獅子　かへ歌」（大阪歴史博物館柴垣コレクション蔵）に、落語者文の家戯作、桂文字助諷とある一枚摺も見たことがある。「落語者　文の家」は、文字助と並んでいることから、この人の弟子二代目桂文之助（のちの文の家かしく）ではないかと思っている。

桂　文都

文之助や文都になると、その動向・活躍の様が新聞・雑誌に残されて、今日のわれわれにかなり詳しく伝えてくれている（食い違いに混乱させられることはあるが）。明治三十三年、五十七才で没した文都は、明治の大阪落語界をリードした人だった。初代文枝の最晩年に弟子となり、初代文団治・初代文之助・初代（それ以前の文三も確認できるが）文三とともに、文枝の四天王と称される実力者だったこと、明治十四年に文三の二代目文枝襲名を巡って対立し、「桂」を捨てて月亭文都となったこと、明治二十六年に初代笑福亭福松・二代目桂文団治らと浪花三友派を立ちあげたことなど。芸風も後年は素噺を得意として、愛嬌に欠けるところがあったが、名人肌の高座であったことなどが知られている。橋本礼一氏の「二代目　月亭文都」（豊田善敬編・発行『はなしの焦点』二〇号、平成二五年）はたいへん詳しく、唄の資料もカラー図版で掲載されている。

この文都も、若い頃には流行歌替え歌の資料に多く名を残した。文之助の項でふれた明治六年四月の「〽雪月花に引きかゑて」大津ゑぶし」には兄弟弟子文之助と並んで名を出していた。明治六年の新暦発足の混乱の様を、長唄「越後獅子」の替え歌に詠み込んだ「十二月　越後獅子」（半紙横半裁横長、色摺、豊田善敬氏蔵）【図160】もある。

十二月　越後獅子　　桂　文都

なんたら愚痴《ぐち》ゑんに合《お》うてうくるなり

越後獅子　　三下り

〽正月はすつぱり廃止なり。一月一日旧暦は霜月の中頃過ぎで　今宮〽十日戎で　群集《〔くんじふ〕》するやら寒の入り。味噌汁　〽二月は冬で。涅槃《ねはん》と聞くなり　お釈迦もあわて、。頓死《とんし》する　跡《あと》は節分で。厄を《〔お〕》払ひ《〔いひ〕》ましやう。林豆《はやしまめ》（節分の囃子豆）と混ぜり豆で年を《〔お〕》とる　〽三月は。桃の節句に初午《はつうま》　お彼岸参り　〽四月に桜が蕾《つぼみ》で雪が降る　雛《ひな》を《〔お〕》祭るやら甘茶ヲ沸かして　初湯《うぶ》するにも。釈迦牟尼如来の誕生無し。〽五月雨月《さみだれ》にも雨はなし　無理は無し　早稲《わせ》の植付け菖蒲《〔しよぶ〕》も無し　八十八夜　〽五月菖蒲節句がまだ。四月。卯月かと思ふて《〔で〕》舎迦《しやか》が生まレ来て軍《いくさ》人形見てびつくり仰天して跳んで出る　〽六月土用が無《の》ふて梅雨の入り。〽七月に半夏生《〔はげしよ〕》で棚経《〔行〕》の坊さん参るやら　夜宮参りと思ひ　団子トだんじり引ィて来る　〽新《しん》の仏や無縁法界うろ〳〵と　苧殻《おがら》を《〔お〕》焚いたりお御輿《みこし》舁《か》いたり　施餓鬼《せがき》を《〔お〕》するやら御渡りがある　〽八月十五日に歪《いが》んだ月が出る　お気の毒なは冥途から　新《あら》尊者《そんじや》　盆かと思ふて遥《はる》〳〵この世へ来てみれば　すかじや　お迎ひ団子は無《の》ふて。月見の芋を《〔お〕》見て　冥途へ帰る瀬《せ》もなし。あちらこちらの新墓《しんばか》頼んで来年の七月迄。居候する　気兼ねじや　〽九月にお月見するやら　お彼岸参り　お月様も豆を《〔お〕》食ふやら芋と団子で食当《しよく》り　腹く（腹下り？）じや　〽十月に蚊帳《かや》を《〔お〕》吊るやら。炬燵を《〔お〕》あけるやら。八月の末つ頃が。神無月　出雲の大社《おおやしろ》は。淋しィはづかよ秋祭り　〽霜月に神様お留守で。金比羅祭り。出雲は大繁昌で　〽十二月に冬至《〔事〕》が有つて。寒の入りが無《の》ふて。三十日《みそか》に月が出る　引

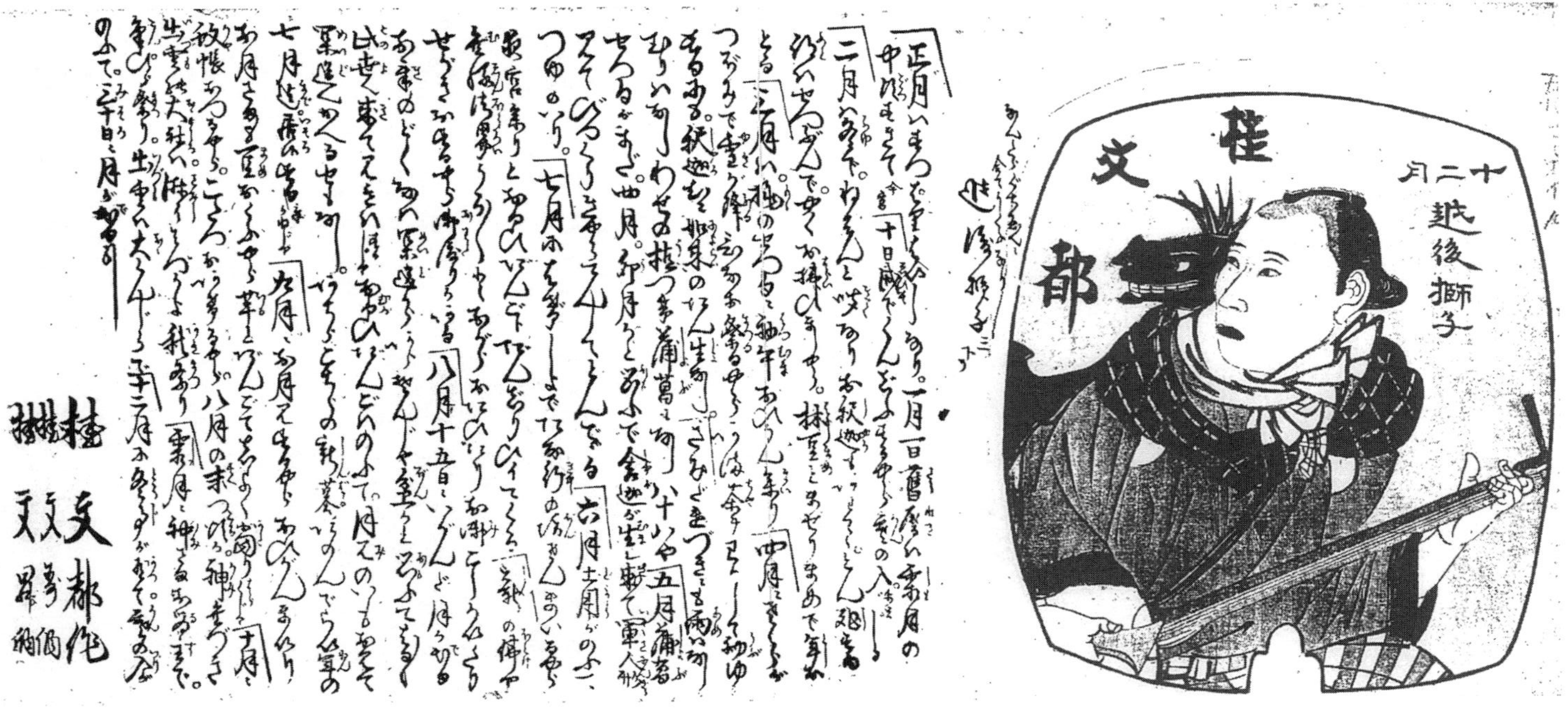

図160 桂文都作・桂文寿調・桂文昇調「十二月　越後獅子」。画師名なし。色摺。豊田善敬氏蔵。

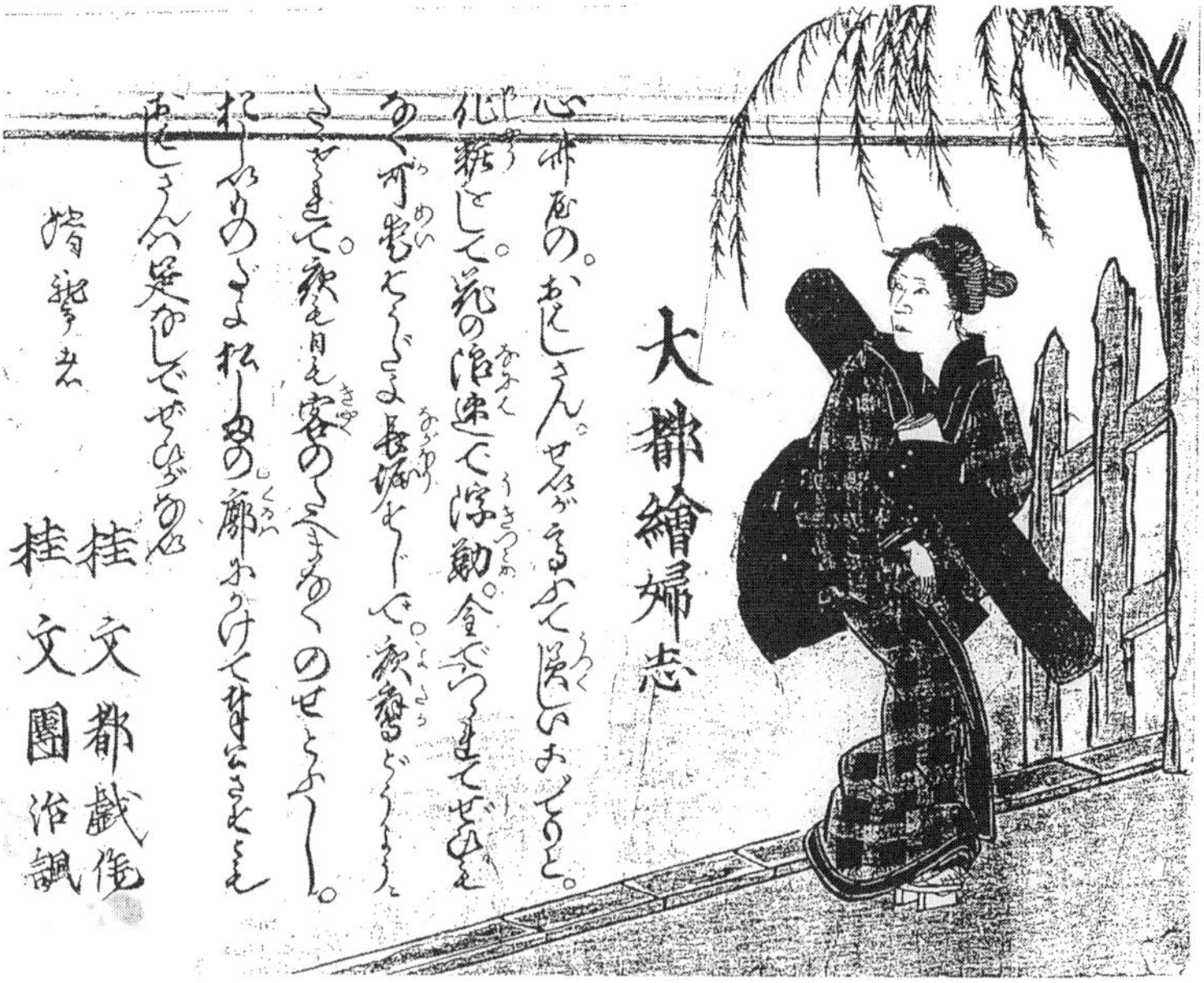

図161　滑稽者桂文都戯作・桂文団治諷「大都絵婦志」。画師名なし。半紙半裁。色摺。肥田皓三氏蔵。翻刻は367頁。

桂文都作
桂文寿調
桂文昇調

難読の箇所も強引に読み切ったが、内容が興味深いので全文紹介した。今日忘れかけている、暮らしの中の行事と太陽暦との食い違いを、咄家らしくおもしろく鋭く言い立てている。「これからこういうことが起こりますよ」という警告ととれば明治六年正月の刊行である。しかし、人々が新暦を体験し、戸惑いを実感したあとに作られたととれば、明治七年刊行ということになろう。わたしは後者の方がおもしろいと思っている。

「調」の文寿はすでにわかる範囲で述べた。桂文昇についても文笑のところでふれたが、時期から見て「文昇」の初代ではないかと見ている。

桂文都に戻ると、『藝能懇話』三号に肥田皓三氏が滑稽者 桂文都戯作・桂文団治諷の「大都絵婦志」【図161】を紹介されている。「心斎屋のお橋さん」ではじまり、「金で吊られ」て夜鷹（惣嫁）同然、昼

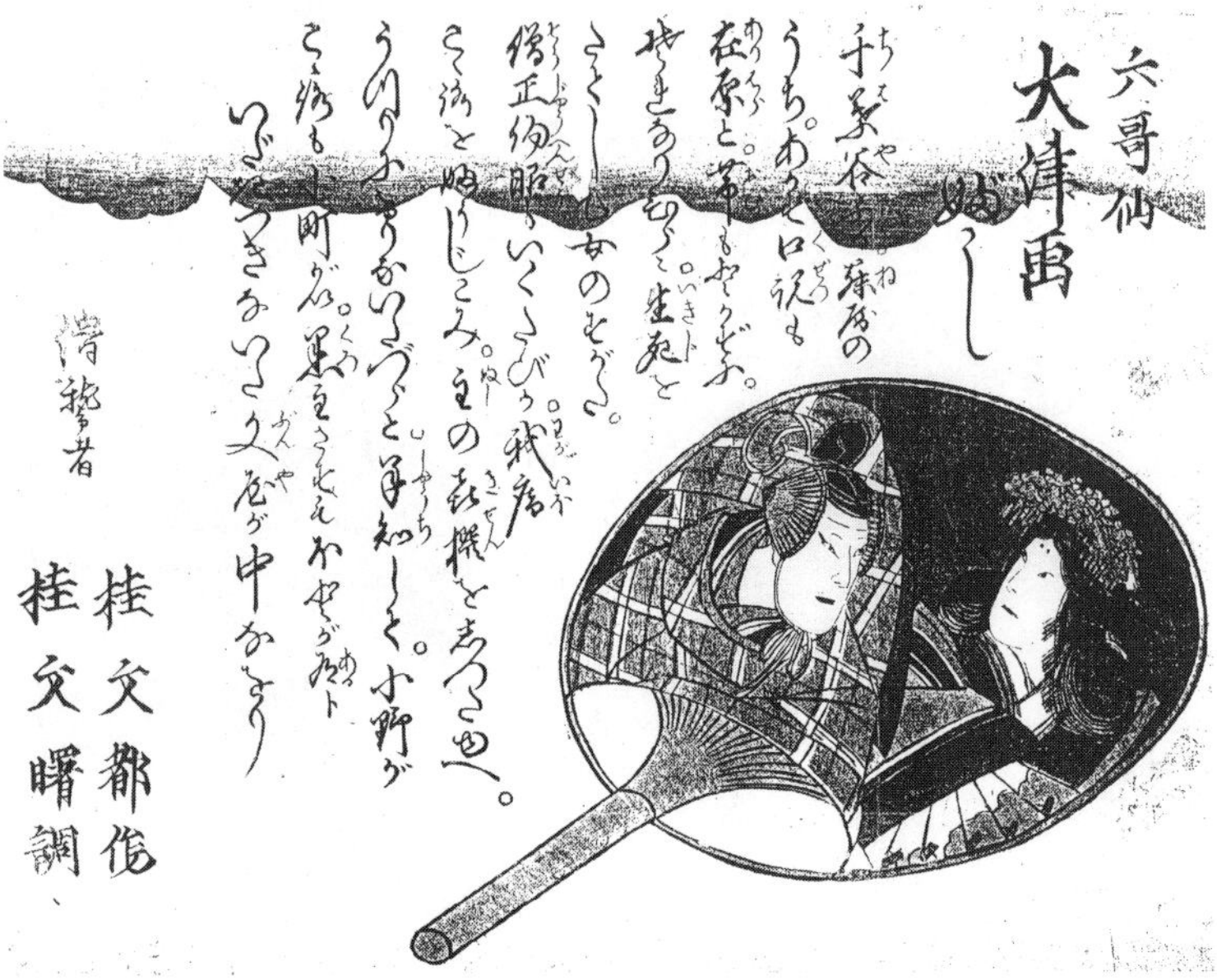

図162　滑稽者桂文都作・桂文曙調「六歌仙　大津画」。画師名なし。半紙半裁。色摺。肥田皓三氏蔵。

夜人の絶え間なく乗せどおしといった内容で、心斎橋の鉄橋架け替えが成った明治六年のもの。ついでに言うと、『近来年代記』によれば「〇惣嫁之義も相止ニ成事」も明治六年、この年であった。この一枚では、文団治と文都が並んで「滑稽者」として名を出している。

さらに「六歌仙　大津画ふし」（半紙半裁型、色摺、肥田皓三氏蔵）【図162】では、

六歌仙　大津画ふし

千葉谷《ちはや》ふる。寝屋の内。飽かず口説《くぜつ》も在原と。帯も解かずに。それなりひらに。生死《いきじ》（意気地）をたてし乙女の姿。僧正遍昭も幾度《いくたび》か。我が庵《いほ》心を封じ込み。主《ぬし》の喜撰を知つたゆへ。移りにけりな徒《いたづ》らと。承知して。小野が（己が）心も小町がい（間違い）。黒主《くろ》（苦労）さすも程が有るト　抱《いだ》きつき泣いた文屋《ぶんや》が仲《（中）》直り

滑稽者　桂文都作
桂文曙調

在原業平・僧正遍昭・喜撰法師・小野小町・大伴黒

主・文屋康秀、六歌仙を詠み込んだものである。団扇に業平と小町が豪華に描かれた（画師名不記）一枚で、歌舞伎の「六歌仙」を当て込んだものかと思われる。しかし、興行に即したものであれば役者名などが入るはずであるが、詠み込まれていない。『近代歌舞伎年表』に頼れば、明治六年九月筑後芝居で三代目中村福助（のちの二代目梅玉）が二代目福助七回忌追善として出した「粧作六歌仙」か、あるいは明治九年二月御霊小家で行われた堀井仙助の天爾波《てには》狂言（本式の能・狂言を通俗にした芸能）の「六歌仙所作事」か、明治十年三月戎座の所作事「六歌仙東京錦画」に相当するか、今のところ不詳としておく。「調」の桂文曙は、文都と文字の大きさが同じで、同格の咄家と見えるがわからない。音の似ている「文昇」と関係するかもしれない。

　文都には冊子の歌本もあって、やはり肥田皓三氏が所蔵されている。かつて幕末から明治にかけておびただしく出版された三つ切（懐中用の横長本）の歌本である【図163】。大阪松屋町筋農人橋北へ入る、松井版。表紙に色刷りで、ざこば（大阪の魚市場）より贈られた贔屓幕（左端には「せんば贔キ」ともあり）を背に、見台の前に座して三味線を弾く文都が描かれる。見開きの口絵には座敷の様が描かれている。画師は芳光《よしみつ》。この人はこれまで度々名を出した一養亭芳滝の弟で、おもちゃ絵を多数残している。

図163『〔桂文都唱歌集〕』表紙。表紙・口絵色摺。三つ切本。肥田皓三氏蔵。

　内容は「因州いなば（替え歌）」「浅くとも　替え歌」「大津ゑぶし」「トッチリトン」「万才　替え歌」「上り舟三十石　替え歌」「色町花づくし　とつちりとん」と、これまで見てきた寄席の歌を網羅したようなものとなっている。序文に「たつのはる」とあり、歌詞には西南戦争のことや、後に関西財界の重鎮となる藤田伝三郎が贋札作りの濡衣を着せられての取り調べ、拘引事件が大きくとりあげられており、明治十三年（1880）辰年春の出版と思われる。

『橘右近コレクション　寄席百年』（小学館、一九八二年）には、「はるさめ　かへ歌」が掲載されている。

はるさめ　かへ歌

〽破裂《はりさ》ける　すつぱり朽《く》ちる噂する。世界もとける。夢の間に 合 山もはぜ割れ〔れレ〕合 地も裂ける。小鳥も絶ゑる。人も死す。天下乱れて。星が降る 合 実《じつ》心配で金縮《きんちゞ》かまる　その日のくるまで御互いに　言わず案じ　たゞし嘘でも無事《ぶじ》な故。言わで皆が気悪くなるなかへ　サア 合 大新板と売るわいナ　サアサ儲けた新聞社 引

桂　文都調
桂文字助諷
徳永里朝諷

図は地球儀が描かれ、一つの大陸に芸妓が三味線を弾き（文字は「楽遊」）、また一つの大陸には男がその芸妓を見ている（文字は「安楽」）。

すでに見てきたように桂文都には流行歌替え歌はいくつかあった。桂文字助は前節の桂文之助の項でふれた「越後獅子　かへ歌」にも「諷」として出ていた。『落語系図』によれば、はじめ文馬といい、初代文枝門に入り文車、その後文之助門に入り文字助となり、最後は二代目桂藤兵衛（現在では三代目とされる）となった人のようである。藤兵衛となって以後の「東京おつへけぺいふし」（三代目　桂藤兵衛　調、前田憲司氏蔵）の摺物も残っている。

徳永里朝は盲目の音曲師として著名で、桂文之助の門人と『落語系図』にある。『日本芸能人名事典』（三省堂、

一九九五年）には明治十年から芸能界に入り、明治二十二年頃上京したという。内容による年代決定はできていないが、どうやら新聞社の広告のようで、調者・諷者から考えれば明治十年代後半の摺り物かと思われる。

以上、第九章からは、一枚摺を中心に大津絵節に名を残した噺家を追ってみた。松鶴の初代・二代からはじまり、笑福亭梅香、林家菊枝・林家菊丸など、さらに四代文治から文枝とその周辺、あるいは文都・文之助のいわゆる「文枝四天王」の中の二人、こう並べてみると、幕末から明治初年の落語界をほとんど覆うことになったともいえよう。桂派もまた、流行唄に染まっていたとみなければならない。勿論、噺家の名が出ていても実際噺家がそういう出版物にどの程度関わっていたかは不明である。噺家の高座にすべて結びつけるには慎重にならざるをえないが、少なくとも流行唄の素養が特定の噺家に限定されるものでなかったことは、明らかにできたように思うのである。

十二、明治の咄家の流行唄――話芸と他芸は共存できたか

なお続く唄の一枚摺

これまで、天保から幕末、さらにそれに続く明治初年をも含めて、上方の咄家と流行唄との関係について述べてきた。それらは言うまでもなく木版印刷のものである。明治中期以降は活版洋装本の資料が中心となって、これらに関してわたしの調査は行き届いていない。一方、明治以降の上方芸能史の研究は着実に進みつつある。本書はここで留めるべきかもしれない。ただし、明治の中期になっても、前代からの名残として、何か特別の意図があれば、この種のものが出されることはあったようである。以下、この際、架蔵のものは後の研究のために、紹介しておきたい。

「還名御披露　嘉入尽し　大都栄ふし」【図164】は縦一七センチ、横二一センチのもので、明治初年までに多数出ていた半紙半裁型のものより一回り小さい。基春の絵で、郷土玩具の「亀山のちょんべえはん」と福助のボテ鬘らしきものが描かれている。基春は明治に活躍した大阪の浮世絵師挿絵画家林基春。錦絵「大阪名所　住吉乃月景」などが残っている。

還名御披露　嘉入尽し　大都栄ぶし

宝振り出す戊《つちのえ》の。御代も子年《ねどし》に立ち帰る。雁金《かりがね》は。越路に帰る。暮れの烏は塒《ねぐら》に帰る。衣紋阪《ゑもんざか》では柳を見返る。

果報者は振られて帰る。鶏卵《たまご》は三七日で鳥とかへる。陰徳《いんとく》は敷居《〔しき〕》の下から我が身に返る　孑子《どんぶり》（ぼうふら）は。

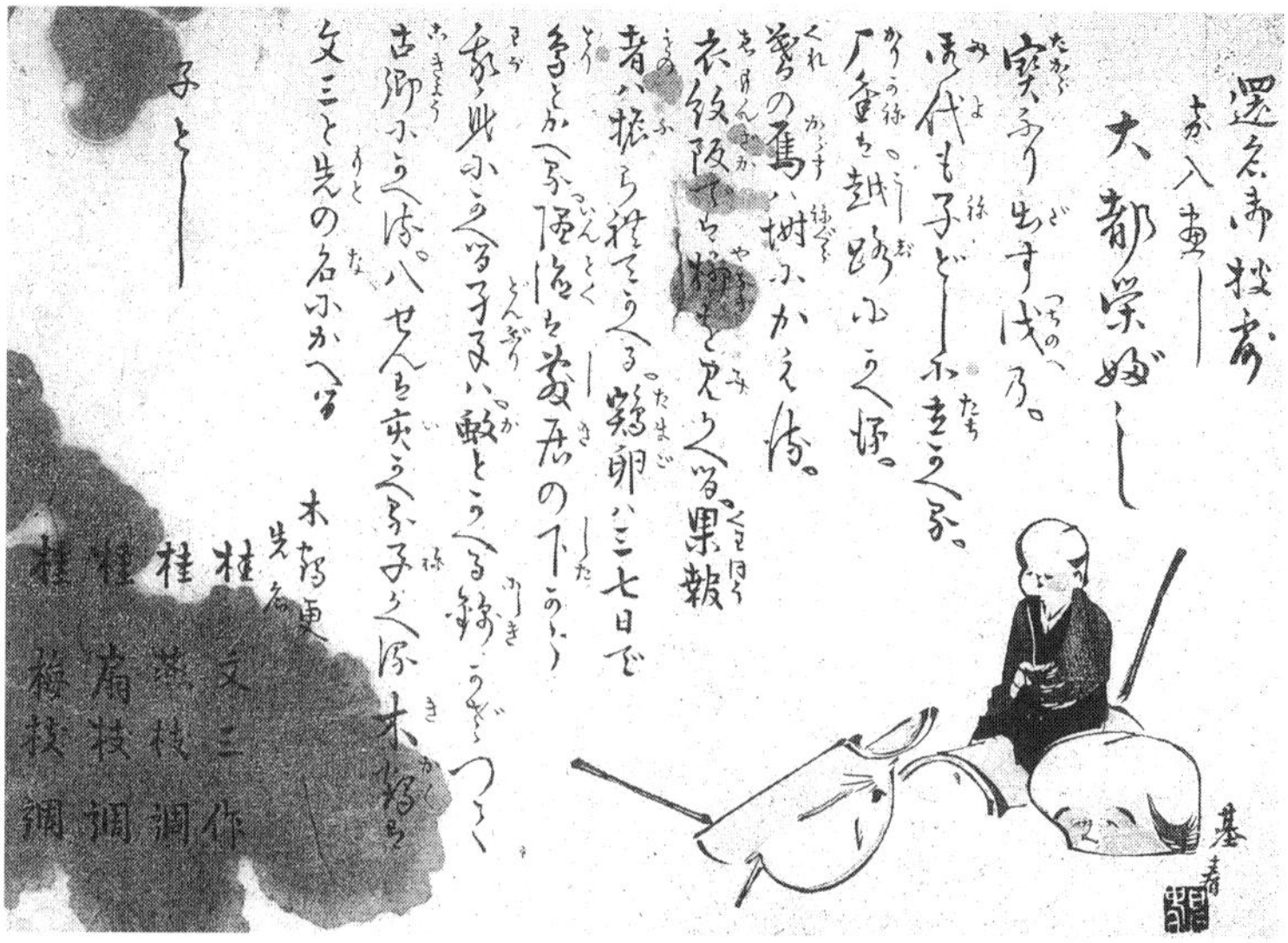

図164 木鶴更　先名　桂文三作・桂燕枝調・桂扇枝調・桂梅枝調「還名御披露　嘉入尽し　大都栄ぶし」。基春（画）。縦17㎝×横21㎝。色摺。架蔵。

蚊とかへる　錦飾つて古郷に帰る。八専（壬子の日から癸亥の日までの一二日間から丑・辰・午・戌の四日を間日《まび》として除いた八日間）は亥《い》かへる　子《ね》かへる　木鶴《きかく》は文三と先《もと》の名にかへる

子とし　木鶴更　先名　桂文三作
桂燕枝調
桂扇枝調
桂梅枝調

これは明らかに、戊子《つちのえね》（明治二一年〔1888〕）に林家木鶴がもとの桂文三に改名した時の小さな摺り物ということになる。この文三は二代目、『古今東西落語家事典』によれば、明治二十四年、三十二歳で没した。二代目文枝の信頼が厚かったものか、明治十七年十月に師匠の前名文三を継いだが、二代目林家木鶴の養子となり三代目木鶴となった。そして、明治二十一年に文三に帰ったのである。妻のお囃子で演じた「立切れ」は絶品であったと伝えられる。

調者の燕枝は二代目文枝の弟子、すなわち文三の兄弟弟子。同じく扇枝も二代目文枝の弟子、のちの三代

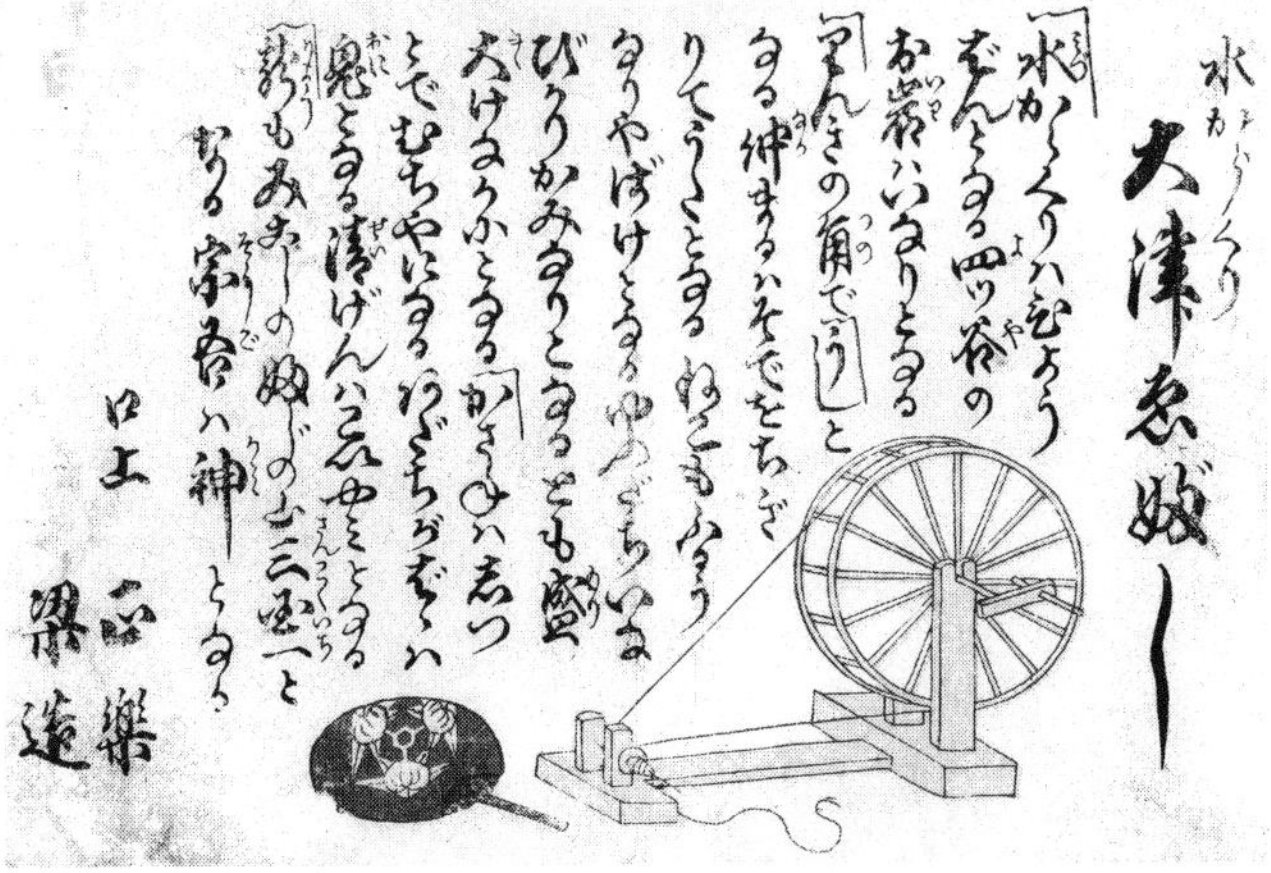

図165　口上正楽・梁造「水からくり　大津ゑぶし」。画師名なし。半紙半裁。色摺。架蔵。

目文三、赤塗りの人力車で寄席回りしたことで知られる人である。同じく梅枝も二代目文枝の門人、二代目桂梅枝。「オッペケペーの梅枝」と呼ばれた人である。この一枚は、木鶴がもとの文三に戻ったことを、二代目文枝一門が歓迎したことを表す形となっている。

次いで、「水からくり　大津ゑぶし　口上　正楽　梁造」も紹介しておきたい【図165】。

〽水からくりは評判となる　四ッ谷のお岩は稲荷となる　〽悋気《りんき》の角《つの》で　〽牛となる　仲丸（安部仲麻呂）は袖を千切りて歌となる　猫も古うなりや化《ば》けとなる　夕立稲光り雷となる　知盛大けな蟹（平家蟹）となる　〽累《かさね》（累怪談の羽生村《はにゅうむら》の娘累）は嫉妬《しっと》で無茶《むちゃ》になる　安達が婆（安達ヶ原の老女）は鬼となる　清玄（清水清玄）は恋闇《こいやみ》となる　〽龍《りょう》もみこしの富士の山　三国一となる　宗吾（佐倉惣吾）は神となる

歌詞から水からくりの見世物宣伝のための一枚摺に違いない。

年代は不詳。正楽とあるだけで、林家正楽とは記していない。しかし、この人も咄家の林家正楽の可能性があると見ている。その根拠は、すでに見てきた桂鶴助が作をして口上の梁造とともに名を出す見世物の大津絵節があった（286頁）。かつて江戸時代の後期に俄師がおどけ開帳の見世物の口上を担当していた流れがあり、話術の巧みな咄家と見世物が結びつくことは、容易に考えられる。正楽の晩年はわかっていないようであるが、咄家を廃業したのか、明治二十一年の「〔機関人形細工引札〕」（細工人・大江定橘翁・悴良橋、大阪府立中之島図書館蔵）に「鎗家正楽」の名が見られる。林家正楽代々については不明なことが多いため、これも考慮の余地のある資料としてあげておきたい。

活字本の咄家の流行唄

ところで、上方落語史の上でわたしが心配するのは、今後咄家の咄の部分にのみ関心が傾けば、流行唄（広くいって音曲全般）の部分が忘れ去られるのではないかということである。現存の上方落語は、出囃子・はめものなどは多くの人の努力で復活し盛んになっているが、高座の咄家の音曲の要素は稀薄となる傾向にある。しかし、明治時代はまだ事情が違うと思う。明治の大阪落語を考える一つの視点の提示として、偶然目にとまった資料からその概略だけはたどっておきたい。

右の五行の文章は二十八年ほど前に書いた論文の口調のままであるが、その後橋本礼一氏も明治後半から大正にかけて、「松づくし」や「かっぽれ」で名を売った末廣家扇蝶の生涯を調べられた中で、同様のことを述べられている（「末廣家扇蝶」『藝能懇話』七号、平成五年）。

明治の半ば、上方落語史の上でいえば二十六年の桂派・三友派分裂前後の、ある意味では全盛期とみられる時期においても、前代からの大津絵節をはじめ、新しい流行唄もまた咄家の芸として重要なものであった。また、木鶴の還名披露の大津栄の一枚摺の例（明治二一年）のように、特殊な事情のある際には摺物としてもっと出されていたのではないかと思う。

国立国会図書館の「近代デジタルアーカイブ」の助けを借りて、洋装の書籍で探してみると、明治二十四年十一月、名倉昭文館刊行（粋人倶楽部発行）『新作　大津画ぶし』（縦一二センチ×横八センチ）【図166】に大津絵節の替歌

図166『新作　大津画ぶし』の表紙。明治24年、名倉昭文館。国立国会図書館蔵。

作者として、「月亭桂文都」「桂米紫」の名が出ている。

文都の「妻の不そく」は妻の欠点を羅列、同じく「色とよく」は色と欲が自由になるならどうしたいかを列挙、尽し物の系統であった。

○　妻の不足

鈍《どん》な嬶《かか》もろて。誠に困ります《（升）》。朝寝が好きで。昼寝する枕はずして涎《よだれ》くる。宵から居眠《いねぶ》る。寝言言ふ。煙草が好きで酒呑《さけのみ》で。餡《あん》けなる《（成）》物は《（わ）》素敵に摘み喰《くら》い　お針　洗濯　一寸もでけはせぬ。耳が疎《うと》うて目が近ひ。縮み髪。ちんばで背虫で。鮫肌で。間男がじよべたりで。肝心肝文《かんも》が瓦毛なにやらで　誠に困ります

桂米紫の「摺鉢の言い草」は「何々の小言をきけば」の系統、すなわち器物を擬人化した戯文であった。米紫は『古今東西落語家事典』によれば、万延元年（1860）生まれで、初め桂文我の弟子となったが、明治十八年（1885）二代目桂文団治に入門して米紫となり、明治二十五年に二代目桂米喬と改名した。その米紫時代の大津絵節を見てみよう。

擂鉢の言い草　　桂　米紫

〽大きな擂鉢《すりばち》の言い草に　私が連れは仕合《しあわ》せ者で　肴《さかな》屋に買い取られ　二本もすりこぎを挟んだり。栄曜《えよう》栄華のする身でも　儘《まま》にならぬは世の習い　私は植木屋ゑ引かされ　今《いま》だ連木《れんぎ》（連理、男女）の肌知らず　我と〳〵と浮名立て　鉢《はち》山（盆山）に使われ　山水《さんすい》な（わびしい）暮らしをするわいな

擂鉢を女性に見立てて、思わせぶりな歌詞になっていて、おかしい。

咄家ではないが寄席芸人として知られる西国坊明学の『西国坊明学一流　新作すいりよぶし（推量節集）』（名倉

昭文館）が明治二十五年一月に出ている。編者古井堂霜柳子のはしがきによれば、「西国坊の盲人にて明学と云へるが、蛇味線ならぬ膝の小枕に畏《おじ》ぬ初手は、そも推量ぶしと称えて近頃こゝかしこに謡ひ散らせしが、妙節《みようせつ》人の有《う》卦《け》に入りて、これぞ浪花の一名物とはなりぬ」ということで、霜柳子が文句をあてはめて編輯した本だという。

肥田晧三著『上方学藝史叢攷』の「大阪落語の速記本」（もとは『上方芸能』に連載）によれば、明治二十六年十一月寧静館発行『落語の根本』（縦一五センチ×横一一センチ）の付録として桂文我の大津絵節の替唄が収載されている。この本は未だ見ていないが、現四代目桂文我編著『続　復活珍品　上方落語選集』（燃焼社、平成一四年）に歌詞が紹介されていた。そこには、端歌「夕立」をもじった「いい蛸や」ではじまる魚づくし、「芸妓商売辛いもの」ではじまる大津絵ぶし、「芸者呼ぶのも、なかなか気苦労な」ではじまる大津絵ぶしが載っている。

さらに明治二十七年十一月、名倉昭文館発行『日清事件　大当大流行　新歌大全』（縦一四センチ×横一一センチ）は、題名どおり日清戦争に題材をとった諸種の替え唄を集めたものである【図167】【図168】。その中に桂枝雀の「日清の万歳」、桂梅枝の「日清のヲツペケペ」、桂扇枝の「日清のキンライ〳〵節」・「帝国万歳　梅の春」、曾呂利新左衛門の「平壌一戦の大津画」が咄家名を出して収録されている。雨廼家狸遊（中村善平）の序によれば、この本は『日清事件諸芸大全』の後編として編まれたもので、『諸芸大全』の好評に乗じて名倉昭文館主人から無理な求めがあったという。

………ヘン〳〵成程　落語家《らくごか》の唄ふて居らるゝものに面白いものが沢山あるから　夫《そ》れを加へて編輯《へんしゅう》して呉《く》れろと　イヤ御尤々《ごもつとも》　実は小生も大の落語好で二三日前も法善寺の金沢席へ飛込やしたが枝雀丈の万歳。梅枝丈のヲツペケペ。扇枝丈のキンライ〳〵抔《など》は実に面白く出来て居やしたから。早速同丈達に計つて　差支《さしつかえ》なくば加へる事に致《いたし》やす……落語家諸子の助勢を頼んでやつと二三日間に編輯《しあげ》たは則はち本編………

このことばを信用すれば、寄席の芸をそのまま持込んだことになろう。なお、前編にあたる『日清事件　大流行

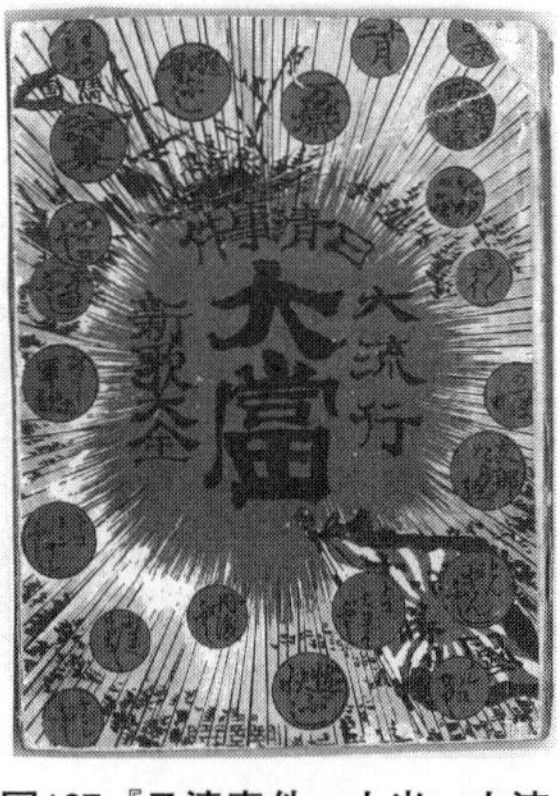

図167『日清事件　大当　大流行　新歌大全』の表紙。明治27年11月、名倉昭文館。架蔵。翻刻は368頁。

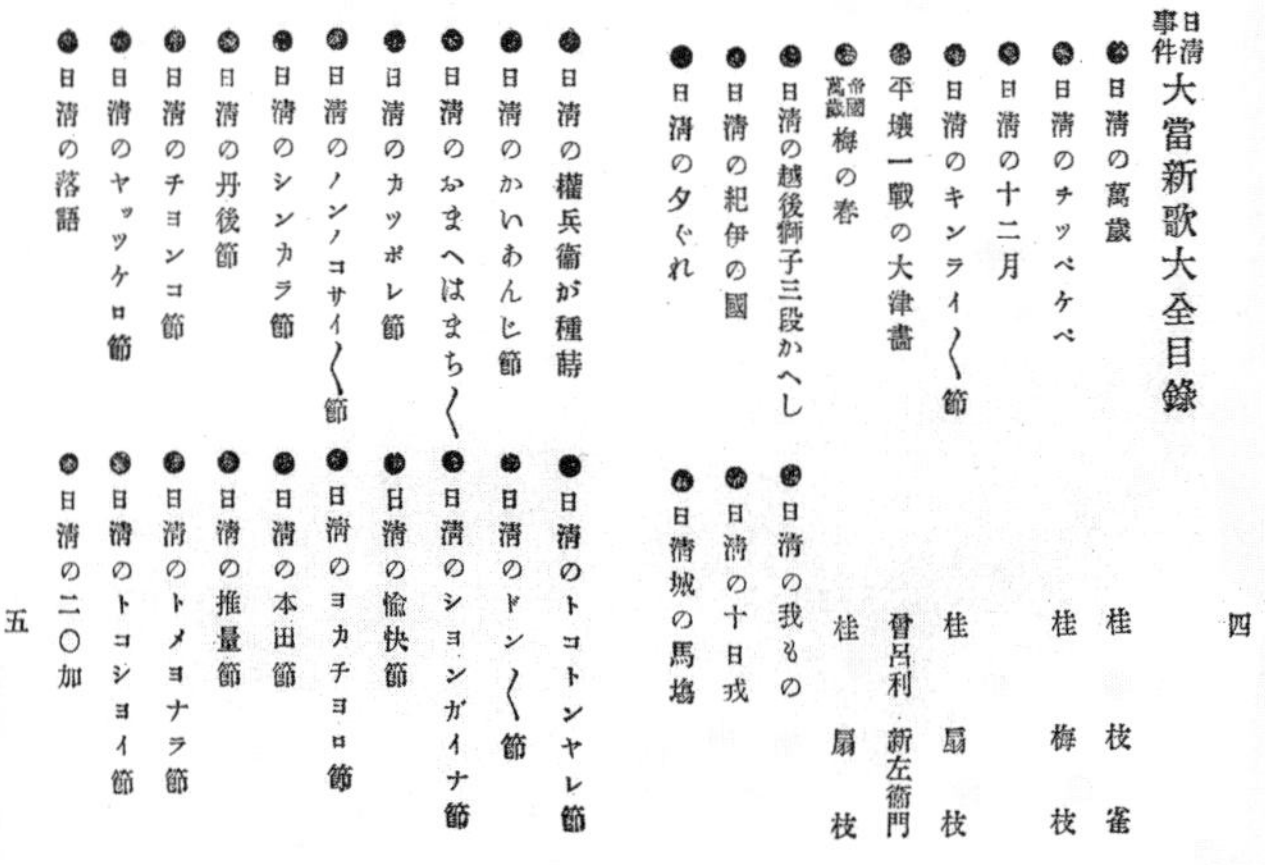
四

日清事件 大當新歌大全目錄

五

図168『日清事件　大当大流行　新歌大全』の目次。架蔵。翻刻は368頁。

諸芸大全』（名倉昭文館、明治二七年一〇月）増刷の広告が出ており、その広告文の中にも「全く本書は有名なる落語家諸氏の傑作を集め発行せし者なれば……」とある。実際に『諸芸大全』を見てみると、大津絵節・縁かいな・オッペケペなどの歌が収められているが、こちらには咄家の名は出していない。名は出ていないが、編集者はおそらく流用したものであろう。

ヲツペケペは、初代桂文之助の門にも入った川上音二郎で有名になるが、梅枝もヲツペケペの梅枝と呼ばれて絶大の人気を得た（「思ひ出の明治の落語家」）。その歌詞の一部を紹介すると、

●日々の号外日清事件。傍《そば》で見た様な噂する　ヲツペケペ〳〵ポペツポウー

少々遅れた咄だが。戦争事件に付属して。東の芝居も日清だ。南の興行も日清だ。無暗《むやみ》に日清〳〵と。東西南北わからない。東西続きにお聞きなさい。市中で有名《なうて》の東西屋。栗丸馬上で号令かけ。皇国勝利の勝栗《かちぐり》だ。御国の為ならお買ひなさい。無理にはお進め申さない。皇国大事と思ふなら　サア御買ひなさい。聞くより市中の諸君達。虫入り栗喰《く》て吐出《はきだ》して。強《ごう》気《き》に勝栗味がよい。なんどゝその場の負惜しみ。おかしいね。ヲツペケペ

東西屋はチンドン屋のこと。戦争勝利に便乗して、当時有名な東西屋栗丸（『寄席楽屋事典』などを残した花月亭九里丸の父親）が馬に乗って勝栗（搗栗）を売り出したことを茶化した文句となっている。

扇枝の歌ったキンライ〳〵も、藤沢衛彦氏の『図説日本民俗学全集』「近世流行歌世相百年史年表」明治二十一年の条に「寄席派による「欽来節」「推量節」流行」とある歌であり、これらは寄席が流行唄をリードする伝統を継承しているといえよう。「日清のキンライ〳〵節　桂扇枝新作」の一部を示しておく。

水雷火《すいらいか》伏せて詠《なが》むりや。算用が違《ちご》て。味噌を付けたる海洋島。チヤン〳〵狼狽《あは》て。逃げる。軍艦四艘沈めます。一艘は焼捨て　乗組員は残らず死んだじやおまへんか　勲章取られて李鴻章《りこうしよう》もあほらしひじやおまへんか

内容の重大さに比べて、「おまへんか」の軽さがよく利いている。なお、『古今東西落語家事典』によれば、この年明治二十七年（月日不記）に扇枝は三代目桂文三を襲名したようであるが、ここではまだ扇枝で出ている。

桂枝雀の「万歳」は歌詞の中に「（合の手）」の指定が五か所あり、語句の対照からも端唄（地唄）「万歳」の替え歌であることがわかる。「日清の萬歳　桂枝雀　新作」の冒頭と最後を記すと、

●皇国《こうこく》の御安体《ごあんたい》を。聞くも栄へまします。大勝利なりける日章《あかだま》を。押し立て輝く旗の手を。見るも勇まし。清国兵を払ふて。固めけるは。まことに判然《きれい》に勝敗わかる（合の手）京城《きようじよう》の司《つかさ》は大院君に。大飛公事《おほとびこうじ》（清国李鴻章逃げて居る）。日の本盛ん。陸軍も繰り出す。海軍の初戦。豊島《ほうとう》も安々《〔やうやう〕》討鎮め………中略………海軍もまた勝利。牙山《がざん》では分捕りする。平壌では略取する。どうでも斯《か》うでも。我国の強軍《〔かうぐん〕》を現はして　これぞ目出度けれ

（　）は著者の注ではなく原文のままである。今日の感覚では問題のあることばが多いが、戦勝に沸いている当時のようすがよく伝わってくる。

この歌は特に好評だったものと見え、名倉昭文館は明治二十七年十二月に桂枝雀著『日清作替　万歳・十二月』という本も出した【図169】。版を新たに組んでいるが、歌詞は、万歳・十二月とも先の『新歌大全』のものと同じ

図169　桂枝雀新作『日清／作替　萬歳　十二月』の表紙。明治27年12月、名倉昭文館。国立国会図書館蔵。

である。『新歌大全』では誰の作とも書いていなかった「日清の十二月」も枝雀の作ということになろう。

十二月は地唄「十二月手まり歌」のことで、大阪の色町の正月によく歌われた歌である。「●ポン〳〵数打つ弾丸《たま》の。小銃《こづつ》放てば　小気味よいぞや。皆打ちはじめ」で始まる。元歌の「とん〳〵、先ず初春の暦開けば、心地よいぞや、みな姫初め」をこのようにもじっていく。初代桂枝雀は二代目桂文枝の弟子で明治の後半から大正年間に大活躍した。大津絵節などの音曲にも秀でていた。

桂扇枝の「帝国全勝　梅の春」は端唄「梅の春」の作り替えである。これまでみてきた一枚摺にも「春雨」や「万歳」の替え歌が既にみられたが、流行唄とは言いがたい歌も、咄家の手によって自在に作り替えられる傾向は強まっていった。この背景には肥田晧三氏が「大阪落語」の中でいわれたように、稽古屋芸の普及・浸透があったと思われる。

安政の松鶴以来、咄家の歌として知られた大津絵節は、ここにとりあげた僅かの例からも明治に入ってもなお健在であることがわかる。曾呂利の「平壌一戦の大津画」もまた、日清の戦いぶりを南瓜・唐芥子の棒手振《ぼてふり》（天秤棒を担いだ行商人）に重ねていく趣向で、維新前後の世情騒動を詠み込んだ一枚摺によくみられた、社会批判を含んだ歌詞である。

●日本帝国の萬歳と、となゆる南瓜《かぼちや》唐芥子《〔ほうぶう〕》を。朝鮮平壌へどつさりと。遠《ゑん》が蒸気で積んで来て。一ト市振りて李（利）にせんと構へ相手を待つ所へ　是を○○（原本どおり）が見倒せば。どつこい負けぬと争へど　清国

は日本の勢ひに恐れたか。一萬四千の南京《なんきん》をただ一戦（一銭）に負けるとは安い支那（品）
市場直二郎著『廃頽《はいたい》大津絵節』（発藻堂書院、昭和三年）や玩究隠士編著『類別大津絵節集成　大坂板編』（俗謡叢書第八冊、太平書屋、平成一五年）が歌詞の内容分類を試みたように、大津絵節の歌詞の類型は流行当初からのものであった。明治の中期となれば、安政の流行から約四十年、もはや初代松鶴の新作のごとく、流行唄としての新鮮さを期待できるものではなくなっていたであろう。演者の個性を活かした微妙な作・調の変化を楽しみ、贔屓の演者の歌声にひかれても、さらに発展をつづける芸とは思いがたい。

ここでもう一点注目しておきたいことがある。それはここにあげた資料の中の咄家のうち、月亭桂文都・曾呂利新左衛門（前名文之助）は、明治初年の一枚摺にすでに名を出していた人物であり、殊に曾呂利の場合、梅香時代のものから残っていた。『日清事件　大当大流行　新歌大全』にあがった咄家は、曾呂利を除いて金沢席に出演した桂派の人たちであり、曾呂利は一方の三友派を代表する形で名を連ねている。また、桂派の扇枝・梅枝は「還名御披露　嘉入尽し」の調者にもあがっていた。文我は芝居咄の文我として知られている。彼らが寄席の歌のみを専門とする芸人でなかったことは、落語の速記本から窺うことができる。先の『落語の根本』には、枝雀・梅枝・扇枝・燕枝・文我の落語が載っており、やや後になるが、明治三十年九月、尚文堂刊『滑稽落語集』には「お菊の幽霊（文都）」と文都の名も出てくる（「大阪落語の速記本」）。曾呂利の場合はよく知られているように、明治二十二年九月に創刊された演芸速記連載雑誌『百千鳥』に、創刊号から落語を載せていた。

唄関係の僅かな資料の中で同じ人物が重複して出ている。このことは素咄一本の咄家と音曲に関係する咄家とに分かれていく傾向を示しているのではなかろうか。もちろん、本屋と親しい咄家、あるいは本屋が宣伝に使えるとにらんだ咄家に偏ったともいえるが。

咄家の流行唄の衰退

明治中期以降、咄家の流行唄は敬遠、あるいは否定される方向にむかうようである。以下、樋口保美氏の労作「明治の大衆芸能史」（『上方芸能』に連載）から朝日新聞の記事を拾っていくと、まず明治二十六年三月五日、寄席の淫風を排除して、諸芸の本格化を目的として、共楽会が設立された。専門分野の技芸の練磨をめざしたものであり、落語においては二代目桂文枝が中心となっている。この二代目文枝は「素落語の隊長株文三」（明治一四年一二月一〇日）といわれた人物であり、会の趣旨には最適の咄家といえよう。さらに同趣旨の下に、明治二十八年には偕楽会、共遊会がそれぞれ発足している。出演の咄家からみて、主に二代目三遊亭円馬を聴くための会と思われる。この人は三遊亭円朝の直弟子ながら大阪に居つき、東京の人情咄などを大阪に持ち込んだ名人である。先の共楽会が「芸妓役者の演習会かと疑はるゝほど　その向の出演者多く　真正の技芸として見るべき出しもの割合に少なき」（第三六回、明治二九年七月八日、共楽会景況）状態に至ると、今度はその名もずばり、淫風を矯正する矯風会が、明治三十四年十一月に発会する。これは二代目文枝の発案による本格の話芸をめざすものであり、その番組には円三郎・文屋・芝雀の演ずる「踊り花かたみ」を「余興」とはっきり断っている。踊りや歌と咄との区別を明確にする意識を読みとることができよう。

ふりかえれば初代文枝も「鳴物なし　尤はやり歌、手おどりの類は少しもなし」（『諸事見聞集』）といわれた人物であった。すでにみてきたように実はこの人にも晩年は流行歌の作詞があったのであるが、高座の芸としては素咄の名人として評価されていた。天保の「浪花諸芸　玉づくし」にいわれた「はなし　素ノ　桂文治」の流れを確実に受継いだものであろう。

初代文枝が、明治の落語界を動かした「四天王」を生み出し、さらに名跡を継いだ二代目文枝が師風を守りつづけたのである。二代目文枝を愛し、あるいは東京から来た円馬を評した聴衆からは、咄家の流行唄は疎まれて当然の感もする。

一方、寄席を娯楽の場として考えれば、元唄の作り替えの妙味を味い、洗練された作・調に耳を傾けるためには、聞く側にもそれなりの素養が必要となっていく。演者の側からすれば苦労して習得し、磨き上げて演じても観客の受けが芳しくなければ、結果として音曲への熱意の薄れていくことが予想される。音曲は音曲を専門とする人に任せばよい。このことは大衆の支持を基盤とする芸能にとっては、おそらく必然のことであり、失われる要素のある一方で、時代の好みに応じた新たな要素を付け加えていくのであろう。

とは思うものの、過去を振り返る立場からは、やはりさみしい思いはぬぐい切れない。

咄家の唄本所蔵先一覧

※表中の**ゴチック体**は本文中に詳しくふれていないもの。
※表外の数字は本文中の図版番号を示す。
※表中、／は上巻下巻の区別、（　）は著者の注・推定、〔　〕は仮題をつけた場合と、他の唄本と区別するため歌詞の冒頭を補った場合である。
※備考欄には、著者の注記と、年代推定のてがかり、画師名のある場合は画師名を記した。

所蔵者略称（五十音順）

池田　阪急文化財団池田文庫
唄本　大阪府立中之島図書館『唄本集』
潁原　京都大学大学院文学研究科潁原文庫『かわりもんくとつちりとん　其他』
荻田　著者架蔵
玩究1　『〔仮題〕とつちりとん合綴』（俗謡叢書十一『上方／瓦版　とつちりとん集成』私家版〈玩究隠士〈新谷松雄氏〉〉、平成二三年、所収）
玩究2　『上方瓦版　とつちりとん十四種』（同右書所収）
玩究3　俗謡叢書九『音曲大黒煎餅〈絵入りはやり唄本廿種〉』（太平書屋、平成一八年）
玩究4　俗謡叢書八『類別大津絵節集成　大坂板編』（太平書屋、平成一五年）
関大　関西大学図書館
関大伊　関西大学図書館『伊世節大輯』
国会　国立国会図書館『大寄とつちりとん』
齋田　齋田作楽氏編『下か丶り大津絵ぶし』（太平書屋、昭和五三年）
豊田　豊田善敬氏
浪唄　大阪府立中之島図書館『浪華唄本集』
忍　大阪大学附属図書館忍頂寺文庫「〔瓦版はやり唄集〕」
忍伊　大阪大学附属図書館忍頂寺文庫『伊世節大輯』
梅花　梅花女子大学図書館『〔上方はやり唄〕』
肥田　肥田晧三氏
藤沢　藤沢衛彦氏著『図説日本民俗学全集』（あかね書房、一九六〇年）
前田　前田憲司氏
宮尾　宮尾與男氏紹介「〔よしこのぶし集〕」（『上方芸能』七〇、七一）

【冊子】

	題名	唄名		板元	丁	所蔵	作・調者	備考
125		大津画ふし	四季大津画 よいのくぜつ 籠の鳥 きり〴〵す 世の中にかわるもの 棚のねずみ	坂 錦車堂	7	荻田	林家菊枝著	芳豊画 小野原啓三筆 表紙はよし藤画
109		流行新さく大津ゑぶし		坂 本安	16	荻田		表紙は貞信画 林屋菊枝の序一丁
		○流行大津ゑぶし	桜づくし 正月の笑ひ 二月の笑ひ 松づくし 竹づくし 梅づくし ふたつまくら				林家菊枝・笑福亭梅香合作	北英画
		○大つゑぶし	うたゝ寝 なすび 角力に寄恋 近江八景 三月のわらひ 六月のわらひ 七月のわらひ				梅香・菊枝合作	
		○大津ゑぶし	色気が有よふでないこと 同く 同く 同く 恋のいろは 徳利さかづきのいけん ちよつと聞て安いよふな物 ちよつと聞て高いよふな物				林屋菊枝・笑福亭梅香合作	北英画
		○流行大津ゑぶし	としのかづ 竹と名のつく物 子供あそび きよく角力 大きな物とちいさいものづくし 恋のふち ときのかづづくし				林屋菊枝・笑福亭梅香合作	北英画
144	新作さわり	よしこの咄し	(今をさかりと、ほか謎かけの歌詞)	坂 本安	半 14	肥田	四代目桂文治	文治の舞台図、雪花園、文治の序一丁
102		大津画ぶし 初編	宇治川物語 尾上伊多八 ぬかよろこび 伊賀越ぬまづ 四季大津画 よいのくぜつ	坂 錦車堂	10	肥田	笑福亭松鶴調	小野原公春序 芳豊画
	浪花名所づくし	大津ゑぶし	住吉勝景 天王寺参詣 大坂宮めくり 浪花自慢 川遊山 南の繁栄 川筋繁栄 秋の遊山 市中の繁栄 浪花名所 花街尽し 浪花料理亭	坂	14	肥田	笑福亭松鶴	『藝能懇話』第十一号
			正月の色気の物 風流づくし 春の遊のいろ気 ふ景気な物 色気のあるやまい 色気のない病ひ 煙管の小言 こわい名でこをない			関大・		

105		大津絵ふし	物　先がよい物跡のよい物　聞て眠となる物　初ゆき　鳴物の悪口　気のわるない物　児ども遊びづくし　暁のかね　晩のかね　徳利の小言　師走の色気			折本	肥田・前田	二代目笑福亭松鶴諷	
		〔大津画〕ふし	**かなしいよふでうれしい事　諸国を自由にする　神や仏にかはり名　一寸きいて高イやうなもの　鳥渡きいて安いよなもの　かくつくし　あさかへり　清よ(きれいな)やうで(ママ)穢もの尽　穢やうてきれいなもの尽　赤イと白イもの　背中の重そふな物**			**6**	**豊田**	**林家菊枝　作**	**表紙に舞台図、表紙共紙表紙、合羽摺**
127	おはん長右衛門桂川道行	大津画ふし	かつら川　辻占大津ゑ　みえそうで見へぬ物　せにやならんことをせぬ人　せいでもよい事をする人　いもつくし　世界のたから　目つくし　冬の売物つくし　十月の大津ゑ　見て見ぬふりする			6	荻田	林家菊丸戯作	表紙に舞台図、表紙共紙表紙、合羽摺
118		大都画ふし	〔これほどに〕　芸子ののぞみ　下駄づくし　うらみ　こたつ			⑥3	荻田	林家竹枝調　嶋丸作	後半三丁は中村玉七作・中村雀右衛門作・嵐吉三郎作・中村友三作、不明一丁
163		〔桂文都唱歌集〕	因州いなば　浅くとも　大津ゑぶし　トッチリトン　万才　上り舟三十石替え歌　色町花づくし　とつちりとん	坂	松井	9	肥田	桂文都	三つ切本　表紙・口絵色摺　たつのはる　正鳳序

【薄物の唄本】

花枝房円馬

大新板	とつちりとん	大はやり　本てうし　いたこくづし　忠臣蔵十二段つゞき　色里町中はやりうた	京	あわや定次郎	4	玩究1	花し房円馬戯作	

	大新板	とっちりとん	江戸吉原大はやり　くじりいたこ	坂	わた正	4	池田	花し房円馬戯作	
	大新板	とっちりとん	江戸吉原大はやり　くじりいたこ	京	あわや定次郎	4	玩究1	花し房円馬戯作	右の異板
	大新板	とっちりとん	かわりもんく　おどけもんく　色里町中はやりうた	京	あわや定次郎	4	玩究1	花し房円馬戯作	
21	大新ぱん	とっちりとん	尾上梅幸五十三つき／尾上梅幸五十三駅宿々名よせ　あだもんく	京	あわや定次郎	6	玩究1	花し房円馬戯作・華し房円馬戯作	
22	かわりもんく	とっちりとん	大阪名所橋づくし上　浪花名所橋づくし下	京	和久治	4	潁原	花枝房円馬添削　大坂元祖花し房円馬作	
		とっちりとん	よめ入　上下　ふしは御ぞんじ　もんくは新作	坂	わた正・丹権	4	池田	花枝房円馬添削	
23		とっちりとん	よめ入　上下　ふしは御ぞんじ　もんくは新作	京	阿波定	4	潁原・玩究1	花枝房円馬添削	右の異板
	大新ばん	とっちりとん	よめ入　上下　ふしは御ぞんじ　もんくは新作	坂	わた正	4	忍・浪唄	花枝房円馬添削	右の異板
25	寅のとし大しんぱん	とっちりとん	近比のはやる物づくし幷ニ角と中二の替り役者評ばん　ふしは御ぞんじ　もんくはしん作	坂	丹権・わた正	3	忍・玩究2	花枝房円馬	寅のとし大しんばん　天保十三年と推定　下の表紙一丁欠
	大新板	とっちりとん	なにはめいぶつづくし　なしづくし　もちづくし　むかしばなし	坂	しほ季・わた正	2	忍	花枝房円馬戯作	
27	大新ばん	とっちりとん	大和めいしよ入　かわりもんく	坂	わた正	2	忍	花枝房円馬戯作	子のとし　天保十一年と推定
		とっちりとん	ふしは御ぞんじ　もんくはしん作　京名所　上　京名所　かわり文句　下	京	和久治	4	国会・忍	花枝房円馬作	
	大新板	とっちりとん	すもふづくし　鳥づくし　大西芝居岩川もんく　あとづけ　はやくち　かわり新もんく	坂	わた正	4	宮尾・池田	花枝房円馬戯作・円馬戯作	天保十年と推定
28		とっちりとん	辰のはつよりいなり席ニて花枝房円馬ふうりうとつちりとんの新作をお耳ニふれ升	坂	わた正	4	浪唄	花枝房円馬新作	辰のはつ　天保十五年と推定

29

大新板	とっちりとん	かわりもんく　色里町中大ひやうばん　おどけもんく	京	あわや定次郎	4	玩究1	花し房円馬戯作	
大新板かわりもんく	**とっちりとん**	**さはぎ　天神まつり　辻ぎみ　きりみせ　とぼけもんく／平井ごん八　いざり十一段目　みやこめいしよ　おどけもんく**	**京**	**あわや定次郎**	**4**	**玩究1**	**花し房円馬戯作**	
大新板一流はなしの	よしこの	上　十二月絵入　色ざと町中はやりうた　下の巻	坂	わた正	8	忍・池田	花し房円馬戯作	忍は後半四丁

30

林屋正翁　秋亭菊枝　秋亭菊翁　林屋正三　二代目林屋正三　延寿軒正翁

大新ばん	よしこのぶし	恋めうとあだもんく　あをものづくし　上の巻　恋づくし　あだもんく　青物名よせ　下の巻	坂	わた正	4	忍	林屋正翁戯作	巳のとし
新ばんかわりもんく	よしこのふし	十二つきもんびよせ　上の巻　ぬきもんく　しんないぶんご入　かわり十二月			4	忍・唄本	林屋正翁新作	兎の年始回りする図
大あたり新もんく世の中	よしこのぶし	中の芝居三のかはり　いもせ山大序より切までつゝき　はやりうた　上の巻／　かわりもん句　妹背山　五段つゞき　下の巻	坂	和田正	4	池田・宮尾	林屋正翁戯作　二代目林屋正三戯作	戌の年大しんはん　嘉永三年
	とっちりとん　よしこのぶし	伊勢道中道のり入　上下　伊勢道中記　本海道下向道のり入　ちょいとおまけに世の中	坂	丹波屋権兵衛	8	忍	元祖林屋正三事林屋正翁作　林屋正翁作	貞広　最終丁裏表紙は上下とも秋岡福栄堂の広告
	とっちりとん	**いせ道中宿々名よせ　名所めいぶつ幷ニ道のり入**			**4**	**忍**	**元祖正三事林屋正翁作　元祖正三改林屋正翁作**	**最終半丁には「はせごへ道法」　右の前半と同文**
大しん板	とっちりとん	ほう年万さく　鍬のきどく　たねづくし　もち酒あらそひ　／お花半七かたなやづくし　同あふみ八けい道行あだもんく	坂	わた正	4	忍	林屋正翁戯作	

	かはり しんもんく	とつちりとん	役者づくし入 ゑとづくし 竹づくし 町名あなづくし 江戸 みやこ なには名物つくし	坂	わた正 たん権	4	忍・浪唄	林屋正翁新作	本文中に「寅の年」
32	大新板 はやり うた	いよぶし	忠臣蔵大序より切迄十二だんつゞき文句	坂	わた正	4	浪唄	林屋正翁新作	午の九月
	かはり 新もんく	とつちりとん	づくしもの幷ニ梅ぼしとはまぐりの小ごと ぶんごしんない浄るり入 上	坂	わた正	4	池田	林屋正翁新作	未のとし新板 弘化四年か「亀楽」の墨書
	大新ばん	よしこのぶし	いろざと町中大はやり なげあふぎ 名よせ恋もんく	坂	丹権・わた正	4	唄本・宮尾	秋亭菊翁作	
	大新ぱん	さつさぶし	いろざと町中大はやり なげあふぎ 名よせ恋もんく	坂	丹権・わた正	4	池田	秋亭菊翁作	右の異板
33		よしこのぶし	浄瑠璃文句入／ぶんごしんない入	坂	わた正	4	池田	二代目林屋正三戯作	天保九戌年新板
	大新板 づくしもの	よしこのぶし	かわりもんく とまらんづくし とゞまるづくし なつ物づくし ふゆ物づくし うへづくし 上 ／新もんくはや口 したづくし ひくれから出る物づくし 中づくし 役者づくし 下	坂	わた正	4	池田	二代目林屋正三戯作	
	大新板	よしこのぶし	づくしもの かわりもんく とまらんづくし他				宮尾	二代目林屋正三戯作	右の異板か
	大新板	とつちりとん	色里町中はやりうた 忠臣蔵大序より四だん目迄 上／忠臣蔵五だんめより七つ目まで 中／忠臣蔵八つ目よりかたき討迄 下	坂	わた正・塩季	6	浪唄	秋亭菊枝戯作 穐亭菊枝戯作	判下書わた正
	大しんはん	とつちりとん	人情問答 初編上の巻 下のまき	坂	いし和	4	忍	秋亭菊枝しらべる 幷ニさく 秋亭菊枝作	
	大新板	とつちりとん	春之部 夏之部	坂	わた正	1	忍	秋亭菊枝戯作	表紙の一丁のみ

31

四季の								
大新ぱん四季の	とつちりとん	春之部 夏之部／はやりうた 秋之部 冬之部			4	玩究1	秋亭菊枝戯作	板元名なし、右の異板か
大新ばん	よしこのぶし	ほうねん世の中 両がへやづくし 鳥屋づくし ごふくづくし あをものづくし 新もんく				宮尾	正三改名秋亭菊枝作	酉のとし
大しんはん	よしこのぶし	はやりうた 近江八けい こゝろいき あだもんく 上之巻 下之巻	坂	わた正	4	池田	秋亭菊枝戯作	
大しん板	意代ぶし	いろ里町中 ます〳〵流行 役者かはり文句	坂	石和	4	関大伊・玩究3・浪唄	秋亭菊枝作	「伊世節大輯」嘉永三年序
大新板	とつちりとん	あんどのはなし かさと下駄の咄し 酒としやうゆのはなし／とうふの小ごと つるべとみづのはなし ごぼうのこゞと かわりもんく ふしは御ぞんじ もんくは新作	京	あわや定次郎	4	玩究1	二代目林屋菊枝作	
世の中	よしこのぶし	忠臣蔵十二段つゞき				宮尾・荻田	江戸林屋正三作	
大新ばん	新づくしもの よしこのぶし	まへづくし 内づくし いろ町づくし 市づくし ぼうつくし しんない入／まつづくし 山づくし つくづくし 鳥づくし たつづくし ぶんご入 かわり新もんく	坂	わた正	4	肥田	林屋正三作 林屋正三戯作	
	よしこのぶし	ひくづくし ほるづくし とまるづくし 大つゑづくし もちづくし おちづくし よいづくし じんづくし 清げん 今はやるおかしかろ	坂	しほ喜・わた正	4	池田・宮尾	林屋正三作	子之年大新板
	よしこのぶし	川づくし としこしにでゝくる物づくし だらけづくし 唐人のかへうた入／大坂はしづくし 同町づくし もちづくし しんない入 木やりおんど入 新づくしもの	坂	わた正	4	池田	林屋正三戯作	亥のとし新板

	新もんく	よしこのぶし	上の巻 はなづくし 玉づくし 役者づくし 江戸めいぶつ あを物づくし きくづくし 見ずづくし 下のまき つぼづくし けんづくし ならめいぶつ	坂	しほ喜・わた正	4	池田	林屋正三戯作	
	大新板	よしこのぶし	なしづくし 松づくし まゐ尽し おもしろいはやくちながもんく いろ〳〵御座候	?	江戸八丁堀	4	池田	林屋正三戯作	形式等は上方板
		大津絵ぶし	〔もの、言様と聞やうでおかしい事〕				齋田	延寿軒正翁作	
	大新はん大はやり	大津ゑぶし	〔げいこだては〕〔女郎の手くだをば〕〔われ〳〵のおやかたは〕 字あまり 新もんく			4	肥田	林屋菊枝作	最終一丁は別のもの
		大津恵ぶし	いろ〳〵新仇もんく	坂	本安	4	玩究4	林屋菊枝・笑福亭梅香合作	梅香の項にも記す

林屋円玉　林屋延玉　林家円玉

36	新板	とつちりとん	一流浄るり入 いろ里町ぢう大はやり 三代記八ッ目弁ニおいらんの身の上咄し 上／三荘太夫山のだん弁ニかぼちやのうぬぼれ 下の巻	坂	わた正	4	忍	桂文吾改名 林屋円玉作	
37		あづまとなにわの四季のうた	（ゑんかいなぶし） 本ちやうし	坂	河治	4	肥田	林家円玉作	
38		あづまとなにわの四季のうた	（ゑんかいなぶし） 本ちやうし	坂	藤屋九兵衛	4	唄本	林家円玉作	
41	流行大新板	あさくとも	かへうた	坂	菅市太郎	4	肥田	林屋延玉 桂文之助 諷・桂文字助調	

林屋木鶴・林笑亭木鶴

42	大しんはん	とつちりとん	上のまき 下の巻 かはりしんもんく	坂	石和	4	国会・忍	木鶴作 林屋木鶴作	ひのへ午＝弘化三年
	大しんはん	とつちりとん	かはりしんもんく	坂	いし和	4	浪唄	木鶴作 林屋木鶴	むまのとし

43	新板　とっちりとん	かはり新文句	坂　石和	4	浪唄	おなじみのはなしか　林屋木鶴作	午のとし
	とっちりとん	上下		4	唄本	舞台図に「きくはく」	右の表紙を替えた後摺
	世の中　よしこのぶし	新板はや口　うをづくし　古手やづくし　下駄ぞうりづくし　上／大はやり　はやくちあを物づくし　せとものづくし　百文銭十文銭けんくは　下	坂　わた正	4	池田	林笑亭木鶴作	
林屋金輔							
45	伊予節	江戸　よし原はやりうた　四十八くみ火かたしるしづくし物　他	坂　わた正	4	忍・池田	林屋金輔戯作	
林屋文笑							
46	大つゑぶし	いろ里町中大はやり　上下〔お、い〳〵〕	坂　石和	4	豊田・荻田	林屋文笑作	下に見台の図
	大つゑぶし	いろ里町中大はやり	坂		齋田	林屋文笑作	右と同板か
林家正太郎							
121	新文句　大津絵ぶし	そろばん玉にのる物　七夕まつり　とりつくし　玉づくし　長しみじかし　うちはの心いき	坂　大丈	4	梅花	林家正太郎調　安楽軒作	安楽の項にも記す
笑福亭吾竹　笑福亭吾鶴							
	ち、〳〵りちてんぶし	忠臣蔵かわりもんく　上の巻　大序より五段目迄	京　ほてい斎	4	関大	笑福亭吾竹戯作・花楽亭扇蝶画文	
47	新板大はやり　ち、〳〵りちてんぶし	浄るり文句忠臣蔵　上の巻　大序より五段目まで	坂　わた正	4	忍	笑福亭吾竹戯作　吾竹新作	

		ちゝ〳〵りちてんぶし	いろざとまち中大はやり哥本てうし　上下			4	忍	下の表紙絵に笹に吾(吾竹)、扇子に蝶(扇蝶)	本文中に「たつのとし」
48	御好ニ付	ちゝ〳〵りちてんぶし ちゝ〳〵りちてんぶし	近江八景かわりもんく　本てうし　上 本てうし　下　かわりもんく	京	布袋斎	2 2	肥田	笑福亭吾竹戯作　筆者都扇蝶斎 浪花　笑福亭吾竹戯作　筆者扇蝶斎	
49	新板	とつちりとん	大坂京大すもふ関取名よせ　上の巻／下の巻中ずもふ名よせ	坂	わた正	4	忍	笑福亭吾竹戯作吾竹戯作	辰のとし　天保十五年と推定
50		とつちりとん	東海道五十三次　道のり道中記入　上中下続	坂	丹権事秋岡	4	忍・玩究2	笑福亭吾竹作笑福亭吾鶴調	貞升門人貞直画上下の区分なし
51		とつちりとん	辰づくし十二月　上下　辰のとし新板かわりもんく	坂	わた正	4	唄本・浪唄	笑福亭吾竹戯作桜川春好　調	天保十五年辰年と推定
52		とつちりとん	新もんく幷ニ貝づくし入　いてう木むすめ	坂	わた正	2	肥田・浪唄	笑福亭吾竹戯作花枝房小円馬調	
53	しん板	ゆかりの月	いてう木むすめ　かゑうた　本てうし	坂	わた正	2	肥田・浪唄	笑福亭吾竹戯作	卯のとし　天保十四年と推定
54	御治世	萬歳	かゑうた　寅の六月廿二日嶋ノ内　相生橋すじより始る　此ごろ町〳〵大はやり　道具店二上り	坂	丹権	3	浪唄	笑福亭吾竹戯作	寅の六月　天保十三年と推定
		大つへぶし	**いろざと町中大はやり**	**坂**	**本安**	**4**	**玩究4**	**吾竹調**	**友鳴画**

笑福亭勢楽　勢柳

62	大新板あだもんく	大つへぶし	いろ里町中大はやり〳〵　四季　川づくし口づくし　金のくらい	坂	本喜	4	梅花	御なじみの笑福亭勢楽作勢柳調	

笑福亭梅香

		いろ〳〵 新仇もんく	大津恵ぶし		坂	本安	4	玩究4	林屋菊枝・笑福亭梅香合作	菊枝の項にも記す
112		大新板	大津画ぶし	一ツの物より十ヲまで			6	玩究4	笑福亭梅香戯作 笑福亭梅香作	梅香の紋あり
		大新板 しん文句	大津へぶし	人の五たいづくし 他 画いり	坂	石和		齋田	御なじみ梅香作	口絵に表紙図
111		大しん板	大つへぶし	いろ里町中大はやり〳〵	坂	本喜	4	玩究4	笑福亭梅香作	安政四巳どし
	桂文東	新かわりもんく	とつちりとん	道具づくし 上ノ巻／手だらい 金だらいのけんくわ ほうきの小ごと 八方のうぬぼれ 下の巻	坂	わた正	4	忍・浪唄	桂文東戯作 桂文東新作	
139		御ぞんじの	とつちりとん	あんどのふそく 八ぽうのいふこと 手だらい金だらいけんくわ ほうきの小ごと／道具づくし	京	和久治	4	玩究1	桂文東戯作	大坂板の順序を変え表紙を彫り替えた異板
	桂文笑		大津画ぶし	いろづくし			1	忍・玩究4	桂文笑作	一枚物を綴じた？
140	**桂文当**	かわり新もん	とつちりとんぶし	酒ともちとのけんくわ 米のあいさつ 上の巻／ 京大坂じまんげんくわ 江戸のあいさ	坂	わた正	4	忍・玩究2・	桂文当戯作	

	く		つ 下の巻				浪唄		
330	新づくし物	よしこのぶし	上の巻はなづくし のぼりづくし たつづくし ところつくし／下の巻 嶋づくし にぎるづくし うつづくし さしづくし	坂	わた正	4	忍・浪唄	桂文当戯作 桂文当新作	

桂慶枝

141		伊与ぶし	あだもんく いろ里まち中大はやり	坂	石和	4	玩究3	桂慶枝作	松旭画幷ニ書 猿の三番叟の表紙、上下区分なし
		大つゑぶし	色ざと町中大はやり 色文句づくし物	坂	石和	4	梅花	桂慶枝調	

桂文治

		大津絵ぶし	ゑらそふにかわいろのはなたれて文句入	坂	本安	4	玩究4	桂文治作	

桂鶴助

153	大新板	仏説阿法陀羅経	近所のあいさつ	坂	石和	4	忍	桂鶴助作	
		仏説阿法陀羅経	大坂名所 上 京名所 下	坂	石和	4 4	忍 荻田	桂鶴助作 桂鶴助作	荻田、下のみ

月亭生瀬

72		とつちりとん	いろは文字文句頭かづけ 新すいのもんく／爺塵頓 げのまき	坂	いし和	4	国会・忍	月亭生瀬作	
	大しん板	伊予ぶし	いろざと町中大はやり 天王寺開帳大はづみ	坂	いし和	2	唄本	生瀬作	上巻のみ 甘辛屋
	大新板 大はやり	大津絵ぶし	葛の葉子別れ 浦里時次郎 伊賀越八つ目 八重ぎり 貢おこん 岩井風呂 播州の異童子 色里町中大はやり	坂	大丈	4	忍・玩究4	月亭生瀬作	
			梅川忠兵へ新口村 三勝半七 松づくし 住						

73	大新板	大津画ぶし	よし参り　江戸歌づくし　同かへうた　染いろづくし	坂	大丈	4	梅花	月亭生瀬新作	宗広画
	大しんぱん	大津恵ぶし	中角芝居新もんく	坂	歌ひさ	4	玩究4	月亭生瀬作	

芝川扇旭斎

78	新文句入	いよぶし	いろ里町中大はやり	坂	石和	4	忍伊	滑稽者芝川扇旭斎作	『伊世節大輯』嘉永三年序

九市軒

79	大しんはん	とつちりとん	しんさく			2	忍	浪花九市軒作	

司馬才治郎

80	新もんく	とつちりとん	おそめ油づくし清元入　おしやかさまの恋づくし　お七あをものづくし　はしつくし幷そくせき四代	坂	丹権 わた正	4	忍・玩究1・浪唄	江戸司馬才治郎作	

竜田安楽　竜田安太郎　二代目竜田安楽　安楽軒

81	江戸みやげ	よしこの	いろは一ト口(前編上下)(後編上下)	坂	河治	4 4	忍 唄本	二代目竜田安楽作	後編上の表紙絵に「天保十五春」
	しん文句入	伊予ぶし	いろ里まち中ゑらはやり	坂	いし和	4	藤沢・関大伊・玩究3	六才竜田安太郎調　御なじみのたつた安楽新作	『伊世節大輯』嘉永三年序所収　酉の年
	大新板	伊与ぶし		坂	本喜	4	関大伊	竜田安太良しらべるしん作	酉どし

								たつ田安楽作	
82	大新板	伊与ぶし				4	忍伊	竜田安太良しらべるしん作 たつ田安楽作	右の異板
83	新板	とつちりとん	浄るり入 そばづくし 杉ざかや 八ぢん八ツメ 千本桜 すがはら かみ鳴おこし	坂	いし和	4	国会	当七才調ル竜田安太郎	酉のとし
	新文句	大津絵ぶし	そろばん玉にのる物 七夕まつり とりつくし 玉づくし 長しみじかし うちはの心いき	坂	大丈	4	梅花	林家正太郎調 安楽軒作	林家正太郎の項にも記す

都ヤ扇蝶

84		とつちりとん	みやこめい所 本てうし			4	玩究1	花楽亭都扇蝶戯作	貞信画
	大新板	とつちりとん	ふしは御ぞんじもんくは新作 肴づくし つやもんく 幷ニさぎとすつぽんのはなし 本てうし			4	玩究1	花楽亭扇蝶戯作 花扇ゑ	
	新さく	とつちりとん	かへもんく あんらくさん かぶらのはなし ぶたいとび 本てうし／昔うとくばなし もめんづくし ぜにかね尽し	京	イヨサ	4	国会	花楽亭都ヤ扇蝶作	「素人舌司」の紙を貼る見台
	大新ばん	よしこの	一流一ト口もんく いろはかしらづけ	京	湊谷猪之佶	4	池田	都ヤ扇蝶書画刀・湊谷猪之佶作幷板	
	大新板	よしこのぶし	さいもん入 大はやり	京	桜治	4	池田	都ヤ扇蝶戯章	
	大新作	いよぶし	京町づくし 順ばん名よせ あだもんく 江戸は歌 本てうし	京	あわや定次郎	4	池田	花楽亭都ヤ扇蝶戯作	
	大新作	よどの川瀬・御しよ車	春花 近江八けい	京	阿波屋定二郎	4	池田	花楽亭都ヤ扇蝶戯作	
		〔あねさんしまだ〕	色里町中大はやり ふしはお江戸みやげ 二上り さいもん入	京	布袋斎	3	潁原	都ヤ扇蝶作・都扇蝶戯作	上は表紙の一丁のみ
		〔やだちうぶし〕	〔おふみはつけは〕下	京	あは定	2	潁原	扇蝶大人新作	表紙なし

大新ぱん大はやり	やだちうぶし	かわりもんく　二上り	京	あわや定次郎	4	関大	都ヤ扇蝶戯作	
大新板	とてつるてんぶし	かわりもんく　開てう尽し　二上り	京	あわや定二郎	4	関大	花楽亭都ヤ扇蝶作	
	てまり歌	四条北顔見せ外だい祝もんく	京	あはや定次郎	3	関大	花楽亭都ヤ扇蝶さく	
	ち、〳〵りちてんぶし	忠臣蔵かわりもんく　上の巻　大序より五段目迄	京	ほてい斎	4	関大	笑福亭吾竹戯作　花楽亭扇蝶画文	笑福亭吾竹の項にも記す

85

都亀蝶・林家竹枝

	大津ゑぶし	門つくし			1	忍	都亀蝶作　林家竹枝調	一枚摺を綴じた?

86

都　歌楽

新文句	伊与ぶし	いろ里町中大はやり			4	玩究3・浪唄	都歌楽作	
	大つへぶし	いろ里まち中大はやり　かへうた〔きみの乗のは御所車〕	坂	石和	4	豊田・荻田・忍	都歌楽作	石和の口上あり
	大つゑぶし	いろ里まちぢう大はやり　かへうた〔浅倉の物吾は〕	坂	石和	4	豊田・荻田	都歌楽作	

染川翫楽

大新板	とつちりとん	かわり新もんく　いろざと町中大はやり　平井ごん八　いざりの十一だん目　みやこめいしよ　おどけもんく	坂	わた正　しほ喜	4	浪唄	染川翫楽作	

89

新ぱん世の中／よしこのぶし	十二つきあだもんく　上下	京／布袋斎	4	唄本・池田	染川翫楽作	雪山　翫楽の舞台図
／のほんほよぶし	いろ里まち中大はやり　二上り	京／布袋斎	4	関大	染川翫楽作	都浮舟画

花川染丸

新ぱん一から十までの／とつちりとん	宮尽し　梅づくし　貝づくし（貝細工）　太夫尽し　青ものづくし　かみづくし	坂／丹権	4	忍・玩究1	花川染丸作　下手川横好画	

34

桃のや馬一

新板づくし物／とつちりとん	当時すもふ関取名よせづくし　紋づくし名よせ　浪花で名高きはなし家名よせつくし　上の巻／浪花に名高きりやう理やつくし　あをものづくし　くさ花つくし　こひもんくしんない入　下の巻	坂／わた正　丹権	4	忍・玩究2・浪唄	作者桃のや馬一	

87

正月屋徳蔵　正月屋徳作

／とてつるてん　かへ歌	しんしうしなの、善光寺かへうた		3	肥田	舌者正月屋新作徳蔵	欠丁あるか　申のはつ春
／とてつるてんふし	かはり文句		2	浪唄	正月屋徳作	右の本と歌詞二章同じ
大新板／とてつるてんぶし	江戸中村座にて歌右衛門調　大はやり　庄屋けんかへ歌　二上り	坂／わた正	4	唄本	正月屋徳蔵新作安楽	「嘉永元四月」の墨書

正月屋三正

88	大しんぱん	よしこのふし	〔こんどふしぎは〕			4	荻田	正月屋三正作	

我竹

大新ぱん	いよぶし	役しや見立六歌仙	坂	大嘉	4	肥田	我竹戯作、我竹さく	

【参考】江戸板か
都々逸坊

どゞ一坊	よし此ぶし	かさなるづくし　鳥づくし　七りん三つかさね　もん日寄　しんない入　ことば入　上／はやくち　しらさぎがこくびかたげて二のあしふんで　しやれ　下			4	池田	早竹虎吉作	どゞ一坊の舞台図、戌のとしに戌の朔日などより天保九年と推定

花房鯉川

江戸字あまり	いたこぶし	十五人げい	？江戸		2	唄本	花房鯉川述	

都屋歌の助

	とつちりとんぶし	当ねん十二月　上	？江戸	はさみ文	2	池田	都屋歌の助	高座姿あり

噺家の流行唄の一枚摺所蔵先一覧

※表中の**ゴチック体**は本文中に詳しくふれてないもの。
※表外の数字は本文中の図版番号を示す。
※表中、( )は著者の注・推定、〔 〕は他の一枚摺と区別するために、歌詞の冒頭を補ったもの。
※備考欄には、年代推定の手がかり、画師名・板元名のある場合はそれらを記した。( )は著者の注記。

所蔵者略称(五十音順)

面影　大阪府立中之島図書館『大阪役者の追福面影』
趣味　大阪府立中之島図書館『浪花趣味はりまぜ帳』
保古　大阪府立中之島図書館『保古帖』十九
貼込　大阪府立中之島図書館『流行歌一枚摺貼込帖』
霞伎　東京大学総合図書館霞亭文庫『近世伎史』
霞大　東京大学総合図書館霞亭文庫『大津絵集本』
史伝　『明治演劇史伝(上方篇)』(建設社、昭和一九年)、高谷伸氏
天満宮　天満宮御文庫『天神保古草紙』
国立　国立劇場
関大　関西大学図書館
京都府　京都府総合資料館『幕末明治初年民俗資料』『嘉永・安政・文久・元治・明治　珍事集』
芝垣　大阪歴史博物館柴垣コレクション
池田　阪急文化財団池田文庫
豊田　豊田善敬氏
肥田　肥田皓三氏
文我　桂文我氏
前田　前田憲司氏
荻田　著者架蔵
寄席　『寄席百年』(小学館、昭和五七年)、橘右近氏
稽古　『新大津絵節稽古本』(昭和八年初板)
細工　「大坂の細工見世物」展、ＩＮＡＸギャラリー
目録　古書目録等
本撰　『新菜箸本撰』六号、「上方絵に見る拳遊び」セップ・リンハルト氏

	題名	唄名	所蔵	作・調者名	年代推定、備考
	笑福亭竹我				
55	中村歌右衛門あづまみやげ　新もんくかへうた	いよぶし	霞伎・荻田	応御好ニ　吾竹改笑福亭竹我戯作	(嘉永三年正月　大坂中の芝居)わた正板　(絵なし)
56	中の芝居ちくご芝居　花かた役者づくしんもんく　かへうた	いよぶし	荻田	応御好ニ　吾竹改笑福亭竹我戯作	(嘉永三年頃か)わた正板(絵なし)
59	中の芝居二のかわり大評判役者づくし　新文句かへうた	いよぶし	肥田	応需　笑福亭竹我戯作	(嘉永四年　大坂中の芝居)(絵なし)
	笑福亭勢楽				
63	かるかやかへうた	大津ゑぶし	肥田・荻田	笑福亭勢楽作	(絵なし)
	笑福亭松鶴				
	三の替り　かゑ歌	因州いな葉	天満宮	宝前堂狂言作　笑福亭松鶴調	
	角の芝居　五人男	大津ゑふし	霞大	宝前字狂言作　笑福亭松鶴調	(安政六年三月　大阪角の芝居)
92	(七代目団十郎追福)かゑ歌	因州いなば	面影	笑福亭松鶴作	安政六未三月廿三日
93	(七代目団十郎死絵)	大津ゑふし	荻田	応需　浪速　笑福亭松鶴戯作	安政六巳未年三月廿三日　一陽斎豊国画
	中角忠臣蔵	大津画ぶし	霞大	浪花　笑福亭松鶴戯作	(万延元年三月)
	(二代目)中村翫雀(追福)	大津絵ふし	関大	浪花滑稽者　笑福亭松	万延二辛酉正月七日

				鶴戯作	里のや
	片岡愛之助　尾上梅幸　江戸のぼり	大津ゑふし	京都府	笑福亭松鶴作	（文久元年正月）
	片岡我童最欺《ママ》物語	大津ゑぶし	面影・国立	笑福亭松鶴作	（文久三年二月）芳滝（画）
95	筑後芝居ニおいて　大谷友松名残リ	大都会ぶし	荻田	笑福亭松鶴愚作	（慶応元年三月）よし滝画
96	角の芝居　駒之助改名	大津画ぶし	荻田	浪速　舌者　笑福亭松鶴愚作	（慶応元年三月）
94	御代安泰	まんざい家栄うた	荻田	笑福亭松鶴作	元治元年甲子七月廿日、芳滝画
104	嵐雛助（追福）	大都ゑふし	面影	笑福亭松鶴調　里廼家主人作	明治五年申二月十六日朝五ツ時往生
	立津くし（同板　二枚）	大津絵ぶし	霞大	笑福亭松鶴作	（一枚には「万延元年の比」の墨書あり）
	〔忠孝でるろうする〕	大津画ぶし	荻田	笑福亭松鶴作	よし峰（画）
97	川竹ノ　上之巻	大津画ふし	霞大	笑福亭松鶴調	竹の家画
98	川竹ノ　下之巻	大津ゑぶし	霞大・国立	笑福亭松鶴調	竹の家
	〔かずのおふい物〕	大津ゑぶし	霞大	笑福亭松鶴作	竹の家画
	雨にそふもの	大津ゑぶし	霞大	笑福亭松鶴調	貞広画　国広板
	きられ与三郎お富妾宅場　新板	大津ゑぶし	保古	笑福亭松鶴作	
101	児ともあそび	大津画ふし	荻田	笑福亭松鶴調	富雪（画）
	天の色事つくし	大津絵ぶし	荻田	笑福亭松鶴唱歌	
	たゝぬつくし	大津絵ぶし	豊田・肥田・貼込	笑福亭松鶴作	竹の家画
91	おどけ三人夜這ひ	因州いなばかゑうた	国立	笑福亭松鶴作	
99	蚊蚤の色はなし	大津画ぶし	荻田	笑福亭松鶴戯作	

100	なるつくし	大都画ふし	荻田	笑福亭松鶴作	芳豊画
	竹づくし	大津画ぶし	荻田	笑福亭松鶴作	
	端歌〔夕くれに小船でいそがして〕	大津ゑふし	前田	笑福亭松鶴作	
	半尽し	大都絵ぶし	貼込	笑福亭松鶴作	貞広(画)
	笑福亭松橋				
106	南地大評判の大象	大都会ふし	関大	笑福亭松橋作	里の家筆　寅のとし
	笑福亭鶴松				
107	かへうた	萬歳	関大	応需浪華　丸家竹山人戯作・笑福亭鶴松調	慶応三丁卯初秋　芳滝　見立嵐璃寛
	笑福亭梅香				
113	角芝居　一世一代	大津絵ぶし	霞伎	応需　笑福亭梅香愚作	（安政四年九月　大坂角の芝居）
	うたゝ寐	大都会ふし	霞大	笑福亭梅香新作	（「安政六年の比」の墨書あり）
	西のよふで西でない物	大津ゑぶし	荻田	平尾作　笑福亭梅香調	南翠亭芳雪
	笑福亭福我				
117	生人魚	大津へふし	関大	笑福亭福我作	
	林屋正翁				
	拳づくし	**とつちりとん**	**本撰**	**はやし屋正翁戯作**	**丹権板、貞広画**

林屋木鶴

44	内づくし　あら玉	大津ゑふし	肥田	林屋木鶴作	

林家延玉

40	（浄瑠璃文句か）	ほこりたゝき	肥田	林家延玉調	（延玉舞台図）

林家正三

119	未とくじら	大津画ぶし	京都府	林家正三作	
120	尾上卯三郎　尾上多見丸　あの世のみやげ	大津画ふし	面影 荻田	林家正三戯作	（明治六年秋）八尾善板

林家正太郎

123	御ぞんじ	大津へふし右衛門	京都府	林家正太郎調	（嘉永七年）六月廿六日土用入仕候

林家菊枝

124	角の芝居　二ノ替り	大津絵ぶし	霞伎・国立	林家菊枝作	（安政六年正月）
	心もちのよふない物	大津ゑぶし	荻田	林家菊枝作	
126	諸国を自由ニする物	大津ゑぶし	豊田・肥田・荻田	林家菊枝作	（色摺、荻田は墨摺）

林家菊丸

130	かへ歌 春しやれ	春さめ	霞大	林家菊丸戯作	
	〔高下駄のこゞとを聞けば〕	大津画ふし	霞大	林家菊丸戯作	
132	交浄るり	大津画ふし	霞大・荻田	林家菊丸戯作	里の家画
131	〔丁ちんのこゞとをきけば〕	大津ゑぶし	霞大・荻田	林家菊丸戯	南江斎(画)
	片岡我童名残	大津ゑ	国立	林家菊丸作	(文久三年二月)芳滝
133	〔人の五体についてあるものが〕	大津絵ぶし	国立	林家菊丸作	芳峰、(菊丸肖像)
128	かへ歌 我童葉	なのは	池田	林家菊丸作	芳滝画 (文久三年二月)
129	亥の年	大津ゑ	荻田	浪花滑稽者 林家菊丸戯作	文久三
134	しやうぎ	大津絵ぶし	貼込	林家菊丸戯作	
	中の芝居 赤根屋半七 実川延三郎 かさや三かつ 藤川友吉	大津画ふし	貼込	林家菊丸戯作	広信画(文久三年十月、中の芝居)

菊丸門弟

	未七月地蔵祭瀬戸物町作り物道法順番附	大津画ふし	細工	菊丸門弟	(明治四年七月か)

林家小菊丸・林家染丸

135	角 切	大津画ぶし	稽古	林家小菊丸さく 林家染丸諷	(明治四年三月、角の芝居)

二代目林家菊丸・林家染丸

136	片岡我当	大津画ふし	国立	二代目林家菊丸作・林	(明治四年)十一月廿二日

				家染丸調	

林家福助

137	〔はだかてものを〕	大津画ふし	国立	林家福助作	

月亭生瀬

75	付文〔ちよつと一筆〕	とつちりとん	荻田	月亭生瀬	
76	かへうた〔こんど天王寺の〕	伊予ぶし	保古	生瀬戯作	一磨画
77	〔秋の恋事は〕	いよぶし	荻田	生瀬新作	歌ひさ板

桂慶枝改メ　四代目桂文治

142	卯年より大へんなし　上の巻　十二月	大津ゑふし	保古	慶枝改　四代目桂文治作	(「安政二卯二月五日彼岸中日」の墨書あり)
	下の巻　卯のとし	大津ゑふし	保古	慶枝改　四代目桂文治作	

桂文枝・桂文笑

145	〔大坂はもの見高い〕	大津画ふし	霞大	桂文枝作・桂文笑調	(文笑の項にも記す)
146	五代目嵐璃寛	大津画ぶし	貼込	桂文枝戯作	(慶応三年八月、中の芝居)
	中の芝居にて　坂東彦三郎法界坊	大津画ぶし	貼込	桂文枝作	芳滝画(明治二年八月)
147	中の芝居にて　二人道成寺	大津画ふし	貼込	桂文枝調	芳滝酔筆(明治三年正月)
	八重垣姫あらし璃寛/かつより実川延若	大津画ぶし	池田	桂文枝調	芳滝画(明治三年十月筑後
	油屋おそめ　市川右団治	大都会ぶし	目録	桂文枝戯作	一養亭芳滝画、(ネットオークション)
	みつ葉のかへな	大津画ぶし	文我	桂(文枝)	(羽織の紋より推定)
	〔賑はしき世の中を〕(延若の忠信・権太郎)	**(大津絵)**	史伝	**(桂文枝)**	**(明治三年八月、中の芝居、『明治演劇史伝』所収)**

桂　文笑

148	〔大坂はもの見高い〕	大津画ふし	霞大	桂文枝作・桂文笑調	（文枝の項にも記す）
	新町夜桜	大津画ふし	荻田	桂文笑作	

桂慶治

149	新板はなしの	大津絵ぶし	霞大	桂慶治作	芳峯写

桂文寿

150	中村駒之助（追福）	大津画ぶし	霞伎・池田	桂文寿作	明治二巳三月二日寅ノ時往生　里の家筆

桂梅丸

151	午ノ年役者大よせ	萬歳	肥田	桂梅丸調	よし滝画（明治三年）

桂鶴助

154	貝ざいく　口合文句	大津ゑぶし	荻田	桂鶴助作　口上　あまからや	
155	〔当る人気は六人男〕	大津画ぶし	荻田	口上　梁造　かつら鶴助作	
156	〔はやる人気は新ぶんの〕	大津絵ぶし	荻田	口上　梁造　かつら鶴助作	
	写真あぶら画	よしこの	豊田	口上　梁造　桂鶴助作	

二代目桂鶴助

	京名所	阿保陀羅経	目録	二代目桂鶴助	（時代や書目）

桂梅香

157	大谷友右衛門（追福）	大都会ぶし	面影	桂梅香調　忍亭浮連作	明治六酉一月廿九日往生　小信画
158	浄るりさわり文句　鳥尽し	大津絵ぶし	荻田	桂梅香調	（明治六酉年）　小信画

桂文の助・桂文都・桂文字助

159	開化	萬才	前田	梅花改桂文之助調	小信筆　石和板　（明治六年）
	〔雪月花に引かゑて〕	大都絵ぶし	面影	桂文都調　桂文之助作	（明治六年四月　筑後芝居）長谷川小信筆
	乙亥のとし		趣味	桂文の助戯作　ヒン〳〵尾糸しらべ	（明治八亥年）
	かへ歌	はるさめ	寄席	桂文都調　桂文字助諷　徳永里朝諷	
	かへ歌	**越後獅子**	**柴垣**	**落語者文の家戯作　桂文字助諷**	**芳光画**

桂文都・桂文寿・桂文昇

160	十二月	越後獅子	豊田	桂文都作　桂文寿調　桂文昇調	（明治六年）

桂文都・桂文団治・桂文曙

				桂文都戯作　桂文団治	（明治六年、『藝能懇話』三

161	〔心斎屋のおはしさん〕	大都会婦志	肥田	諷	号〕
162	六歌仙	大津画ぶし	肥田	滑稽者　桂文都作　桂 文曙調	

桂文三・桂燕枝・桂扇枝・桂梅枝

164	還名御披露　嘉入尽し	大都栄ぶし	荻田	木鶴更先名　桂文三作 桂燕枝調　桂扇枝調 桂梅枝調	戊子（明治二十一年）

（林家）正楽

165	水からくり	大津ゑぶし	荻田	口上　正楽　梁造	

図版の文字翻刻

凡例

- 図版の説明文や本文中にほぼ全文を翻刻したものは除いた。本文に一部触れただけのものは、全文とりあげた。
- アキを多用して、原文どおりとした。また／で改行や区切りを表した。振り仮名は省略した。
- 漢字は、原則として常用漢字を用いたが、人名などで一部異体字のままのものもある。
- ひらがな文脈での「ハ」「ミ」「ニ」は「は」「み」「に」とする。
- 破れ、かすれで判読できない部分は〔　〕□で示し、読みに不安のあるものは斜体字で示した。文字はあるが判読できないものは■で示した。
- 原則として注はつけなかったが、最低限の注を（　）で記した。
- 明治のもので原文にある（　）は、注の（　）と区別するため《　》に改めた。

図2（17頁）

軽口頓作　しかた咄の笑ひには　老たるもわかきもよだれを　永の日の　人だから　是も都の名物とやいわん／京に居て大坂までもかくれなき　江戸万歳のひやうし米沢

図3（21頁）

大上上吉　いくだま　足引清八／大上上吉　いなり　さくら井源七／上上吉　御りやう　にしき半七／上上　いくだま　まと谷和吉／上上吉　いくだま　たゝみやよし松／*大*上上吉　いなり　よし岡九八／大上上吉　声に三色有口伝つた谷八郎兵へ／*大*大上上吉　天神　よし川千右衛門／上上吉　いく玉　まとや兵吉／上上吉　天神　花岡喜八／上上　天神　さんちや惣七／上上吉　天神　なには伊八／大極上上吉　天神　難波新内／上上吉　天神　にしき平兵へ

図4（22頁）

みのや三かつ／茜屋半七／艶姿婦舞衣／上中下／座本　豊竹定吉／生玉の段／口上いふ／あし引清八　うきよはなしてまりのきよく　大でき〱／　あかねや半七ふたおやなげきをきく／けんぶつ人ほめる／あかねや半兵へ女夫　寺まいりもどりに立よる／みのや三かつ　しばいのげいをしまい　かへる／下女　はやういんで半七さんにあいなされ

図5（27頁）

大坂舌者　花沢吉兵衛　作　　ちごくこん立

（上段）つき出し　ほふそ子のくはんとに　よはりたれのしたし物　あか子のあみしほから／すゝりふた　けしほうすの小くし　ふろやのにぬき　しんちうしほつけ　火あふりのあつやき　かつたいのはしかみ／はちさかな　ほねつきのなんはに　道心しやぼうつあんかけ／すいもの　てかけのしゆんさい　つれ子のからし／さけ　とうちうのおにころし／めし　ほうさう子のあつきめし／しる　きんちやく切のすりなかし　やくにんのたゝきな／ひら　ぼんさんのまるむき　ためし物のきりみ　ちや舟さしの川こぼうよいしゆのいけまめ　むすめのかいわり／ちよく　赤子ちんぼ青あへ／（中段）くはしわん　はれやまいのうすみそひつねつのつふしいたけ　まおとこの四つきり　みゝのきくらけ　かんそやみのやき松たけ／なます　としよりのしらか　百しやうのつくりみ　よこねざくさく　ざくろはなのけん　かんやみのほそつくり／やきもの　はか所のおんぼあつやき／かうのもの　そめきののらつけ／初こん　ひるとんひのあけもの／二こんめ　こめろのふくらに／三こんめ吸物　かたきやくの赤みそ汁　持こもりのふくもときひんぼ人なすひ／大はち　大工のこけらすし　すもふとりのふとに　けんくわすきのわりかしら／すいもの　いとほりのすまし／（下段）さしみ　かりう人のてつほあへ／直なへ　とうそくの切込にして　すつぽんたき　はらいたまへのわりぬき／はち肴　六十六ぶのせひらき／すいもの女中のかみゆいなめ竹　けい子のはなゆ／取肴　ちうぶやみのほねねた／ひやしもの　あほうのきなし　まへかみのくろくわへ／すゝりふた　かみゆいのゑひわけ　おひめさんのみつから　やをやお七のやきいか　むすこのどろほつけ　ばゝさんのむめほし／ふたもの　さむらいのてんかく　わたりやつこのとうからし／つゝみくはし　いんきよ様のらくかん　ひんそうのかすてら　てんかんやみのふきよせ　なかうとのむすひこふ　かんやみのようし

図6（28頁）

浪花／諸芸　玉づくし

（一段目）儒者ノ玉　中井／〃　篠崎／〃　藤沢／歌人ノ有賀／狂歌ノ　鶴ノ屋／〃　窓の屋／〃　雪の屋／〃六々鱗／俳人ノ　八千坊／〃　花屋庵／川柳ノ　素行堂／〃　夷友／折冠点者ノ　素閣／〃　羅山　／〃　里雪／〃巴勢／〃　鹿貫／〃　芦笛／絵口合ノ　雨水庵／〃　山田案山子／どんゑノ　松矢／〃　銭丸／画師ノ　森徹山／〃長山孔寅／〃岡田半江／〃　上田公長／〃　林文波／似皃

画ノ　重春／〃　貞升／〃貞広／〃貞信／茶人ノ　住山／
〃　勝間／〃三村／〃　狩野／〃　木津／煎茶ノ　花月庵
／生花ノ　末生斎／〃　湖月庵／立花ノ　花萬斎／（二段
目）医者ノ　吉益／〃　斎藤／〃　西田／産後ノ　賀川／
小児ノ　池田／〃　田中／めいしノ　三井／外治ノ　岩永
／〃　花岡／針ノ　藤井／〃　杉原／口中ノ　落合／易者
ノ　井上／家相ノ　松浦／人相ノ　亀崎／〃　賀茂／墨色
ノ　ふく島あら木／〃　上本丁佐川／能　古春左衛門／笛
ノ　庄田与兵へ／小つゞみノ　小松原伝右衛門／大つゞみ
ノ　田中又三郎／たいこノ　小松辰之丞／狂言ノ　森源六
／謡ノ　さくら井／〃　竹の内／〃　大西／法師ノ　中川
／〃　菊池／〃　豊賀／〃　菊崎／〃　菊浪／ごぜノ　い
くゑ／歌三弦　河弥／〃　八尾与／〃　清水孫／〃　おか
な／〃　おはな／尺八ノ　堂島萬栄／〃　上町　嘉竹／
（三段目）碁ノ　吉原文兵へ／〃　梶村祐次／〃　中川順
節／将棋ノ　銭英／〃　田中幸／〃　鳥岩／〃　油彦／中
将棋ノ　磯部伴造／拳ノ　芳浪／〃　平山／〃　白翁／講
師ノ　周蔵／〃　燕林／〃　有斎／人寄せノ　呑龔／〃
一堂／〃　桂山／〃養生ノ　水野／書家ノ　阿部／〃　正
月堂／寺子やノ　せんば小野／〃　〃竹村／〃　炭屋町戸
田／〃　ほりへ竹原／〃　京町堀今井／〃　上町後藤／〃
堂島吉田／〃　玉造中山／江戸歌ノ　中村小松／〃　加田
小はる／舞ノ　瀬山龍／〃　佐渡島たつ／舞ノ地ノ　中村
士口／〃好ノ　天満吉田や／歌ノ　高つ官藤／〃　川西
小政／〃　舟ばあら八／三弦ノ　〃　万蝶／〃　〃　木ヨ
鶴／〃　上町糸政／（四段目）太夫ノ　竹本筆太夫／〃
竹本綱太夫／〃　詞ノ　竹本組太夫／〃　功者ノ　竹本長
門太夫／〃　ふしノ　竹本氏太夫／三弦ノ　鶴沢清七／〃
鶴沢寛次／〃　豊沢広助／人形ノ　吉田辰五郎／〃　吉田
兵吉／〃　桐竹門蔵／素人浄るりノ　一光斎／〃　一士／
〃　仏法西／当時ノ　六楽斎／〃　呂角／ちやりノ　島菊
／古イノ　武右衛門／けいこやノ　勘次郎／三弦ノ　大助
／〃　カザ仙／〃　駒吉／ニハカノ　淀川／〃　南玉／〃
新蝶／〃作者ノ　本虎／はなし　よしこのノ　菊枝／〃と
つちりとんノ　円馬／〃　すノ　桂文治／〃　馬石／〃
所作事ノ　吾竹／〃　そくせきノ　三光／〃　春鳥／〃素
人ノあは三／〃　淀忠／物まねノ　うをさ／〃　ぬし徳／
新内さいもんノ　岡本美根太夫／〃　江戸新／〃　下駄熊
〔　　　〕へ共一紙に書つくしがたく　夫故後
へんに残らず記ス

図8（30頁）
浪花　諸芸　玉づくし　二編

（一段目）医者ノ玉　原左一郎／〃　藤田仲達／〃佐々木
玄策／〃　高良斎／〃　森順造／〃　小出圭立／脚気ノ
岡敬庵／小児ノ　和田昌元／産科ノ　武中元進／外料ノ
楢林昌元／〃　島　各務相二／名灸ノ　堀江長門屋／〃
同　笹ばゞ／〃　なんば北山／〃　高津二つ灸／〃　アハ
ばし奥西／画師ノ　松本観山／〃　森燿仙／〃　和田呉
山／〃　藪長水／〃らん画ノ　藤村獅山／〃仏画ノ　小柴
蘭渓／似皃画ノ　北洲／〃　芦ゆき／〃　貞芳／すり物ノ
国広／狂歌ノ　真号の屋／〃　静丸／俳人ノ　八日庵／〃
二畳庵／〃　晩花坊／川柳ノ　親和／〃　歌種／折冠点ノ
梅州／代句仕ノ　梅賀／〃　如竹／〃　勢柳／〃　芳丸／
化句ノ　万丸／〃　三鶴／〃　唐子
（二段目）和歌好ノ　上田誓斎／〃　村田嘉言／〃　菅原
雪臣／儒者ノ　早野／〃　奥野／書家ノ　篠崎／〃　並河
／生花ノ　松真斎／〃　里暁斎／茶人ノ　内本／〃　多田
／〃　大沢／〃　音木／楊弓ノ　二木／〃　貴竹／〃　春
香／〃　都廷／〃　花雪／〃　里石／〃　渡柳／押画撰者
川島三光／おしゑノ　前田馬勢／〃　益谷登龍／〃　富田
歌丸／〃　五斗斎綾積／戯作ノ　暁鐘成／〃　南地亭／〃
山田野亭／〃事知りノ　梅枝軒／浮世見立ノ　老丈／判下
書ノ　蔀関牛／〃　森晋造／〃　和田正兵へ／〃　新五郎

／〃　若手ノ　森英三／講師ノ　赤松瑞龍／算術ノ　無量
斎／〃　貫通斎／易者ノ　水野／〃　南雲之／〃　白井
（三段目）管弦ノ　斯波／〃　重松／浄るりノ　豆大／〃
楠香／〃　裏門／ちやりノ　大鳥／〃　花富／三弦ノ　勢
玉／〃　盛輔／勾当ノ　岡住／〃　菊柳／〃　宍戸／〃
小野浦／歌三弦ノ　升吉／〃　トヨ／〃　そば伊／〃　釘
勝／尺八ノ　三橋／ニハカノ　米丸／〃　三貫／素人角
力ノ　中津川／〃　友いかり／〃　ひおとし／鞠ノ　常吉
／〃　森三折／拳ノ　方丸／〃　清平／〃　由来／碁ノ
堀徳三郎／〃　蓮光寺／〃　白木／将棋ノ　天野／〃　稲
山／五つならべノ　三光／〃　桂子／〃　珠丸／物まねノ
桐虎／〃　小間卯／〃　ぬし蝶／〃　綿次／〃　元常
（四段目）太夫之部／〃　豊竹駒太夫／〃　豊竹若太夫／
〃　豊竹巴太夫／〃　豊竹勒太夫／〃　竹本染太夫／〃
竹本大住太夫／〃　豊竹岡太夫／〃　竹本音羽太夫／〃
竹本大登太夫／三味　鶴沢伝吉／〃　鶴沢清六／〃　鶴沢
勝七／〃　野沢吉兵衛／〃　豊沢才治／〃　豊沢源吉／〃
豊沢広作／〃　鶴沢弥三郎／〃　竹沢弥七／人形　吉田
金四／〃　吉田文三／〃　吉田徳蔵／〃　吉川清五郎／〃
吉田文蔵／〃　豊松重八／〃　吉田冠十郎／〃　吉田辰蔵
／〃　吉田文吾／〃　豊松重五郎／作者ノ　西沢李叟／〃

金沢龍玉／〃　市岡和七／〃　奈河政橘／長歌ノ　中村富五郎／〃　鈴木万里／〃　湖出市十郎／〃　中村兵治／〃　富士田芳蔵／三弦ノ　中村新三郎／〃　杵谷音八／〃　杵谷正陸

右にもれたる名人衆多く候へ共　一紙に書尽しがたく　夫故三編に残らず記ス　席の次第不同は御用捨被下可候

図9（32頁）

みがきたるうゐにもみがく　玉つくし

（一段目）蔵やしきの玉　筑前御蔵／同　鍋島御蔵／船もちノ　飯の佐太郎／ごふくやノ　下村まつ屋／もちまるノ　鴻池善右衛門／同　加島や久右衛門／炭屋ノ　辰巳や久左衛門／商人ノ　三ツ井八郎右衛門／医しやノ　吉益周助／同　雲林院玄仲／同　岡養順／材もくやノ　近江屋休兵衛／木めんやノ　伊丹屋四郎兵衛／同　島屋利右衛門／同　いづみや嘉平次／綿屋ノ　蒲島や治郎吉／やくしゆやノ　日野や松之助／同　小川屋喜三郎／唐もつ問やノ　小橋屋伊右衛門／りやうがへやノ　炭屋安兵衛／紙問やノ　堺や七左衛門／同　紙屋治兵衛／同　紙屋市右衛門／ふるてやノ　小橋屋四郎右衛門／塩もの問やノ　天満や市兵衛／ほしかやノ　ひらのや清兵衛／同　鳥羽や久兵衛／うを問やノ　炮草や八右衛門／すげがさやノ　天満や六次郎／うゐ木やノ　植木や吉助／かきつばたノ　浦江／もゝのはな　産湯稲荷／やまぶき　人ぎやう屋／さし物師ノ　心斎橋正井／せと物問屋ノ　備前や徳兵衛／同小うりやノ　二つ井戸木村／懸やしき持ノ　布屋辰蔵／青もの問やノ　茶屋六兵衛／同仲買ノ　「三　岡三／八百屋ノ　高津八百清／ねり薬ノ　三臓円／同　巨勝子円／ひぜん薬ノ　小山忠兵衛／かうやくノ　雨森良意／てつ屋ノ　鉄屋庄左衛門／同　いつみ屋理介／同　玉屋五兵衛／刀鍛冶ノ　黒田助高／刀とぎノ　上町明茂／刀屋ノ　刀屋武兵衛／石印彫ノ　前川清三／印判彫ノ　長尾理助／仏師ノ　堺筋槙井／同　高津田中／同　堀江喜市／同絵師ノ　今木新之丞／天文者ノ　麻田龍立／同　十一屋五郎兵衛／東流僧業ノ　称讃寺／儒学ノ　中井善太／同　奥田拙古／諸れいノ　木津や伊兵衛／唐画ノ　鼎春嶽／毛物ノ　森祖仙／和画ノ　中井喬江／板下画ノ　法橋玉山／皃にせ画ノ　松好斎／指画ノ　岸上雪棹／茶人ノ　内本氏／同　狩野宗卦／同　河内や三右衛門／香人ノ　八幡や与左衛門／歌人ノ　有賀長収／歌学ノ　尾崎雅嘉／狂歌ノ　虹丸／同　鉄格子浪丸／誹諧師ノ　八千坊／同　月居／同　十南斎／雑はいノ　薗田萩翁／同　佐伯露厚／碁打ノ　中之院隠居／将碁ノ　本町浜伴蔵／将碁ノ　天満小山屋／碁せきノ　黒川

（二段目）寺子やノ　筒井／同　菊川／同　戸田／立花ノ向陽軒／生花ノ　松真斉／同　古洞斉／同　慶雲斉／能太夫の　古春左衛門／同　片山九郎右衛門／笛ノ　沢栄蔵／同　岡村喜兵衛／小つゞみノ　小松原伝右衛門／同　小春利左衛門／大つゞみノ　池上甚四郎／太鼓ノ　橋本市郎／狂言ノ　野村又三郎／同　植島円蔵／うたひノ　大西光吉／同　伏見堀津崎／同　景山／平家ノ　呉服町幸田／菓子やノ　とらや／薪問やノ　さのや徳右衛門／同　河内や七兵衛／かんぶつやノ　大根や小兵衛／同　吉のや九右衛門／扇屋ノ　玉露堂／同　団扇堂／墨屋ノ　古梅園／同　若太郎／上塗物道具ノ　ならや七兵衛／並ぬり道具ノ　紀国や文右衛門／帳やノ　堂島近左／仏具やノ　河内や太郎兵へ／道具やノ　順慶町角作／立道具やノ　ばく太／同　上町鉄屋／茶道具やノ　広島屋勘三郎／同　谷松や権兵衛／同　かゞや作右衛門／大工ノ　天満甚九郎／同　野里や吉右衛門／同　堀江彦兵衛／大工道具やノ　長のや九兵衛／同　曲尺や利右衛門／同　大和や新六／石屋ノ　なだや太郎兵衛／屋ねやノ　屋根太郎／左官ノ　はんくわい／手伝ノ　せんばふじ吉／同　ひのうへ伊八／同　とうふノ新蔵／歌三味線や　心斎橋かめ利／同浄るりノ三味線や　名草や平兵衛　若むら屋／小ま物やノ　堂島徳島屋／同　うつぼ播佐／べつかうやノ　丸や伊兵衛／同　はりまや清兵へ／きせるやノ　四ツ橋はり源／かわたはこ入やノ　淀や橋八わたや／おしろいやノ　銭屋長左衛門／同　福しまや平吉／べにやノ　おやまべに／同　舟町紅庄／ひん付やノ　小ぐら香／さとうやノ　さくらゐ八／同　ひら惣／同　小部太／ゐのぐやノ　ゐのぐや吉兵へ／同　同勘兵へ／あぶらやノ　伏見や太兵衛／いかりやノ　伊せや権吉／ぶつだんやノ　柳瀬弥兵衛／ふきやノ　いつみや吉左衛門／かなやノ　金や嘉兵衛／同　同九右衛門／矢たてやノ　安堂し町小兵衛／庖丁かぢノ　正次ノ喜兵衛／造り花やノ　道頓堀花八／はな屋ノ　高津かどせ／米相場師ノ　かじりん／同　亀さぶ／さい銭の上りノ　北南御堂／家ふしんノ　一丁目太刀屋

（三段目）氏神てノ　座摩宮／参詣の多い　天満天神／神主のかしこい　博労町いなり／六さいはんじやうスル　御霊宮／屋ねかんばんノ　安堂寺町ちゝ薬／りじゆんノ　玉つくりおかん／同　天王寺米四郎／太夫ノ　竹本政太夫／同　豊竹麓太夫／三味線ノ　松雨斎／同　鶴沢清七／人形遣ひノ　吉田音五郎／同　吉田千四／同　桐竹門蔵／琴ノ　浅香かめ／同　伊せ屋幾重／こきうノ　まさじま／同　近江屋弥兵衛／歌三弦　みそ安／同　いづ友／同　やけ又／

尺八ノ　一道／同　知道／同素人では　如龍／同　米吉／けんノ　よし浪／同　五藤／未刻ノ　西ノ尼市／立役ノ市川団蔵／若手ノ　嵐吉三郎／女形ノ　芳沢いろは／同藤川友吉／同若手ノ　叶珉子／中立役ノ　嵐与市／やつしノ　泉川楯蔵／若手ノ　谷村楯八／同　坂東重太郎／ちん子ノ　市川重太郎／狂言作者ノ　辰岡万作／同　近松徳叟／手打連中　大手笹せ／素人浄るり　木津忠／同　文楽／同　さの／同　島鬼／同　ぬし彦／同　老松／同素人三弦三あけ屋／同　文八／けいこや　鶴沢勘次郎／同　つる又／同　大西文蔵／歌まいノ　友五郎／同　瀬山いと／同素人ノ　田石／同　浦歌／同　富松／江戸まいノ　中村うた／ニワカノ　弁連／同　いつ吉／ものまねノ　天安／大通ノ　島や都柳／素人人形ノ　炭や五郎兵衛／法師ノ　菊永／同　松本／同　菊崎／同　津山／茶巾やノ　坂町伏見屋／同　松や町播清／揚屋ノ　吉田屋／同　いづゝ屋／茶屋ノ　島之内河作／同　北ノ河左／置屋ノ　西東扇屋／同槌屋利三郎／同島之内ては　きし庄／易者ノ　間瀬彦右衛門／人相ノ　南北先生／同　森川／はしやノ　箸屋長右衛門／ふくろ物や　丸朝／同　丸角／角力取ノ　雷電／同平石／同　玉垣

（四段目）葉ちやノ　笠や治兵衛／酒屋ノ　天野や五郎左衛門／同　長浜や弥三郎／しやうゆやノ　ふぢや新右衛門／同　石川や四郎兵衛／みそ屋ノ　しかまず屋／同　久太郎町大源／ふやの　天ま池吉／すやの　丹波や喜兵衛／鳥や　鳥や町河六／粉屋　みのや吉兵へ／めんるいや　すなばいづみや／まんちうや　きしべや／うなぎや　大庄／湯とうふ屋　高津大清／料理安いノ　生玉とくらや／同　さわ山／すしやノ　さこばほん藤／そばやノ　天王寺玉屋／同　しらがそばや／のりやの　塩町油伊／やいとや　ほりへ長門屋／三十石屋　大仏屋／やかた舟や　木屋九郎右衛門／江戸飛脚　尾張や吉兵衛／同金飛脚　つノ国や十右衛門／京飛脚　いづみや弥右衛門／宿屋ノ　ひやうたん河内照庵／同　はり宇／町りやう理や　木津仁／同　八百宇／りやうりや　ふくや又平／同　浮瀬四郎右衛門／同　西同　さか久／水茶やノ　孔雀茶屋／はなしノ　桂文治／同素人ノ　上町一九／辻能　堀井仙介／かうしやくノ　天山／同　守口如瓶／下駄屋　菊本／たゝみやノ　島之内山八／竹屋ノ　竹屋勘兵衛／借家住ミ銀持ノ　岩田や七郎兵衛／同　大鶴や九蔵／多芸ノ　大源隠居／もちやノ　とらや餅／同　花屋餅／口入ノ　いづゝや平次郎／同　明石や又三郎／こんぶやノ　昆布や七郎兵衛／楊弓ノ　素月／同金光／同　初柳／足袋やノ　ばしやう屋／さかなやノ　高

津勘／同　明石八／料理人ノ　福や作兵衛／同むきもの、安野喜兵衛／同むしもの、　福田吉兵衛／尺金師　極又四郎／苧やノ　苧や佐兵衛／同　同半兵衛／かい帳ゑんぎどんりう／同世話人ノ　ちん安／干見せノ　小間物や忠兵へ／かみゆひノ　心斎橋い之介／鮫さいく人　さめや長兵へ／米屋ノ　横堀米平／いしやうやノ　三くもや／同　いけだや／とうふやノ　いつ久／せつたやノ　かぎや庄右衛門／あま酒やノ　新町大源／人形細工人　柳弥介／同　大江宗七／十五人芸　新町嘉吉／大男ノ　高津鳥市／小男ノ高島や甚吉／同　天王寺医者／あんまノ　大手ノ車道三／まへてこノ　手伝喜十郎／六十六部ノ　平兵衛／ヨウしやべるノ　やうじゆんたん

板元　浪花ほり江　大和屋茂兵衛／同　さのや橋南久ほうし町北へ入　津国屋治兵衛

図14（49頁）

八蔵孝行段／再板　恋女房六段目／宮古路綱太夫直伝　京松原通西洞院東ェ入　美濃屋平兵衛板

図15（49頁）

所作事　倭仮名色七文字／七へんげの内　ゑびら　梶原源太／坂東三津五郎　相つとめ申候／常磐津伊勢太夫　常磐津小文字太夫　常磐津綱太夫　三弦岸沢古式部　三弦岸沢式佐　板元　松や町筋二つ井戸南　わた正

図16（49頁）

狂らん／四条北側二の替　中村歌右衛門　大当り／長秀画

四条通寺町西へ入ル　吉野屋勘兵衛板

図17（49頁）

玉屋新兵衛／三国小女郎　比翼の初旅／おけぶせのだん／しんないぶし　下／鶴賀新内／鶴賀若狭掾／同登志太夫同加賀八太夫／同若繁／同妻太夫／同染太夫／同升太夫／三弦　菊沢八十七　中村彦太郎／江戸新改　大坂元祖鶴賀繁太夫

図18（50頁）

下手なあんまとかけて　なべ銭の百ととく　心は「ながいほどいかん／竿の先のとんぼとかけて　ようがる人ととく心は「たかどまりじや／まどの雪とかけて　口舌にわかれた朝ととく　心は「とけるまでがくろうな

大寄噺の尻馬　大本にて初篇ヨリ三篇マテ出板　中本にて初篇ヨリ六篇マテ出板　此本落咄よんでおもしろき本也／大会吾妻一諷　大本にて初篇ヨリ五篇マテ出板　中本にて初篇ヨリ八篇マテ出板　此本江戸長歌の大寄にて御座候／よし此ふし　大津絵ふし　中本横本いろ〳〵出来御座候御求メ可被下候／此外新内　鈴木主水ふし　祭文いろ〳〵

其外当時流行のはやり歌の類品々御座候間　諸国何方の本屋はんこやへも売出し有之候／萬本類絵草紙おろし所　大坂松屋町安堂□橋□□入　本屋為助版　同道頓堀日本橋南詰東へ入　本屋安兵衛版

図19（51頁）

江戸歌　稽古本　大会東一諷　長谷川貞信画　歌集堂

大会東一諷　四編　五篇はうた入近日出板仕候／一　九へんげ石橋／一　おはん　長右衛門　かつら川／一　かどけいせい／一　犬がみ／一　さらし女おかね

図24（65頁）

おやたちに〽もらひ　合　かけるも口上手　〽むこさん我童見たよふで。べつしてないしよはあたゝかな。其うへしうとめけつこじん　上〽なにぶんよろ

おやたちに〽もらひ　合　かけるも口上手　〽むこさんなり平見たよふで。べつしてないしよはあたゝかな。其うへしうとめけつこじん　上〽なにぶんよろ

図26（66頁）

寅ノ正月吉日より道頓堀角の芝居にて　内茶屋板／座本

市川団治郎

朝山の木々に／色増さくら花／谷間〳〵の鳫雪は／芝に降つむ銀世界　けいせい桜城砦　備建八陣

（上段）けいせい大淀　中村歌六／加藤妻八つ代　中村歌六／娘　おはる　中村歌六／左市妻織江　中村歌六／いばらの小蝶　中村歌六／かふろ市弥　あらし和三郎／小性入江　あらし玉橋／かふろきん弥　中村児玉／堀尾帯刀　嵐璃珏／佐竹新十郎　嵐璃珏／千歳屋金兵へ　嵐璃珏／かふろもじの　市川市河そう／〃　吉弥　中むら友太郎／〃　みつ江　中山助二郎／悪もの三太　中村駒平／岩瀬藤内　市川筆介／火方丸八　市川為そう／町人久七　中村歌久そう／百性市兵へ　中村歌津そう／庄屋太郎さく　嵐金茶／町人喜右衛門　浅尾工平次／同伝兵へ　柴崎秀五郎／たいこ持藤八　嵐力そう／勢子兵内　中村松三郎／奴八内　市川菊そう／わる者六そう　嵐岩五郎／火方角六　浅尾金そう／棟梁太兵へ　市川枡そう／小性入弥　あらしひなじ／けいせい通ひ路　中山よしを／小通ひめ　中山よしを／娘おかぢ　中山よしを／新十郎妻松の　中山よしを／こしもとつねじ　中むら常次郎／同吉野　中山あづま／こしもととみ江　中村ひな路／娘小ゆき　中村玉之介／こしもと岡ノ谷　中村歌柳／下女お柳　中村歌次郎／田舎娘おきく　中村梅葉／道頓坊　おまつ　市川美歌之助／奥方松がへ　市川三幸／小性辰丸　市川友之介／百性太郎兵へ　市川団六／轟丹下　中村万六／佐竹新五右衛門　中村島三郎／丹

羽五郎　中村梅五郎／百性三さく　浅尾丈夫郎／竹沢伝そう　嵐璃市／浜名式部　市川河蔵／性慶和尚　笠谷丸団／奴　段介　中村歌四郎／増田兵庫　中村翫太郎／筒腹軍次尾上多丸／小性とね丸　市川筆まつ／真柴久吉　中村歌寿郎／瀬川釆女　中村歌寿郎／石塚左市　中村歌寿郎／長歌中村翫四郎／長歌　富士田芳造／長歌　中村成吉／狂言作者　並木左衛門／作者　市岡和七

（下段）三浦又蔵　中村芝翫／小西行長　中村芝翫／米沢新吾　中村芝翫／小性左門　市川富吉／〃きんご　中むら玉七／かぶろもしの　市川市そう／ゆるき主水　中山文七／石塚甚内　中山文七／かち田金左衛門　中山文七／高川瀬平　市川恵美蔵／岩瀬隼人　市川恵美蔵／池田三平　市川宗十郎／尼妙開　市川宗十郎／娘夕しも　中村歌南女／こしもと左枝　中村歌南女／下人藤六　市川玉蔵／高山右近　市川玉蔵／瀬川要　中山竹蔵／桂新吾　中山竹蔵／仲居おうた　中村歌門／安田妻ねざめ　中村歌門／弥生ひめ中村千之助／妹小さよ　中村千之助／石田佐吉　浅尾友蔵／あほう三太　浅尾友蔵／舟頭なだ八　中村駒十郎／山賊杣六　中村駒十郎／娘小わた　中山一徳／奥方　台　中山一徳／仙石権平　中村寿郎／原新吾　中村寿郎／女房お染柴崎台蔵／井戸端あぶ内　柴崎台蔵／蜑おはま　藤川花友／けいせい菊川　藤川花友／千島大内記　市川友蔵／ふくしま小藤太　市川友蔵／千島主税ノ助　中村蘭九郎／失念坊　中村蘭九郎／手代長九郎　中村蘭九郎／染ノ井源五郎中村友三／杉斧そう　実は大滝平馬　中村友三／手代半九郎　中村友三／浅野弥兵へ　浅尾工左衛門／船頭与次兵へ浅尾工左衛門／曽呂利新作　浅尾工左衛門／免授勝助　浅尾工左衛門／加藤正清　市川団蔵／小西如清　市川団蔵／大内秀丸　市川団蔵／ましば久若丸　座本市川団次郎／狂言作者　奈河竹助／狂言作者　辰岡万治／奈河辰助／奈河訥介／音羽箭多輔／奈河常助／奈河刀助／頭取格　市川団六／頭取　三河屋市右衛門

（枠外）千穐萬歳楽　大入大々叶　吉祥日

図35（87頁）

天保十五辰之年大新版　浪花　和多正　筆

諸国／相撲　関取改名附　大阪北久太良町四丁目　相撲板元　萬右衛門

（東一段目）肥後　初嵐　戸立の　白川　黒雲　濃錦里改不知火諾右衛門／盛岡　北山辰之介　天津風　立神雲右衛門改　岩見潟丈右衛門／江戸　高せ川　関谷の　麻ケだけ改　猪名川政之助／平戸　乙女川　如意ケだけ　四明ケだけ改　御用木雲右衛門／八戸　一文字改　荒馬吉五郎／盛

岡　ねこ又　あら飛　狭布里改　柏戸宗五郎／八戸　箕島升五郎　わしが浜音右衛門改　常陸山小平治／肥後　トナカエシ　拡角　真鶴　高根山改　雲生嶽霧右衛門／兵庫ましま　大童子　越のうみ　書写ケだけ　越ノ海福松／肥後　梅が枝八十郎改　黒雲龍五郎／盛岡　音の瀬　逆鉾立花改　三ツ鱗龍八／八戸　大蛇潟大助改　千歳川音松／唐津　玉ケ橋谷五郎／丸カメ　いそが浜　勇し丶　浪の音関谷の改　五十嵐半太夫／平戸　遠山秀吉改　黒柳松治郎／大坂　あら熊改　綾川豊吉／江戸　し丶がだけ　あら井崎改　桐山繁蔵／江戸　筑波山　山崎改　滝ノ音三之助／江戸　君ケ嶽助三郎／江戸　松ケ枝　松ノ浦改　佐渡ケ嶽沢五郎

（西一段目）阿州　鰐石文蔵改　釵山谷右衛門／江戸　玉勇　勇山　小柳　手柄山　湖東山改　武隈文右衛門／村松虎家谷龍八　和田のうら浜五郎改　鏡岩浜之助／江戸　緑松徳次郎改　小柳常吉／延岡　藤見だけ　岩の戸　あら木の　千田川改　友綱楫之助／ヒメジ　国分国蔵改　相生松五郎／仙タイ　藤川　達ケ関　御所浦改　関ノ戸億右衛門／江戸　要石周太／庄内　雲珠巻鯱之介　鶴ケ嶽峯右衛門改　常山五郎治／江戸　てるわたり　伊吹しま　栂のみね象が鼻　十万ノ海改　音羽山峰右衛門／江戸　貫キ宗五郎和田が原　高砂浦右衛門改　白山峯右衛門／九州　大灘浪右衛門／江戸　都川藤兵へ改　縄張綱右衛門／江戸　沖のしま　立久恵　つゞみがたき　雲早山改　頂キ清五郎／アハ　小松風　大はし　鋸リ改　鉞リ嘉吉／大坂　朝の戸石松改　三保ケ関重五郎／江戸　桂野勇吉／江戸　戸々ノ浦改　千代ケ嶽沢五郎／富山　二本松改　太孝山清吉／江戸　武蔵野門太

（東二段目）江戸　筑羽根改　築紫潟森之助／江戸　千鳥川改　鉄石荒五郎／江戸　飛鳥川改　桟シ仲蔵／平戸　若柳繁松　朝の雪勘三郎改　錦竜田郎／因州　秋津川藤八／京　緑リ松林蔵／大坂　真帆ノ海力弥改　荒灘幸太郎／唐ツ　門森之助／因州　青柳与作改　真鶴政吉／江戸　翟《カハミドリ》直之助／江戸　出羽ノ里徳太郎／因州　揚巻改　荒岩亀之助／因州　加茂川　大熊改　鷲ケ峯鷲之助／因州　友綱茂助改　桟シ初五郎／モリ岡　天津風雲右衛門／大坂　若とら　玉城山改　楠政吉／サヌキ　詰石　真島山　平石　平山　舞鶴峯吉／ハリマ　男鹿山春五郎／米子　大蔦力蔵／因州　相成　粂川改　八幡山馬之助

（西二段目）アハ　矢筈山鉄之助改　雲早山森之助／ヒメジ　待乳山仙之介　兜山鉄右衛門改　手柄山繁右衛門／江戸　鶴ケ峯栄治／富山　重石伝治／江戸　温海嶽幸助／今

津がた改　玉賀関辰之助／仙ダイ　国見山勝四郎／江戸
天秤直吉／ヒメジ　響の灘吉改　鳰谷林之助／江戸　湊岩
改　樊噲三蔵／江戸　谷嵐市蔵／仙ダイ　荒熊五郎次／
カヾ　九軒山新介改　若柳久松／江戸　村越改　鶴ケ関岩
蔵／江戸　和田ケ原甚四郎／江戸　棒火矢岩五郎改　広ノ
海富五郎／カヾ　松ノ音勝次郎／大坂　甲石本太改　戸田
川関右衛門／ヒメジ　高見石改　大鳴戸政吉／明石　四角
山　関ノ戸改　楯川千熊
（東三段目）大坂　大碇改　象ケ峯亀之助／ハリマ　破魔
弓官蔵／大坂　土くも改　霧ケ嶽雲蔵／大坂　岩ケ谷改
槙ノ島甚吉／尾ノ道　あら川改　初汐久五郎／大坂　屛風
ケ浦筏之助／明石　明ノ石忠蔵／平戸　当年十八才　目方
四十貫目　生属鯨吉
是より中之部　サヌキ　黒岩重太郎／サヌキ　玉之尾金治
／九州　松風忠七改　胡籙矢之助／尼　若錦又八改　種ケ
崎又吉／九州　伊勢ケ浜栄蔵／九州　宇佐ノ海万吉／紀州
龍ケ淵嘉市／室津　宮城野重吉／サカイ　錦山嘉吉／尼
あら馬改　種ケ島金蔵／大坂　雲鶴喜太郎／イセ　伊勢戸
源次改　朝之戸石松／尼　錦山改　琴ノ浦巳之助
（西三段目）みの　関ヶ原改　高根山軍右衛門／ヒメジ
高柳　高せ川改　龍門大五郎／西ノ宮　七面山早太／大坂

紅葉山改　笘ケ島栄太郎／大坂　咲川　菊ケ浜吉之介改
矢先野佐吉／大坂　鬼勝改　時津風利助／江戸　岩がみね
改　五人張駒蔵／奥州　三楯山藤太夫
是より中之部　サツマ　鎧川改　出水川与吉／京　若松改
吹上菊太郎／京　都島安次郎／京　若勇末吉／大和　谷嵐
才次改　住之江浜五郎／大坂　藤の森改　唐錦市之助／京
若松吉之助／ハリマ　錦川浅吉改　八陣秀五郎／九州　岩
井山鯛次／京　日の出改　初島七蔵／伏見　綾ノ戸改　南
海伊三郎／京　鷹ノ戸庄吉／サヌキ　若とら　向鉄砲　国
分改　向鉄砲松之助
（東四段目　中相撲続き）アハ　小鳴戸改　朝鶴音吉／紀
州　男石又四郎／紀州　玉出しま改　石火矢吉之助／広島
広瀬川浅平／備中　八島がた改　一ッ不二吉之助／サカイ
三国山直吉／九州　錦岩改　漣重平／伯州　秋津島秀五郎
／備中　白川由蔵／尾の道　一角改　草摺亀之助／サヌキ
常盤崎安五郎／アハ　萩ノ戸半蔵／九州　天竺　丈夫男龍
五郎／サカイ　曙駒之介改　秋津川吉平／大坂　力石改
岩ケ根亀之助／紀州　虎渡リ改　竹虎徳蔵／紀州　若ノ浦
伊三郎／大坂　大渡リ改　大湊卯之助／サヌキ　君川善次
／九州　七々瀬川鉄五郎／サヌキ　大浪国五郎／九州　三
熊野藤右衛門／イヨ　金小松源之助

（西四段目　中相撲続き）出雲　鼓山千太郎／アハ　勢見崎　園瀬川改　源氏山丑之助／大坂　石火潟槌之介改　小野山鉄五郎／アハ　宮柱万吉／京　勇取改　轟宗吉／紀州　勢力豊吉／紀州　放じゝ一八　大海改　紀伊ケ浜石松／尾張　綾浪竹次郎／京　時津川改　桜島為吉／アハ　高麗改　大達国蔵／江戸　滝ノ川善四郎／京　錦島八五郎／サヌキ　うら縄鉄之介改　常盤山恒右衛門／アハ　綾鶴秀吉／紀州　岩勇改　岩ケ嶽伊三郎／京　若緑伊之助／紀州　勢見潟為吉／ハリマ　寅林五郎吉／ハリマ　八万騎清治／伊丹　大隅　大高　関川改　大鷹助蔵／九州　鳴瀬川駒蔵／カゞ　岩木戸徳松／サヌキ　鈴鹿山千代吉改　白石浜五郎

（東五段目中相撲続き）ハリマ　雁金改　御幸山平蔵／尼　御神楽改　佐ノ川鶴之助／ハリマ　玉ノ浦改　陣貝元吉／アカシ　未兎馬改　国分善蔵／アハ　高滝改　鶴ケ滝栄蔵／九州　立石辰之助／紀州　竹勇改　竹生島音吉／紀州　玉笹定吉改　浪花潟虎之助／九州　黒岩改　由井ケ浜熊吉／紀州　千賀ノ浦改　紀名山亀之助／ハリマ　時津浪改　時津島藤吉／九州　寅ノ森　鎧ケ滝　時ノ声改　藤ノ森竹松／九州　鶴崎萬吉／九州　御咲野松之助／江戸　小松野兼吉／アハ　若鶴改　鳴戸潟要助／アハ　梁リ茄子太／サヌキ　一文字市蔵／紀州　小松崎改　石ノ松由五郎／大坂　岩浪末松／アハ　楠改　種ケ島森之助／サツマ　さつまがた改　鎧川徳蔵／兵ご　若しま大吉改　藤ノ戸幸左衛門／イヨ　宮ノ森栄吉／アハシ　司天龍改　大空龍五郎／アハ　小金岩文吉改　白旗勝之助／サヌキ　若とら　ねち金改　五剣山竹五郎／紀州　男岩改　鶴立島安太郎／アハジ　逆鉾大八／アハ　錦岩万吉／九州　中津野藤助

（西五段目中相撲続き）九州　黒金鉄之助／兵ご　七々見崎　金てこ改　高取清吉／九州　早川治郎吉／九州　明石がた改　島ケ崎忠蔵／サカイ　笘ケ崎　高島改　常盤灘与四郎／イヅモ　京ケ浜改　荒川庄蔵／イヨ　柏木庄太郎／サヌキ　千年川孫八改　千歳山金蔵／九州　早汐長助／サカイ　出汐満右衛門／カゞ　荒石伊之助／九州　猪の常改　大灘金蔵／大坂　高田川改　絹川与作／イヅモ　あら風改　槙ノ島喜助／因州　浪花崎改　雲龍重五郎／高サごあら峯改　藤ノ巻栄蔵／大坂　益良雄　藤見だけ辰三郎改　筆ノ海金右衛門／伯州　加茂川改　青柳亀之助／伯州　八ツ岩栄蔵／大坂　辰雲改　吉田川巳之助／サカイ　立田山友吉／アハ　雷改　勝時徳平／カゞ　武蔵金改　浅之川源蔵／アハ　弓はり改　小鳴戸力蔵／ハリマ　月ノ輪由蔵／九州　松尾崎米蔵／伯州　三保ケ浜平吉／ビンコ　大ケ島利吉／イヨ　松尾崎改　玉川友吉／九州　黒山為吉／イヨ

松ノ音久吉
(中央)次第不同　御免
(中央一段目)行司/江戸　木村庄之助/大坂　玉吉槌之介改　木村玉之助/江戸　勘太夫改　式守伊之助/大坂　源之助改　木村源吾/江戸　宗助改　式守鬼一郎/京　政次郎改　木村寅吉
(中央二段目)江戸　小太郎改　木村市之助/江戸　木村庄蔵/京　市之進改　吉岡一学/紀州　吉岡市之助/サカイ　木村弥吉/大坂　岩井梅之助/ナダ　木村友市/大坂　岩井房之助/同　平蔵改　木村玉吉/同　木村菊松/同　由之介改　木村源之助/同　又六改　木村豊吉/同　市松鳥市改　木村槌松/同　岩吉改　木村熊蔵/同　岩井小馬吉/同　木村市松/同　卯之介改　岩井半六/ハリマ　岩井松之助/江戸　木村留吉/江戸　木村辰之助/大坂　木村八右衛門/大坂　熊蔵改　木村槌之助/江戸　木村竜五郎
(中央三段目)頭取/稲出川　真鶴政吉改　朝日山四郎右衛門/大蛇山寅五郎　つゞみが滝調右衛門改　小野川嘉平次/佐野ケだけ重兵衛　益鏡寿五郎改　湊又七/菊ケ浜弥吉改　猪名川弥右衛門
(中央四段目)武蔵川沖蔵改　押尾川巻右衛門/白峯松右衛門　湊松右衛門　大空松右衛門改　湊由良右衛門/源氏山源蔵改　竹縄源右衛門/玉水長五郎改　嵐山伊右衛門
(貼紙上段)□□改　玉ノ海秀吉/紀州　榊の改　榊山鉄之助/□よ　あら滝改　荒駒良蔵/ハリマ　鉄門佐之吉/アハ　貫キ喜八/出雲　石の戸　大蛇山寅五郎改　三ツ頭兵吉/出雲　あら金改　揚石長八/九州　鳴沢改　熊手山栄吉/□ハ　滝登リ鯉之助/兵ご　駒ケ石改　若林佐太郎/アカシ　岩戸山　岩井川　嵐山改　生島勘吉/大坂　竹杖久五郎/紀州　若湊楠太郎/大坂　二本松栄吉/同　荒海音吉
(貼紙下段)九州　朝霧徳助/早房　猪ケ勢改　早房槌之助/サヌキ　立浪改　有明庄吉/因州　村くも　岩見山富士か峯改　岩見山龍蔵/同　宮川改　勇駒兵蔵/ヒゼン八十ケ浦重蔵/尾ノ道　姫小松改　三ツ鱗弥五郎/サカイはし立　越ノ浦改　桂の宗吉/カハチ　初嵐政吉/伯州ひがき山改　広瀬川専蔵/尾ノ道　歌ケしま　黒たき五大力改　歌ケ島鹿蔵/イセ　伊勢ノ松宗治/サヌキ　詰石力蔵/大坂　高尾山宗五郎

図39（96頁）

清寿院御境内におゐて　寅三月吉日より
風流滑稽　昔物語　幷に浄瑠璃噺し　林家一座　昔噺し

御祝儀　宝入船噺　林家竹巴勢／昔八丈噺　鈴が森ノ段　はやし家春子／加々見山はなし　七つ目　はやし家竹理　文枝／浮世人情はなし　林家正三／伊賀越噺　遠眼鏡ノ段　はやし家小土佐／二代鑑噺　秋津島腹切ノ段　はやし家竹土佐　文吾／世界穴さがし　林家延玉／千穐萬歳楽　大入叶　吉祥日

図59（123頁）

中の芝居二のかわり大評判　役者づくし　いよぶし　新文句かへうた

〽中のよいはづ。そもなれそめは　合　としもゐづゝやむつまじふ　合　ゐんりよ延若も。しどけなりふり　人よりませの菊鶴や　二葉あをひのじぶんから。心で実川立通し。いつしかとけし下紐を。二世も三世も結びあふ。延三郎〽けふやあすやと。まい日またせ　合　たま玉にきたかとて　合　おもわせぶりは。よして下んせ　おんにもひらにも金作よ。せひに京枡やはひるまから。くるとわたしを悦ばし。今まで南枝て居さんした。アレ　きゝやさんせ　九つが。成駒や

応需　笑福亭竹我戯作

図60（126頁）

序

鶏は米屋の臼のうゐに。太平の御代を。おほけつかうとさへづるとは。戯作に図抜の。十編舎が癖言にして。戯画の精神抜出たるは。又平が名筆なりと。其大津絵の新作の。流行時をうしなはず。五編に筆を酉のとし。芽出度うたふ四方の春。相かわらせなふ御贔屓を。願ふ作者は初鶏の。諷ふに似たるはおなじみの。一荷堂引（左注）コツカコウ

恋々山人半水誌／かのとの酉の春

図61（126頁）

大虎／大象　大つゐぶし

当年十歳　身の丈七尺五寸／尾長サ　三尺九寸　背高サ三尺九寸／目方　八十九貫目／菊水　茂広画

虎に大象がいふことには。わたしや天竺よりうられきて。唐のとらさんをとのごとさだめ。日本にすめば三国一よ。かならずかわつてくだんすな。花のみやこもいづくへゆくも。はなをひいてたべ　ふたりづれ。ともにしらがのはへるまで。ねんがあいたら。竹のはしらにさゝのやね。二つまくらでどう象　虎（振り仮名「こう」）してくらしたひ

合ノ亭歌鳴戯作　太夫本

図66（136頁）

板元　大坂どうとんぼり日本橋南詰一丁東　本安／浪華生瀬戯作／大新ぱん　高津境内にて　おどけ開帳／大入

大あたり／仏説けんやくきやう／七味山甘辛上人／ゆうく
んあこや　ひさうのまん幕／爪長勘定音菩薩

図70（151頁）

申〔　　　　〕竹田芝居にて　　本清　板
座本　中村富助
（上段）玄奘三臓の経取／釈迦如来の出山／孫悟空猿の仙
術　五天竺　全部九巻
漁師綱蔵　嵐橘次郎／髪結才次郎　嵐橘次郎／実は紗悟浄
嵐橘次郎／小性　きく丸　中むら竹丸／〃花丸　中むら富
介／〃　力丸　中むら竹丸／〃　ちから　中むら富介／〃
かもん　中むら竹丸／娘おれん実は白蓮　中村竹之助／光
仙女　中村竹之助／磯の女　中村竹之助／陳光すい　浅尾
鹿太郎／すいほう猪八　浅尾鹿太郎／漁師弥作　浅尾鹿太
郎／童女とんなん　中むら竹丸／〃しんし　あらし吉弥／
〃　ことう　中むら富介／うだひ　山下虎杖／中将左弁
山下虎杖／帝敬徳　山下虎杖／小性　かすへ　中村竹丸／
〃　左門　中むらとみ介／〃　右門　あらし吉弥／奴紅平
市川紅蔵／実は公西　市川紅蔵／混世魔王　山下虎遊／浄
梵天王　山下虎遊／八戒　山下虎遊／わく■丸　あらし吉
弥／家老斎天　嵐小緑郎／大恵法師　嵐小緑郎／小しやう
かすへ　あらし吉弥／童女ちんふん　中むら竹丸／〃かん
ふん　中むら富介／修羅魔王　嵐三津右衛門／弥生姫　嵐
三津右衛門／外天　嵐三津右衛門／長歌　富士田弥之助／
同　富士田安次郎／三弦　坂東幸次郎／浄るり　竹本寿み
太夫／三弦　つる沢和市／狂言作者　月亭生瀬
（下段）皇太子　三枡徳松／玄奘三臓　三枡徳松／梅若丸
三枡徳松／童子富丸　中むら富助／耶聚多羅女　山下千鳥
／娘おらい　山下千鳥／実は玉祥女　山下千鳥／小讃風
嵐貞次郎／侍女松菊　嵐貞次郎／奴逸平　嵐貞次郎／手下
ちんせい　嵐三津蔵／東伯　嵐三津蔵／馬士雲六　嵐三津
蔵／手下李彪　嵐福寿　飛脚藤餅　嵐福寿／下官紅綾
中村駒猿／沙黒龍　中村駒猿／提婆　中村駒猿／すいほう
■達　中村寿蔵／親父治郎作　中村寿蔵／実は李官　中村
寿蔵／聚仙女　山下亀之丞／娘おかめ　実は金ずい　山下
亀之丞／娘おらん　山下亀之丞／太祖皇帝　嵐寿珏／桜井
造酒ノ正　嵐寿珏／実は外天公　嵐寿珏／狂言作者　奈河
政助・奈河三ツ寿・奈河鬼市／頭　山下来八／頭取　市川
当升
（欄外、庵看板）奴林平　幸寛　実は孫悟空　早竹虎吉改
山下三虎

図71（151頁）

亥ノ八月吉日より御霊社内にて　本清　板

説教／讃語　名代　清水吉治
前　今川は毛物街／斎藤は油の街　　猫怪談五十三駅
行程七宿
切狂言　都路東春詠　所作事
（上段）今川家老源左衛門　坂東是若／吉田隼人　坂東是若／東ノ団平　坂東是蔵／小性かもん　尾上松太郎／〃多門　あらし三作／禿たより　市川巳子丸／〃　よしの　尾上松太郎／〃　しけり　あらし三さく／今川司之介　実川延次／たいこ持井つ八　実川延次／宇次之介　市川滝作／男達長吉　市川滝作／禿みとり　市川巳子丸／〃市弥　尾上松太郎／今川修理之介　浅尾与三郎／大垣文吾　浅尾与三郎／子　巳ノ吉　市川巳子丸／〃次郎吉　尾上松太郎／娘お浅　浅尾浅之介／中ゐ　お大　浅尾浅之介／〃お金尾上小雀／〃おゑつ　尾上小雀／野うら一角　片岡豆升／奴団介　片岡豆升／こしもと葉末　嵐加女之丞／娘おはつ嵐加女之丞／小性右門　尾上松太郎／〃左門　市川巳子丸／一角娘手巻　沢村登若／女房お信　沢村登若／奥方渚沢村登若／上るり　竹本寿見太夫／同　竹本倉太夫／三弦つる沢清糸／長歌　岩崎松之介／三弦　中村辰造／なりもの　小川つる之介／ふへ　小川虎吉／ふり附　藤間竹遊／作者　月亭生瀬
（下段）今川隼人　市川巳之助／奴紅平　市川巳之助／三すゞ染五郎　市川巳之助／子巳之介　市川巳子丸／〃よしの　尾上松太郎／〃　たより　あらし三さく／〃しけり市川政次郎／奴妻平　嵐三津太郎／てつち三つ吉　嵐三津太郎／門番十兵へ　嵐福寿／奴冠平　嵐福寿／下人与介中村丸蔵／こしもとかいで　市川松之助／ていしゆ才兵へ市川松之助／猟人八平　嵐竹八／百性八作　嵐竹八／赤坂平馬　三枡稲四郎／番頭四郎八　三枡稲四郎／岩淵丹平嵐小十九／百性十さく　嵐小十九／野うら角太郎　尾上兵緑／手代兵四郎　尾上兵緑／奴袖平　中村雀十郎／米や宗兵へ　中村雀十郎／かつら姫　嵐香梅／女房お仙　嵐香梅／娘お花　嵐香梅／油うり庄九郎　嵐三津右衛門／美濃庄九郎　嵐三津右衛門／斎藤道三　嵐三津右衛門／狂言作者金沢兵造・金沢銀助・奈河政次／ふり附　来芝軒／頭　嵐小十九／頭取　中村八蔵
（欄外、庵看板）中納言元氏　老女月ノ輪　実猫の化毛
百まなこ売ノ虎　傘一本足　山下三虎
千穐万歳楽　叶

図80（166頁）
浪花　株元丹権　板元わた正／江戸　司馬才治郎作／新もんく　清元入　おそめ油づくし　おしやかさまの恋づくし

お七あをものづくし　はしつくし　幷　そくせき四代　とつちりとん　上下

図84（171頁）

花楽亭都ヤ扇蝶作／京　大宮七条上ル　イヨサ板／新さくかへもんく　あんらくさん　かぶらのはなし　ぶたいとびとつちりとん　上　本てうし／素人　舌司

図90（184頁）

（二編序文）粋の懐第二編にいたるに　粋の酔たる種を集て　尚これを通家の上田に蒔んとす　所で作者と画工は権兵への如く　野母烏のそしりを追のけ　名高く流行なさん事をねがひて　此巻首に其図を出して　賛していはく

はなすゝる音に畑を退く烏かな　一荷堂主人

（本文）あまりしんきくさゝに。おくの四畳半を　ちよいとあけて。薄茶立たり　まア　立さしても見たり

○いんしゆういなば　本てうし

因州いなばの鳥取に。しかも大道のまん中で。女が三人出あひしが。先なるおんなか十六で。中なる女が十七で。跡あるおんなが十八で。先なるおんなのいふことにや。始て殿子とねた夜さは　三ツ目きりでもむがやうに。きりゝやき

図102（200頁）

（表紙）大津画ぶし　初篇

（見返し）画工　北粋亭芳豊（印）あほらしい／筆耕　小野原公春（印）酒亭／笑福亭松鶴　調／浪花　錦車堂

図103（201頁）

やツて云ふほど、』『やア、失敬々々。』学生は少し酒気も帯びたるらしく、秋田を始め夏野から春山と其顔を差覗くのである。『おい、其様失敬な事をするんぢやないよ。』と、今一人が声を掛けた。『失敬々々。』と、尚春山を放れず、『貴女何方へ帰ツですか。』春山は一縮みになつて返事もなし得ぬ。途端に坂を下りて来た俥の車夫を見るより、春山は覚えず声を掛けた。『源蔵かい。遅かツてよ。』『おツ、御帰りの処で御在ました。』学生はよろ〳〵と春山を放れて、其友の肩へ取縋つた。『夏野さんも秋田さんも失礼してよ。明日の晩は、是非入らツしやいな、待つて、よ。』と、春山は其友に謝して俥に乗つた。『春山さん、左様なら。』と、二女は彼学生を避くるが如く、坂下から横町へ入つた。学生は俥を坂の上まで後押をして遣ツて、駆出した俥に向つて、両手を高く上げながら、『ミス春山萬歳……美人萬歳、萬歳い。』《をはり》

（広告）名誉／金牌　都繻子

寄席の変遷　劇通子

茲に又此文枝の全盛時代に売出して文枝と対抗した人がある。《七》笑福亭の松鶴対抗
それは笑福亭松鶴である。新町で楊弓屋を出して通名を火消壺といつた、頭部の形が似てゐたからだ、文枝は名人でも芸の行儀が悪かつたが　此人は左ほどではない、天性咽喉がよいものだから音曲を入れた艶物を得意とし、自作の唄などを話しの中に挟み込んだ、文枝が彼の『三十石』を流行らした所から此人も文句入りの『三十石』といふ小唄を作つて喝采を博し、之を利器として文枝の勢力に対抗したのだ、此唄も世間に能く流行て素晴しい人気を取り何方が勝とも団扇が上られぬほどであつた、併しどちらかといへば此人の方が高座は上品であつた

《八》笑福亭松橋の新派
此松鶴の門人に松橋といふのがあつた、後に円笑と改名したが此人は元紺屋の形置職で、職の暇な時には天満市場から菓物を買出して来て一種面白い売声をしては桃を売つた事もあり、夏祭りの時などは大阪の名物ともいふべき流し喜劇（にわか）をした事もあるが生れついての器用人ゆゑ何をさせても芸にそつがなく、遂に落語家に成て松鶴に入門したが　前に桃を売つてゐたものだから落語家に成てのちも　通名を桃屋といふた、松鶴の没後其名を継いで師匠の三十石の唄をうたひ、其中へ文枝の三十石をも加味したのが人気に叶うて　是も一時世間を騒がした、併しながら此人の芸は先の師匠よりはケレンがあつて、俳優の様に眼をむいて睨んだり、高座の上を這廻つたり、余程芸が荒れてゐた、真打に成ても其通りであるから、自ら他の者も之を見習うて　一般に此身振り声色が甚だしく成て来る、そこで弥よ落語家仲間の芸風が一変して　以前よりはズツと陽気な代りには　落ついた所はなくなつて　梅香、正三《他に菊枝、吾竹、慶枝、菊丸、花丸などいふ名人もあつたが　此事はこゝにはいはぬ》などの様な真の落語を以て自分の生命とする芸風は殆んど地を払つて仕舞つたのだ、夫が追々現今は及ぼして遂に今の様に芸が荒んで来たものらしい《尤も他にもいろ〳〵原因はあるが》

《九》今昔の比較
現今の落語家が殆んど頽廃の極に及んで　寄席を落語許りで維持する事は出来ず、手品や、義太夫や、音曲や種々雑多の異分子を交へて　始めて人気を繋いでゐるのは萬人の認むる所であるが　これといふも一つは今の落語家の技倆

が一般に拙劣に成つて　天晴名人と尊重すべきほどの偉人傑物があらはれず、話しの種子が同じ物許りで別に新奇な名作を求めるでもなく、自分で作る事は猶出来ず、偶に作れば古物の焼直し、二度と再び聞く気は出ず、イヤでも客が飽て来たのだ、東京でも同様の有様である、そこで大阪で何か異つたものを聞たいといふ時は先づマア東京の芸人でも呼よせるの外はない　去（さ）すれば少しは異つた稀らしい物が聞かれるので客受もよし、席主も争うて東京に供給を仰ぐといふ事に成てゐるが実に思へば思ふほど情けない次第である。昔は大阪に前に陳べた様な名人が沢山あつて江戸へ往ても鳴したのに今では大阪に名人が

（広告）石原写真機部

なく、却つて東京から通常の凡人《円遊などは例外》を稀らしがつて呼よせねばならぬとは………大阪に名人さへ輩出すれば別に東京に供給を仰ぐには及ばぬのだ、殊に常磐津林中で候の　イヤ何がしで御座るのと落語家以外の人を迎へて　寄席の命脈を繋ぎ、落語の領分を削り取られるに至つては■勢の然らしむる所とはいひながら落語界に取つては実に憐れな次第である、噫！振へよ落語家、励

（広告）大月寛一著　日本簿記法　商業編　発売所　大阪備後町　吉岡宝文館　定価廿五銭

めよ落語家、他の芸林も頗る寂寞を感じてゐるが　殊に落語界は俊才、英器に乏しうて一番情けない様に想はれるのも一つは僕の贔屓眼かも知れないテ《をはり》

●日曜端書

郵便ポストと切手売下所と五六間も離れて居るのは誠に不便である　それは投函人ばかりで無い　ポスト付近の家は朝早くからトン〳〵と叩かれ「此方に郵便切手はおまへんか」など、遣られる　何んとか方法なきものにや《兵庫困難生》▲関鉄梅田駅に改札掛が居らんので乗遅れて困るとの事が此頃の日曜端書に出て居たが　梅田駅乗降の取扱は関西から費用を出して官線の掛員でするのであるから詰り両線競争の結果、関西線の乗客を冷淡にするのであらう　名古屋駅にも斯ういふ事が往々ある《関鉄大株主林》▲此頃大阪汎愛扶植会長土居通夫の息と称して当地へ来り恐れ多くも賢き辺りの特別思召しを以て　金七百円御下賜云々と説き立て　当市民一般より一円以上の有志金を集め居るものあり　時節柄なれば大阪の諸君に実否を糺す《岐阜市有志者》▲去月二十七日　難波駅より八時の急行列車に乗らんとし　四十銭出して「樽井行一枚下さい」と云ひしに「いかん」と仰せられたれば「夫では佐野行一枚下さ

い」と申したるに　即て一銭銅貨と切符とを投げ付けられたり　僕は近頃同車線に乗りたる事なければ「八銭の剰銭ぢやないですか」と問ひたるに「上を見い、あほうかい」と申されたり　注意あるべし《田舎者》▲此頃岡山停車場にて人を見送らんとし　改札員の承諾を得てプラットホームに入りたるに　その帰るさ　改札口駅員より入場切符を渡されよと云はれたれど　余は入場券売渡の掲示口なき為購求せずと答へ　大に叱られたり　入場切符を出すならば必ず出札口の一方へ売渡所と明記されたし《金神にて某》▲貴紙小説「日露戦争」は愈出で、　愈面白し　僕の家庭にては一日中の読物として歓迎す《好小説生》▲朝日座の新派演劇に於ける観劇法改良は兎も角も近来の成功なり是は賀すべし　然し見物の改良よりも　まづ第一に実行したきは演劇その者の改良なり　同座員たるもの須く心を此点に注ぐべし　一月興行の舞台の如きは余り感心せざりき《つる生》

図105（204頁）

大津画ふしの序

湖の水　川竹に流れ　大津画ぶしの数をつくし頻りに謡ひはやせしより　今又爰に情を穿ち　深き底意の趣向をあらわし　当時におくれぬ作意なれば　鼻紙入ともろともに此小冊を肌身はなさず青楼酒席に所持なす時は　それ通君子や　程うりのかねにひつゝて　弁慶や　コレナア　親父にひげやつこ　彼芸廻しにつまるとも　おくれをとらぬ虎のまきと　ひやうたんなまづにぬらくらしるすのみ

二代目　笑福亭松鶴諷

○正月の色気の物

正月に。色気のある物は。たとへいくつになるとても。こゝちよく。わすられぬ。ほんに気もよい三の朝。またも寝間からよがりだし。こゝろ嬉しい初ゆめに。あゝよい〳〵と初売や。上　ほれたほの字にうぐひすも。はつねすりや。ゐがほ見せたる梅の花。たまりかねては　いつかとけたる春の雪

○風流づくし

風流まきびらき。さま〴〵ある中に。うたや狂歌のその外に。いつ迄も。かわらずに。たへずゐらみは発句集。かさ付やら　ゐ口合。とかく仕にくひ柳だる。な物づくしや一字がき。上　どん画ゐなをし　半ぐち合。めくらがき。一口はなしや其外は。此ごろはやるはあだなよし此うかれ歌

図116（221頁）

（見返し）北粋亭芳豊画／本朝出世鑑／浪花　錦車堂

（初丁表）太閤秀吉公は天文五年丙申正月元日早天にたんじやうし給ふ　幼名日吉丸と号

図122（230頁）

（見返し）連名／林屋正六／林屋正太郎／桂文好／林屋正楽／林屋菊枝／林屋正翁

（初丁表）○役者位附　六略之起源

夫　覈論記（振り仮名は「ひやうばんき」）幷ニ位昇進は明暦万治之比より粗見へたり　夫より物になぞらへ出せること　年々其数不知なれ共　位は上上吉を頭とす　其後元録の末より宝永正徳享保の比に至り作定て位をわかつ　既に当時用ゆる所之大意を左に記ス

第一「三ケ津惣芸頭」とおくは　此上の位なし　先昔より名人と称したる元祖芳沢あやめ中村富十郎　此両人なり

第二「無類」外に並ふへき人なき義也　しかれ共無類と書は　立役に置は立役にならぶ人なく　女形に置は女かたにかきる成　先小六　来芝　白猿　中興にては玉助　幸四郎　此席に進む　しせんの位なり

第三「極上上吉」是は芸の極意に至りたる義也　此位を置内よりおのつから無頭の人もあるへし　尤是より「至極上上吉」「大至極上上吉」此二つを越て無頭の場に至る也

第四　極上上吉　真上上吉　此二つは引合也　白極は極になるへき下地也　真は極の場の人なりとも　狂言の実理過たるは　此位に座せしむるなり　又極に居直る事もあり

図145（269頁）

大津画ふし

大坂はもの見高い　おもはず人気のよるものは。いぬのいろことを。見てみぬふりをする。網をしよふに打と　らんかんのおちるぼと（ほど）。ゆき合けんくわに　それちぼじや　鍋釜いかけやが仕事しているのと。途中て金魚やが水かへるの。男のこじきがちのみ子かゝへて。前のほうに。口上書付ひろげたの。気違がおそゝをだしたと子供かいふたら　親父がきいて　とこに〳〵

桂文枝作／桂文笑調

図146（270頁）

五代目嵐璃寛　大津画ぶし

〽中の芝居の。ぽん替り　前げいは秋の七草に。れき〳〵がさきそろふ。中へ芽を出す葉むらやが。橘なの香をしとふて。親の名を継　五代目と。あらためる皿屋しき　お菊の役が。大出来で。鉄山が恋にかくせし皿なれど　出して手を突　なか〳〵不足はないわいな

桂文枝作

図161（301頁）

大津絵婦志

心斎屋の。おはしさん。せいが高ふて美しい　こツてりと。化粧をして。花の浪速で浮勤。金でつられてぜひもなく。可愛そうだよ　長堀すじで。夜鷹どうようにたゝされて。夜も日も客のたへまなくのせとふし。おしいものだよ　松しまの。廓にかけて奉公さすにも　おはしさんは足なしでぜひがない

　滑稽者桂文都戯作／桂文団治諷

図167（312頁）

（中央）日清事件　大当　大流行　新歌大全

（右上から時計回りで）□日戎　越後獅子三段かへし　紀伊の国　キンライ〳〵　かつぽれ　支那だら経　どんどんぶし　ノンノコサイ〳〵　トコシヨイぶし　愉快ぶし　丹後ぶし　おまへまち〳〵　ヤンレぶし　トコトンヤレふし　おかしな軍歌　本田ぶし　ヤアツケロぶし　詩集　わがもの　推量ぶし　万歳　十二月

図168（312頁）

日清事件　大当新歌大全目録

日清の萬歳　桂枝雀／日清のヲツペケペ　桂梅枝／日清の十二月／日清のキンライ〳〵節　桂扇枝／平壌一戦の大津画　曾呂利新左衛門／帝国萬歳　梅の春　桂扇枝／日清の越後獅子三段かへし／日清の我もの／日清の紀伊の国／日清の十日戎／日清の夕ぐれ／日清城の馬場／日清の権兵衛が種蒔／日清のトコトンヤレ節／日清のかいあんじ節／日清のドン〳〵節／日清のおまへはまち〳〵／日清のシヨンガイナ節／日清のカツポレ節／日清の愉快節／日清のノンノコサイ〳〵節／日清のヨカチヨロ節／日清のシンカラ節／日清の本田節／日清の丹後節／日清の推量節／日清のチヨンコ節／日清のトメヨナラ節／日清のヤッツケロ節／日清のトコシヨイ節／日清の落語／日清の二〇加

あとがき

「上方の咄家と天保・幕末期の流行唄」を執筆して二十八年、その間この時期の咄家資料をさがし続けていた。しかし、はかばかしい結果は得られなかった。当時疑問に感じたことは、今も疑問のままである。このままあと十年、二十年調べても、自分の調査がさほど進むとは思えない。それならば、疑問は疑問として提示し、あるいは大胆な仮説を立てて、多くの人たちに読んでもらいたいと思った。

平成二十七年三月、三十三年勤めた梅花女子大学を退職した。その自分への記念になればと思う。和泉書院が刊行を引き受けてくれた時点で、肥田晧三先生にお手紙を出した。もとになる論文の中に先生御所蔵の資料を多数使わせていただいていたからである。先生からは今回の使用を快諾していただくと同時に、また新たな資料を多数お送りいただいた。それらを検討して盛り込もうとしたところ、自分の見方を訂正せざるを得ない箇所もあり、自分の手元にありながら見落としていた資料にも気づいた。

書き直した原稿であるが、まだまだ不十分なところが多々あろうかと思う。ただ、本書に価値があるとすれば、多数の図版を挿入できたことであろう。それも、いわゆる「うぶな」資料を。

平成元年に『上方板歌舞伎関係一枚摺考』を清文堂出版から出した。そのあとがきに、「生涯に三冊、本を出せればよい」と書いた。二冊目は『笑いの歌舞伎史』(朝日新聞社、平成一六年)だった。そして、気が変わらなければ、これが最後の三冊目である。後悔しない本になっていればと祈っている。

わたしの「上方落語史研究」

上方落語史の研究にも、多くの先達がいる。その中でも前田勇先生の『上方落語の歴史』は、そのものずばりの題名であった。単行本としてまとまったものでもあり、「研究」の香りを堪能させてくれる実証的な文章にいろどられていた。昭和四十五年当時、関西地区の大学の落語研究部の学生達にとって、聖典のようなものだった。この書と『落語系図』をもっていれば、ほぼ落語通として認められた。両書とも一般の書店での入手ではなく、古書店・古書市に出向かなくてはならないため、古書店通いの味を知ることにもなった。その頃は両書とも古書店ではよく見掛けた。厳密にいうと、『上方落語の歴史』は四十一年十月発行の改訂増補版、『落語系図』は名著刊行会による複製が、である。

後年、本格的に古書に興味をもつようになってから、『上方落語の歴史』は昭和三十三年に出た元版を入手したが、内容も頁数も改訂増補版の方がはるかに増えている。「はしがき」の文章が改稿されているのは当然として、口絵の図版が一図増え、歴史の部分も資料の増補・削除がある。「落語という語について」は省かれ、「上方落語の演題とオチ」は大幅に四十六頁増えている。これには桂米朝師の尽力が大きかったと、増補改訂版のはしがきにある。はじめての本格的な上方落語の歴史を記した書であってみれば、八年間に研究の進んだことを如実に物語っている。前田先生ご自身が収集されていたとみられる見立番付の写真も、実に貴重なものであり、また、「上方落語史」「上方落語の演題とオチ」「上方落語のオチとその可笑味」という内容は、落研の学生にとって知りたいところを余すことなく説明されていた。資料の原文が引用されており、難しいという印象も確かにあった。しかし、高度な知識を得られる喜びの方がはるかにまさっていた。前田先生は元版の「はしがき」の中で、「歴史的な方面となると、上方落語はてんで顧みられていない」と嘆かれ、そのために編まれた一書であることが痛いほどに感じられた。関西の落研の学生が理論武装（学生運動華やかなりし頃のことば）の拠り所としたのは当然だった。

それから少し経って、肥田晧三先生の「大阪落語」（『日本の古典芸能　9　寄席』所収）を知った。昭和四十六年七月の発行であるから、本来ならもっと早く知っているべきだったが、叢書の中の文章ということで、知るのが遅れたのだと思う。これをはじめて読ませていただいた時の衝撃は今も忘れられない。記述の隅々まで暗記していると自負していた『上方落語の歴史』と、まるで異なったような上方落語史が展開されていたのである。その頃、一応国文科の学生であったので、そこに使用されている資料がいかに幅広いところから掬い集められたかは、理解できた。前田先生の『上方落語の歴史』に心酔していた者にとって、ある意味でそれは非情な感動であった。自分もいつか落語の歴史に関して何か書きたいという漠然とした夢が、打砕かれたような気もした。とてもこのようなものは書けそうにない。

ただ、その中の「文政以降」の章に、「大阪落語史にとって肝腎カナメのこの大切な時期の資料はあまりにも少なすぎる。大阪落語完成の過程を追求するために、この時期の研究は今後に課せられた大きな宿題である。」と書かれているのを見て、僅かな希望を見出した。天保・幕末期の大阪の文化、落語周辺の芸能をもっと知ろう、わたしの研究の最終目標は、ほぼこの時決まった。

とはいっても、まっすぐ一筋に来たのではない。研究者として歩むためには、やはり研究として評価の固まっている分野を選ばなければならなかった。卒業論文は「近松浄瑠璃の喜劇性について」だったと思う。記憶が曖昧なのは、手元に置いておくのも恥ずかしく、焼いてしまったためである。論文としては情けないものだったが、その時近松の浄瑠璃を一応全部読んだことが後年役だったことはいうまでもない。

活字になった最初の論文は、修士論文からまとめた「藤十郎のやつし―その陰にあるもの」（『文学・語学』八〇・八一合併号、一九七八年）だった。以後、上方歌舞伎史研究を中心に研究していた（つもりである）。

実はその前に活字となった思い出深いものがある。『上方落語』第九号（大阪大学落語研究部、昭和四八年）である。わたしたちのクラブは昭和四十七年八月に数え年九十歳で亡くなられた橘ノ円都師匠のもとに通い、明治・大正期の芸談や珍しい咄をテープに収めていた。それを文字に起こして出していた小冊子の第九号に「浄瑠璃息子」を掲載した。その中で、「浄瑠璃息子」の解説を書き、「浄瑠璃と大阪落語」をまとめた。論文と呼べるものではないが、今書き直してもこれを上回る内容にはならないと思っている。

『歌舞伎評判記集成　第二期』（岩波書店、一九八七〜一九九五年）、『歌舞伎台帳集成』（勉誠社、一九八三〜二〇〇三年）の翻刻作業の中で、多くの先生方や諸先輩に教えられたことも、江戸時代資料の解読には大いに勉強になった。

和泉書院とのご縁は『近世文学選　芸能編』（一九九四年）だった。この本は土田衞先生が中心となられ、河合眞澄さんが浄瑠璃編、廣瀬千紗子さんが歌舞伎編、わたしは歌謡・諸芸編を担当した。項目選定から任せていただいたので、とにかくがんばった。隆達の小歌・初期歌舞伎踊歌・元禄歌謡・地歌・巷歌・御船歌・民謡・歌祭文・ちょんがれ・万歳・落語・やつし謡・俄・照葉狂言を採り上げた。わたしとしては、おそるおそる案を出してみたが、土田先生はおもしろがってくれた。和泉書院からのダメ出しもなかったようで、そのまま本になった。これが大学の教科書なのである。授業で使えるのは浄瑠璃・歌舞伎編まで。あとは付録のようなもの。しかし、当然のことながら先行の注釈書はほとんどなく、頭注をつけるのは苦労した。今、読み返しても、よく調べたと思う。この時の経験が『笑いの歌舞伎史』の脚注で活きたと感謝している。

本書執筆に当たって、流行唄に関しては林喜代弘氏に教えられた。古書即売会で資料を回してもらったこともある。古書収集仲間として旭堂南陵さんにも教えられた。唄の音源に関しては大西秀紀氏にお世話になった。平野翠氏はじめ大阪府立中之島図書館の歴代の司書の方々にはたいへんお世話になった。『藝能史研究』に発表した頃は手書き原稿だったために、データ化の打ち込みを、娘がしてくれた。和泉書院からは種々の提案をいただいて、体裁の整った本にすることができた。

ご教示いただいた方々のお名前は、本文中やあとがきに記したつもりであるが、漏れている方も多いと思う。どうかお許しください。

平成二十七年五月

荻田　清

書名・資料名・外題名・演題名索引

凡例

①巻末の一覧表と図版翻刻は除いて、「はじめに」、本文、「あとがき」中に出てくる書名・資料名（雑誌・論文名も含む）や外題名・演題名を区別せず五十音順に並べた。

②読解の便宜のためであり、初出以降は省略した場合もある。

③薄物の唄本や一枚摺では、どこまでを題名と見るか迷う場合が多いが、本文中に出した題を採っている。その際、（ ）「 」などははずした。

あ行

か行

た行

ら行

わ行

人名索引

凡例

①巻末の一覧表と図版翻刻は除いて、「はじめに」、本文、「あとがき」中に出てくる人名（本屋名を含む）を五十音順に並べた。

②読解の便宜のための索引であり、初出以降は省略した場合もある。

③役者や芸人の場合、代数は考慮せず、一つにまとめている。

④項目中の用例

・市川海老蔵(↓市川海老、↓海老蔵)

※市川海老、海老蔵の項も参照。

・幾勢(桂—)

※桂の屋号であることを示す。

あ行

か行

さ行

た行

な行

は行

ま行

著者略歴

荻田　　清（おぎた　きよし）

1951年香川県生まれ。
大阪大学文学部国語国文学科卒業。
専門分野は近世上方芸能史、上方文化史。
梅花女子大学名誉教授。
編著書
『上方板歌舞伎関係一枚摺考』
（清文堂出版、日本演劇学会河竹賞受賞）
『笑いの歌舞伎史』（朝日新聞社）
『近世文学選　芸能編』（共編、和泉書院）
ほか。

上方落語 流行唄《はやりうた》の時代

上方文庫別巻シリーズ7

2015年11月30日　初版第1刷発行

著　者　荻田　清

発行者　廣橋研三

発行所　和泉書院
〒543-0037　大阪市天王寺区上之宮町7-6
電話06-6771-1467　振替00970-8-15043

印刷・製本　亜細亜印刷　**装訂**　濱崎実幸

ISBN978-4-7576-0752-1 C1376　定価はカバーに表示